Marxist Theory of Literature and Art

马克思主义文艺理论

Marxistische Literatur- und Kunsttheorie

李志雄 著

上海人民出版社

本书获湘潭大学精品教材立项出版资助

序
马克思主义文艺理论要积极回应当下问题
——写在《马克思主义文艺理论》付梓之时

粉碎“四人帮”和党的十一届三中全会召开，中国进入了一个历史新时代，但摆在文艺界面前亟待解决的问题是如何从“左”的文理路线的桎梏下解放出来，如何恢复马克思主义文艺理论的本来面目，如何总结文艺理论界在“文化大革命”前17年和10年“文化大革命”中的经验与教训。究竟有哪些经验教训值得我们吸取与总结呢？在思想解放的风潮之下，经过一段时期的反思和探索，理论界至少取得两方面的共识：

首先，必须彻底批判林彪、“四人帮”的极左路线，肃清极左思潮的流毒和影响。必须继续拨乱反正，正本清源，恢复马克思列宁主义、毛泽东思想的本来面目，恢复马克思主义文艺理论的优良传统。

其次，必须正确理解文艺与政治、文艺与社会的关系，按文艺理论发展的自身规律办事，使文艺理论真正地为人民大众、为社会主义服务。狭隘地、片面地、机械地理解文艺与政治的关系，而不从理论自身的特点和规律出发来办事，其结果恰恰是削弱了，以致取消了文艺理论为社会主义政治服务，妨碍了文艺理论正常地健康地向前发展，阻碍和破坏了文艺理论，特别是马克思主义文艺理论的研究工作。

1986年《文艺研究》第1期登载了钱学森《关于马克思主义哲学和文艺美学方法论的几个问题》一文，该文指出了马克思主义哲学的重要性，强调了科学的整体性，并认为“社会科学到马克思主义的桥梁是历史唯物主义”，而“文艺理论到马克思主义哲学的桥梁就是美学”。在作者看来，包括文学理论在内的任何一门工作，都不是哪一门科学可以单独解决的，而需要运用各门学科有用的东西一起作用，才能奏效。他提出了通过各种渠道发展和深化马克思主义的见解，坚持认为方法是第二位的，根本的认识——立场和观点才是第一位的;还指出,任何一种方法都无法改变原来理论的正确与不正确。因此,“文艺理论要发展,必须建立在正确的文艺理论观点上,同时为了研究的需要引用现代所有的有效方法。就是说,你的出发点必须是对的,即要符合马克思主义哲学,只有先树立正确的理论观点,然后,在这个前提下,什么方法都可以用。如果没有正确的观点,只有教学符号、概念术语,那么你的所谓方法是空的。”①作者还就科学技术对文学艺术的影响,以及技术美学、人工智能、文艺预测等问题,发表了意见。钱学森这一时期的论文和讲话,视野开阔,系统缜密,既坚持维护马克思主义的“道”,又“不迷信书本上的东西”,对紧接下来的一场持续多年的马克思主义文艺学讨论带有明显的导向和示范意义。

改革开放40多年来,随着我国社会由社会主义计划经济体制,向社会主义市场经济体制的转变,人们的生产和消费观念发生了明显的变化,反映到文学领域,人们已经不是将文学简单地看作一种意识形态(尽管文艺有意识形态的属性),也不是将文学简单地看作安邦治国的利器。在充分检讨庸俗唯物主义、机械反映论文艺观缺失的同时,各种西方思潮和文论思想纷纷被介绍到中国,人们将注意力集中到了文学的生产过程、接受过程等以往不甚关注的领域,开始更多地关注起文学性的诸多问题。由此,文学创作、研究和整个接受过程都悄悄发生着变化,这是历史的进步。但40多年来的文论研究也暴露出一些自身亟待解决的问题:

第一,建设有中国特色马克思主义文学理论体系任重道远。

任何一种理论要在中国扎根,必须实现本土化,马克思主义也不例外。值得注意的是,我国新时期文学理论研究除了对马克思主义文艺理论正本清源,恢复本来面貌的研究外,也呈现出多样亦多元的局面:有的向主体论发展,有的向形式论发展,有的向心理学方向发展,有的向读者接受理论发展,有的力图在批评方法和名词概念上翻新。古老而年轻的文艺学王国里,每一条路上都有人在奔跑,每一块土地都有人在耕耘。从时间上看,1988年是关于建设有中国特色马克思主义文学理论探讨的一个高潮。据不完全统计,仅这一年间,发表的有关专门讨论这个问题且有一定质量和学术代表性的论文就有

① 钱学森:《关于马克思主义哲学和文艺学美学方法论的几个问题》,载《文艺研究》1986年第1期,第5—10页。

20多篇，内容涉及文艺意识形态本性辨析，艺术生产理论体系的建构，马克思主义文艺学的新发展与新课题，以及这一理论的“中国特色”和“现代化”等问题。这其中，产生了较大反响的是《马克思主义文艺学当代形态论纲》和《从“经典形态”到“当代形态”——关于马克思主义文艺学改革的思考》①两篇文章。由于该作者首次在理论界提出马克思主义文艺学需要适应变化了的形势改换自己理论形态模式问题，并初步论证了“当代形态”产生的历史根由和逻辑前提，对“当代形态”的面貌作了大胆的设想，因此，产生了一定的理论冲击力，引来了在《求是》《文学评论》《文艺研究》和《文艺理论与批评》等杂志上讨论和商榷的文章。②这场讨论是有意义的，它一方面补充和纠正了“当代形态”命题中的弱点和缺点，另一方面对如何推进“当代形态”建设加深了理性认识。这场讨论，实质上完全是围绕着怎样建设有中国特色马克思主义文学理论的思路进行的。从此，“当代形态”基本变成了一个被普遍接受和认可的概念，以较高的频率出现在其后的一些论文和著作中。

1989年以后，关于建设有中国特色马克思主义文学理论的研究和思考进一步深化。这表现在论者大体脱离了在舆论上加以鼓与呼的阶段，逐渐进入了对体系的整体建构的考察和多维透视，开始对新体系的背景、方法和框架加以描述，并对某些新体系构想的“独创与缺陷”提出商讨意见。③有的论者强调理论建设的“开放性”；有的论者集中谈论马克思主义文学理论的历史、现状和前景；有的论者继续完善“当代形态”的设想。《文艺研究》还专门召开了探讨马克思主义文艺学“中国特色”的座谈会。在这之前或之后，《文学评论》《学术月刊》和《理论与创作》也分别组织了面向新世纪有中国特色马克思主义美学文艺学的座谈会和笔会，为推动有中国特色马克思主义文学理论建设方面作出了贡献。

---

① 前者发表在《文艺研究》1988年第2期，后者发表在《求是》1988年第2期，作者董学文。

② 见严昭柱：《马克思主义文艺学建设的重点》，载《文艺研究》1988年第5期；《关于发展马克思主义文艺学的思考——〈从“经典形态”到“当代形态”〉一文读后》，载《求是》1988年第10期；毛崇杰：《也谈意识形态》，载《文艺理论与批评》1988年第6期；潘必新：《意识形态与艺术特性——兼与栾昌大、董学文同志商榷》，载《文学评论》1990年第6期。

③ 参见叶纪彬：《马克思主义文艺学当代形态建设的思考》，载《社会科学辑刊》1989年2—3合刊；王元骧：《就建构马克思主义文学理论体系问题谈三点意见》，载《理论与创作》1989年第4期；朱辉军：《艺术生产论的独创与缺陷——兼与何国瑞先生商榷》，载《理论与创作》1990年第1期。

进入新世纪，关于建设有中国特色马克思主义文学理论的研讨又“热”了起来。有学者在此提出要解决马克思主义文艺理论中国化的问题。如果说马克思主义在中国是历史的选择的话，那么中国的革命文艺传统和有中国特色社会主义理论就是马克思主义中国化的具体范型和具体实践总结。就我国的文艺理论现状而言，不外乎马列文论、西方文论和中国古代文论。建设21世纪中国的马克思主义文艺理论，就是要建立它的话语体系，不能完全采用西方的理论标准来评价中国的文艺创作实践，也不能套用中国古代文艺理论中的道、圣、经、文的理论标准来评价我们当下的文艺现实。

在此基础上，还要解决时代性的问题。马克思主义经典作家在文艺理论上留有丰厚的思想资源，不但在哲学上形成了科学的世界观和方法论，在美学、艺术学和文艺理论领域都有涉及，方法独到，理论精深，它应该成为我们取之不尽用之不竭的源泉。并且，马克思主义文艺理论在现当代中国的发展演进，对中国文学艺术创作的影响和引领，本身构成了一部理论发展史和理论接受史，它应该成为我们学习借鉴的好参照。马克思主义文艺理论曾经是我国文艺领域里一面高扬的旗帜，是中国共产党制定文艺政策的重要理论依据。随着革命年代的远去和经济建设时代的到来，进而在市场经济和经济全球化的变革洪流之中，人们的文化身份认同似乎变得越来越模糊，人们越来越倾向于采取实用主义的态度对待文艺和文艺理论，乃至出现了文艺创作走向消费化和快餐化，文艺理论趋向西化、虚无化和多元化的现象。建设21世纪中国的马克思主义文艺理论，在新的时代条件和社会氛围下，我们更应该理论联系实际，突出问题意识，切实关注当下的文艺实际和文艺创作实践，把马克思主义文艺理论研究和理论话语权推向新的高峰，引领文艺创作出现新的气象。

第二，对社会思潮的关注过于对文本的重视。

20世纪80年代，中国改革开放的大潮迅速席卷了文学理论界，从新中国成立初期至“文化大革命”结束，影响中国文论20多年的、在批判形式主义理论基础上形成的社会主义现实主义文学理论和在毛泽东《在延安文艺座谈会上的讲话》精神指引下形成的革命现实主义和革命浪漫主义“双结合”的创作方法，逐渐被一些理论工作者视为“机械反映论”和“庸俗社会学”而淡出文论话语中心，中国当代文论迅速向世界开放，和国际“接轨”。在以后的近30年中，中国文学理论界引进了许多西方文学理论，例如，引入了当年受到社会主义现实主义理论家们所批判的俄国形式主义，以及从俄国形式主义基础上发展起来的布拉格学派和法国的结构主义，还有大致在同一时期在英美等英语国家出现的诸如新批评、女权主义文论、解构主义文论、后现代主义文论、新历史主义、后殖民主义文论、文化研究、生态批评，等等。在全球化语境中，它们也成了中国当代文论的前沿话语和最新走向。这些与“后学”(post-ism)紧密相关的新问题和新视角，使得我国近20多年的文论研究十分活跃，对中国当代文论研究产生了相当深刻的影响。人们在反思反映论的文论观的同时，很容易接受上述西方流行的文论思潮。客观地说，随着思想解放运动的深入，人们开阔理论视野，接受西方新思潮，其本身确有积极意义；但过于重视社会思潮，特别是西方社会思潮的更迭，而忽略了在这些思潮产生的特殊社会语境下形成的文论背景和话语背景，甚至不顾中国当下文论界的现实情形，特别是中国当下文艺创作的实际情形，离开了现实的文本，生硬地引进、使用这些西方文论的话语体系，也给中国文论的健康发展带来了种种问题。

如：解构主义在20世纪下半叶风靡欧美，到80年代，这一反传统、反形而上学的激进方法论已经普遍地渗透到当代文化评论和学术思维中。解构主义的词汇如“消解”“颠覆”“反二元论”“书写”“话语”“分延”“踪迹”“撒播”等已被广泛运用到哲学、文学、美学、语言学研究中。它实现了诗学研究的话语转型，刷新了人们对语言与表达、书写与阅读、语言与文化、文学与社会等方面的认识，影响和重塑了文学评论的性格，并开拓了文学批评和文学作品阐释领域。正如有学者指出的：“如果真要为哲学撰写一个历史的话，解构主义无疑是它的最后篇章。”①

德里达颠覆了言语对书写的优先地位，使说话(言语)从中心移位到了边缘。中心的解除，使说话与书写具有相同的本性，二者不存在任何中心和从属关系，也不存在二元对立的关系，而是一种平等的互补关系：书写是说话的记录保存的形式，说话是书写的补充形式，书写与说话都是思想的意义表达形式，二者互相依存，缺一不可。进而，德里达将这一原则扩展到整个形而上学层面，解构一切不平等的对立概念，从而颠倒在本质与现象、内容与表现、隐含

① [美]保罗·德曼：《解构之图》，李自修等译，汪民安撰写之前言，中国社会科学出版社1998年版，第1页。

与显现、物质与运动关系上的传统观念，对绝对理性、终极价值、本真、本源、本质等有碍于自由游戏的观念提出质疑。于是，德里达的解构策略——“分延”“撒播”“踪迹”“替补”等概念，就成为与“定义”的单一固定含义相对的、具有双重意义的不断运动的模糊词汇。可以说，德里达通过“分延”“播撒”“踪迹”“替补”等模棱两可、具有双重意味的词，所要达到的目的无非是：追问自诩为绝对真理的形而上学大厦赖以建立的根基是什么？这一根基的先验虚幻性是怎样有效地逃脱一代又一代哲人的质疑？破除形而上学神话的基本方略怎样才能有效地避免自身重陷泥淖？“如果说，哲学史的尾声就是对它的起源给以致命一击的话，那么，德里达的哲学在某种意义上埋葬了哲学学科本身……”①

实际上，解构方法的正负价值都相当明显。就正面价值而言，解构主义在整个思维上进行本体论革命的同时，在文化界产生了一场方法论革命，解除了人们头脑中根深蒂固的传统二元论，消解了人们习惯的思维定势，从新的角度反观文学和自身，从而发现了许多过去难以见到的新问题和新意义。“就解构坚持这些立场而言，它似是种辩证的综合……”②解构批评热衷于在文学文本中探索文本的潜隐逻辑，它不为表面的中心、秩序和二元对立所迷惑，而是从边缘对中心的消解、从“裂缝”对秩序进行颠覆，从表象中弄清事情本来的面目，从文本的无字处说出潜藏的压抑话语。就解构批评的负面价值而言，解构批评以过激的言词和调侃的态度，彻底否定秩序、体系、权威、中心，主张变化、消解、差异是一切，这是另一种意义上的“语言暴政”。作为后现代主义理论的发现，这种充满政治意味的解构方法使整个文学评论界的兴趣离文学自身越来越远，以致有人认为解构主义正在毁灭文学，使整个文学研究和评论界陷入意义和价值危机。

中国文论界受到类似于解构主义等西方当代思潮的影响，对文学自身，特别是对文本的研究慢慢被淡化，一个时期以来，人们热衷于跟着西方思潮走，文学理想和文学精神逐渐丧失，文学的认识和批判功能逐渐退隐，文论工作者离开文本妄加评论并不鲜见。从20世纪90年代中期开始，文化研究又大举嫁接到文学研究中来，这对开拓文学研究的视域不无好处，把文学放到更广泛

---

① [美]保罗·德曼：《解构之图》，李自修等译，汪民安撰写之前言，中国社会科学出版社1998年版，第1页。

② [美]乔纳森·卡勒：《论解构》，陆扬译，中国社会科学出版社1998年版，第127页。

的文化背景上来探讨，无疑会取得一些新的突破，这种研究路径和研究方法，本应对阅读文本带来帮助，但结果却使一些研究者不仅没有接近文本，反而越来越远离文本。从近年来的研究成果看，宏观的、跨学科的、甚至于边缘化的著述层出不穷，而微观的、文学本身的研究却越来越被忽略或受到轻视，特别是长期以来形成的文学研究的许多基本概念、基本问题、基本理论和基本术语渐被摒弃，代之而用的是一些抽象的（有些也是大而无当的）、或借鉴其他学科的新名词、新概念、新理论。这种现象就难怪会被一些学人形象地喻为文学研究的失语症。

特别是20世纪90年代以来，随着社会主义市场经济的逐步建立，城市化建设步伐加快，大众消费时代迅速来临，以广告和网络传媒等为代表的消费型大众文化勃然兴起。大众的审美趣味更加多样化和时尚化，结果文学还未来得及回归到人们预期的本位，便已被迅捷到来的消费社会冲击得改变了方向。就目前而言，以消费为特征的时尚文学大行其道，引领着所谓的文学新潮流。尤其是被称作新生代的作家们，追求随意式的、不受约束的“自我写作”，迎合着越来越大众化的审美消费口味，文学越来越成为宣泄“自我情绪”、抒写“自由浪漫气息”的载体。这种现象被一些论者理解成“一次必要的补课”。依这种理解，眼下的文学似乎就是一种回归。对这种回归，学界开始还有点伫立观望，有点跟不上变化的形势；但很快就有人紧跟潮流，提出文学应该更新研究对象，比如对广告的研究，对网络话语的研究，甚或对日常生活中具有文学意味的言语行为的研究。这种更新研究对象的构想固然有其合理性，因为文学的研究对象确实在不断更新，但任何一种文学研究如果离开了鲜活的文本，都将成为无本之木。文学理论从根本上说是文学现象的衍生物，它的发展与成形必须以文学现象的演变为前提。一种批评话语的逻辑起点固然重要，但这一逻辑起点却不能先验地生成，而要植根于文学现象，即文学的文本。遗憾的是，我们的不少文论研究者往往对西方的各种理论殚精竭虑，却对鲜活的创作实践缺乏兴趣，由此，理论成了典型的空中楼阁。

第三，对新潮理论的追逐过于对基本问题的研究。

20世纪的最后30年，拉康、巴特、福柯、阿尔都塞和德里达这五位法国思想家，把整个西方思想理论界颠覆了几遍，作为一个整体，他们的巨大影响是毋庸置疑的。然而，他们所遭遇的批评和反驳，其激烈程度也是空前的。这种思想的交锋，使当代西方文学理论、政治话语和文化研究着实发生了深刻的变化，而与此同时，他们也在悄悄地修正着自己的理论，在时隔近30多年之后的今天看来，他们原先激进的理论锋芒早已所存无多。德里达本人就是一个最能说明问题的例子。

我们知道，德里达是20世纪下半期法国最重要的思想家之一。他的《文字语言学》《声音与现象》《书写与差异》三部书的出版标志着解构主义的确立，后来逐渐形成以德里达、罗兰·巴特、福柯、保尔·德曼等"耶鲁四人帮"为核心并互相呼应的解构主义思潮。德里达不满足于几千年来贯穿至今的西方哲学思想，对传统的哲学信念发起挑战，对自柏拉图以来的西方形而上学传统大加责难。在他看来，西方的哲学历史即是形而上学的历史，它的原型是将"存在"定为"在场"。他借助于海德格尔的概念，将此称作"在场的形而上学"。"在场的形而上学"意味着在万物背后都有一个根本原则，一个中心语词，一个支配性的力，一个潜在的神或上帝，这种终极的、真理的、第一性的东西构成了一系列的逻各斯(logos)，所有的人和物都拜倒在逻各斯门下，遵循逻各斯的运转逻辑，而逻各斯则是永恒不变，它近似于"神的法律"，背离逻各斯就意味着走向谬误。德里达及其他解构主义者攻击的主要目标就是这种被称之为逻各斯中心主义的思想传统。解构主义及解构主义者就是要打破现有的单元化的秩序，这秩序不仅仅指社会秩序，除了包括既有的社会道德秩序、婚姻秩序、伦理道德规范之外，还包括个人意识上的秩序，比如创作习惯、接受习惯、思维习惯和人的内心较抽象的文化底蕴积淀形成的无意识的民族性格。简言之，就是打破旧秩序然后再创造更为合理的新秩序。

德里达的解构主义虽然是从语言和书写理论入手，却有着宏大的关怀视角和深刻的历史背景。它不是德里达闭门造车的产物，而是融会了西方哲学反形而上趋势的成果，可以说是非理性主义思潮之集大成。对德里达影响最大的先驱主要有尼采、索绪尔、弗洛伊德、海德格尔和拉康。从尼采那里，德里达继承了对传统哲学的批判精神和对酒神精神的推崇；从索绪尔那里，德里达批判地吸收了符号理论；从弗洛伊德那里，德里达吸收了无意识和心灵书写的理论；从海德格尔那里，德里达继承了对"无"的重视；从拉康那里，德里达接受了漂浮的能指和滑动的所指理论。在博采众长的基础上，德里达发展了自己的思想。德里达的理论动摇了整个传统人文科学的基础，也是整个后现代思潮最重要的理论源泉之一。其主要代表作《文字语言学》《声音与现象》《写作与差异》《散播》《哲学的边缘》《立场》《人的目的》《马克思的幽灵》《文学行动》等影响了一代知识分子。

德里达常说:"解构不是一种方法,但可以有些规则"。①他的思想在20世纪60年代以后掀起了巨大波澜,他也成为欧美知识界和哲学史上争议最大的人物之一。支持者认为他的理论有助于反对人类对理性的近乎偏执的崇拜,有助于打破形而上传统对真理、本体的僵化认识,有助于打破形形色色的压制差异和活力的权威和中心。反对者认为,既然德里达相信语言没有确定的意义,真理只是人的臆造,势必导致虚无主义和相对主义。从总体上看,德里达的理论确实充满了矛盾,也提供了多种解读的可能性,但要更充分地把握它的要义,就必须把它置于20世纪的历史语境乃至整个西方哲学传统来考察。

20世纪70年代以来,西方学者发表了许多研究德里达思想和学说的著作、文章,对他的研究成为西方学术界的一大热点。2002年,劳特利奇出版社出版了一套三卷本的《雅克·德里达:对最重要哲学家的批判评价》(*Jacques Derrida*: *Critical Assessments of Leading Philosophers*; ed. by Zeynep Direk and Leonard Lawlor; Routledge, 2002)。这套书基本收录了编者所认为的近30年来国外德里达研究的重要学术成果。

德里达文学批评理论在中国的传播,经历了由自发到自觉的过程。在不断了解和接受的过程中,中国学者对"解构主义"文学批评重新作了梳理和评价,出现了自己的"解构主义"研究成果,并利用他的文学批评理论展开中国当代的文学批评。但是,在这样的传播和接受中,也同时可以感到德里达的文学批评的翻译和研究有许多方面还值得我们进一步研究和深化,如:对于德里达的文学批评思想的研究缺少从深层次的研究,宏观多于微观,对整个思潮的描述或一般性介绍过多、过泛,缺少新意。在具体的研究中,由于局限于英文著作的翻译而紧跟着美国的"解构主义"研究的套路走,无法形成自己独立的研究特色。另外,学界对于将以德里达为主的"解构主义"放在一个什么样的立场上研究有重大的分歧,尤其是出现"名称"和"身份"上的混乱。研究德里达,主要就是研究"解构主义"最初的思想资源,从而理清德里达的文学批评理论

---

① [法]雅克·德立达:《书写与差异》,张宁译,"访谈代叙",三联书店2001年版,第16页。

的来源。而后来德里达的政治学转向，都应该纳入这个前提下进行。显然，其研究不能等同于美国的“解构主义”和“后结构主义”，也不等同于利奥塔《后现代的知识报告》中提出的“后现代主义”的看法。虽然他们有着千丝万缕的联系，但德里达式的“解构”永远属于“德里达的”，后来与保罗·德曼、福柯等人的争鸣就是充分的体现。正像德里达自己反复咀嚼的那句“文外一无所有”所隐含的意思一样，“解构”也是断然不能跳到西方形而上学传统之外进行的。到了20世纪80年代之后，德里达的“解构”也许已经明确地定格为一种坚持思想自由、探索意义之可能性的方法。也正是在这个意义上，他在1993年发表的《马克思的幽灵》中，心悦诚服地承认自己也属于“马克思和马克思主义的继承人”。可惜，直至今日，我国学界真正能体味出这位思想家思想精髓的学者并不多，真正在这位思想家提出的思想路径下深入思考、研究基本问题的学者更是有限，不少译介更是远离了德里达所关注的基本问题。

第四，对西方文艺思潮的引进过于对中国现实问题的关怀。

近30年的文论建设是从清理和批判各种“左”的思潮开始的。在批判机械唯物论和庸俗社会学等假马克思主义的同时，各种西方文艺思潮也被大量介绍到了国内，这其中就包括欧美新批评，而勒内·韦勒克与奥斯汀·沃伦的《文学理论》在我国那个特定的历史时期影响尤其深刻。

我们知道，20世纪初的西方，当文学作为社会历史事件的反映或作家身世生平的演义被发掘索隐，或作为妙不可言的审美对象被人言人殊印象式地欣赏时，俄国形式主义起而大声疾呼“文学性”，呼吁批评家不要在远离文学的地方看文学，而是要贴近作品本身，通过对真正生成“文学性”的种种写作技巧和手法的分析，对文学作品做出正确的批评判断。紧接着于20世纪30年代的美国，出现了著名的“新批评”。新批评从本体论和方法论上进一步发展了俄国形式主义的批评观，认为文学作品像一个浑圆的苹果，是一种自足的客观存在，应在细读作品的基础上，分析对象的“语言、结构、意象”，从而把握到本来就存在于作品肌理中的那种“文学性”。对于厌倦了或大而无当或浮泛感性的社会的、传记的、印象的批评文字的读者来说，新批评的一套系统的文学本体论和扎实绵密、操作性强的作品分析方法，确实让人有“到家”的感觉。于是，新批评成了后来许多年里最重要的一种批评理论和方法，广泛占领了西方大学的讲坛。

勒内·韦勒克与奥斯汀·沃伦的《文学理论》提出了文学的“外部研究”和“内部研究”的方法问题。作为新批评理论家，韦勒克与沃伦研究的重点自然不在文学的“外部研究”，而在于文学作品的存在方式；文体和文体学等文学的“内部规律”。又由于新批评通常面对的是诗学问题，他们的研究对象主要是欧美传统的诗歌，因此谐音、节奏、格律乃至意象、隐喻、象征等都成了他们关注和研究的重点。尽管如此。新批评理论家也没有否定文学的“外部研究”。文学和社会、文学和思想、文学和其他艺术的关系等并没有被他们排斥在文学研究之外。从整个西方文艺思潮的发展历史更是不难看出，后来的新历史主义、女权主义、后殖民主义、新马克思主义都采用了“外部研究”的方法。在《文学理论》中，作者明白地指出：“文学是一种社会性的实践，它以语言这一社会创造物作为自己的媒介。”“文学的产生通常与某些特殊的社会实践有密切的联系……”①问题在于我国学者出于对“文学为政治服务”“文学从属于政治”的反思，却过多地注意了文学的“内部规律”，过多地注意了文学的审美自律，甚至将文学与社会的关系、作家的思想倾向等文学的“外部研究”都误认为是庸俗唯物主义和机械反映论而加以抛弃。其实，我国理论界对新批评虽然不陌生，但对其研究却是很不够的，新批评的很多重要的代表作如《理解诗歌》《理解戏剧》等，国内至今没有中译本。这使众多文学研究者难得一窥新批评的全貌，大部分人认识新批评的方式只能是间接的，遑论掌握其理论方法的精髓，用之于当下文学批评实践。在评介方面，由于评介文章具有很强的概括性和主观性，难免以偏概全。由于对新批评存在种种“误读”，一个时期以来，马克思主义文艺理论由于关注人们的精神活动与历史的关系，也被划入了“外部研究”的范畴。但形式主义方法并不能解决文论的所有问题，文学研究也决非“审美”所能涵盖。当我国的文论在沿着俄国形式主义、新批评等各种形式主义方法走过20来年后，理论界终于又发现：原来形式主义方法并不能解决文论的所有问题，沿着这条路径走下去我们甚至失去了自己的理论话语。

从历史上看，我们注意到，当西方文论热衷于对文艺进行内部规律研究的时候，中国文论恰好把对文艺的外部规律的研究推向了极端，以至产生庸俗社

① [美]勒内·韦勒克、奥斯汀·沃伦：《文学理论》，刘象愚等译，江苏教育出版社2005年版，第100页。

会学的弊病；当中国文论倾心于对文艺的内部规律进行研究的时候，西方文论又开始突破文本主义文论和形式主义文论的局限，向社会、历史和人生开放，极大地拓展了文艺外部规律的研究。半个多世纪以来，中国文论的研究重心常常发生明显的错位。当下，当代中国的文艺理论家们又紧跟着当代西方学者的脚步，沿着文化研究的路径，从对文艺的内部研究走向对文艺的外部研究。20 世纪的西方文论出现了两次重大的“转向”：一次是深入内部研究的语言转向，一次是开拓外部研究的文化转向。至于其他转向，多得难以描述。现当代西方文论总是像“走马灯”似的不断地变换着，最终却往往以自身的“失语”告终。

自 20 世纪 80 年代以来，中国大地上发生了翻天覆地的巨变，伴随着历史的转型，中国当代文坛进入了一个沸沸扬扬、纷纷扰扰的时期。特别是西方各种社会文化思潮的涌入、移植和引进，对中国当代文论的格局，产生了重大的影响。仅仅 20 年，中国学术界几乎走过了西方文论近一个世纪的学术历程。现当代西方各种文艺思潮、批评模式、文艺观念、文艺思想都得到了不同程度的展示和演练，经过一定程度上的本土化过程，出现了一些发育不甚成熟的中国版。中国当代文论的结构正在发生重组与新变，最值得关注的是马克思主义文艺学面临着严峻的冲击与挑战，遭遇到前所未有的所谓“祛魅化”运动的磨砺和考验。然而各种理论资源和学术思想的碰撞、对话与竞争，只能给科学的文艺理论的发展提供开拓创新的动力和契机，通过承接和吸纳一切有益的、合理的思想因素，来丰富和优化自己。事实表明，经历了新变的马克思主义文艺学仍然焕发着旺盛的生命力。这不是偶然的，是由马克思主义文艺学自身的学理优势所决定的。

马克思主义文艺学具有博大的宏观性质与开放的多维视野。马克思主义文艺学的基本原理和理论体系主要是从现实主义文艺现象中总结、提炼、概括出来的。强调文艺与现实的关系，以真为基础，尽可能地求得真、善、美的和谐统一，是马克思主义文艺学追求的审美理想和价值目标。

马克思主义文艺学重视和尊重文本存在，运用“美学观点”“人学观点”和“史学观点”对作家作品进行审美的、人文的和社会历史的解读，形成了一种比较严谨的理论系统。马克思主义的文本理论是与文本包含着的审美因素、人文因素和社会历史因素有机相连的，不同于西方封闭的文本主义文论；从“美学观点”看文艺，认为美学因素作为文本的审美特性，负载着一定的人文因素和社会历史因素，有别于西方的纯粹的审美主义文论；从“人学观点”看文艺，认为作品中的人文因素是通过具有审美特性的文本表现出来的，作为历史的人与人的历史发生着不可分割的联系，从而与西方的那些具有疏离社会历史倾向的人本主义文论大异其趣；从“史学观点”看文艺，认为作品中的社会历史因素同样是通过具有审美特性的文本表现出来的，作为人的历史必然同历史的人构成一个有机的整体，从而与那种“只见物不见人”的庸俗社会学、庸俗历史学和庸俗政治学划清了界限。

马克思主义文艺学把对文本的美学研究、人学研究和史学研究融为一个有机的整体，从而实现文艺学的美学精神、人文精神和历史精神的和谐统一。与此相联系，还尽可能地把对文艺的外部规律研究和对文艺的内部规律研究结合起来。马克思在《德意志意识形态》中阐述自己的历史观时说：“这种历史观就在于：从直接生活的物质生产出发来阐述现实的生产过程，把同这种生产方式相联系的、它所产生的交往形式各个不同阶段上的市民社会理解为整个历史的基础，从市民社会作为国家的活动描述市民社会，同时从市民社会出发来阐明意识的所有各种不同的理论产物和意识形式，如宗教、哲学、道德等等，而且追溯它们产生的过程。……这种历史观和唯心主义历史观不同，它不是在每个时代中寻找某种范畴，而是始终站在现实历史的基础上，不是从观念出发来解释实践，而是从物质实践出发来解释各种观念形态，……”。①马克思的这些论述为我们研究文艺问题，特别是研究当下问题提供了重要的参照。

我们要借鉴西方文艺思潮和西方文艺理论的有益养分，但我们更要关注近几十年来中国文学发展的新现实、新思潮、新特点、新问题，理论是实践的产物，具有很强的现实性。正如马克思在《〈黑格尔法哲学批判〉导言》中所说：“理论在一个国家实现的程度，总是决定于理论满足这个国家的需要的程度。”②我们的文艺理论理应关注当下丰富的创作实践，为解决当下问题提供思想方法。

马克思主义文艺理论中国化，说到底就是要使马克思主义文艺观在同中

① 《马克思恩格斯选集》(第一卷)，人民出版社 2012 年版，第 171—172 页。

② 《马克思恩格斯选集》(第一卷)，人民出版社 2012 年版，第 11 页。

国以至世界文学运动结合的过程中，实现它的“当代性”和“中国化”，换句话讲，应该成为当代马克思主义——有中国特色社会主义理论的一个有机组成部分。“自由不在于幻想中摆脱自然规律而独立，而在于认识这些规律，从而能够有计划地使自然规律为一定的目的服务。”①意志的自由只是借助于对事物的认识来做出决定的那种能力。文学理论的“自由王国只有建立在必然王国的基础上，才能繁荣起来。”②那么从学科建设的目标出发，为了使有中国特色马克思主义文艺学的理论形态更加完整，至少应该着重如下问题的研究：

第一，拓展和深化马克思主义文艺理论基本问题的研究。

从20纪初开始，我国文艺理论界在不断引进西方学术思想和文艺理论包括马克思主义及其文艺理论的大背景下，经历了从中国传统文论到现代文论的历史性转型。百年中国文艺理论的发展经历了持续不断的观点和学派之间的斗争，既有传统与现代的论争，也有唯心主义与唯物主义的论争，还有唯美主义与非唯美主义的论争，更有马克思主义与反马克思主义以及马克思主义学者左、右倾观点与正确观点的论争。应该说，所有以上的论争都程度不同地促进了文艺理论的变革。在新的世纪，当我们面对全球化的语境，面对信息社会的到来和高科技的迅猛发展，也面对市场经济下文艺的新的实践和文化产业的蓬勃兴起，开展马克思主义文艺理论基本问题的研究是必不可少的，这是学科发展的基础。当代马克思主义文艺学正面对来自多方面的挑战，而中国社会主义市场经济的迅速发展也出现了一系列的文艺新问题，如何运用马克思主义文艺理论来分析和解决今天我们所遭遇的丰富多彩的现实问题，对马克思主义文艺理论不仅要继承而且有新发展，这些都需要基础理论的学理支撑。

第二，拓展和深化意识形态理论与文艺学关系的研究。

市场经济的崛起，后现代主义文化现象与潮流的袭来，迫使我们需要对文艺意识形态视角的考察提出某些新的课题。意识形态并未消失，但许多文化现象似乎从表面上消解了从某一特定经济基础和社会阶级、阶层关系中寻求单纯适应性的分析模式。卢卡契较早地意识到这一点，他认为意识形态至少

---

① 《马克思恩格斯选集》(第三卷)，人民出版社2012年版，第491页。

② 《马克思恩格斯文集》(第七卷)，人民出版社2009年版，第929页。

可以有两种含义：一是传统上的理解，即由某种状况决定的意识；一是“在某种对现实作了变形反应的意义上来理解”①。在揭示晚期资本主义的全民消费倾向时，他预言“社会生活中的这种区别的逐渐消失迟早会导致一种意识形态上的变化”。②他极力张扬“总体性”理论，认为马克思主义与资产阶级思想的根本分歧并不在于从历史来解释经济动机的首要作用，而在于总体性的观点。总体性范畴，总体之于部分的完全至高无上的地位，这是马克思从黑格尔那里汲取的方法论的精华，并把它出色地改造成一门崭新学科的基础。他认为：当资本主义的体系本身不断地在越来越高的经济水平上生产和再生产的时候，物化的结构逐步地、越来越深入地、更加致命地、更加明确地沉浸到人的意识当中。法兰克福学派的重要人物阿多诺曾说：商品已经成为它自己的意识形态。这句话的含义是指出意识形态的变化。阿尔都塞甚至绝对地认为“意识形态根本不是意识的一种形式，而是人类‘世界’的一个客体，是人类世界本身”。③这样一来，意识形态变得越发不安分和不稳定，它渐次地向着政治上层建筑和其他非上层建筑的结构渗透，时至今日，就连科学技术、生产力和生产关系等经济基础乃至物质性的东西也都具有了意识形态的功能。

美国学者杰姆逊在针对“后工业社会”文化做意识形态分析时，也坚持指出：“我们现在已经没有旧式的意识形态，只有商品消费，而商品消费同时就是其自身的意识形态，现在出现的是一系列行为、实践，而不是一套信仰，也许旧式的意识形态正是信仰。”④按说，杰姆逊是承认“意识形态理论是马克思对异化的认识中一个不可缺少的组成部分，同时也是马克思主义对意识分析和文化分析最有独创性的贡献之一”⑤的。面对“后现代主义”文化现象，他们的意识形态考察视角也在发生移动。霍克海姆、阿多尔诺认为“艺术的要求，始终

① [匈牙利]卢卡契：《卢卡契谈话录》，龙育群、陈刚译，湖南文艺出版社 1991 年版，第 32 页。

② [匈牙利]卢卡契：《卢卡契谈话录》，龙育群、陈刚译，湖南文艺出版社 1991 年版，第 80 页。

③ [法]路易·阿尔都塞：《保卫马克思》，顾良译、杜章智校，商务印书馆 1984 年版，第 203 页。

④ [美]弗雷德里克·杰姆逊：《后现代主义与文化理论——弗·杰姆逊教授讲演录》，唐小兵译，陕西师大出版社 1987 年版，第 23 页。

⑤ [美]弗雷德里克·杰姆逊：《后现代主义与文化理论——弗·杰姆逊教授讲演录》，唐小兵译，陕西师大出版社 1987 年版，第 198 页。

也是意识形态的要求”，但同时也认为，在今天，“技术上的合理性，就是统治上的合理性本身。”①

意识形态的“转型”理论，有特定的时代规定性，其论述也不乏某种偏颇。但它在对意识形态泛化的理解中，对我们依据变化了的时代条件延展和充实意识形态学说的某些原理，认识社会主义文化市场的规律，回答一些反常的文化艺术现象——所谓“善恶无界”“抛弃信仰”“消弥深度”“削平价值”“零度写作”“消费至上”“感官刺激”以及“艺术即商品”等，是有启示意义的。社会主义市场经济体制下，文化市场和文艺创作可能出现一些新的规则和规律，社会变革和体制转化过程中也可能发生意识形态重构。我们研究意识形态“转型”与文艺的关系，对建设当代的马克思主义文艺理论体系具有重要意义。

第三，拓展和深化社会主义文学特征及其规律的研究。

无论从哪个角度上讲，这对建设有中国特色的马克思主义文学理论都是至关重要的。文学原理有普遍性的一面，也有时代、国别、民族的特殊性一面。社会主义文学的性质，初级阶段社会主义文学的性质，它们的美学属性、风格特点，它们在创作方法上的追求，在流通消费领域新供求关系的机制，以及它们已经建立和应该建立的一套范畴、概念，始终没有十分清晰地表述出来。我们要建立中国特色的马克思主义文学理论，而这个“中国特色”的题中应有之义就是对符合中国国情的社会主义文学的诸种规定。离开了社会主义文学特征的研究，也就在本质上离开了理论的“中国特色”，因为今天中国在世界文化格局中的位置，正是以高扬社会主义的旗帜为其标志的。离开了对社会主义文学规律的探讨，建构当代马克思主义文艺学在中国也就失去了特有的对象和现实的依托。文学理论的“中国特色”包含着比“民族化”更为深广的内涵。现阶段，文学理论要把“中国特色”呈现出来，重要的、甚或可以说最重要的，就是必须能体现和回答出社会主义制度下中国人民应有和可能有的艺术风尚和价值准则。从严格的学科意义上讲，马克思主义文艺学只能包括而不能代替社会主义文艺学，后者应是前者的一个组成部分。因此，要想建设有中国特色的马克思主义文学理论体系，必须总结和概括正反两个方面社会主义文学的

① [德]马克斯·霍克海姆、特奥多·威·阿多尔诺：《启蒙辩证法——哲学片段》，洪佩郁、蔺月峰译，重庆出版社1990年版，第122页及第113页。

基本经验和教训，这是一笔不可多得的理论财富。

呈现在青年朋友们面前的李志雄教授的《马克思主义文艺理论》正是这些年对上述问题研究与正面回应的一本力作，该书拓展和深化了马克思主义文艺理论基本问题的研究，并在此基础上拓展和深化了社会主义文学特征及其规律的研究。众所周知，马克思主义经典作家并没有给我们留下一部完整的文艺理论著作，马克思主义文艺理论均散见于经典作家的其他论著、书信笔记中。苏联学者里夫希茨及我国前辈学者都曾做过大量文献整理，尽管如此，仍不足以体现马克思主义文艺理论的全貌，仍需后学们不断加以完善，如卢卡契所言，建立马克思主义文艺理论与美学理论体系也许是几代人的事业。与以往众多的教材乃至研究著作不同的是，志雄教授不仅长期从事马克思主义文艺理论研究与教学，更有良好的西文基础，全书八个章节均有马克思主义经典作家的“原典摘录”，这就避免了众多同类教材“我注六经”的写作方式，使书中所有论述都建立在坚实的文献基础之上。该书既秉持了文学理论诸如认识论、方法论、创作论、审美论等一般写作方法，更兼顾了实践论、创新论、未来论等宽广视阈。更为可贵的是，由于作者学贯中西，许多艰涩的经典论述都在一些旁征博引的论述中被清晰地表达出来了。与此同时，志雄教授并没有回避问题，有些经典论述，如列宁的“齿轮与螺丝钉”，在当下要给出一个令人信服的解释并不容易，志雄教授用“文艺的实践活动，是融动态和静态的有机统一，是驱动性与加固性的有机统一”加以解释，并引用鲁迅的幽默杂文加以说明，不失为智慧的手笔。这部既具有理论积淀，又关注当下问题的专著，对青年学生而言是很好的入门之作。

是为序。

马　驰

2021年元旦于上海社会科学院

（作者系全国马列文艺论著研究会副会长，全国毛泽东文艺思想研究会副会长，上海社会科学院研究员。）

目 录

序　马克思主义文艺理论要积极回应当下问题 / 001

第一章　马克思主义文艺理论的学科性质 / 001
原典摘录　马克思:“艺术是意识形态的形式” / 001
第一节　文艺学学科的理论性 / 004
一、马克思主义与文艺 / 005
二、总结性与规律性 / 007
第二节　马克思主义指导的科学性 / 019
一、客观真实性 / 020
二、人文历史性 / 025
第三节　审美意识形态性 / 028
一、革命艺术性 / 029
二、文艺导向性 / 033
术语阐释 / 040

第二章　马克思主义文艺认识论 / 042
原典摘录　列宁:“托尔斯泰是俄国革命的镜子” / 042
第一节　马克思主义文艺认识客体 / 045
一、客观世界 / 045
二、社会历史 / 053
三、人类心灵 / 060
第二节　马克思主义文艺认识主体 / 064
一、作家与艺术家 / 064
二、读者与批评家 / 068
第三节　马克思主义文艺认识载体 / 071

一、文学作品 / 072
二、艺术作品 / 077
术语阐释 / 082

第三章　马克思主义文艺方法论 / 085
原典摘录　　恩格斯:“最高的标准” / 085
第一节　马克思主义文艺比较方法论 / 088
一、历史唯心主义与历史唯物主义的文论 / 088
二、形而上学唯物主义与辩证唯物主义的文论 / 093
第二节　马克思主义文艺概念分析论 / 100
一、“莎士比亚化” / 101
二、“席勒式” / 108
第三节　马克思主义文艺批评方法论 / 116
一、跨学科的批评方法论 / 117
二、美学和史学观点的批评标准 / 122
术语阐释 / 131

第四章　马克思主义文艺创作论 / 133
原典摘录　　马克思:“艺术生产” / 133
第一节　马克思主义文艺创作动因论 / 135
一、外在动因 / 135
二、内在动因 / 140
第二节　马克思主义文艺创作过程论 / 146
一、对象化 / 146
二、自然而然 / 149
第三节　马克思主义文艺创作成就论 / 152
一、高不可及的范本 / 152
二、现实主义的最伟大胜利 / 155
术语阐释 / 161

第五章　马克思主义文艺审美论 / 164
原典摘录　　马克思:"美的规律" / 164
第一节　马克思主义审美反映论 / 169
一、形象显示 / 169
二、艺术真理 / 174
第二节　马克思主义审美情感论 / 178
一、创作激情 / 178
二、批判精神 / 182
第三节　马克思主义审美理想论 / 186
一、人化与自然 / 186
二、审美乌托邦 / 187
术语阐释 / 189

第六章　马克思主义文艺实践论 / 191
原典摘录　　毛泽东:"亲口吃一吃梨子" / 191
第一节　马克思主义文艺的服务对象 / 192
一、为千千万万劳动人民 / 192
二、人民是文艺工作者的母亲 / 198
第二节　马克思主义文艺的功用形态 / 200
一、"齿轮"和"螺丝钉" / 200
二、文化的军队 / 207
第三节　马克思主义文艺的实施策略 / 214
一、"双百"方针 / 215
二、"深入"与"身入" / 217
术语阐释 / 219

第七章　马克思主义文艺创新论 / 222
原典摘录　　布洛赫:"马克思主义的盐味" / 222
第一节　布洛赫的"前貌似美学" / 224
一、"未然"与"希望" / 227

二、具体乌托邦 / 232
第二节　杰姆逊的“认知图绘论” / 236
一、帝国都市与种族阶级 / 239
二、历史经典与现实错位 / 245
第三节　伊格尔顿的“文学事件论” / 252
一、再探文学本质 / 253
二、解密“文学事件” / 259
术语阐释 / 270

第八章　马克思主义文艺未来论 / 273
原典摘录　马克思、恩格斯:“世界的文学” / 273
第一节　马克思主义文艺的融合发展 / 275
一、文艺与科学 / 275
二、文艺与人类学 / 277
第二节　马克思主义文艺的趋势走向 / 279
一、不自觉与不平衡 / 279
二、波浪式推进与螺旋上升 / 283
第三节　马克思主义文艺的长远影响 / 286
一、文艺影响力 / 287
二、文化软实力 / 290
术语阐释 / 294

后记 / 296

第一章 马克思主义文艺理论的学科性质

原典摘录

马克思:“艺术是意识形态的形式”

“人们在自己生活的社会生产中发生一定的、必然的、不以他们的意志为转移的关系,即同他们的物质生产力的一定发展阶段相适合的生产关系。这些关系的总和构成社会的经济结构,即有法律的和政治的上层建筑竖立其上并有一定的社会意识形式与之相适应的现实基础。物质生活的生产方式制约着整个社会生活、政治生活和精神生活的过程。不是人们的意识决定人们的存在,相反,是人们的社会存在决定人们的意识。社会的物质生产力发展到一定阶段,便同它们一直在其中运动的现存生产关系或财产关系(这只是生产关系的法律用语)发生矛盾。于是这些关系便由生产力的发展形式变成生产力的桎梏。那时社会革命的时代就到来了。随着经济基础的变更,全部庞大的上层建筑也或慢或快地发生变革。在考察这些变革时,必须时刻把下面两者区别开来:一种是生产的经济条件方面所发生的物质的、可以用自然科学的精确性指明的变革,一种是人们借以意识到这个冲突并力求把它克服的那些法律的、政治的、宗教的、艺术的或哲学的,简言之,意识形态的形式。我们判断一个人不能以他对自己的看法为根据,同样,我们判断这样一个变革时代也不应以它的意识为根据;相反,这个意识必须从物质生活的矛盾中,从生产力和生产关系之间的现存冲突中去解释。无论哪一个社会形态,在它所能容纳的全部生产力发挥出来以前,是决不会灭亡的;而新的更高的生产关系,在它的物质存在条件在旧社会的胎胞里成熟以前,是决不会出现的。所以人类始终只提出自己能够解决的任务,因为只要仔细考察就可以发现,任务本身,只有在解决它的物质条件已经存在或者至少是在生成过程中的时候，才会产生。”①

以上这段选文出自1859年马克思所写的《〈政治经济学批判〉序言》，在这里，马克思阐释和表述了三个方面的重要内涵。其一是社会结构的四层次说，生产力—生产关系—经济基础—上层建筑，他在此处所用的“经济结构”，是“经济基础”的另一称法。在马克思主义政治经济学看来，社会的梯层结构中，越往上进展，其形态越抽象。反之，越往下进深，其形态越具体。其二是历史唯物主义的观点，在明确了社会的四层结构后，紧接的问题是，社会是如何发展的？有的说是社会制度决定的，有的说是思想观念决定的，等等，这类说法相互之间有一定的联系，但都没有从根本上，从哲学的理论高度来彻底地回答这个问题。正如马克思恩格斯在《德意志意识形态》中所回答的：“人们是自己的观念、思想等的生产者，但这里所说的人们是现实的、从事活动的人们，他们受自己的生产力和与之相适应的交往的一定的发展——直到交往的最遥远的形态——所制约。……德国哲学从天国降到人间；和它完全相反，这里我们是从人间升到天国。这就是说，我们不是从人们所说的、所设想的、所想象的东西出发，也不是从口头说的、思考出来的、设想出来的、想象出来的人出发，去理解有血有肉的人。我们的出发点是从事实际活动的人，而且从他们的现实生活过程中还可以描绘出这一生活过程在意识形态上的反射和反响的发展。……不是意识决定生活，而是生活决定意识。”②生活就是存在，存在必定反映出生活。马克思主义对社会发展的考察，紧紧把握生产力这个最根本、最基础和最深层的东西，脱离了它，其余的一切都无从落实和实行，这是一种彻底的唯物主义观点。但除了彻底的唯物主义，马克思主义还倡导彻底的历史主义，即对人的本质的彻底把握。人是能动的，能去改变世界的，能日益创新求变的，具有越来越高级精神的存在者，这样的“万物之灵长和天地之精华”，其根基不在心灵，也不在神灵，而在于一种现实性，一种创造社会，从而创造历史所形成的人的必然性。在这种必然性面前，黑格尔为代表的客观唯心主义哲学不堪一击，费尔巴哈为代表的机械唯物主义似是而非，正如马克思所一针

① 《马克思恩格斯选集》(第二卷)，人民出版社2012年版，第2—3页。
② 《马克思恩格斯选集》(第一卷)，人民出版社2012年版，第152页。

见血地指出的："费尔巴哈把宗教的本质归结为人的本质。但是，人的本质不是单个人所固有的抽象物，在其现实性上，它是一切社会关系的总和。"①因此，在马克思主义看来，人的本质虽是一个抽象的概念，但其包含的内容是十分丰富的，它是一切社会关系的总汇，如家庭关系、朋友关系、师生关系、雇佣关系、劳动关系、销售关系、人事关系、组织关系等比较具体的关系；还有政治关系、法律关系、哲学关系、道德关系、宗教关系和文艺关系等比较抽象的关系，一言以蔽之，意识形态的关系。

承上关于马克思所阐释和表述的第三个重要内涵是，文艺（他在此处用的是"艺术"一词）是一种意识形态的形式。尽管意识形态是很复杂的理论范畴，自从特拉西创制出这个概念以来，人们一直对它争论不休。但马克思主义关于意识形态的内涵还是很明确的。马克思恩格斯写出过《德意志意识形态》的名篇，他们除了从社会生产来论述思想观念生产的基础和发展历程，还特别重视从宗教批判中确立正确的思想观念。"马克思在宗教立场上对基督教持批判的态度，其批判的核心是针对基督教成为资产阶级的意识形态，成为资产阶级奴役无产阶级的意识形态工具。就如同恩格斯所揭示的，基督教在中世纪成为封建统治阶级的'神学辩护士'，延续到近现代后，它又成为资产阶级的主导意识形态。尽管基督教产生时还是被压迫的宗教，但后来成为罗马帝国的国教，经过近两千年的发展，它以强大的扩张性和敏捷的适应性，逐渐成为西方社会的主流意识形态。从奴隶社会到封建社会再到资本主义社会，基督教与各历史时期的统治阶级的联姻是有目共睹的。尽管基督教也不全部就是资产阶级的主流意识形态，它还有着一定的人民性，具有广泛的信众基础；它也还有一定的革命性，德国历史上的宗教改革导致的闵采尔农民起义、当代拉美盛行的解放神学等便是明证。但就马克思所倡导的无产阶级革命，要推翻资产阶级的私有制，最终建立共产主义理想社会而言，马克思与基督教在宗教观上是尖锐对立的。"②基于这样的思想背景和宗教批判，我们对马克思主义的意识形态理论范畴的理解，就要辩证地把握其丰富内涵，正如英国马克思主义文艺理论家雷蒙德·威廉斯所指出的，马克思主义关于意识形态有三

① 《马克思恩格斯选集》（第一卷），人民出版社 2012 年版，第 135 页。

② 李志雄：《基于马克思及其文化的文学研究》，河南大学出版社 2017 年版，第 153—154 页。

重内涵：

> (1)"意识形态"是指一定阶级或集团所特有的信仰体系；
>
> (2)"意识形态"是指一种由错误观念或错误意识构成的幻觉性的信仰体系，这种体系同真实的或科学的知识相对立；
>
> (3)"意识形态"是指生产各种意义和观念的一般过程。
>
> ……第三种含义……旨在说明意识形态的过程——即意义和观念的生产——是被视做一般性和普遍性的。而意识形态既指这一过程本身，也指研究这一过程的那种领域。于是，与第一种含义和第二种含义相关的种种立场观点就都成了马克思主义意识形态研究的课题。①

由此可见，马克思主义认为文艺是一种意识形态的形式，这表明了文艺的最基本性质。而意识形态是抽象性的，文艺便是这抽象性形态组中的一员。文艺学，关于什么是文艺的一门学科，因其对象本身就是抽象性的，尽管也可以还原为具体性的，去研究这个对象，显然，文艺学是理论性的学科。进而，以马克思主义为指导去研究文艺学，并形成马克思主义文艺理论，自然也是理论性的学科。关键是，法律、政治、宗教和哲学也是意识形态的形式，文艺如何与它们区分开来呢？这在马克思主义看来，文艺却是审美意识形态性的，即通过艺术审美，文艺可以反映出立场性和阶级性，可以体现出科学性和批判性，可以呈现出艺术生产和艺术消费之间、文艺创作和文艺接受之间的辩证关系，由是，我们有关于马克思主义文艺理论概述的三个方面：文艺学学科的理论性，马克思主义指导的科学性，审美意识形态性。

第一节 文艺学学科的理论性

马克思主义文艺理论，就其学科性质来讲，是文艺学学科，是一门理论性的学科，是对文学与艺术的理论总结和规律把握。实际上，马克思主义对文艺

① [英]雷蒙德·威廉斯：《马克思主义与文学》，王尔勃、周莉译，河南大学出版社2008年版，第58—59页。

理论的问题是非常关注和重视的，虽然马克思和恩格斯本人都不是以文艺理论为专业的学者和理论家，但作为革命家和思想家，他们在进行革命运动和思想斗争时，将文艺作为武器来为革命事业和工人运动服务。由此，他们对文艺理论的阐释、探究和创新等，都蕴含革命使命和思想变革的重要意义，也因此有着对文艺理论的总结，如关于文艺史发展中的“艺术生产”；还有着对文艺美学理论规律的把握，如关于艺术劳动中如何符合“美的规律”。由此，探讨马克思主义文艺理论的学科性质，它作为文艺学学科的重要一支，涉及马克思主义与文艺的密切关系，以及它在文艺理论方面所做出的总结和探究出的规律。

一、马克思主义与文艺

马克思主义是关于全世界无产阶级和全人类彻底解放的学说，创立于19世纪40年代，是马克思和恩格斯批判性继承和创新性发展了人类以往人文科学、社会科学乃至自然科学优秀成果的基础上而形成的，并在实践中不断地丰富和完善的无产阶级思想的科学体系。尽管一般来说，人们认为它由马克思主义哲学、马克思主义政治经济学和科学社会主义三大部分组成，似乎马克思主义与文艺没有什么关系。但实质上，马克思主义不但与文艺有关系，而且是有着密切的关系。从科学的角度来说，科学的词义可理解为“分科而学”，其所用方法为分类法，将知识细分为各类学科。由此，将马克思主义划分为哲学、政治经济学和科学社会主义三个大的科学门类，是一种大致和粗略的分类，并不能精准划分其中的一切，如马克思和恩格斯就是在哲学、政治经济学和科学社会主义中，有很多对文艺的论证和阐释，如此，这样的知识要归到哪里去呢？当然最终是要归到文学或艺术类中去，只是因为马克思主义中很多的知识都是相关的和相互联系的，而马克思主义哲学、政治经济学和科学社会主义是确定性的知识体系，人们还不会死板到硬要把那些文学或艺术的知识贴上属于它们自身学科的标签。进而，科学是尊重客观事实的，以实际情况来应对人和事，不能无视真情实况，更不能弄虚作假。例如，马克思本人在青年时代就创作了大量的诗歌，这样的活动属于文学创作，这样的诗歌属于文学作品，仅此一例，足以说明马克思主义与文艺有关系。因而，那种认为马克思主义与文艺没有关系的说法是站不住脚的。

从辩证的角度来说，马克思主义还与文艺有着密切的关系。所谓辩证的角度，实质上是从哲学上的辩证法来看待此问题。“辩证法是关于世界发展和普遍联系的学说，是与形而上学相对立的世界观和方法论。……辩证法用联系的、发展的、全面的观点即矛盾的观点来看世界，认为世界上一切事物和现象都是互相联系、互相制约的，整个世界是一个有机联系的整体；一切事物和现象都是运动的、变化和发展的，是从低级到高级、从简单到复杂的过程；一切事物和现象联系和发展的实质是在于自身的矛盾性，矛盾是事物发展变化的动力和源泉。”①以联系的观点来看，马克思主义与文艺是有着密切关系的。从本章的原典摘录中就可以知道，马克思是将艺术（他在此实质上是泛指文艺）视为意识形态的形式中的一种，而他此处所探讨的是政治经济学问题，他正是以联系的观点，从研究政治经济学中，探究到了文艺的最基本属性，既然探究出的是最基本的属性，不能不说在此问题上，马克思主义与文艺有着密切联系。以发展的观点来看，马克思和恩格斯从来都不会以一种机械和静止的观点，也即一种形而上学的方式，来对待文艺的发展。他们认为，文艺的发展内在于自身的矛盾性，既对立又统一的运动，外在于社会历史条件的影响，由此所导致的“艺术生产”，呈现出与社会的物质生产之间的不平衡性发展（关于此问题我们将在第四章中详细论述），而此种不平衡性的发展，正是“艺术生产”的一种特性。马克思也是在研究政治经济学时探究出文艺的这个属性。既然是文艺的属性，不能不说是对文艺规律的一种揭示，也再次验证马克思主义与文艺有着密切关系。以全面的观点来看，马克思主义是渊博的知识宝库和深厚的思想体系，无论是它的容量，还是结构，或是内容，或是形式，等等，它们中都不缺乏关于文艺的论证和阐释，如“美的规律”“莎士比亚化”“现实主义的最伟大胜利”等概念或范畴，而这些正是关于文艺理论的，由此，马克思主义与文艺有着密切关系。

马克思主义与文艺有着密切关系，不仅是一种跨学科的知识关系，如马克思主义哲学对文艺学有着总体性的指导；也不仅是一种跨历史的文化关系，如马克思主义对古希腊文艺思想的继承和发展；也还不仅是一种跨国别或民族的应用关系，如可将马克思主义应用于中国文学创作和批评的实践活动中；而更是一种具有内在性联系的理论关系，即马克思主义与文艺的密切关系，形成

① 刘延勃、张弓长、马乾乐、张念丰主编：《哲学辞典》，吉林人民出版社1983年版，第713页。

了马克思主义文艺学学科，由此建构出马克思主义文艺理论。大致说来，就有了马克思主义文艺认识论、方法论、创作论、审美论、实践论、创新论和未来论几个部分。那么，它们是怎么得出来的？它们具有什么性质呢？

二、总结性与规律性

显然，马克思主义文艺理论，并不是凭空而得出来的，而是通过文艺实践活动特别是文艺批评活动而得出来的。例如马克思在对斐·拉萨尔的历史悲剧《弗兰茨·冯·济金根》进行艺术批评时，提出了现实主义创作原则"莎士比亚化"的重要范畴；恩格斯对玛·哈克奈斯的社会主义倾向小说《旧人与新人》进行文艺评价时，论述了"现实主义最伟大胜利"的现象和实质；列宁在对列夫·托尔斯泰的文学成就进行评价时，指出"托尔斯泰是俄国革命的镜子"；而毛泽东《在延安文艺座谈会上的讲话》中，则更是论述了文艺源泉、创作、批评等方面的问题。以此可见，马克思主义者对文艺的论述，确实是从文艺活动中所总结出来的，是在审美体验和艺术经验等方面的科学总结，也是在文艺创作和艺术批评等方面的理论提升。作为革命领袖，他们站在时代的前列，面对现实困境，为解决社会棘手问题而积极斗争和勇于实践，而文艺成为其中的阵地和战场。由于这样的革命性和实践性，他们对文艺的论述是丰富深刻的，其见解是高瞻远瞩的，其总结也是科学有效的，并进而形成马克思主义文艺理论。

如果说马克思主义者对文艺理论所做的总结是明显的，那么，这样的总结也是有他们自身的文艺实践经验为基础的，不过这样的经验都成为隐性的存在。试想，关于游泳的理论，没有游泳实践经验的人肯定是总结不好的，因为那都是空想而来的。而马克思主义者都是"游泳者"，都在不同程度上是文艺的实践者，不是文艺的口头理论家。青年马克思是一位才华横溢的诗人，他在诗里善于表达由衷的喜悦和深重的痛苦等情感，试以两首为例：

致燕妮
十四行诗

……

燕妮这名字——个个字母都神奇！

它的每个音响都使听觉着了迷，
它的音乐，借助金弦三角琴
委婉的音响，随处都向我唱吟，
像玄妙的神话里的善神，
又宛如春夜月色荡波心。
……
我能够把千卷万册的书
写满你的名字，不计页数。
愿思念的火焰在里面呼呼燃烧，
愿意志和行动的喷泉涌流滔滔。
愿生活的永恒面目显露，
而整个幻想的境界现出，
愿其中闪耀天国无穷的光辉，
众神的欢乐，还有人间的苦味。①

创　作

多么炽热呵，创作的火焰，
它从你的胸口向外蔓延，
我的心很快就和这情火
熔化在一起汇成一片。
情火响起金竖琴的声音，
给心头的火焰披上柔情的罩衫。

我听到，那遥远的阵阵声浪，
已经汇成一支乐曲在回荡。
我看到，万里长空，金光闪闪，
一忽儿上、一忽儿又下降。
我抑制住我内心的矛盾，

① 《马克思恩格斯全集》(第四十卷)，人民出版社 1982 年版，第 558—559 页。

把快乐和痛苦注入诗章。①

实事求是地说，马克思的诗歌写得很精彩。“就语言的气势和生动来说，马克思可以和德国文学上最优秀的大师媲美。他也很重视自己作品的美学上的协调性，而不像那些浅陋的学者那样，把枯燥无味的叙述看成是学术著作的基本条件。”②如果说，梅林的这个评价，还只是就马克思的文学艺术水平而言所做出的中肯评价，那么，文学对马克思整个一生的学术创造，当然包括对他的文艺理论的影响如何呢？他的文艺理论，离不开他的世界观的制约，而他的辩证唯物主义和历史唯物主义的世界观并不是一开始就形成好的：“……随着他自己的Weltanschauung（世界观）逐步从早期的黑格尔和费尔巴哈混合物中演变出来，他就开始借助文学来证实和提出他的新观点；他认为，在文学或其他艺术中不取得一个牢固的杰出的地位，他在成熟时期要形成一个完整的体系是不可能的；晚年的马克思则经常从文学作品中寻找精神上的支持、游戏的材料、论战的弹药。”③无论是游戏还是论战，实质上都是对他学术创造上的支持，也包括了对他的文艺理论的支持。“就理论而言，萌发了强烈的批评意识和实践精神的马克思诗歌创作，构建成了其文艺理论的经验性和实证性基础。……最关键的是，其诗歌创作中灌注着一种批评意识和实践精神，而这种意识和精神构成了他文艺理论的核心。批评意识说明文艺有认识世界和反思现实的功用，实践精神说明文艺有通过人的活动去改变世界和实现理想的目的，而功用和目的相结合，正是文艺的核心所在，它说明了文艺是什么和为什么。”④可见，马克思关于文艺是什么和为什么的问题，并不是如同那些纯粹思辨性的或以抽象为最高准则的文艺理论家或美学家一样的，他们对文艺的论述，或者根本不涉及别人的文艺创作、阐释和欣赏等具体实践，或者他们本人也根本没有从事或参与过文艺创作、阐释和欣赏等具体实践，即使他们的文艺理论颇具创造性，但从文艺活动和文艺主体的角度来看，还是没有马克思主义

---

① 《马克思恩格斯全集》（第四十卷），人民出版社1982年版，第575页。

② ［德］弗·梅林：《马克思传》（上），樊集译、持平校，人民出版社1965年版，第20页。

③ ［英］希·萨·柏拉威尔：《马克思与世界文学》，梅绍武、苏绍亨、傅惟慈、董乐山译，生活·读书·新知三联书店1980年版，第399页。

④ 李志雄：《基于马克思及其文化的文学研究》，河南大学出版社2017年版，第242页。

文艺理论这般具有实践性。而所有的文艺理论都来源于文艺实践并要经受文艺实践的检验，只有在这样的条件下，文艺理论才具备对文艺实践的指导作用，文艺理论的变革和创新，也必须得到文艺实践的支持和验证，也只有在这样的历程后，文艺理论才能对后来的文艺实践进行指导。

马克思主义文艺理论批评家如何以自身的文艺创作实践经验来指导文艺批评活动，毛泽东是另一个鲜明有力的例证。作为诗人，他对做诗的亲身体验，也成为他对诗歌创作、评价和鉴赏等的审美心理基础和艺术经验积累。作于1962年5月的《〈忆秦娥・娄山关〉的写作背景》一文中，他以郭沫若的口吻，交代了《忆秦娥・娄山关》一词的写作背景，评述了"苍山如海，残阳如血"两句的观景和战事胜利的巧合缘由。"南方好多个省，冬天无雪，或多年无雪，而只下霜，长空有雁，晓日不甚寒，正像北方的深秋，云贵诸省，就是这样。'苍山如海，残阳如血'两句，据作者说，是在战争中积累了多年的景物观察，一到娄山关这种战争胜利和自然景物的突然遇合，就造成了作者自以为颇为成功的这两句话。"①他所描述的"长空有雁，晓日不甚寒，正像北方的深秋"，这些意思浓缩在"苍山如海，残阳如血"两句中，而在此处揭示出来，运用到文艺批评中，特别是针对诗歌的文艺批评，将艺术性和科学性融为一体，亦是非一般评论家可为。

马克思主义文艺理论批评家，正因为自己有着文艺创作的实际经验，才去对他人的文艺创作进行指点评价。1958年3月底到4月初，毛泽东在视察三峡时，梅白陪同在他身边。梅白有感而发，写了一首七绝：

夜登重庆枇杷山

我来高处欲乘风，
夜色辉煌一望中。
几万银灯流倒影，
嘉陵江比水晶宫。

毛泽东看后，颇有兴致，欣然改动如下：

---

① 中央文献研究室编：《毛泽东文艺论集》，中央文献出版社2002年版，第217页。

夜登重庆枇杷山

我来高处欲乘风，
夜色**苍茫**一望中。
百万银灯**摇**倒影，
嘉陵江**似**水晶宫。

实际上，他只改动了梅白诗中的五个字，但读来确实意境不同，有着焕然一新的感觉。为什么呢？他曾笑着对梅白解释说道："'如果把"辉煌"二字'改为'苍茫'，则能显出夜色之动态，为'水晶宫'作伏笔，写得'辉煌'而不那么露。诗贵有含蓄而留有余地。'几万'应改为'百万'，以显示山城新貌；这里应鲜明，而不应含糊。'流倒影'不如'摇倒影'，也是为了显示夜色之动态，也采取对比手法，写出嘉陵江并不是那么平铺直叙的，而是风翻浪卷，以显示嘉陵江之性格。因之，应改'比'为'似'，这又是用虚笔写实。总之，诗贵意境高尚，尤贵意境之动态，有变化，才能见诗之波澜。这正是唐诗以来格律诗之优越性。"①这确实是一段极佳的关于格律诗创作的文艺批评，其核心观点是如何写出意境高远的格律诗。在他看来，一是诗贵显动态，切忌枯燥；二是诗贵有含蓄，切忌全满；三是诗贵用对比，切忌平淡；四是诗贵尚虚实，切忌死板。就文艺批评而言，他实质上对格律诗的意境美做出了评价，而这样的评价，若不是有着丰富的格律诗创作经验，其评价是很难如此精细而有针对性的。

能达到文艺批评的精细而又有针对性，说明马克思主义文艺理论是对文艺实践的科学总结，在这样对文艺活动的总结性的基础上，揭示出文艺活动的规律性。文艺无疑是一种活动，是涉及创作的活动，因而也是一种劳动，主要是精神性的劳动。正如马克思所言，"宗教、家庭、国家、法、道德、科学、艺术等等，都不过是生产的一些特殊的方式，并且受生产的普遍规律的支配"。②如此，人的生产中所包含的像"艺术"这样的活动，不过是一种特殊方式的生产，其特殊性在于：相对于物质性的生产，如种田或造车等，它主要是一种精神性的生产，而动物不会有意识或有目的地去种田或造车，更不要说能写诗或绘

① 董学文、魏国英编著：《毛泽东的文艺美学活动》，高等教育出版社 1995 年版，第 181 页。
② 《马克思恩格斯文集》(第一卷)，人民出版社 2009 年版，第 186 页。

画；此外，相对于宗教或科学等精神性的生产，它是以追求审美为最终要求的生产，而人要经过学习和培养，才能懂得欣赏美，否则即使是再美妙的音乐，对于不懂者也如同是对牛弹琴。因而，马克思对人类的生产，包括艺术生产做出总结，揭示出文艺审美的规律。“动物只按照它所属的那个种的尺度和需要来构造，而人懂得按照任何一个种的尺度来进行生产，并且懂得处处把固有尺度运用于对象；因此，人也按照美的规律来构造。”①在马克思看来，美的规律有多个。人的生产只要不违背劳动的本质，使人有所获得，从而产生愉悦的满足感和幸福感，就是揭示出了美的规律，美的规律体现在人的任何生产中。在艺术生产中，作家和艺术家的劳动在读者和观众那里得到肯定和赞扬，则对作家和艺术家来说都是有成就感和愉悦感的，是一种美的感受和体验，是符合美的规律的。如果说作家和艺术家，与读者和观众，认识美的规律对他们来说，更多的是从肯定性的经验中得来的，而评论家与作家和艺术家、评论家与读者和观众，则更多的是从否定性的经验中而获得，即以文艺批评的方式来获得对美的规律的认识，马克思主义文艺批评家，正是在这个方面做出了榜样。

马克思主义文艺理论家在文艺批评上做出了什么榜样，但以例子为证，至少是有具体的对象和有针对性的批评，从而总结出艺术经验，揭示出美的规律。那种纯粹的思辨和抽象的论证，尽管也是文艺理论的一种形式，但若没有结合文艺活动和艺术实践，却是不为马克思主义文艺理论所倡导的，因为，文艺实践既是产生文艺批评的基础，也是检验它的活动，还是发展它的条件。拉

① 《马克思恩格斯选集》(第一卷)，人民出版社 2012 年版，第 57 页。此为第三版《马克思恩格斯选集》中的译法，而第二版译文为：“动物只是按照它所属的那个种的尺度和需要来建造，而人懂得按照任何一个种的尺度来进行生产，并且懂得处处都把内在的尺度运用到对象；因此，人也按照美的规律来构造。”见《马克思恩格斯选集》(第一卷)，人民出版社 1995 年版，第 47 页。马克思的德文原文是：“Das Thier formirt nur nach dem Maaß und dem Bedürfniß der species, der es angehört, während der Mensch nach dem Maaß jeder species zu produciren weiß und überall das inhärente Maaß dem Gegenstand anzulegen weiß; der Mensch formirt daher auch nach den Gesetzen der Schönheit.”此德文出现在 Karl Marx. “Ökonomisch-philosophische Manuskripte” in: *Karl Marx Friderich Engels Gesamtausgabe* (*Band 2*), Berlin(DDR): Dietz Verlag Berlin 1982, s.370.德文动词“formirt”在此处的意思是“构造”，因为动物还没有发达到具有可以建造的能力；同时，形容词“inhärente”在此语境中的意思是“固有的”，而不宜理解为“内在的”，否则就会要涉及什么是“外在的”；再者，“Gesetzen”采用的是复数形式，其意思是“规律”，显然，规律是有多种或多个的，符合美的规律的情况也是多种多样的，马克思的文艺观是坚持唯物主义原理和具备辩证法精神的。

萨尔的历史悲剧《济金根》第三幕第六场中的台词，描述了济金根的女儿玛丽亚与她的心上人胡登（名为乌尔利希）之间的对话，在她听完胡登对自己苦难身世的回忆后，玛丽亚有感而发，显示了拉萨尔的“艺术特色”，而马克思的批评却正是针对此来评价的。

玛丽亚（缓慢地，十分严肃地）

一夜之间处女就变成妇人，
人们说一天的辛酸愁苦
就足以使满头浓发变成雪白！
我觉得在一个钟头里我变得
成熟了，我几乎可以说——年纪老迈了！
您在短短的一个钟头里
教我尝遍了感觉的全部音阶，
从狂喜的巅峰一直到
深沉痛苦的最低音，
它的分量比我度过的岁月更沉重。
——就算是像您说的那样吧，我已经学了很多。
我觉得过去我把世界看错了。
正如在阳光照耀下一切都觉得温暖，
正如在大自然敦厚的辉光之中，
最微小的昆虫都欢欣地游嬉；
从前我相信幸福！我认为这是权利，
是每个生物的共同权利。
现在我知道我错了。人世间和大自然不一样，
大自然对每个人一视同仁，
而人世间人们的仇恨
给动荡的生活制造负担。
现在我明白了，幸福不是人人都有的；我能够这样认识
虽然很迟，但它却更为辛酸。
我不愿意回避我对世人的

共同命运应尽的一份责任，
我不愿意拿您的力量，拿您的苦难，
拿您的绝望，作为代价
来换取我内心的满足。
——乌尔利希，就算是您所说的那样吧，可是请看：
我还年轻，不能一下子
放弃一切生活的希望，
我不像您那样，曾在痛苦的
克制的学校中受过磨炼，以致那样坚强；
我的灵魂还充满希望，
它还在努力追求生活的光芒。
请把希望留给我，乌尔利希，不要把它夺走！
等到这次战斗结束，您回来的时候——
乌尔利希那时就要去参加更大的战斗。①

马克思对此段对话的评价说道："前面的诗句，从'人们说'到'变老'，可以摆在后面，但是'一夜之间处女就变成妇人'这种回忆（虽然这指出玛丽亚不仅仅知道纯粹抽象的恋爱），是完全多余的；无论如何，玛丽亚以回忆自己'变老'开始，是最不应该的。在她说了她在'一个'钟头内所叙述的一切以后，她可以用关于她变老的警句把她的情感概括地表现出来。还有，下面几行中，'我认为这是权利'（即幸福）这句话使我愤慨。为什么把玛丽亚所说的她迄今对于世界持有的天真的看法变成关于权利的说教，从而把它斥为谎言呢？"②确实，如果是不熟悉《济金根》中的人物或剧情等，或许对马克思细致而精准的评论还难以理解。实质上，"人们说"到"变老"这样的总结性话语，是应当放在玛丽亚经历了具体感受后再说，则对读者或观众来说则更为有说服力和感染力；况且，她一开始就总结出，"一夜之间处女就变成妇人"，对塑造这个人物形象来说，拉萨尔是以艺术审美抽象代替了艺术审美体验，不是从艺术审美经验中归

① ［德］费迪南·拉萨尔：《弗兰茨·冯·济金根——五幕历史悲剧》，叶逢植译，人民出版社1976年版，第161—163页。

② 《马克思恩格斯选集》（第四卷），人民出版社2012年版，第437—438页。

纳出艺术审美理论，而是从抽象理念中推导出审美体验，当然是多余的，因为拉萨尔不把感受和体验作为艺术审美的重点，最终就不能引发读者或观众的兴趣。再者，玛丽亚此时还很年轻，根本没有经历过胡登那样的人生苦难，让她回忆自己“变老”，这既是不合实情的，也是她难以胜任的。由此马克思建议，在玛丽亚完成了“一个”钟头内所叙述的话后，再说出警句，则是自然而然和顺理成章的事情。再后，他还指出拉萨尔的武断，把愤世嫉俗的观点强加给年轻天真的玛丽亚，把作家的艺术倾向性生硬地和强求地灌注到所要塑造的人物身上，而这是不恰当的，也是不符合艺术审美规律的，如何来改正呢？“这样，你就得更加莎士比亚化，而我认为，你的最大缺点就是席勒式地把个人变成时代精神的单纯的传声筒。”①可见，马克思所提出的“莎士比亚化”的概念，是关于现实主义创作原则的理论范畴，它从针对一个具体的历史悲剧为例证，涉及现实主义在人物塑造、审美体验、语言艺术、情节构建等多方面的技巧和经验，成为历史唯物主义指导下的、关于现实主义创作的艺术性代名词，既是经典的，也是形象的，还是理论的。马克思是如此做的，恩格斯也是如此做的。

恩格斯在评论敏·考茨基的长篇小说《旧人与新人》时，也是针对小说中人物的刻画来谈的，揭示了文艺主题与倾向之间的辩证关系，而此小说被作者本人当作是具有社会主义倾向的小说，但恩格斯认为作者没有处理好主题与倾向之间的关系，从而没有科学地揭示出艺术倾向的规律，其毛病出在什么地方呢？试以小说中的男主角阿尔诺德为例，这位在盐矿工人中发动社会主义思想宣传并鼓动工人革命造反的青年博士，他与其亲生父亲的思想斗争和最后决裂，可以反映出恩格斯所指中要害的地方。

> 赖因塔尔发出几句短促的、愤怒的笑声。
>
> “理想主义者是你，是你的理想主义决定了他们的理想主义。不过，即使你被束缚在理想和乌托邦之中，我已不复如此。”他霍然站起，目光炯炯，逼视年轻人；“作为有丰富经验的人，作为习惯于为自己的行动承担责任的人，我的判断和你截然不同。我们首先必须维护知识界的现状，维护

① 《马克思恩格斯选集》(第四卷)，人民出版社 2012 年版，第 437 页。

来之不易的文化，维护受过教育的人的权利，因此，我告诉你，我们绝不赞成导致人民统治的措施，绝不同下等人结成联盟，绝不把我们的最高成果交付给下等人。”

父子二人面对面站着，怒气冲冲，充满敌意，他们的性格和不同经历的尖锐对立在激怒中全都鲜明地表现出来。

“把你们自己交付给下等人”，阿尔诺德热血沸腾地喊起来，“你们认为人民正义的要求是讨厌的，令人不快的，你们拒不接受。这些大喊大叫要求知识，渴望高尚生活，渴望合乎人的尊严的生活的人们，不是下等人；那些没有思想的愚人，只会顺应旧的一套，习惯旧的一套，只知结果，从不动脑子想一想原因的人，不管这些人是什么出身，才是下等人，他们会违背你们的意愿，但是会打着你们的旗号大搞无政府主义，造成不可估量的倒退。”

“够了！”赖因塔尔用威严命令的口吻喊叫：“太过分了，我不想听你那头脑发热的理论，这一套我太熟悉了，熟悉得令人厌恶。”

……

“……可你骗不了我，这不是你真正的原因，……那只是因为你爱着另一个女子——，想占有另一个女子——爱莎！”

“是，那又怎么样？！”

“你爱她？”

“我爱她！”这句话又响亮又明确，由于发自心灵深处，泄露巨大幸福的一声欢呼，冲着他，震撼着他的耳鼓。

这句话极大地激怒了赖因塔尔，他愤怒已极；他连自己也不再认识了，方才还是挖苦冷漠的面部此时因狂怒而扭曲。

“可怜虫！”你来之前，这姑娘是我的，你明明知道她信赖我，你还去追求她，把她从我这里抢走！

“我没有这么做，到现在为止，我还没有向她表白一句我心中的感情。在你见到她以前，我们早就认识，心心相印。她知道我是你儿子，她明白我们之间的关系，她向你微笑，没有别的意思，只是因为你是父亲！”

赖因塔尔发出一声愤怒的叫喊，他的声音发颤，阿尔诺德无意间击中了他的敏感部位，击中了他的虚荣心。

这么说，她仅仅把我看成白发老头了？今天爱莎写给他的寥寥数语，他一直不知应作何解释，亦不愿加以解释，如今他明白了，那几句话就是这个意思。

然而他不认为这是咎由自取，反而认为是别人从中作祟。

“滚出去！”他大声喊叫，“从来没有哪个当儿子的像这个无赖对待我这样，事事伤害他老子，侮辱他老子。你是什么东西？当初我可怜你，才把你收留下来，不然的话，你早就沉沦、堕落了；你这个娘儿们的杂种，我收养你，真是后悔莫及啊！我和这个女人的事都已经在法庭上了结了，我什么也不欠她……”

“只差尊重，她儿子为她要求受到尊重，”阿尔诺德狂怒之下冲他大喊。“不许再议论我的母亲，否则我只好管你叫——流氓，因为她爱过你！”

阿尔诺德转身离开房间。①

此处的摘选内容，涉及四个人物：父亲赖因塔尔，儿子阿尔诺德，爱莎和阿尔诺德的母亲，当然，主角是阿尔诺德。但是，令人遗憾的是，比较于作为配角的赖因塔尔，作为主角的阿尔诺德还没有被刻画得如他那样的生动和形象，而作品的主题是社会主义倾向，以知识精英——阿尔诺德秘密潜入到奥地利的一个盐矿向工人宣传社会主义思想，导致工人与警察之间发生冲突，从而形成了一场愤怒的抗议斗争。作者所要达到的目的，正是要通过对主角的描述，来反映社会主义倾向的主题，但在艺术塑造上，这个主角竟然没有刻画得很有特色。阿尔诺德与父亲的冲突展现出二个层面的内涵，其一是在政治立场上，维护下等人，特别是盐矿工人这样的深受剥削和压迫的劳动人民，而他的父亲维护的是知识界（实质上是指当时的贵族和资本家这些有资本而接受了教育的群体）。其二是在爱情观念上，基于爱莎从小资产阶级立场向工人阶级立场的改变，对天主教教义和宣教的主动抛弃，从而实现了从一位“旧人”向“新人”的转变，他对爱莎既是深情挚爱的，又是志同道合的，而他的父亲，一位虚伪卑鄙

① ［德］敏·考茨基：《旧人与新人》，张荣昌、潘子立译，文化艺术出版社 1986 年版，第 254—259 页。

的男爵，垂涎的只是爱莎的美色和青春。其三是在家庭伦理上，他深爱、追思并同情被他父亲抛弃而早亡的母亲——一位真情厚义的女子，而他父亲对妻子却是冷酷绝情、忘恩负义。自然，恩格斯是仔细阅读过《旧人与新人》这部小说的，在相当熟悉剧情和人物等具体情况的基础上，才对明娜·考茨基的社会主义倾向小说做出了科学的评价。所以，恩格斯要评论主角阿尔诺德，"……在这里我来谈谈阿尔诺德。这个人确实太完美无缺了，因此，当他最终在一次山崩中死掉时人们只有推说他不见容于这个世界，才能把这种情形同文学上的崇尚正义结合起来。可是，如果作者过分欣赏自己的主人公，那总是不好的，而据我看来，您在这个方面多少犯了这种毛病。爱莎尽管已经被理想化了，但是还保有一定的个性描写，而在阿尔诺德身上，个性就更多地消融到原则里去了。"[①]确实如同恩格斯所评价的，在阿尔诺德身上我们看到正义、真情、厚爱这些原则，是通过他的嘴讲出来的，通过与父亲的争吵而喊出来的，但他留给我们的印象是迷糊的，给我们的感受是生硬的，由此他的艺术形象被刻画得单薄和抽象，没有给读者以美的享受，也没有成功地揭示出艺术审美的规律。

那么，在马克思主义看来，就以艺术倾向性为例，如何来揭示出艺术性和倾向性之间的辩证关系呢？恩格斯曾建议到："可是我认为，倾向应当从场面和情节中自然而然地流露出来，而无须特别把它指点出来；同时我认为，作家不必把他所描写的社会冲突的历史的未来的解决办法硬塞给读者。此外，在当前条件下，小说主要是面向资产阶级圈子里的读者，即不直接属于我们的人的那个圈子里的读者，因此，如果一部具有社会主义倾向的小说，通过对现实关系的真实描写，来打破关于这些关系的流行的传统幻想，动摇资产阶级世界的乐观主义，不可避免地引起对于现存事物的永恒性的怀疑，那么，即使作者没有直接提出任何解决办法，甚至有时并没有明确地表明自己的立场，我认为这部小说也完全完成了自己的使命。"[②]恩格斯的总结是很具辩证法精神的，他洞察了倾向性与自然性、接受性与恰当性、阶级性与观念性、影响性与艺术性等多方面的辩证关系，以至于他在后来评价玛·哈克奈斯的小说《城市姑

① 《马克思恩格斯选集》(第四卷)，人民出版社 2012 年版，第 578—579 页。

② 《马克思恩格斯选集》(第四卷)，人民出版社 2012 年版，第 579 页。

娘》时，涉及现实主义创作和社会主义倾向的问题时，他还总结出："作者的见解越隐蔽，对艺术作品来说就越好。"①这看似不合理的总结，实质上是辩证法精神的体现，马克思主义对文艺创作、批评、阐释和接受等活动规律的揭示和总结，简言之，一是从文艺实践活动出发，有时甚至就是自身的和亲身的文艺活动，从中揭示出文艺的审美规律；二是本着辩证唯物主义和历史唯物主义的世界观，以辩证法为准绳，以全面、联系和发展的观点去总结文艺的审美规律，绝不是从单一、孤立和静止的观点去对待，由此，马克思主义所总结的艺术审美规律，是文艺实践的规律，也是文艺发展的规律。

第二节　马克思主义指导的科学性

承上第一节的内容可知，马克思主义文艺理论揭示出了文艺活动的规律，从而对文艺实践和文艺发展具有指导意义。但问题是，非马克思主义的文艺理论，如亚里士多德的诗学理论、黑格尔主义的美学理论等，也对文艺具有指导意义，那么，从指导文艺的角度来看，这些文艺理论与马克思主义的文艺理论有何差别？一言以蔽之，最根本的区别在于马克思主义文艺理论是以马克思主义为指导的，而马克思主义作为世界观和方法论，作为思想体系和知识宝库，作为革命理论和斗争武器，以它来指导文艺，都使文艺实践遵循科学，以此而形成的文艺理论也具科学性。

从世界观和方法论的角度来看，马克思主义文艺理论抛弃了唯心主义的理念和形而上学的方法，以唯物主义的观点和辩证的方法来对待文艺，从而使文艺在整体理论性上是科学的。从思想体系和知识宝库的角度来看，马克思主义文艺理论蕴涵了崇高的思想，建构了严谨的体系和储备了丰富的知识，从而使文艺在实有构成上反映出科学性的内涵。从革命理论和斗争武器的角度来看，马克思主义文艺理论在引导对资本主义的艺术批判、在指导社会主义的文艺创作等方面，都具有重要的实践价值。因此，它具有马克思主义指导的科学性，在涉及文艺与客观世界的关系时，它反映出了客观真实；在涉及文艺与人类社会的关系时，它反映出了人文历史，由此，客观真实性和人文历史性，是

① 《马克思恩格斯选集》(第四卷)，人民出版社 2012 年版，第 590 页。

马克思主义文艺理论科学性的具体体现。

一、客观真实性

马克思主义文艺理论中，在探究文艺的源泉、内容、发展和规律等问题上，当涉及文艺反映了什么和如何反映时，使我们认识到客观世界的真实状况，这就触及了客观真实性的论题。马克思认为："人的思维是否具有客观的(gegenständliche)真理性，这不是一个理论的问题，而是一个实践的问题。人应该在实践中证明自己思维的真理性，即自己思维的现实性和力量，自己思维的此岸性。关于思维——离开实践的思维——的现实性或非现实性的争论，是一个纯粹经院哲学的问题。"①由此看来，马克思认为关于文艺是否反映出了客观真理，不应该在文艺理论中去验证，而应该在文艺实践中去检验。在文艺实践中，人们通过分析文艺现象，揭示出文艺的本质和规律，也就达到了文艺思维的此岸性。而若去追求所谓的彼岸性，即超越于人们的认识界限而独立存在的"自在之物"，这就是一种脱离实际的形而上学的哲学——纯粹的经院哲学，它所揭示的规律是与辩证法的规律完全相反的，被证明是错误的。

那么，什么是辩证法的规律？恩格斯认为："……辩证法的规律是从自然界的历史和人类社会的历史中抽象出来的。辩证法的规律无非是历史发展的这两个方面和思维本身的最一般的规律。它们实质上可归结为下面三个规律：量转化为质和质转化为量的规律；对立的相互渗透的规律；否定的否定的规律。所有这三个规律都曾经被黑格尔按照其唯心主义的方式当作纯粹的思维规律而加以阐释：……错误在于：这些规律是作为思维规律强加于自然界和历史的，而不是从它们中推导出来的。由此就产生了整个牵强的并且常常是令人震惊的结构：世界，不管它愿意与否，必须适应于某种思想体系，而这种思想体系本身又只是人类思维的某一特定发展阶段的产物。如果我们把事情顺过来，那么一切都变得很简单，在唯心主义哲学中显得极端神秘的辩证法规律就会立即变得简单而朗若白昼了。"②简单而朗若白昼，在马克思主义看来，辩证法的规律并不是神秘而不可知的，也不是人为地去强加给自然世界和人类

① 《马克思恩格斯选集》(第一卷)，人民出版社 2012 年版，第 134 页。

② 《马克思恩格斯选集》(第三卷)，人民出版社 2012 年版，第 901—902 页。

社会的，却是通过人的实践而获得对客观世界的认识，文艺也是通过文艺实践从而揭示出文艺辩证法的规律。

文艺辩证法的规律，告诉我们客观世界是量变与质变互相转变的世界。如果是从世界观的角度，以辩证法来认识客观世界的量变与质变的关系，那么是容易理解和阐释的。但是，从文艺观的角度来这么做，就不那么容易了。当然，文艺观不过是世界观的一部分，马克思主义世界观在方法论上的要求，以辩证法来看待量变与质变，对文艺观也是适应的。然则，这还只是一种推论式的理解，还不是一种具体化的阐释，对切实地帮助人们去深刻认识马克思主义文艺理论的科学性还不够。就这个方面而言，马克思主义文艺理论中的概念、命题或范畴等，往往都是从文艺创作、鉴赏和批评等具体活动中提出来的，而不是从纯粹化的理论思辨中而来，也不是从对其他理论的拼接中而来，更不是以理论去改造理论，这充分体现了马克思主义文艺理论的实践性。

西方马克思主义文艺理论家恩斯特·布洛赫(1885—1977)，他的以"希望"为核心的乌托邦主义文艺理论，是对马克思主义文艺理论的一种创新，是建立在扎实的文学解读和分析上的。布洛赫在他的名著《希望的原理》第一卷第2部分的16节中，以《乌托邦实现中的图像;埃及的海伦娜与特洛伊的海伦娜》为题，详细阐述和论证了，《荷马史诗》中的海伦娜不过是一个艺术虚构和审美幻象，斯巴达国王梅涅劳斯的真实妻子是留在埃及海岛上的海伦娜，而不是被特洛伊王子帕里斯所引诱的那个海伦娜，在神话艺术中这两个海伦娜长相酷似，但特洛伊的海伦娜只是埃及的海伦娜的幻象，经历了艺术审美的量变到质变的转化，由此，引申出他的"希望"的艺术理论。"然而，当希望不在抽象之中，而在超越自身的具体的延长线时，希望绝不在现实中的客观可能性之外。……它也许停留在有待进一步解释的、具有现实的和乌托邦的可能性的客体本身之中。"①以此观之，"希望"作为一种执着的精神，寄寓在艺术审美的具体化中，在这个漫长的具体化过程中，虚假和真实、荒谬和正确、幻想和现实等之间，会发生量变到质变的转化，神话传说演变成历史经典，文艺作品，如古希腊悲剧和史诗，被改编成电影和电视剧等，成为更为流传的文化产品。正如

① [德]恩斯特·布洛赫:《希望的原理》(第一卷)，梦海译，上海译文出版社2012年版，第216—217页。

美国著名的马克思主义文艺理论家詹姆逊所指出的："布洛赫的著作表明，即使一件文化产品的社会功能就是娱乐，它也能通过将我们的注意力和想象力集中和限制在某些积极的方面，并通过某种天才创造来实现自己的目的，尽管内容是虚假的、被歪曲了的。他把这一内容称作'希望'，或者换句话说，就是人类永恒的力量，渴求激烈地改变自身以及与此相关的一切，并将自己存在和社会环境加以乌托邦式的改造。即使在最低贱最卑微的商业产品之内，一切都是'希望的比喻'，那就为考察某种乌托邦内容提供了分析的工具。"①马克思主义善于从文艺中去寻找那些点滴的、微小的即使是萌芽的、潜伏的"希望"，也善于从文艺中去破除那些看似强大而实则败絮的腐朽思想，去瓦解那些奴役人和压迫人的强盗逻辑，在艺术审美的生动中，在审美形象的具体中，不是在纯粹的思辨中，不是在枯燥的抽象中。

文艺辩证法的规律，告诉我们客观世界是对立的相互渗透的世界。关于艺术所彰显的对立统一，也即恩格斯所言的相互渗透的特性，著名的西方马克思主义文艺理论家，法兰克福学派的重要代表阿多诺(Theodor W. Adorno，1903—1969)在此方面做出过深刻的论述。他认为，"艺术本是为行使魔法和后来的崇拜功能丧失后所遗留下来的。艺术的原因——用矛盾(paradoxically)观点来看，是它的古代理性——被遗忘和被转化为它自身的元素。艺术因此成为一种谜语；如果它不具有意义的目的而存在，那它将成为什么？谜语特质敦促艺术以内在的方式阐明自身，通过构建(forming)自身明显的缺失的意义而获得意义"。②阿多诺在此指出了艺术发展史中艺术的谜语特质和规律，一言以蔽之，是矛盾的特质和规律，即古代的理性与当下的感性、遗忘与保存(以转化的形式而保存)、缺失的意义与获得的意义等的相互渗透。若固执于从单方面，或一个方向，或一个维度等去阐释艺术，则将是对艺术的最严重的误解，如文艺与意识形态的关系，文学与伦理的关系，艺术与人性的关系，等等。"艺术只有在停止了服务性角色时，它才成为人性的。它的人性与对任何意识形态的服务不相容，只有通过对它的非人性(inhumanity)才忠实于它的人性(hu-

① 王逢振主编：《詹姆逊文集第1卷——新马克思主义》，中国人民大学出版社2004年版，第104页。

② Theodor W. Adorno. *Aesthetic Theory*. Newly translated, edited, and with a translator's introduction by Robert Hullot-Kentor. London • New York: Continuum 2002, p.127.

manity)。”[1]阿多诺对艺术与人性的辩证思考，涉及文艺与政治、文艺与审美、文艺与哲学等的辩证性的复杂关系，是一种文艺的历史生成，而不是人为制造的，对此，杰姆逊[2]予以赞成："……阿多诺与政治思维的关键关系存在于他的思想形式中而非内容中，它把美学形式或者哲学内容概念化而非同样地政治学概念化，能够在它们之内探测到——以比政治分析或者社会历史中通常所达到的更严厉的、更加清楚的说明——历史辩证法的复杂灵活性。”[3]确实，文艺的历史辩证法是复杂的，不是简单直白的，如将文学鉴赏等同于政治宣传；同时，它也是灵活的，不能呆板僵化，如文艺批评中，美学的观点和史学的观点要有机相结合，不能固执地只取一个方面的观点。这就回应了恩格斯关于文艺批评的最高标准的论断，“……从美学观点和史学观点，以非常高的亦即最高的标准来衡量……”。[4]虽然他的论断是针对拉萨尔的历史悲剧《济金根》而言的，但阿多诺和杰姆逊等后来的马克思主义文艺理论家和美学家的阐释和论证，使我们更加确信这个马克思主义文艺批评的最高标准。

文艺辩证法的规律，告诉我们客观世界是否定的否定的世界。所谓否定的否定就是哲学范畴上的“扬弃”，以黑格尔哲学来说就是辩证法的“正题—反题—合题”的逻辑过程，但马克思的高明，则把它提升到历史唯物主义的高度，就文艺发展史来说，或具体到个人的审美心理发展史来说，也是一场文艺审美的“扬弃”。但要说明这个否定的否定的辩证法过程，可从马克思中学毕业时期的一篇作文入手，从1835年8月他从特利尔中学毕业时所写的作文《青年在选择职业时的考虑》中，可以初见其为人类服务的伟大理想的端倪，他论述道：

> 如果一个人只为自己劳动，他也许能够成为著名学者、大哲人、卓越诗人，然而他永远不能成为完美无疵的伟大人物。

---

① Theodor W. Adorno. *Aesthetic Theory*. Newly translated, edited, and with a translator's introduction by Robert Hullot-Kentor. London · New York: Continuum 2002, p.197.

② 另一译名为“詹姆逊”，学界还有翻译成“詹明信”的，本书正文中一律采用“杰姆逊”的译名。

③ [美]弗里德里克·杰姆逊：《晚期马克思主义——阿多诺，或辩证法的韧性》，李永红译，南京大学出版社2008年版，第251页。

④ 《马克思恩格斯选集》(第四卷)，人民出版社2012年版，第443页。

历史承认那些为共同目标劳动因而自己变得高尚的人是伟大人物；经验赞美那些为大多数人带来幸福的人是最幸福的人；宗教本身也教诲我们，人人敬仰的理想人物，就曾为人类牺牲了自己——有谁敢否定这类教诲呢？

如果我们选择了最能为人类福利而劳动的职业，那么，重担就不能把我们压倒，因为这是为大家而献身；那时我们所感到的就不是可怜的、有限的、自私的乐趣，我们的幸福将属于千百万人，我们的事业将默默地、但是永恒发挥作用地存在下去，而面对我们的骨灰，高尚的人将洒下热泪。①

显然，那时的马克思，一个17岁的青年，一位基督徒，在他的心灵中已萌发了为人类无私奉献的精神，但他后来批判德国唯心主义哲学而成为无神论者，否定了宗教的有神论的世界观；再后来他领导无产阶级革命，成为共产主义者，又否定了无神论中的直观的和机械的唯物主义，也即形而上学的唯物主义，但他年轻时已萌发的为人类无私奉献的精神，却通过“否定的否定”的人生信仰历程而得到确证。当然，马克思的这种人生信仰历程在他的文学活动中得到更鲜明的展现，比抽象式的总结更生动形象。“马克思尽管非常喜欢神话中包含的诗境和真实，但是却并不因此而丝毫减低了对宗教的厌恶。他始终认为宗教是无意识的幻景同有意识的谎言的令人嫌恶的（或至少是彼此无关的）混合物。但是与此同时，马克思自己却在创建一个体系。这一体系之所以宏伟有力、悲壮动人，在很大程度上是因为它使人联想到构成欧洲和亚洲的伟大宗教的基础的那种世界末日论的模式（越来越多的哲学家已经承认了这一点）。……在马克思晚期著作中不难看到一些回到希伯来先知传统宣教的地方，诸如对正义的要求，对现存社会的严厉批判，善与恶的战斗的幻景，希望我们现在知道的历史过程将绝对终结，等等。”②我们知道，马克思的文艺观，与他的历史观、哲学观和宗教观等有着密切的联系，他是打通了文史哲宗的思想大家，文艺观是他思想观的重要组成部分。而他的思想观，又以他的信仰观、

① 《马克思恩格斯全集》（第四十卷），人民出版社1982年版，第7页。

② ［英］希·萨·柏拉威尔：《马克思与世界文学》，梅邵武、苏邵亨、傅惟慈、董乐山译，生活·读书·新知三联书店1980年版，第389—390页。

价值观和人生观等为载体而凸显出来，由此，从马克思的信仰观，可以洞察到他的思想观，由思想观再演绎到他的文艺观，于是他的信仰观也可验证他的文艺观。“……马克思的(犹太)基督教信仰观与其无神论信仰观和共产主义信仰观之间是一个继承和发展的关系，而不是断绝和隔离的关系，这得益于马克思自觉实践了黑格尔的辩证法，其一生的信仰观的发展实质上是正—反—合的辩证法历程。”①以此，马克思文艺观的发展也实质上是正—反—合的辩证法历程，也即体现了否定的否定的规律。当然，否定的否定的规律总为马克思主义文艺理论家所遵循，若在此问题上还有异议，或是在文艺实践中偏离甚至是违背此规律，那就不能被称作马克思主义文艺理论。这是马克思主义文艺理论关于客观真理性的必然揭示，是针对客观世界的必然认识，在针对人类社会时，马克思主义文艺辩证法还强调它应揭示文艺的人文历史性。

二、人文历史性

在关于自然世界和人类社会的问题上，当人类社会越来越发达和进步，最终达到共产主义社会时，自然世界和人类社会将变得有机统一和高度和谐。诚如马克思所言，“共产主义是私有财产即人的自我异化的积极的扬弃，因而是通过人并且为了人而对人的本质的真正占有；因此，它是人向自身、也就是向社会的即合乎人性的人的复归，这种复归是完全的复归，是自觉实现并在以往发展的全部财富的范围内实现的复归。这种共产主义，作为完成了的自然主义，等于人道主义，而作为完成了的人道主义，等于自然主义，它是人和自然界之间、人和人之间的矛盾的真正解决，是存在和本质、对象化和自我确证、自由和必然、个体和类之间的斗争的真正解决。它是历史之谜的解答，而且知道自己就是这种解答。”②

在这里，马克思指出了人和自然之间的矛盾的真正解决，在现实境遇上是自然的人化和人化的自然的有机统一，在实践理论上是自然主义与人道主义的有机统一。那么，在人与人之间的矛盾的真正解决上，在批判现实上，他批判了资本主义社会的“异化劳动”，这种劳动的变异在于：“工人生产得越多，他

---

① 李志雄、周郑湘：《马克思“非宗教之后”的信仰观——应正确把握马克思宗教认识论的理论基石》，《世界宗教研究》2014年第3期，第32页。

② 《马克思恩格斯文集》(第一卷)，人民出版社2009年版，第185—186页。

能够消费的越少；他创造价值越多，他自己越没有价值、越低贱；工人的产品越完美，工人自己越畸形；工人创造的对象越文明，工人自己越野蛮；劳动越有力量，工人越无力；劳动越机巧，工人越愚钝，越成为自然界的奴隶。”①显然，人类是应该消灭这种“异化劳动”的，那么，这样的“异化劳动”是因何而产生的？在马克思主义看来，其中最关键的是工人对自己的劳动产品无支配权，并且工人的劳动产品反而成为支配工人的统治力量，这都是因为私有制，特别是资本主义私有制，一切以“交换价值”为最终目的和追求，即获取最大金钱效益，而忽视对人的“使用价值”，即如何运用于生活从而提高生命质量的意义。马克思指出：“从异化劳动对私有财产的关系可以进一步得出这样的结论：社会从私有财产等等的解放、从奴役制解放出来，是通过工人解放这种政治形式表现出来的，这并不是因为这里涉及的仅仅是工人的解放，而是因为工人的解放还包含普遍的人的解放；其所以如此，是因为整个的人类奴役制就包含在工人对生产的关系中，而一切奴役关系只不过是这种关系的变形和后果罢了。”②由此可见这种工人的解放，最终导致全人类的解放，是要靠工人自身和人类本身，决不是等待上帝的拯救和神灵的恩赐，在社会变革上是人道主义的，要消灭那些非正义和不公正的现象和根因；在力量来源上是人文主义的，要依靠人的能动性和实践能力，不是动物般地适应自然环境，更不是迷信般地依赖神灵。由此，这就涉及了人的创造性，人的创造性并不是天生的，而是后天逐渐锻炼形成的。从整体上来看，人的创造活动包含文艺活动，都是一种实践性的活动，是一种历史性的生成，就此，人文性和历史性是不可分开的。

人类历史是怎么形成的？马克思在批判费尔巴哈的直观唯物主义时指出：“他没有看到，他周围的感性世界决不是某种开天辟地以来就直接存在的、始终如一的东西，而是工业和社会状况的产物，是历史的产物，是世世代代活动的结果，其中每一代都立足于前一代所奠定的基础上，继续发展前一代的工业和交往，并随着需要的改变而改变他们的社会制度。”③因此，历史是人们持续积累和不断进步而创造出来的，文艺也是如此，这就形成了各个民族或国家的文艺史，如中国古代文学史上，诗经、汉赋、唐诗、宋词、元曲以及明清小说，

① 《马克思恩格斯文集》(第一卷)，人民出版社 2009 年版，第 158 页。
② 《马克思恩格斯文集》(第一卷)，人民出版社 2009 年版，第 167 页。
③ 《马克思恩格斯选集》(第一卷)，人民出版社 2012 年版，第 155 页。

构成了继承和发展的脉络；而在欧洲文学史上，古希腊的命运悲剧、莎士比亚式的性格悲剧和十九世纪的社会悲剧，也构成了继承和发展的脉络。由此，马克思主义文艺理论，以历史唯物主义的观点，强调文艺的人文历史性。

马克思关于文艺的人文历史性的看法，以他对拉萨尔的历史悲剧《济金根》的评论可作为一个代表性的例子。此历史悲剧所叙述的是德国 16 世纪 20 年代以济金根和胡登为首的骑士发动对皇帝和诸侯的战争的真实故事。当时的德国工业已经有显著发展，开始出现资本主义萌芽，但封建诸侯割据严重，社会矛盾和阶级矛盾尖锐，形成了三大阵容：皇帝、诸侯和高级僧侣所组成的反动派；市民阶级和低级贵族组成的改良派；以及农民和平民组成的革命派。济金根和胡登属于改良派，他们于 1522 年在兰都组成了一个为期六年的莱茵、士瓦本、法兰克尼亚的贵族同盟，并以自卫的名义组织了一支军队。同年 9 月，他们向特利尔选侯大主教宣战并进军特利尔，但被诸侯军队拦截，贵族同盟军不敢前往援救，结果济金根受伤而亡，胡登流亡瑞士不久也死了。轰轰烈烈的骑士暴动失败了，改良派们所幻想的贵族民主制，在当时已经是封建等级制的德国，自然是实现不了的。由此，这个历史悲剧所承载的人文历史性，揭示出的是当时德国由封建社会逐步向资本主义社会过渡的历史必然性，而不可能是任由拉萨尔所设想的贵族民主制，即由封建社会倒回到奴隶社会中去的幻想，以显示他的特别艺术审美特性。正如他所言，“特别是因为我根本不把历史性的东西放到历史材料、事件和人物身上去。我主要是这样来处理的：使这个转向时期的具有最内在的世界历史意义的东西在思想和思想冲突能十分清楚地在戏里得到展现和塑造，固然，这样就更有可能陷入一种抽象的、学究式创作的危险。但我深信这个危险是完全可以避开的。另一方面，由于面对着这些具有世界历史意义的伟大目的及其所能产生出来的动人情感，所以凡是与描写个人命运的悲剧有关的和所能涉及的一切问题。都会为之黯然失色，并且退居到远远不是重要的地位上去。”①可以看出，拉萨尔所设想的文艺的人文历史性，不在乎文艺所能揭示出的社会本质和历史规律，却只以人物的情感、角色的口号等去覆盖或代替，因而，马克思对此提出了严肃的文艺

① ［德］费迪南·拉萨尔：《弗兰茨·冯·济金根——五幕历史悲剧》，叶逢植译，人民出版社 1976 年版，第 11—12 页。

批评。他告诫拉萨尔不能那样做，而要这样来做，“这样，你就得更加莎士比亚化，而我认为，你的最大缺点就是席勒式地把个人变成时代精神的单纯的传声筒”。[①]马克思所谓的这样，实际上要求把文艺的人文历史性，以艺术审美的方式，即他所说的“莎士比亚化”的方式，而不是口号标语的方式，即他所说的“席勒式”，来作为艺术表达。艺术性和人文历史性，艺术审美和艺术倾向，在马克思主义文艺理论中是辩证统一的。

而后继的马克思主义文艺理论家，如阿多诺在研究了贝多芬、瓦格纳、特别是“勋伯格”[②]的无调音乐后，所得出的结论是：艺术具有对现实和社会的批判乃至是否定的重要功能，而不是机械唯物论所认定的反映功能。如他所论，“艺术并不是对艺术作品反映社会的回答，也不是关于此一特定问题的必然选择。相反，艺术与历史上的恐怖保持着紧张的对抗。有时它坚守，有时它遗忘。它割让和硬化自身。它顽强拼搏并宣布与自身决裂，都是为了超越(outwit)命运。”[③]从音乐的创作的技巧性、手段的变革性和表达的深邃性等，阿多诺洞察到了文艺审美和社会历史之间的辩证关系，此种为马克思主义所看重的人文历史性，并不是对社会现实的机械般的反映，也不是僵化式的把握，而是一种超越性的批判和否定。

第三节　审美意识形态性

马克思主义认为文艺的根本属性，当可归结为审美意识形态性。一方面，从文艺的社会属性来说，即从它们的成长来源来说，它们是归属于社会结构中的上层建筑中的意识形态，因而文艺理论相应地也就具有意识形态性。另一方面，从文艺的知识属性来说，即从它们的形成特色来说，它们都以审美为根本性的追求，因而文艺理论自然地也要以审美为根本性的追求。其他的文艺理论区别于马克思主义文艺理论的地方在于：不以辩证唯物主义和历史唯物

① 《马克思恩格斯选集》(第四卷)，人民出版社 2012 年版，第 437 页。

② 阿诺尔德·勋伯格(Arnold Schoenberg)，1874—1951 年，美籍奥地利作曲家、音乐教育家和音乐理论家，被视为西方现代主义和表现主义音乐的代表人物。

③ Theodor W. Adorno. *Philosophy of New Music*, translated, edited, and with an Introduction by Robert Hullot-Kentor. Minneapolis · London: University of Minnesota Press 2006, p.102.

主义来指导文艺理论。由此导致它们割裂审美和意识形态的关系，认识不到文艺理论的真正来源，把握不了文艺理论的真正特性；而马克思主义文艺理论则能辩证地和历史地看待此问题，因而得出审美意识形态性的科学结论。

当然，要深刻把握审美意识形态性的精确内涵，仅从概念和思辨的角度分析论证还是不够的。艺术概念若不结合艺术作品来理解，就会变得过于抽象；文艺思辨若不联系生活实际，就会变得过于枯燥。马克思主义文艺理论是实践本体论的文艺理论，它认为文艺实践是检验文艺理论的标准和促进文艺理论发展的源泉，反过来，文艺理论也能指导文艺实践，从这个意义上来说，文艺理论和文艺实践是相辅相成的。这种相辅相成的关系，在理解和把握审美意识形态性的问题上，就要求我们从文艺实践来对待。从文艺实践所涉及的社会内涵来说，审美意识形态性体现为一种革命的艺术性。社会革命的重大历史使命，就马克思主义文艺理论来说，就蕴含在文艺审美之中，革命性和艺术性水乳交融，浑然一体。从文艺实践所涉及的价值信念来说，审美意识形态性体现为一种文艺导向性。在马克思主义文艺理论看来，艺术性和导向性应相互补充，共同联手。由此可见，那些只凸显革命性而降低艺术性，或只凸显艺术性而忽视革命性，或只强调艺术性而忽略导向性，或只强调导向性而忽略艺术性的，都是不科学的。

一、革命艺术性

马克思主义文艺理论为何要强调文艺应具有革命艺术性？确实，其他的文艺理论，可能根本不强调所谓“革命”艺术性，为艺术而艺术，唯美主义，艺术至上论等，都是这类文艺观的反映。而马克思主义文艺观，与马克思主义关于社会变革的历史使命密不可分，无产阶级的斗争和革命，是为整个人类的解放并最终实现共产主义理想而服务的，脱离了这样的斗争和革命，便谈不上是真正意义上的马克思主义。因此，革命艺术性成为马克思主义评价文艺创作和开展文艺批评等的重要依据，这种艺术理论上的“红色基因”成为马克思主义文艺理论的特性标识和生成密码，也是我们继承和创新马克思主义文艺理论的可贵资源，据此，马克思主义文艺理论非同于一般的文艺理论。

马克思和恩格斯在年轻时都是热情洋溢和充满斗志的诗人，尽管后来的人生历程中他们并没有成为职业的诗人，但他们的诗歌才华和革命斗志悄然地也是巧妙地融入他们的学术创作和学说创造之中，也即他们关于革命艺术性的认识和阐释，积淀在他们的其他学科研究和革命斗争学说之中。例如，马克思和恩格斯在1848年的《共产党宣言》的结尾，以文学的描述、哲学的智慧以及革命的口号，来表达对共产主义理想的热切期望，来阐释共产主义社会必然实现的科学预见，就马克思主义文艺理论来说，就是革命艺术性的有力说明。如他们所论，“共产党人不屑于隐瞒自己的观点和意图。他们宣布：他们的目的只有用暴力推翻全部现存的社会制度才能达到。让统治阶级在共产主义革命面前发抖吧。无产阶级在这个革命中失去的只是锁链。他们获得的将是整个世界。全世界无产者，联合起来！”①除却作为社会变革和阶级斗争的革命口号，将此革命精神推演到马克思主义文艺理论之中，关于审美意识形态性要体现的革命艺术性的论断，是不证自明的。在马克思主义看来，这是文艺作为意识形态的形式所蕴含的深层的和应然的特性。当然，非马克思主义文艺理论，由于阶级立场、政治理想和信仰追求等的本质性差异，它们可能从根本上否认革命艺术性，来倡导它们所认可的艺术性。但关键的一点是，无论它们的艺术性被鼓吹得多么艳丽光鲜，不为受剥削和受奴役的人申诉的文艺理论家，是对不起自己的良心的。正如马克思在1859年的《〈政治经济学批判〉序言》结尾处以诗情化的语气来总结自己的理论发现并表达了无畏的革命斗志。“……我的见解，不管人们对它怎样评论，不管它多么不合乎统治阶级的自私的偏见，却是多年诚实探究的结果。但是在科学的入口，正像在地狱的入口处一样，必须提出这样的要求：‘这里必须根绝一切犹豫；这里任何怯懦都无济于事。’”②“这里必须根绝一切犹豫；这里任何怯懦都无济于事。”这两句诗引自但丁的《神曲》，饱含了坚毅果敢、勇往直前和毫无胆怯的顽强斗志和革命精神，这是对革命艺术性的自觉运用和切实践行。可见，无论是砸碎无产阶级的铁链，还是自己敢于下地狱，马克思和恩格斯都是以自己的实际行动，来展现马克思主义者的革命精神。在这种实践观和革命观的指引下，文艺应该蕴含革命艺术性，在马克思主义文艺理论中是一个必然的命题。

文艺应该蕴含革命艺术性的命题，在马克思主义看来，不仅是一个理论命

---

① 《马克思恩格斯选集》(第一卷)，人民出版社2012年版，第435页。

② 《马克思恩格斯选集》(第二卷)，人民出版社2012年版，第5页。

题，而且是一个实践命题。换言之，马克思主义创始人从革命斗争、历史变革和哲学真理等方面都有所论及和阐释，从理论的科学论证上来说是不成问题的。此外，马克思主义实质上是关于人类学的知识体系，文艺便是这个知识体系中的一部分，从普遍性统摄到特殊性来说，这个理论命题也是不成问题的。但若要具体切合文艺实践来说明这个命题，马克思和恩格斯生前却没有更多的机会和更具体的文学事例来这样做，到了列宁这里，却得到了实现。列宁在论述托尔斯泰的创作时，对这个命题进行了有针对性和具体化的论述。他认为，“作为俄国千百万农民在俄国资产阶级革命快到来的时候的思想和情绪的表现者，托尔斯泰是伟大的。托尔斯泰富于独创性，因为他的全部观点，总的来说，恰恰表现了我国革命是农民资产阶级革命的特点。从这个角度来看，托尔斯泰观点中的矛盾，的确是一面反映农民在我国革命中的历史活动所处的各种矛盾状况的镜子。”[①]列宁的此番论述，通过对托尔斯泰高超的和独特的艺术创作的分析，一方面归结出俄国革命的性质——农民资产阶级革命；另一方面也概括出俄国革命的特征：矛盾性、复杂性和曲折性。可以说，在革命胜利前，马克思主义者应自觉把握文艺中的革命艺术性。而在革命胜利后，马克思主义者则要积极引导文艺中的革命艺术性。基于此，列宁还论述到社会主义文学将是什么样的状况。“这将是自由的文学，因为把一批又一批新生力量吸引到文学队伍中来，不是私利贪欲，也不是名誉地位，而是社会主义思想和对劳动人民的同情。这将是自由的文学，因为它不是为饱食终日的贵妇人服务，不是为百无聊赖、胖得发愁的‘几万上等人’服务，而是为千千万万劳动人民，为这些国家的精华、国家的力量、国家的未来服务。这将是自由的文学，它要用社会主义无产阶级的经验和生气勃勃的工作去丰富人类革命思想的最新成就，它要使过去的经验（从原始空想形式的社会主义发展成科学社会主义）和现在的经验（工人同志们当前的斗争）之间经常发生相互作用。”[②]在列宁看来，社会主义文学之所以是自由的文学，因为它是对劳动人民同情，为占绝大多数人的劳动人民服务，对历史上劳动人民的理想的继承和发展，因而能成为最新的成果、最具有艺术魅力和文艺影响力的文学，这便是它的革命艺术

① 《列宁选集》（第二卷），人民出版社 1972 年版，第 371 页。

② 《列宁选集》（第一卷），人民出版社 1972 年版，第 650 页。

性的体现。

革命艺术性是马克思主义文艺理论对审美意识形态性的一种具体阐释，其理论的科学性和实践的可行性都毫无疑问，接下来的问题是，如何在文艺创作、文艺接受或文艺批评中来落实这个艺术指南呢？毛泽东的文章《在延安文艺座谈会上的讲话》对这个问题做出了明确的回答。“我们的要求则是政治和艺术的统一，内容和形式的统一，革命的政治内容和尽可能完美的艺术形式的统一。”①在他看来，革命艺术性，从社会变革和文艺实践的密切联系来看，就是政治与艺术的统一；从艺术内涵与审美形态的必然关联来看，就是内容与形式的统一；将内容与形式的统一再具体化和细致化，就是革命的政治内容和尽可能完美的艺术形式的统一。他的视野由宏观进入微观，即从社会到文艺，从文艺再到文艺的内容与形式，再到具体的内容和特色的形式，彰显了从普遍性到特殊性的逻辑线路。另一方面，他也善于学习和借鉴中国古代的文艺批评，从特殊的个例推导出普遍的规律。在 1957 年 3 月《同文艺代表的谈话》中，他举例说到，“《昭明文选》里也有批评，昭明太子萧统的那篇序言里就讲‘事出于沈思’，这就是思想性；又讲‘义归乎翰藻’，这是艺术性。单是理论，他不要，要有思想性，也要有艺术性”。②可见，作为中国的马克思主义的文艺批评家，毛泽东一方面重视文艺在推动革命斗争的独到作用，决不是军事至上主义和盲目的武力征服，如他所论，“在我们为中国人民解放的斗争中，有各种的战线，其中也可以说有文武两个战线，这就是文化战线和军事战线。我们要战胜敌人，首先要依靠手里拿枪的军队。但是仅仅有这种军队是不够的，我们还要有文化的军队。”③所谓文化的军队，离不开文艺工作者，他们以艺术审美的方式，把没文化的军队逐步改变成有文化的军队。另一方面，他也非常重视中外古今的优秀文化遗产、经典文艺作品以及深厚的人文传统，将它们作为历史底蕴，去孕育和发展蕴含革命艺术性的马克思主义文艺理论。1964 年 9 月，他对中央音乐学院学生的来信做出批示：“古为今用，洋为中用。”④该信指出了当时“有些人迷恋西洋音乐，轻视民族音乐，对音乐的革命化、民族化、群众化有

---

① 《毛泽东选集》(第三卷)，人民出版社 1991 年版，第 869—870 页。
② 中共中央文献研究室编：《毛泽东文艺论集》，中央文献出版社 2002 年版，第 175 页。
③ 《毛泽东选集》(第三卷)，人民出版社 1991 年版，第 847 页。
④ 中共中央文献研究室编：《毛泽东文艺论集》，中央文献出版社 2002 年版，第 227 页。

抵触情绪”①的现实问题，他的此项简明扼要的批示，对正确处理中国当代音乐与中国古代音乐、外国音乐的关系提供了方法论，其目的就是要让文艺服务社会主义建设，这与在战争年代让文艺服务于革命斗争的精神实质是一致的，是对革命艺术性在不同历史时期的有针对性的指引，体现了马克思主义文艺理论的实践品格和与时俱进的创新精神，是我们正确理解和科学把握审美意识形态性的文艺指南。

二、文艺导向性

如果说革命艺术性着重展现了马克思主义文艺理论中关于审美意识形态性的审美特性，那么文艺导向性则着重展现关于审美意识形态性的价值属性。价值与人的存在和发展有着密切的关系，而在人的存在和发展过程中有着许多的阻碍因素，而使人能克服这些阻碍而获得自我解放的思想或行为，就被视为具有价值，当然这样的价值都是正面的、积极的和进步的。价值的导向，主要受人的能动作用的影响，但也与社会的客观现实有着关系。在马克思主义文艺理论的视域中，革命艺术性侧重于审美意识形态性所能影响到的社会变革，而文艺导向性则侧重于审美意识形态性所能影响到的人的自由解放，尽管从马克思主义的历史唯物主义辩证法来看，社会变革和人的自由解放本来就是统一在一起的，而将它们区分开来，也只是为了理论分析的需要，并没有否定整体统一的事实。

社会主义的实现，则是对资本主义的胜利。而资本主义对人的奴役，体现为对无产阶级的残酷剥削和严酷压迫，这样的社会现实就促使无产阶级的革命和对人的自由解放的追求，而文艺对促进人的自由解放有着巨大的精神力量，甚至是物质力量所不能代替的。于此，文艺导向性就会成为一种应然的要求，尽管它并不一定要以直露的方式表现出来。通常，它会以具有艺术倾向性的形态表现出来。而这样的艺术倾向性，也不是一个抽象的概念，而是涉及如何以艺术性来表达立场和见解，当然，从文艺创作完成的角度来看，这主要是作者如何以艺术性来表达自己的立场和见解。对此，恩格斯曾经评价过两部小说，成为阐释艺术倾向性的经典范例。

---

① 中共中央文献研究室编：《毛泽东文艺论集》，中央文献出版社 2002 年版，第 227 页。

1885 年 11 月，恩格斯在《致明娜·考茨基》的信中，论及了她的小说《旧人与新人》，指出了这个小说的一个严重缺陷。明娜·考茨基①(1837—1912)，出生于奥地利，是德国社会民主党和第二国际领导人之一的卡尔·考茨基(1854—1938)的母亲，是 19 世纪八九十年代社会民主主义作家。此小说叙述了一位同情革命的小资产阶级青年女性爱莎，与她父亲的学生和助手阿尔诺德——一位具有社会主义理想并深入盐矿向工人宣传革命的青年博士之间的爱情故事。爱莎摆脱了天主教神父的感化和约束，追随阿尔诺德到工人阶级中去体验实际生活。而阿尔诺德在救护矿区塌方中牺牲，爱莎经历了生死爱情的磨练，毅然去了美洲，从思想到行动，爱莎已经实现了从资产阶级的"旧人"向无产阶级的"新人"的转变。这么悲惨的故事，这么重大的主题，以小说的形式被创作出来，按理说结果应该是会不错的，为什么恩格斯还认为它存在着一个严重失误呢？我们不妨以该小说为材料，看明娜·考茨基是如何塑造其主人公之一的阿尔诺德。以下是阿尔诺德与法尔肯瑙伯爵关于人性卑污、社会罪恶、宗教信仰、科学认识和暴力革命等方面的争论，由此彰显了阿尔诺德的思想性格。

> "伯爵先生，卑污、罪恶今天已经达到顶点，不能再任其发展，否则社会将因其内部的破坏，结构的缺陷而走向毁灭。诚然，信仰从来不曾保护社会不受罪恶的损害，现在对它也爱莫能助。但在这个问题上，一种具有科学认识新的世界观也能促使向好的方面转变。因为新世界观从世界联系上观察世界，认识到社会力量如同自然界力量一样，只要尚未被认识，没有服从我们的意志，它们就会强暴的，会起破坏作用。然而它也认识到，正如人类将成为自然的主人，她也会有计划地，自觉地、以充分的专门学识使自己成为它自身社会化的主人。人类会把自己完全组织起来，那时他们会只要美好的事物而不要别的什么，因为他们将会认识到，他们所说的美好的事物，同时也就是健康的，自然必要的，永恒的事物。"

① "明娜·考茨基"是 2012 年出版的《马克思恩格斯选集》(第四卷)第三版中的翻译名，在 1972 年的第一版和 1995 年的第二版中，它被翻译成敏·考茨基。

伯爵站起来，目光威严。

“我心平气和地倾听您讲了这么多话，博士先生，了解您的观点对我来说不是索然无味的，但是您那过于大胆的想象我实在无法继续再听下去了。”

“您不愿听，伯爵先生，这我很理解，您是个十分诚实、很有预见的人。可是，您也许连诚实和预见也不能容许；您甚至不敢为这一类事情叫好。进步要消灭特权阶级和特权；只有我们，我们这些没有任何特权，主张所有人享有同等权利、同等幸福的人，进步推动我们，因此，你们必须捍卫的，正是我们所要否定的。”

“这一切都是狂妄自大和空洞的吹嘘，你们自以为无所不知，其实什么都不懂；你们满足于科学假设，根本没有触及事物的本原，至于近因以及物质的本性，你们只好望而却步，瞠目结舌。”

在这一瞬间，阿尔诺德显得和伯爵一样骄傲，一样咄咄逼人。他答道：“基督教设想世界的末日近在眼前，我们则认为它在无比遥远的远方。我们觉得我们才刚刚处于人类发展的开端，把一切世界之谜看成已经全部解决，未免过于狂妄，这些问题的解决，还要经历过一个漫长的时期。这不是我们最近、最迫切的任务。”

伯爵气得嘴角哆嗦，……他走近阿尔诺德，仔细打量年青人的面孔。这时，他的口气突然从告诫一变而充满愤恨的敌意。“我一直爱护您，因为我们把您看成属于我们这一边的，……从今以后，绝不允许您口头或书面发表激进观点，不允许在工人阶级中间进行思想宣传，那些思想对他们不合适。”

阿尔诺德受到这一番激烈的谴责和威胁，眼睫毛都不动一下。他知道激动的是什么，从现在起，他就要受到最残酷的迫害了，但他态度坚决，不卑不亢，完全自觉地回答：“阁下，您的要求是办不到的，也不公允，因为，必须完成的事业，如果没有暴力革命，也没有战斗和刀剑，那就只有通过思想的宣传才能完成。”①

① [德]敏・考茨基：《旧人与新人》，张荣昌、潘子立译，文化艺术出版社1988年版，第295—298页。

明娜·考茨基在《旧人与新人》中所塑造的主角阿尔诺德，刚直不阿、痛恨特权、同情民众、追求真理、敢于战斗，诸多优秀品质集于一身，作者塑造了近乎完美的人物，难道这还不好吗？“可是，如果作者过分欣赏自己的主人公，那总是不好的，而据我看来，您在这方面也多少犯了这种毛病。爱莎尽管已经被理想化，但还是保有一定的个性描写，而在阿尔诺德身上，个性就更多地消融到原则里去了。……显而易见，您认为需要在这本书里公开表明您的立场，在全世界面前证明您的信念。这您已经做了，已经是过去的事了，用不着再以这种形式重复。我决不反对倾向性本身。……倾向应当从场面和情节中自然而然地流露出来，而无须特别把它指点出来；同时我也认为，作者不必把他描写的社会冲突的历史的未来的解决办法硬塞给读者。……即使作者没有直接提出任何解决办法，甚至有时并没有明确表明自己的立场，我认为这部小说也完全完成了自己的使命。”①很明显，恩格斯认为文艺作品是应该表现出倾向性的，也即我们所论的艺术导向性，但问题的关键是，如何来表现倾向性，却成为一种艺术。就人物塑造来说，把角色的思想描述得细致详实，乃至使角色成为一种理想化的人物，但这样的理想化人物的外貌却不形象，言行却不生动，性格却不鲜明，即使这样的作品有艺术导向性，但却是不成功的。就场面衬托和情节构建来说，作品中所蕴含的政治倾向和阶级立场等就直接展现或干脆指点给读者或观众，读者或观众不是从场面的审美氛围和情节的曲折生动中感受到这样的政治倾向和阶级立场等。实质上，这是作家或艺术家不是以自然而然的方式，而是以强加灌输的方式；不是以艺术审美的形态，而是以思想宣传的形态来创作文艺作品，尽管这样的文艺作品中当然是包含了政治倾向和阶级立场等，但这样的方式和这样的形态，导致它们成为糟糕的文艺作品，由此，这样去表现的文艺导向性也是不成功的。

当然，恩格斯就明娜·考茨基《旧人与新人》，列举了埃斯库罗斯、阿里斯托芬、但丁和塞万提斯等的作品，从中都成功地表现出文艺导向性，不过他并没有具体分析是如何成功表现出来的。而在 1888 年 4 月《致玛格丽特·哈克奈斯》信中，就哈克奈斯的小说《城市姑娘》中的缺陷，即在创作手法上现实主义还不足够，在表现主题上——对社会主义倾向的表现上也不

① 《马克思恩格斯选集》(第四卷)，人民出版社 2012 年版，第 579 页。

成功，他论述道：

如果我要提出什么批评的话，那就是，您的小说也许还不够现实主义。据我看来，现实主义的意思是，除细节的真实外，还有真实地再现典型环境中的典型人物。……我决不是责备您没有写出一部直截了当的社会主义的小说，一部像我们德国人所说的“倾向性小说”，来鼓吹作者的社会观点和政治观点。我决不是这个意思。作者的见解越隐蔽，对艺术作品来说就越好。我所指的现实主义甚至可以不顾作者的见解而表露出来。让我举一个例子。巴尔扎克，我认为他是比过去、现在和未来的一切左拉都要伟大得多的现实主义大师，他在《人间喜剧》里给我们提供了一部法国“社会”，特别是巴黎上流社会的无比精彩的现实主义历史，他用编年史的方式几乎逐年地把上升的资产阶级在1816—1848年这一时期对贵族社会日甚一日的冲击描写出来，这一贵族社会是在1815年以后又重整旗鼓，并尽力重新恢复旧日法国生活方式的标准。……围绕着这幅中心图画，他汇编了一部完整的法国社会的历史，我从这里，甚至在经济细节方面(诸如革命以后动产和不动产的重新分配)所学到的东西，也要比从当时所有职业的史学家、经济学家和统计学家那里学到的全部东西还要多。不错，巴尔扎克在政治上是一个正统派；他的伟大作品是对上流社会无可阻挡的衰落的一曲无尽的挽歌；他对注定要灭亡的那个阶级寄予了全部的同情。但是，尽管如此，当他让他所深切同情的那些贵族男女行动起来的时候，他的嘲笑空前尖刻，他的讽刺空前辛辣。而他经常毫不掩饰地赞赏的唯一的一批人，却正是他政治上的死对头，圣玛丽修道院的共和党英雄们，这些人在那时(1830—1836)的确是人民群众的代表。这样，巴尔扎克就不得不违背自己的阶级同情和政治偏见而行动；他看到了他心爱的贵族们灭亡的必然性，把他们描写成不配有更好命运的人；他在当时唯一能找到未来的真正的人的地方看到了这样的人，——这一切我认为是现实主义的最伟大的胜利之一，是老巴尔扎克最大的特点之一。①

① 《马克思恩格斯选集》(第四卷)，人民出版社2012年版，第590—591页。

老巴尔扎克就是指创作经验丰富和艺术风格成熟的巴尔扎克，恩格斯所分析和论证的这个例子，说明那些能有效地表现出文艺导向性的伟大作品，实质上是和作家在艺术创作和文艺审美上的不懈努力密切相关，乃至使作家本人的阶级同情和政治偏见都会发生转变，从而使作家成长为真正的伟大艺术家。这也辩证地说明，要成为伟大的作家或艺术家，不但要能提炼出伟大的艺术主题，而且还要能具备伟大的艺术技巧，这两者缺一不可，有机统一，就如同巴尔扎克在《人间喜剧》中所展现出的一样。而哈克奈斯在《城市姑娘》中则展现得糟糕，试看主角耐丽在儿子死后的那种绝望无助、伤心难慰、麻木呆痴的状态：

> 耐丽脸没有血色，惨白得像她手里拿的那个白玫瑰花圈，眼睛带着非常忧郁和绝望的神情望着一切，引得路过的人都站下来看看她的背影。她把马车门关上，一群孩子仍不肯离去，都扒着车窗往里看。
>
> “不，不！”把他给我！耐丽对马车夫叫嚷说，不让他把小棺材放在座位下面，后来她看马车夫犹豫不决，就又加了一句：“这是我最后一次和他在一起，明天我就再没有儿子了。”
>
> ……她丢开往事，不看眼前，也不愿意想未来的命运。少女的欢乐现在在她看来已经毫无意义。她已经不再想看戏，也不愿意游逛了。马车拐弯的时候，耐丽紧紧地抱着小棺材，冷冰冰的泪水顺着她的面颊滚下来，几颗大泪珠停留在她的浮肿的下眼皮上。
>
> 马车终于离开了尘土飞扬的马路，驶进了墓地。这时耐丽的心情异常平静，因为墓地上花草茂盛，好像一个绿洲出现在熏黑了的厂房和高大的烟囱中间。“说到头，他躺在这儿很好，”耐丽想。“如果他活着，恐怕也得和我一样，吃一辈子苦。”①

耐丽作为一名底层社会的缝纫女工，被资产阶级绅士格兰特欺骗玩弄后却遭抛弃，尽管这样的故事并不稀奇，但若能以马克思主义的历史唯物主义创作观为指导，刻画出鲜活而具体的人物，构建生动而曲折的情节，由此形成社会主义的小说，对资本主义的邪恶进行艺术的批判，这当然是一件很有意义的

---

① [英]玛·哈克奈斯：《城市姑娘》，秦水译，人民出版社1961年版，第116—117页。

事情，然而却不是一件容易的事情。之所以说要用马克思主义的历史唯物主义创作观来指导，即人物的思想性格是和形成他们的环境是有机统一的，没有一种所谓的一成不变的思想性格。如果说像耐丽这样的无产阶级青年女性，因为追求打扮、爱慕虚荣和贪图享受的思想，导致受骗上当，在被玩弄和被抛弃后，又不敢于斗争，只能委屈忍受，结果连儿子的命都没能保住，从这些事件中可以看出耐丽具有脆弱怯懦的性格，也许作为早期的无产阶级青年女性，特别是19世纪初的，是典型的人物，正如恩格斯所说，"您的人物，就他们本身而言，是够典型的；但是环绕这些人物并促使他们行动的环境，也许就不是那样典型了。在《城市姑娘》里，工人阶级是以消极群众的形象出现的，他们无力自助，甚至没有试图作出自助的努力。想使他们摆脱其贫困而麻木的处境的一切企图都来自外面，来自上面。如果这种描写在1800年前后或1810年前后，即圣西门和罗伯特·欧文的时代，是恰如其分的，那么，在1887年，在一个有幸参加了战斗无产阶级的大部分斗争差不多50年之久的人看来，就不可能是恰如其分的了。"[①]耐丽这个无产阶级青年女性的形象，以她的思想性格而比较于19世纪末的无产阶级革命的社会环境，这样的描述确实变得不是恰如其分的了。哈克奈斯有表现社会主义文艺导向性的良好意图，但囿于她的艺术手法和艺术观念，特别是缺乏一种历史唯物主义的理论高度，她在相当的程度上割裂了人物与环境的关系，把文艺导向性过于直露化，形成一种机械化的宣传态势，由此是不成功的。相反，巴尔扎克很注重通过人物与环境的关系，通过艺术描述来表现人物的思想性格，乃至影响了他自己的政治观点和阶级立场，也即现实主义的最伟大胜利之一。他通过小说创作，成功而有效地表现出了文艺导向性，不但是文学家应该学习的榜样，而且也是艺术家应该效法的楷模，因为就艺术来说，譬如在音乐、舞蹈和绘画中，文艺导向性更不能以直露的和说教的方式表现出来，而其魅力恰巧在于以潜在的和审美的方式表现出来。对于文艺理论工作者而言，着眼于文艺批评实践，这也是值得借鉴和总结的艺术经验，从如何有效表现文艺导向性的具体问题，去发掘审美意识形态性的范畴，以此上升到马克思主义文艺理论之中。

---

① 《马克思恩格斯选集》（第四卷），人民出版社2012年版，第590页。

术语阐释

艺术是意识形态的形式

这是马克思在1859年的《政治经济学批判·序言》中所明确提出的关于文艺的基本属性的命题，是马克思主义文艺理论的支撑基石，也是马克思主义文艺批评的科学依据。马克思从分析社会结构出发，揭示了生产力、生产关系、经济基础和上层建筑的社会结构及其相互依赖的辩证关系，由此从基本属性上判定艺术是一种意识形态的形式，他所说的艺术，实质上就是文艺，固而此一论断也是对文艺基本属性的判断。

马克思关于艺术是一种意识形态的形式，为文学和艺术作为在整体上属于同类的知识体系提供了社会学的理论支撑和实践验证，为马克思主义文艺理论作为独立的文艺学学科也提供了划分依据和学理阐释，是对文艺与意识形态之关系的科学认识和辩证把握。从认识上强调了文艺的思想性、价值性和导向性，从把握上确立了文艺的思想性、价值性和导向性的特殊形式，即对审美意识形态性的必然要求。对文艺来说，真善美是不可分割的。

文艺导向性

文艺导向性的问题，是马克思和恩格斯在分析历史悲剧《济金根》，以及恩格斯在分析社会主义倾向小说《旧人与新人》和现实主义小说《城市姑娘》中所关涉的思想深度与艺术高度、艺术性与倾向性、人物与环境之间的辩证关系的科学阐释。这三部作品在表现文艺导向性上都不是成功的和有效的，马克思和恩格斯的文艺批评为我们指明了正确的方向和提供了合理的依据。

在马克思主义文艺理论看来，文艺导向性应从场景和情节中自然而然地流露出来，而不要把它特别地指点出来。应使读者和观众从艺术审美中感受到和体验出这种导向性，而不应简单地和机械地将文艺作为向读者和观众进行思想宣传的工具。作家和艺术家在文艺创作时要有这种自觉的审美意识，读者和观众在文艺欣赏时要尽量获取这种审美体验，而文艺理论工作者在文艺批评时要能准确地把握这种审美要求。而审美意识、审美体验和审美要求这三者实质上是相互作用和辩证统一的，展现出马克思主义文艺理论在文艺与政治、艺术与真理、审美与道德等方面的科学联系。

思考题

1. 马克思主义文艺理论的学科特征何在?

2. 试论马克思主义文艺理论的科学性。

3. 如何理解审美意识形态性?

延伸阅读

1.《马克思恩格斯选集》(第二卷、第四卷),人民出版社 2012 年版。

2. [德]敏・考茨基:《旧人与新人》,张荣昌、潘子立译,文化艺术出版社 1986 年版。

3. 李志雄:《基于马克思及其文化的文学研究》,河南大学出版社 2017 年版。

第二章　马克思主义文艺认识论

原典摘录

列宁:“托尔斯泰是俄国革命的镜子”

托尔斯泰的作品、观点、学说、学派中的矛盾的确是显著的。一方面,他是一个天才的艺术家,不仅创作了无与伦比的俄国生活的图画,而且创作了世界文学中第一流的作品;另一方面,他是一个发狂地笃信基督的地主。一方面,他非常有力地、直觉地、真诚地反对社会的撒谎和虚伪;另一方面,他是一个“托尔斯泰主义者”,即是一个颓唐的、歇斯底里的可怜虫,所谓俄国的知识分子,这种人当众捶着自己的胸膛说:“我卑鄙、我下流,可是我在进行道德上的自我修养;我再也不吃肉了,我现在只吃米粉饼子。”一方面,他无情地批判了资本主义的剥削,揭露了政府的暴虐以及法庭和国家管理机关的滑稽剧,暴露了财富的增加和文明的成就同工人群众的劳困、野蛮和痛苦的加剧之间的深刻矛盾;另一方面,他狂信地鼓吹“不用暴力抵抗邪恶”。一方面,是最清醒的现实主义,撕下了一切假面具;另一方面,鼓吹世界上最讨厌的东西之一,即宗教,力求让有道德观念的僧侣代替有官职的僧侣,这就是说,培养一种最精巧的因而是特别恶劣的僧侣主义。真可以说:

俄罗斯母亲呵,
你又贫穷又富饶,
你又强大又软弱!

托尔斯泰处在这样的矛盾中,绝对不能了解工人运动和工人运动在争取社会主义的斗争中所起的作用,而且也绝对不能了解俄国的革命,这是不言而喻的。但是托尔斯泰的观点和学说中的矛盾并不是偶然的，它反映了19世纪最后三十几年俄国实际生活所处的矛盾状况。昨天刚从农奴制度下解放出来的宗法式的农村，简直在遭受资本和国库的洗劫。农民经济和农民生活的旧基础，那些确实保持了许多世纪的旧基础，在异常迅速地毁坏着。托尔斯泰观点中的矛盾，不应该从现代工人运动和现代社会主义的角度去评价（这样批评当然是必要的，然而是不够的），而应该从反对新兴的资本主义，反对群众破产和丧失土地（俄国有宗法式的农村，就一定会有人这样反对）的角度去评价。作为一个发明救世新术的先知，托尔斯泰是可笑的。所以国内外的那些偏偏想把他学说中的糟粕变成一种教义的“托尔斯泰主义者”是十分可怜的。作为俄国千百万农民在俄国资产阶级革命前夕的思想和情绪的表现者，托尔斯泰是伟大的。托尔斯泰富于独创性，因为他的全部观点，总的说来，恰恰表现了我国革命是农民资产阶级革命的特点。从这个角度来看，托尔斯泰观点中的矛盾，的确是一面反映农民在我国革命中的历史活动所处的各种矛盾状况的镜子。一方面，几百年来农奴制的压迫和改革以后几十年来的加速破产，积下了无数的仇恨和拼命战斗的决心。要求彻底铲除官办的教会，打倒地主和地主政府，消灭一切旧的土地占有形式和占有制度，扫清土地，建立一种自由平等的小农的社会生活来代替警察式的阶级国家，这种要求像一条红线贯串着农民在我国革命中的每一个步骤，而且毫无疑问，“托尔斯泰作品的思想内容，与其说符合于抽象的‘基督教无政府主义’（这样有时被人们看作是他的观点‘体系’），不如说更符合于农民的这种愿望。”①

以上内容摘自《列宁全集》第十五卷，列宁关于托尔斯泰作品、观点、学说、学派中的矛盾的认识，通过对客观现象的科学分析，以实事求是的态度，论证了托尔斯泰的创作与俄国革命之间的关系，从而得出结论：托尔斯泰作品、观点、学说、学派中的矛盾是对当时俄国革命情况的如实反映，列宁的这个观点是具有说服力的。正如毛泽东所说：“中国革命斗争的胜利要靠中国同志了解情况②。”也就是说，要了解各国革命斗争的实际情况才能做出符合各国国情

① 《列宁全集》（第十五卷），人民出版社1963年版，第179—181页。

② 《毛泽东著作选读》（上册），人民出版社1986年版，第54页。

的革命策略。如此，列宁对托尔斯泰的文艺批评也是基于俄国革命的事实而得出来的。在这里，我们就不得不把托尔斯泰和托尔斯泰的作品、观点置于他所在的那个环境、那个时代进行审视。反之，脱离社会实际，不顾历史事实，如同把花木从土壤中拔出去而放到实验室中去考察和研究，这样所得出的结论肯定是不可靠的。同理，脱离了托尔斯泰与其时代和社会之间的实际联系，所寻求出的关于他的作品、创作和影响等的文艺认识，也就是不合理的和不科学的。

托尔斯泰(1828—1910)生活的时代，俄国是一个遭受宗法制和农奴制双重压迫的封建国家。1828 年，托尔斯泰出生于俄国一个贵族家庭，其家里有庄园和不少的土地，他的这种贵族出身和家庭背景为他的后来的文学创作提供了优越的条件，也使得他积累了关于俄国社会的生活素材。青年时期的托尔斯泰，喜爱道德哲学，广泛阅读文学作品和哲学大师的著作，在这一时期他表现出了对文化的浓厚兴趣，也预示了他日后将走上文学道路。1847 年到 1861 年期间，托尔斯泰经历了作为文职官员、士兵、土地主的身份转变，在担任文职期间，他见识了掌权者的腐败作风，他经历过战争，受到了炮火的洗礼，懂得了生命的可贵。作为一名贵族，他又敢于躬身实践，曾在自家庄园试推行代役租的方式解放农民，试图探索出一条农民生存的新路。1861 年，俄国农奴与贵族之间的矛盾不断加剧，冲突时常发生，当时的俄国政府为了巩固自己的统治，也曾一度进行改革，进行内部的自我调整。这就是后来在历史上常被提起的“1861 年农奴制改革”，尽管它为俄国资本主义发展提供了必要的自由劳动力，广阔的国内市场和雄厚的资本，但这次改革很不彻底，仍然保留了大量的封建残余，农奴生活没有得到根本性改善，民主革命依然是俄国社会发展所面临的历史使命。托尔斯泰的作品和创作正是在这样的社会历史环境中所催生出来的，故列宁用生动的比喻说托尔斯泰是俄国革命的镜子。在马克思主义看来，文艺是对世界的艺术反映，文艺以艺术审美的方式，使我们获得对世界的认识。就此，涉及马克思主义文艺认识论，它是马克思主义关于文艺的一个系统认识论，包括认识客体、认识主体和认识载体三个有机组成部分。在马克思主义看来，文艺活动本质上是一种认识活动，可以称之为文艺认识，那么，文艺认识的对象是什么？文艺认识的实施者是谁？文艺认识的媒介是什么？基于这三个基本问题，构成了本章的具体内容，首先，当从马克思主义文艺认识客体论起。

第一节　马克思主义文艺认识客体

马克思主义文艺认识客体，具体来说包括客观世界、社会历史和人类心灵三个方面。客观世界主要是指自然世界，具有自然性特征，是相对于人类社会和人类历史而言，而社会历史具有社会性特征。进而，客观世界和社会历史，具有外在性特征；而人类心灵，具有内在性特征，故此才有这样的三分法，以下就从这三个方面来展开论述。

一、客观世界

我们在此说的客观世界，比哲学上讲的客观世界概念要小。“客观世界是指在人们思想之外独立存在的物质世界，它包括自然界和人类社会。主观世界是指人们的思想，它包括思想意识、思想方法与认识能力。无产阶级改造世界的斗争，包括改造客观世界和改造主观世界双重任务。二者是相互联系，相互影响，相辅相成的。要改造客观世界，必须改造主观世界。客观世界是复杂的不断发展的，主客观之间是复杂的不断发展的，主客观之间总是存在着矛盾，要正确地反映客观世界，跟上客观世界的发展，就必须不断地改造主观世界、改造主观客观的关系，克服头脑中的唯心主义和形而上学。改造主观世界，必须在改造客观世界的实践中进行。主观世界的改造，不仅是一个认识问题，从根本上来说是一个实践问题。生产斗争、阶级斗争和科学实验的实践是改造主观世界的重要场所。无产阶级的立场、观点、方法，只有在三大革命的实践中才能逐渐形成；非无产阶级的立场、观点、方法，只有在三大革命的实践中才能得到根本改造。同时，人们主观世界的认识是否正确，也只有通过实践才能得到检验。改造客观世界和改造世界是统一的。在改造客观世界的过程中，同时也在改造人们的主观世界。”①由此可见，我们所说的客观世界主要是指自然世界，它具有客观性，不以人的意志为转移。例如，自然界中的花草树

① 刘延勃、张弓长、马乾乐、张念丰主编：《哲学辞典》，吉林人民出版社 1983 年版，第 500—501 页。

木是按照自然界的生长规律生存的，它具有实在的特点，是实际而具体的物，存在于真实的客观世界里，不是要靠人的意识而存在的。而通过人的意识所反映出的自然世界，若符合自然世界本来的面貌和实情，则也是真实的。如狄更斯的小说《雾都孤儿》中所描述的“雾都”，即是18世纪伦敦充满了工业雾霾的自然环境，是符合当时的客观情况的，因而也就是真实的。

尽管自然世界是客观的、真实的和实在的世界，但一旦进入到文学作品，作家对它的描述却带有主观色彩和审美情感，这时的自然世界就具有主观性和情感性的特点。《呼啸山庄》中新房客洛克伍德来到希斯克利夫房子门前恳求租下画眉山庄，对希斯克利夫的住宅——呼啸山庄——的第一印象是：“只消看一看宅子尽头的那几株萎靡不振、倾斜得厉害的枞树，那一排瘦削的都向一边倒的荆棘（它们好像伸出手来，乞求阳光的布施），也许你就能捉摸出从山边沿刮来的那一股北风的猛劲儿了”。①对枞树的描写、荆棘的描写，为什么会有“萎靡不振”“乞求”“布施”这种的字眼？是枞树、荆棘在乞求吗？不是，其实是洛克伍德在乞求。他由于境遇糟糕而导致情绪不佳、心情落魄，以及与希斯克利夫先生的不愉快接触所引发的情感。这种主观上的情绪和情感，通过作家对自然环境的描述以及读者对它的阅读，仿佛便是枞树、荆棘有了情绪和情感，以文艺批评的术语来说，即“移情于景”。“移情于景”说明在文艺创作和艺术欣赏的活动中，客观性和主观性是可以统一起来的，但并不是所有的文艺活动都可以达到这种程度。

在马克思主义看来，文艺活动中能将客观性和主观性统一起来，才能算作是高明的和优秀的。只有客观性，或者只有主观性，都是片面的。当主观性和客观性相互交融，文艺活动才能达到虚实相生、情景统一，才能展现文艺作品的艺术美。黑格尔认为，“只有在最高的艺术里，理念和表现才是真正互相符合的，这就是说，用来表现理念的形象本身就是绝对真实的形象，因为它所表现的理念内容本身也是真实的内容。”②真正的艺术作品，既能做到客观性地描述自然之美，又能主观性地表达自己的创作理念，到达一种理想的状态，如此就展现出来艺术作品之美，按照黑格尔的说法，“美是理念的感性显

① ［英］艾米莉·勃朗特：《呼啸山庄》，方平译，上海译文出版社2010年版，第103页。

② ［德］黑格尔：《美学》，商务印书馆2018年版，第93页。

现”，①理念实质上就是客观性的反映，而感性实质上就是主观性的反映，但只有主观地显现出客观真实，艺术才能称得上“美”。尽管黑格尔关于“美”的定义，体现出文艺的辩证法精神，但其支撑文艺审美的哲学体系却是唯心主义的，是经不起文艺实践的检验的，而马克思的“美的规律”②的理论阐释则是通过文艺实践而得到验证的，被证明是科学的。

马克思关于“美的规律”是在比较了动物的生产和人的生产之迥异的前提下，从而深刻地批判了资本主义的“异化劳动”，致使工人的生存状况倒退到了动物生存的境地，由此导致资本主义这种邪恶的社会制度要被社会主义和共产主义所推翻，从而实现工人阶级和整个人类的自由和解放，此种自由和解放在文艺实践上，就是美的产生，而美的产生，有着它的规律可循，正如马克思所论，“诚然，动物也生产。动物为自己营造巢穴或住所，如蜜蜂、海狸、蚂蚁等。但是，动物只生产它自己或它的幼仔所直接需要的东西；动物的生产是片面的，而人的生产是全面的；动物只是在直接的肉体需要的支配下生产，而人甚至不受肉体需要的影响也进行生产，并且只有不受这种需要的影响才进行真正的生产；动物只生产自身，而人再生产整个自然界；动物的产品直接属于它的肉体，而人则自由地面对自己的产品。动物只是按照它所属的那个种的尺度和需要来构造，而人却懂得按照任何一个种的尺度来进行生产，并且懂得处处都把固有的尺度运用于对象；因此，人也按照美的规律来构造。”③马克思的观点表明，无论是物质生产还是精神生产，都应按照它所固有的尺度来构造，但动物的局限在于它们只能按照它们的天然本能以适应自然世界来获得自己的需要，也即按照它所属的那个种的尺度和需要来构造；而人的高超在于能够凭人为能动性去把握事物，按照事物固有特性去运用，从而获得自己所需要的。物质生产是如此，精神生产更是如此，都要按照“固有尺度”来构造，属于精神生产的文艺创作，更会展现出自由自觉的创作艺术，表现出文艺之美，这个马克思主义文艺理论的基本观点，对于中外文艺创作实践都是可行的。然则，中外文艺创作及作品所反映出客观世界的具体方式还是有些不同。

中国文学早在先秦的诗歌中，就彰显出对自然外界的描述与对主观情感

① [德]黑格尔：《美学》，商务印书馆 2018 年版，第 143 页。

②③ 《马克思恩格斯选集》(第一卷)，人民出版社 2012 年版，第 57 页。

的表达之间的辩证关系，文学认识的对象——客观世界，实质上与主观世界有机地统一起来，形成了中国文学抒情言志的悠久传统，试看这些诗歌中的“景”与“情”、“境”与“意”等的审美形态。

月　出

月出皎兮，佼人僚兮，劳心悄兮，劳心悄兮。

月出皓兮，佼人懰兮，舒忧受兮，劳心慅兮。

月出照兮，佼人燎兮，舒夭绍兮，劳心惨兮。①

蒹　葭

蒹葭苍苍，白露为霜。所谓伊人，在水一方。

溯洄从之，道阻且长。溯游从之，宛在水中央。②

黍　离

彼黍离离，彼稷之苗。行迈靡靡，中心摇摇。

知我者谓我心忧，不知我者谓我何求。悠悠苍天，此何人哉！③

采　薇

昔我往矣，杨柳依依。今我来思，雨雪霏霏。

行道迟迟，载渴载饥。我心伤悲，莫知我哀！④

从上面的诗歌可以看出，自然之景的“月出”“白露”“雨雪”，自然之物的“蒹葭”“杨柳”，农作之物的“黍”“稷”，是文学认识论中客观世界的具体形态。然则，这些具体形态又与诗人或作者的特定心态密切相关，形成中国文学独特的审美情趣。可以说，以《诗经》为代表的“‘民间’恋歌和氏族贵族们的某些咏叹，奠定了中国诗歌的基础及其以抒情为主的基本美学特征：……虽然这些诗篇中所咏叹、感喟、哀伤的具体事件或内容已经很难知晓，但它们所传达出来的那种或喜悦或沉痛的真挚情感和塑造出来的生动真实的艺术形象，那种一唱三叹反复回环的语言形式和委婉而悠长的深厚意味，不是至今仍然感人吗？

① 蒋见元、程俊英注释：《诗经》，岳麓书社 2000 年版，第 129 页。
② 蒋见元、程俊英注释：《诗经》，岳麓书社 2000 年版，第 117 页。
③ 蒋见元、程俊英注释：《诗经》，岳麓书社 2000 年版，第 61 页。
④ 蒋见元、程俊英注释：《诗经》，岳麓书社 2000 年版，第 157 页。

它们不同于其他民族的古代长篇叙事史诗，而是一开始就以这种虽短小却深沉的实践理性的抒情艺术感染着、激励着人们。它们从具体艺术作品上体现了中国美学的民族特色。”①确实，抒情性、感染性、意蕴性和理想性等的有机统一，也许正是中国文学所彰显出的审美特征。但是，当诗的抒情、感染、意蕴等巧妙而自然地表达出了理想和志向，诗有什么作用呢？也许我们可以追忆起孔子的谆谆教导。“小子何莫学夫诗？诗可以兴，可以观，可以群，可以怨，迩之事父，远之事君，多识于鸟兽草木之名。”②如果说“兴”“观”“群”“怨”是诗的文艺作用，“事父”是它的伦理作用，“事君”是它的政治作用，“多识于鸟兽草木之名”则是它的科学作用，即诗作为文学的认识作用，其认识对象是包含了鸟兽草木的客观世界。以此来说，中国最早的文学观念在马克思主义文艺认识论中也可得到承认，正如郭邵虞所论，“周、秦时期所谓‘文学’，兼有文章博学二义：文即是学，学不离文，这实是最广义的文学观念，也即是最初期的文学观念。”③于此，中国古代文学认识论与马克思主义文艺认识论不谋而合，可见后者的历史深刻性和学理可靠性。

相对于中国古代的诗歌体裁来说，西方文学源于古希腊悲剧、喜剧和史诗的传统，戏剧体裁成为其主流。在古希腊诗成为悲剧、喜剧和史诗的使用工具，因为这些体裁的作品都是用诗创作出来的，因而它们的作者也就被称为诗人。这些诗人在他们的悲剧、喜剧和史诗中，自然少不了对客观世界的描绘，即在古希腊文艺中——因为这些悲剧、喜剧和史诗中，包含了唱段、戏景和音乐等，故而说古希腊作品是文艺的，而不仅仅是文学的——反映出的文艺认识对象，它们的审美形态和对文艺的审美作用，都与中国的文艺认识对象有所不同。试以马克思、弥尔顿、歌德、拜伦、斯温伯格和布里奇思等人都非常喜欢，且对雪莱和哈代等人的创作产生过明显影响的《被绑的普罗米修斯》为例，这个悲剧中所反映出的客观世界，有着什么艺术作用呢？

普罗米修斯

哦，透亮的晴空，穿飞的风儿，

① 李泽厚：《美的历程》，天津社会科学出版社 2001 年版，第 91—92 页。

② （清）阮元校刻：《十三经注疏——附校勘记》（下），中华书局 1980 年版，第 2525 页。

③ 郭邵虞：《中国文学批评史》（上册），百花文艺出版社 1999 年版，第 5 页。

你们，奔腾的河流，大海层层屈卷的
笑靥，哦，大地，万物的母亲，还有你，
无所不见的球体，光辉的太阳——我对你们呼唤！
看看我吧，一位神明，忍受众神制导的
灾难；看看我的苦痛，
此般羞辱，拼命挣扎，
一万年的磨难。
这便是我的钉绑，被那位新掌权的王贵，
幸福的神明的首领，被他的谋划锢在这边。
苦哇，磨难！不知何时可得。
……
我不能讲自己的命运，
也不想封锁自己的舌苔。
我被痛苦的灾难轭连，
只因给凡人送去美好的礼件，
我找到秘藏的火种，点上茴香的茎秆，
成为他们手中的宝物，训导每一种技艺，
取之不尽的源泉。这便是我的过错，领受
惩罚，戴着镣铐，钉铆在浩广的天空下面。
哈，我的磨难！①

显然在这里被描述的客观世界，透亮的晴空、穿飞的风儿、奔腾的河流，层卷的大海、万物的大地、光辉的太阳，展现出了一幅辽阔壮丽、巍峨挺拔、生机勃勃的高加索悬崖的画卷。然而，这样美丽的图景，并不是为了衬托他的喜悦之情，相反，是为了铺设一个场景，在此场景中他却是痛苦的，由此引出叙述他痛苦的状况、原因和结果等，也即为了叙述故事的需要，这种为叙事需要而对客观世界进行描述的手法，在喜剧中同样是存在的，试看阿里斯托芬的《蛙》中

① ［古希腊］埃斯库罗斯：《埃斯库罗斯悲剧集》，陈中梅译，辽宁教育出版社 1999 年版，第 222—223 页。

的片段：

歌队　挑动争执者一定醒来了；
因为白日之星高悬——
所有的都要高呼，狄俄倪索斯！——
确实高升起来，
如同一道亮丽
在黑暗之空
闪耀出来，
穿过草地
在那里年迈的跛子在跳跃，
我们的灾难在退缩，
酸疼的重担在减轻，
多年的厌烦愁苦，
由你所掌握的舞蹈
在鲜花之谷中明亮起来。①

《蛙》这个喜剧叙述了狄俄倪索斯带着仆人到冥界去寻找欧里庇得斯这个伟大的悲剧诗人还阳，以期望重振雅典悲剧艺术的雄风。没有料到的是，欧里庇得斯与埃斯库罗斯相互争斗，经过比赛判定欧里庇得斯失败，最终把倾向政治批评的埃斯库罗斯带回了阳间。此处的歌队是冥湖的一群蛙，当狄俄倪索斯化妆为赫剌克勒斯并带着仆人来到冥界，经过冥湖时，蛙们噪声鼓唱，它们认出了狄俄倪索斯，以"白日之星"来比喻他，以"黑暗之空"和"草地"来暗示雅典城邦的黑暗与混乱，以"鲜花之谷"来预示雅典悲剧艺术的再度辉煌。很显然，这一切对客观世界的描述，如果不结合整个喜剧的故事情节来理解，就会使观众觉得无关联，从而在艺术审美上也就变得无意义。如果说在悲剧和喜剧中，故事情节还比较短小，观众和读者们对其中的关于"客观世界"的描绘容

① Aristophanes, Frog, translated by R. H. Rogers, in *The Complete Plays of Aristophanes*, edited and with an introduction by Moses Hadas, New York · Toronto · London · Sydney · Auckland: Bantam Books 1981, p.380.

易接受和理解，那么对于大故事和长情节的史诗，如何使观众和读者更好地接受和理解呢？试看《奥德赛》中对海上危险航路的描述：

> 另一条海路穿过两座悬崖。
> 第一个峭壁有着齐天高的尖顶：
> 从不消失的云笼罩着它——
> 如此漆黑，以致环绕它的云气从不清晰，
> 无论是夏天还是秋天，
> 没有人能攀登那个悬崖或站上它的山顶，
> 即使他有二十个脚和手；
> 它完全像磨光了。
> 在悬崖边的中段，有一个漆黑的洞穴(dark cave)。①

此处，美丽迷人的瑟西(Circë)——这位挽留并爱恋奥都修斯的女巫，描述了奥都修斯回家必须经过的另一条海路，因为第一条海路是凡人根本不能航行通过的，而这另一条海路也是很难通过的，因为是凶残的怪兽斯库拉(Scylla)和卡律布狄斯(Charýbdis)分守两边的海道。"身处斯库拉和卡律布狄斯之间"这个西方文学的成语便由此而来，表示危险重重、左右为难。当然，奥都修斯凭借勇敢和毅力，最终通过了斯库拉和卡律布狄斯之间的险路，然此处对悬崖、云团、山顶、洞穴等的描述，明显是为刻画主角奥都修斯而起烘托作用的，这也是西方文学中很早就用环境描写来达到刻画人物的例证，从艺术技巧上，这是可以理解的。正如亚里士多德所言，"《奥德赛》(由于发现贯穿始终)属于复杂型，同时也展现人物的性格。"由此可见，西方文学中很早就意识到了环境描写的艺术功用，这种艺术功用，可以说是文艺认识论的一个重要组成部分，它蕴含了文艺认识客体的艺术功用。马克思主义文艺理论，本身就是从西方文艺理论发展而来的，在关于文艺认识论的看法上，可以说与西方文艺理论一脉相承。

---

① Homer, *The Odyssey of Homer*, a new Verse translation by Allen Mandelbaum, New York: Bantam Dell 2003, p.239.

鉴上，无论是在中国文学还是在西方文学中，对客观世界（这里不包括社会历史和人类心灵）的描绘，都构成了文学的一个必然组成部分，推而广之，在艺术中也是如此，如绘画、音乐、舞蹈中对自然景物或生态环境的描绘、再现或表现等。对这些东西的理解和领悟等，既可能是作者或艺术家的认识，也可能是读者或观众的认识。但是，有所不同的是，中国文艺中对客观世界的描绘倾向于一种抒情的方式，突显出“以情言志”的审美特色；而西方则倾向于一种叙事的方式，展现出“以事求真”的艺术风格。然则，无论是抒情还是叙事，在文艺中都是不可缺失的艺术方式；无论是“以情言志”还是“以事求真”，在文艺中都是可行的艺术追求。由此，无论什么样的艺术倾向、方式或风格等，艺术理想都应该是被鼓励去追求的对象，马克思主义文艺理论以其对中外文论传统的继承，对此当然是认可的。特就此文艺认识客体之一的自然世界，马克思主义文艺理论将人道主义与自然主义、发展和理想达到了统一。诚如马克思所言，“共产主义是私有财产即人的自我异化的积极的扬弃，因而是通过人并且为了人而对人的本质的真正占有；因此，它是人向自身、也就是向社会的即合乎人性的人的复归，这种复归是完全的复归，是自觉实现并在以往发展的全部财富的范围内实现的复归。这种共产主义，作为完成了的自然主义，等于人道主义，而作为完成了的人道主义，等于自然主义，它是人和自然界之间、人和人之间的矛盾的真正解决，是存在和本质、对象化和自我确证、自由和必然、个体和类之间的斗争的真正解决。它是历史之谜的解答，而且知道自己就是这种解答。”①马克思的共产主义理想，蕴含了马克思主义文艺理论关于艺术理想的科学内涵，这种科学内涵的解答，就是自然和人的真正统一。作为文艺认识客体，自然之后的就是人，而人的现实存在是社会历史的产物，人的精神活动是人类心灵的反映，故此，下二节分别关于社会历史和人类心灵。

二、社会历史

社会历史与我们的“社会历史观”密切相关，社会历史观是人们对社会历史的总的看法。它是世界观不可分割的一个重要组成部分。社会存在与社会意识的关系是社会历史观的根本问题，凡是认为社会存在决定社会意识，社会

① 《马克思恩格斯文集》（第一卷），人民出版社 2009 年版，第 185—186 页。

存在是第一性的，社会意识是第二性的，则是历史唯物主义；凡是认为社会意识决定社会存在，社会意识是第一性，社会存在是第二性的，则是历史唯心主义。历史唯心主义由于颠倒了社会存在与社会意识的关系，从而产生两个主要缺陷："第一，以往的历史理论，至多是考察了人们历史活动的那个思想动机，而没有考究产生这些动机的原因，没有摸到社会关系体系发展的客观规律性，没有看出物质生产发展程度是这种关系的根源；第二，过去的历史理论恰恰没有说明人民群众的活动。①"而历史唯物主义正好弥补了这两个缺陷，它认为社会生产、生产方式是社会发展的决定力量，具有客观规律性。它认为人民群众是社会历史的真正创造者，只有从人民群众的活动中实践，才能确切地考察出社会历史的发展规律，才能真正理解和把握社会发展趋势。当然，马克思主义文艺理论是受历史唯物主义所指导的，其文艺认识论中关于社会历史论述，体现了历史唯物主义的精神，文艺是对社会历史的审美反映，尽管这种审美反映仿佛是作家或艺术家的艺术风格或审美风范的体现，实质上它是人民生活的历史再现。马克思和恩格斯在《德意志意识形态》中对这个问题早有论述，他们认为："人们是自己观念、思想等的生产者，但这里所说的人们是现实的、从事活动的人们，他们受自己的生产力和与之相适应的交往的一定的发展——直到交往的最遥远的形态——所制约。……德国哲学从天国降到人间；和它完全相反，这里我们是从人间升到天国。这就是说，我们不是从人们所说的、所设想的、所想象的东西出发，也不是从口头说的、思考出来的、设想出来的、想象出来的人出发，去理解有血有肉的人。我们的出发点是从事实际活动的人，而且从他们的现实生活过程中还可以描绘出这一生活过程在意识形态上的反射和反响的发展。……不是意识决定生活，而是生活决定意识"。②就此，以马克思主义文艺认识论来说，文艺作品中所塑造的人物的思想性格，其实也就是一定社会历史的艺术反映。

试以《安娜·卡列尼娜》为例，安娜这个艺术形象就是爱与美的化身：样貌姣好，艺术修养高，富有浪漫主义气质；她的丈夫卡列宁身居高位，但除了政治名利，其他一概不懂；而渥伦斯基作为一个热血青年，初来乍到，出入俄国贵族

① 《列宁选集》(第二卷)，人民出版社 1972 年版，第 586 页。
② 《马克思恩格斯选集》(第一卷)，人民出版社 2012 年版，第 152 页。

的社交场合，一眼就被安娜身上的美和气质所吸引，陷入爱河。作为一个富有情调，具有浪漫主义理想的人，安娜爱上了眼前这个年轻人，并且做出了一个大胆的决定：为了渥伦斯基，为了心中的爱情，和过去沉闷枯燥的生活告别。然而她的丈夫卡列宁却需要安娜维持他的官场名誉，他不在乎安娜是不是有情人，他不在乎安娜是不是爱他，卡列宁只需要一个叫做安娜的玩偶来假装维持生活的平静。这样的生活，对安娜来说，太残忍了！在这个家庭中，安娜不再为人，她的身份只是一个玩偶，是一个工具。身而为人应被当作一个人来对待和尊重，然而，安娜得到的却是来自卡列宁把她当作工具的冷漠和无情。于是，安娜和渥伦斯基出走，尽管卡列宁和安娜的婚姻状态续存。如果是童话故事，大概王子和公主从此过上幸福生活，故事就此结束。但在托尔斯泰的作品中，并非如此。安娜得到了渥伦斯基的爱情，甘于寂寞，甘于清贫的生活，可渥伦斯基的心灵并不是他展示给安娜的那般高尚。两人同居的日子里，矛盾逐渐显现，安娜想念她的儿子，被她的贵族社交圈批评，失去了名誉，渥伦斯基也按捺不住心思，常去社交聚会，故意冷落安娜并多加苛责。在这种被爱人抛弃、被折磨、瞧不起的生活里，安娜心生寒意，最终为了维护自己的理想爱情，跳轨死在火车站。至此，安娜的爱情画上了句号。托尔斯泰的这部《安娜·卡列尼娜》弥散着浓郁的悲剧气氛。作品中的安娜是爱与美的化身，她为爱出走，最后为爱陨落，敢爱敢恨的浪漫情怀和为爱献身的牺牲精神，给读者心灵以极大的震撼。安娜这个艺术形象所展现出的希望和绝望、勇敢和痛苦、爱情和生命等的复杂矛盾，实质上是当时俄国社会中贵族妇女为代表的女性命运的反映，是俄国特定历史时期的一面镜子，因为它写成于19世纪70年代，“当时正是俄国历史发生重大变化的转折时期。一方面，俄国充满农奴制度的痕迹和残余；另一方面，资本主义从下面蓬勃发展起来和从上面培植起来。这种转折时期，正是《安娜·卡列尼娜》思想内容的现实基础。”[1]可见，安娜的爱情悲剧和命运遭遇并不是个人故事和偶然现象，而是俄国农奴制度衰落和资本主义发展的社会现实和历史状况的艺术反映。正如列宁对它的评价，“对于1861年至1905年这个时期，很难想象得出比这更恰当的说明了”。[2]

① 易漱泉、雷成德、王远泽等编：《俄国文学史》，湖南文艺出版社1986年版，第577页。

② 《列宁全集》(第十七卷)，人民出版社1963年版，第32页。

除了安娜的悲剧命运,她的丈夫卡列宁可以说是当时俄国社会中众多官僚分子的真实写照,卡列宁这个人,是可怜的,他是追逐国家权力的机器,他不懂什么是爱情,他只知道要维护他的社交、官场和名誉。对他来说,安娜的一系列选择都是难以理解的:为什么她要和他离婚,为什么她宁愿拒绝觥筹交错、衣食无忧的生活也要追求爱情;卡列宁也是可悲的,遇上安娜这样一个会爱、懂爱、极具浪漫理想的妇人,他原本是有机会体会到安娜炽热的爱的,他原本是可以摆脱被奴役的处境,拥有属于他自己作为人的快乐,然而他不懂得安娜的珍贵;卡列宁的冷酷和安娜的炙热,形成了鲜明的对比。如果安娜是一团火,那么卡列宁就是一块冰。在作品的最后,托尔斯泰似乎良心发现,他让卡列宁参加了安娜的葬礼,并且领养了安娜与渥伦斯基所生的女儿。这里的卡列宁貌似在安娜死后开始思念安娜,有了一点点人情味,有了一点人的影子。假如卡列宁是俄国大贵族地主阶级的浓烈缩影,那么沃伦斯基就是小地主阶级的典型代表。渥伦斯基是贵族军官出身,接受了新思想的洗礼,富有同情心,十分聪颖,但他得到了安娜之后,面对生活的矛盾、世俗的压迫,他屈服了,还曾一度把这些怪罪于安娜。渥伦斯基这个角色,也是很可悲的。他以为自己可以战胜世俗,以为自己可以正面迎击生活,事实上他没有反抗之力,只会逃避和找借口。他懦弱的性格与展现在安娜面前的勇敢举动形成反差,尽管他相貌帅气、心地善良,但他没有安娜那样坚定的信念,他是向世俗社会屈服的投诚者。这便是渥伦斯基和安娜爱情悲剧的根本原因,一个人想要反抗世俗,一个人却想要与世俗和解,信念的冲突,终究导致了他们的爱情悲剧。

《安娜·卡列尼娜》是俄国文学中一部具有深远影响的小说,无论从广度还是深度来讲,它都真实地反映了俄国当时的社会历史。它的原型取自于当时的真实生活,如实地反映了十九世纪俄国大贵族地主阶级的生活,生动地描述了俄国上层社会的面貌。其中关于安娜的出走、反抗世俗的举动等,也是托尔斯泰为解决现实生活的困惑与矛盾而进行的文学实验。简言之,这部作品之所以能对后世产生深远的影响,关键是完成了对当时俄国社会历史的真实写照,成为后来的读者和批评者了解俄国社会历史的一面镜子,具体来说,一是塑造了个性鲜明的人物,对人物形象的刻画入木三分,这些人物形象是社会困境和历史变革中挣扎的人物的缩影;二是广泛地展现了当时俄国的社会现状,深刻地批判了俄国变革的历史残留,成为一部现实主义的经典之作;三是它展现了托尔斯泰非凡的艺术创造魅力，它既表现了作家遭遇现实困境而寻求文学出路的探索精神，也展现了作家塑造人物和构建情节等的高超艺术手法。总之，这部作品的伟大，在于它对社会历史广泛而深刻的艺术反映，优秀的文艺作品，贵在把握住了社会历史——文艺的认识客体之一。以此而言，在文艺创作上自愿遵循这样的理论指导，在文艺批评上自觉符合这种实践要求，就是历史唯物主义。

历史唯物主义是无产阶级认识和改造现实世界的强大武器。坚持历史唯物主义观点，是正确认识世界和改造世界的手段和途径。“世界上没有孤立的事物和现象，每一事物和现象都这样或那样地同其他事物和现象联系着，它们的产生和发展都有具体的历史环境。”①这样的观点反映在文学作品中，一方面是对文学作品中的社会环境和历史背景进行详细的交代和刻画，另一方面是重视社会环境对人类心灵的影响和作用。运用辩证的观点看待文学作品，是承认事物具有不可逆转性和继承性，只有这样才能真正把握事物的本质，了解事物发展的真相。维克多·雨果的《巴黎圣母院》鲜明地体现了这一点。《巴黎圣母院》的社会背景是15世纪的法国巴黎，书中的一个个人物都被刻画得鲜活如初，如美丽动人的吉卜赛姑娘、面貌丑陋却心地善良的敲钟人卡西莫多，还有异域风情的巴黎风俗——选举丑大王的狂欢节，圣迹区的丐帮夜生活，等等。这些场景都可以用“奇妙”二字概括。《巴黎圣母院》的写作时间是18世纪，却丝毫不妨碍其展现15世纪巴黎的奇幻色彩和浓郁风俗。雨果对巴黎圣母院的精彩描绘打动了无数的读者，乃至促使人们前往巴黎圣母院参观。换言之，环境描绘是对社会背景和历史处境的再现，以期对读者或观众的接受产生影响，其效果可能是震撼心灵的。

> 先是耳朵一片嗡鸣，眼花缭乱。我们头顶是双合圆拱尖顶、雕花镶木、绘成天蓝色、衬着金黄色的百合花图案，脚下是黑白相间的大理石地面。几步远有一根大圆柱子，接着一根又一根，总共七根，沿中轴线一字排列，支撑双圆拱顶的交合点。前面四根柱子周围摆了几个小摊，卖些闪

---

① 刘延勃、张弓长、马乾乐、张念丰主编：《哲学辞典》，吉林人民出版社1985年版，第63—64页。

闪发亮的玻璃和金属饰片制品；里面的三根柱子周围安有几条橡木长椅，年长日久已经磨损，被诉讼人的裤子和诉讼代理人的袍子磨得油光锃亮。沿着大厅四面高高的墙壁，在门与门之间，窗户和窗户之间，边柱和边柱之间，没完没了地排列着自法拉蒙以下法国历代君主的雕像：无所事事的国王耷拉着双臂，低垂着眼睛；勇武好战的国王则昂首挺胸，双手直指天空。此外，一扇扇尖拱长窗上的彩绘玻璃五光十色，宽宽的出入口所安的门窗，都精工雕琢，富丽堂皇。总之，拱顶、圆柱、墙壁、长窗、镶板、宽门、雕像，所有这一切，从上到下，绘成湛蓝、金黄两色，一望光彩夺目。不过，在我们看见的时候，大厅的色彩已略显暗淡，到了我主纪元 1549 年，尽管杜·勃勒尔还沿袭传统赞美过它，但其实它几乎完全消失，只剩下厚厚的灰尘和密密的蛛网了。①

在这里，富丽堂皇的门窗、金黄色的拱顶、富有生机的雕像、雕栏玉砌的拱顶艺术构成了巴黎圣母院，它以一副神圣高贵和古典绚丽的姿态跃然纸上。可见，建筑描绘成为文艺作品的组成部分，但它主要是对时代环境、文化习俗和社会处境等的渲染和烘托，以突出人物所生存的社会历史情境，正如《巴黎圣母院》一开头所描绘的：

话说三百四十八年零六个月十九天前，巴黎教堂所有大钟齐鸣，响彻老城、大学城和新城三重城垣，惊醒了全体市民。

其实，1482 年 1 月 6 日那天，并不是历史的一个纪念日。一清早全城钟声轰鸣，市民惊动，也没有发生什么惊天动地的大事。既不是庇卡底人或勃艮第人进犯，也不是抬着圣骨盒的宗教列队仪式；既不是拉阿斯城学生造反，也不是我们尊称“威震天下圣主”的国王陛下摆驾入城；甚至不是在司法官广场吊死男女扒手的热闹场景；更不是 15 世纪常见的羽绒盛装的某国使臣莅临到任。就在两天前，还有这样一队人马，即佛兰德师团奉命前来，为缔结法王太子和佛兰德玛格丽特公主的婚约。为此，波旁红衣主教不胜其烦，但是他为了讨好国王，不得不满脸堆笑，迎接佛兰德市政

① [法]维克多·雨果：《巴黎圣母院》，李玉民译，中央编译出版社 2015 年版，第 4 页。

官那帮土里土气的外国佬，还在波旁公爵府款待他们，为他们演出不少精彩的寓意剧、滑稽剧和闹剧，不料天公不作美，一场滂沱大雨，将府门前挂的精美华丽的帷幔淋得一塌糊涂。①

从这些选段我们可以了解到，那个时代重要人物有国王和红衣主教等，那个时代宗教状况是教会臣服于王权（波旁红衣主教需要讨好国王），那个时代的城市建筑特色是教堂林立和城池层分（老城、大学城、新城）。这简短的两段文字在一瞬间为我们交代了这部作品发生的社会背景、文化氛围和时代环境。代表了西方宗教文化习俗的钟声和教堂贯穿了整部作品，它们成为审美意象。从敲钟人卡西莫多到主教代理佛罗洛，从吉卜赛姑娘到卡西莫多，钟声从未离开过他们。卡西莫多出现最多的地点就是教堂，例如："全场一致欢呼，大家蜂拥冲向小教堂，把这个幸运的丑大王抬出来炫耀。……又像巨人库克罗普斯出现在小教堂门口，伫立不动，敦敦实实，身体的高度几乎等于宽度。……引起热闹的人物卡西莫多，却始终站在小教堂门口，脸色阴沉，表情肃穆，听任大家赞扬。"②正是因为开篇交代了社会背景，卡西莫多出现在教堂的场景才会如此顺理成章；正是因为我们能够在文本中清楚地知晓故事发生的社会背景，在阅读《巴黎圣母院》时，我们的情感也就进入了历史当中，随着主角一起经历悲欢离合，并在看到最后一刻时感到欣慰："他们在惨不忍睹的残骸枯骨中寻找，发现两具骷髅，一具以奇特的姿势搂抱着另一具。其中一具骷髅是女性，上面还有白布衣裙的碎片，脖子上挂一串念珠树果实的项链，下端系着一个镶缀绿玻璃的丝绸小香囊，已经打开，里面空无一物。这些遗物毫无价值，想必连刽子手都不要。紧紧搂抱这具骷髅的另一具则是男性，只见那具骷髅脊椎骨歪斜，脑袋缩进脖腔里，一条腿短一条腿长；不过，脊梁骨没有断裂的伤痕，显然此人不是绞死的，而是主动来此长眠。有人要把他搂抱的骷髅拉开，他的遗骸也就立刻化作尘埃了。"③此段描绘，无疑验证了卡西莫多的纯真和挚爱，为刻画人物提供了生活场景和故事背景。在一部文学作品中，这些

① ［法］维克多·雨果：《巴黎圣母院》，李玉民译，中央编译出版社 2015 年版，第 1 页。
② ［法］维克多·雨果：《巴黎圣母院》，李玉民译，中央编译出版社 2015 年版，第 48—50 页。
③ ［法］维克多·雨果：《巴黎圣母院》，李玉民译，中央编译出版社 2015 年版，第 517 页。

生活场景和故事背景实质就是社会历史的具体展现，推而广之，它可包括文化氛围、宗教氛围、民风民俗、时代的经济发展状况等多方面的综合因素。一部优秀的文艺作品，能够引人深思，发人自省，一定是离不开社会历史环境的。但需要注意的是，只有社会历史亦不足够，它要与人类心灵共同作用于对文艺的理解和把握。

三、人类心灵

人类心灵是创作文学作品反映内容的重要组成部分，在马克思主义看来，是文艺的认识客体之一。文艺作品的创作者是人，无论作者保持怎样的客观和理智，其作品总会带有作者个人的主观色彩；同样地，如果一部作品如实反映了现实，却没有作者创作意识的导向，那么作品想要传达的含义是模糊不清的，这样的作品也注定无法成为一部有灵魂的作品。

一部作品在创作初期，需要创作者的个人心灵和个人情感注入，才会有作品本身的思想和表达主张。个人心灵的不同，也使得同样类型的作品呈现出不同的故事内容和故事风格。以出生在一个家庭、接受相同的家庭教育、年龄相仿以及性别相同的“勃朗特三姐妹”为例，夏洛蒂・勃朗特、艾米莉・勃朗特和安妮・勃朗特三姐妹，三人的代表作分别是：《简・爱》《呼啸山庄》和《艾格尼丝・格雷》。《简・爱》主要讲述了父母双亡的孤儿简・爱幼时如何在舅母和其子女们的歧视和虐待下长大，如何在困难的环境中成长为一位勇敢坚强的少女，如何一波三折，经受爱情考验，最后与所爱之人圆满成婚的故事。而艾米莉的《呼啸山庄》则讲述了希斯克利夫与凯瑟琳、凯瑟琳女儿与林顿之间两代人的情感纠葛。作为弃儿希斯克利夫被山庄老主人收养，与凯瑟琳和林顿共同长大，原本凯瑟琳与希斯克利夫相爱，后来却嫁给不欣赏和不爱她的林顿，希斯克利夫愤怒出走，并在成年后回到山庄，将爱情受挫的痛苦报复在林顿及其子女身上。如果说《简・爱》是爱情的阳光，全篇以描述经济、精神和宗教独立的新女性而向世人宣告，爱情是尊严和相爱，那么《呼啸山庄》则是爱情的阴霾，它将遭遇爱情背叛的痛苦、扭曲和报复，展现得淋漓尽致，以一种沉重阴郁的心情告诉世人：爱情是坟墓，是痛苦，却又是救赎。我们节选两段小说主人公对待爱情的态度来各自说明作品的不同之处。在《简・爱》中女主人公面对罗切斯特的表白时，女主人公如同一朵风中的蔷薇独立地摇曳着，对罗切斯特说：

> 你以为我会留下来，做一个对你来说无足轻重的人吗？你以为我是个机器人？——是一架没有感情的机器？能受得了别人把我仅有的一小口面包从我嘴里抢走，把仅有的一滴活命水从我的杯子里泼掉吗？你以为我贫穷，低微，不美，矮小，我就既没有灵魂，也没有心吗？——你想错了！我跟你一样有灵魂，——也完全一样有一颗心！要是上帝曾赋予我一点美貌、大量财富的话，我也会让你难以离开我，就像我现在难以离开你一样。我现在不是凭习俗、常规，甚至也不是凭着血肉之躯跟你讲话，——这是我的心灵在跟你的心灵讲话，就仿佛我们都已经离开了人世，两人一同站立在上帝的眼前，彼此平等，——就像我们本来就是的那样！①

这样的简在爱情面前是自由的、富有尊严的，她摆脱了因为爱情而失去自我的陷阱，摆脱了王子拯救灰姑娘的传统道路，而选择了一条保持精神独立、保持人格自尊、自我救赎的新道路。这是极为难得的，是富有创新性的，也是这个角色的魅力所在。在她的心目中，爱情是人生的一部分，却不是全部。我们知道，罗切斯特与简既有经济实力上的巨大差距，又有着贵族与家庭教师的身份悬殊，面对现实与世俗的鸿沟，简却毅然地把自己当做精神的主宰者和人生的掌控者。由此，简的精神风貌和人格魅力大放光彩，这也是为何《简·爱》始终被人奉为经典的原因。而艾米莉·勃朗特的《呼啸山庄》则为我们展现了另一幅爱情图画，不断地敲击着读者的心。作品里希斯克利夫在昔日恋人临终之际，面对爱人死前的表白和忏悔，他表现了完全不同的爱情理念和精神风貌。

> “难道你已经魔鬼附体了吗，”他继续粗暴地说，“临死的时候还用这种方式对我讲话？你想到了吗，等你撇下我以后，所有这些话都会烙在我

---

① ［英］夏洛蒂·勃朗特：《简·爱》，吴均燮译，人民文学出版社 1990 年版，第 273—274 页。

的脑子里，永远不停地越来越深？你说我害死了你，你知道这是胡说；而且，凯瑟琳，你知道，只有我不在了，我才会忘掉你！等到你安息的时候，我还要像下地狱似的给煎熬得死去活来，难道这还不能满足你那绝对自私自利的心愿？”①

在这里，希斯克利夫一边深爱着他的凯瑟琳，一边又痛恨着凯瑟琳带给他的痛苦。陷入爱情困境的希斯克利夫仿佛活在地狱一般，求生不得，求死不能，心如蚁噬般痛苦。这与简·爱陷入爱情困境的状态和内涵完全不同。同样是爱情题材，同样是陷入爱情困境，主人公却展现了截然相反的态度，这种不同首先是由创作者本人所拥有的不同心灵而决定的。不同的创作者在进行文艺创作时，其创作的心态和投入的情感等都是不相同的，因为每一位作者或艺术家的生活经历和现实处境等都不是一样的，他们的心灵活动和精神面貌等都有其特殊性和独特性，由此文艺中所反映出的人类心灵的内容和形式也就有多种多样，多种多样恰巧是生活丰富性的反映。

另外，读者也是影响文学作品阅读和接受的重要因素之一。美国文艺理论学家M.H.艾布拉姆斯在《镜与灯——浪漫主义文论及批评传统》中认为，每件艺术作品总会涉及四个要素，即：“第一个要素是作品，即艺术产品本身。由于作品是人为的产品，所以第二个共同要素便是生产者，即艺术家。第三，一般认为作品总得有一个直接或间接地导源于现实事物的主题——总会涉及、表现、反映某种客观状态或者与此有关的东西。这第三个要素便是可以认为是由人物和行动、思想和情感、物质和事件或者超越感觉的本质所构成，常常用‘自然’这个通用词来表示，我们却不妨换用一个含义更广的中性词——世界。最后一个要素是欣赏者，即听众、观众、读者。”②在艾布拉姆斯眼里，作品、艺术家、世界、读者共同构成了艺术的四要素。在这里，读者通过参与文学作品的阅读、鉴赏、批评等，完成对文艺作品的接受。读者以自己的生活经历、体验与感受来理解文学作品，并赋予文学作品新的内涵，给予文学作品新的生

① ［英］艾米莉·勃朗特：《呼啸山庄》，张玲、张扬译，中国友谊出版公司2012年版，第193—194页。

② ［美］M.H.艾布拉姆斯：《镜与灯——浪漫主义文论及批评传统》，郦稚牛、张照进、童庆生译，北京大学出版社2015年版，第4页。

机与活力。我们常说的千人千面、有一千个读者就有一千个哈姆雷特，就是这个道理。曹雪芹的《红楼梦》，在庖厨眼里是一本菜谱，在建筑家眼里是一套清代皇家宫廷的建筑图，而在诗人眼里是一部诗集。不同的读者受限于自身因素，在进行文本阅读时所产生的心理、情感、审美等的反应都不相同。这种内在的、个体的、感性的体验和收获等，可能超越了文本原本的含义，超越了时代的限制，使得文艺作品具有不断咀嚼的丰富内涵。

鉴上，在马克思主义文艺认识论中，承认人类心灵是文艺认识的客体之一，尽管它听起来并不是一个甚为高明的命题，但要值得注意的是，它与其他的文艺认识论在此方面有着重要的区别，以此彰显出历史唯物主义的哲学高度和理论特色。其一是，关于人类心灵的合理性和可靠性，归根到底要认识到它是来自社会历史，而不是神灵或内心。诚如马克思和恩格斯《德意志意识形态》中所论断的，“意识的一切形式和产物不是可以通过精神的批判而消灭的，不是可以通过把它们消融在‘自我意识’中或化为‘怪影’‘幽灵’‘怪想’等消灭的，而只有通过实际地推翻这一切唯心主义谬论所由产生的现实的社会关系，才能把它们消灭；历史的动力及宗教、哲学和任何其他理论的动力是革命，而不是批判”。①可以理解的是，在马克思和恩格斯之前，如柏拉图的“理式”、黑格尔的“绝对理念”，他们实质上把人类心灵的来源归结于“神灵”“上帝”，但经不起考验的是，在铁证的事实和残酷的现实面前，那些神灵和那位上帝，从来不能真正把握和挽救人类的心灵。马克思主义文艺认识论，因其扎根于人的生活，特别是无产阶级的生活，批判资本主义制度的邪恶，故而能实实在在地把握人的生活，也承担起拯救人类心灵的使命。

其二是，关于人类心灵的变化与发展，马克思文艺认识论认为，要结合社会历史的具体情况去分析判断，不能以一种机械观点去套用。正如马克思在《路易·波拿巴的雾月十八日》中所论及的，“黑格尔在某个地方说过，一切伟大的世界历史事变和人物，可以说都出现两次。他忘记补充一点：第一次是作为悲剧出现，第二次是作为笑剧出现。……人们自己创造自己的历史，但是他们并不是随心所欲地创造，并不是在他们自己选定的条件下创造，而是在直接碰到的、既定的、从过去承继下来的条件下创造。一切已死的先辈们的传统，

① 《马克思恩格斯选集》(第一卷)，人民出版社 2012 年版，第 172 页。

像梦魇一样纠缠着活人的头脑，当人们好像刚好在忙于改造自己和周围的事物并创造前所未有的事物时，恰好在这种革命危机时代，他们战战兢兢地请出亡灵来为自己效劳，借用它们的名字、战斗口号和衣服，以便穿着这种久受崇敬的服装，用这种借来的语言，演出世界历史的新的一幕。”①马克思通过博学的引用，幽默的口吻，滑稽的描绘，尖锐的讽刺，告诉我们，历史事变中的人类心灵，可能从艺术形式上由悲剧变成笑剧，若不从社会矛盾和历史处境中去分析他们的动机、欲望、目的、手段和结果等，就会歪曲或误解此种历史事变中人物的真正心灵。马克思主义文艺认识论，只有遵循唯物辩证法，才能去伪存真，史论统一，精准把握人类心灵。

第二节　马克思主义文艺认识主体

马克思主义文艺认识主体主要指的是作家与艺术家、读者与批评家。这两组对象是各自独立的，但又是互相联系在一起的。作家一般指文学的创作者，而艺术家一般是指艺术的创作者；读者可以泛指文艺作品的接受者，也可包括观众和欣赏者；而批评家则指对文艺作品进行评论和鉴赏的专家，尽管他们也可被视为特殊的读者，但其专业素质和评审水平要高于一般的读者。

一、作家与艺术家

尽管作家一般指文学的创作者，而艺术家一般是指艺术的创作者，但以马克思主义文艺理想来说，在未来的共产主义社会中，由于人的丰富而全面发展，这样的划分已经变得没有意义了，即作家就是艺术家，艺术家也是作家，甚至每一个人自身就是作家和艺术家。正如马克思所预言的，尽管今天社会中劳动分工仍然保持着，“而在共产主义社会里，任何都没有特殊的活动范围，而是都可以在任何部门内发展，社会调节着整个生产，因而使我有可能随自己的兴趣今天干这事，明天干那事，上午打猎，下午捕鱼，傍晚从事畜牧，晚饭后从事批判，这就不会使我老是一个猎人、渔夫、牧人或批判者”。②尽管今天社会

① 《马克思恩格斯选集》(第一卷)，人民出版社 2012 年版，第 668—669 页。

② 《马克思恩格斯选集》(第一卷)，人民出版社 2012 年版，第 165 页。

里劳动分工还不能够完全取消，但就事物发展的进程和事情的难易程度来说，类同劳动的分工会最先被逐步取消，那是自然的。因而，作家也是艺术家和艺术家也是作家的现象，在我们今天乃至过去的社会中都已经存在了，就一点不为奇怪。关键的是，在马克思主义看来，作家和艺术家的最大共性不在别的，而是他们的艺术创造性。

黑格尔也认为，真正的艺术家能够进行独创性的活动，他是富有想象的，拥有出色的才能，是充满灵感的，而他艺术活动的表现形式具有客观实在性。所谓富有想象力，并不等同于毫无根据的幻想。黑格尔认为想象是富有创造性的，它"掌握现实及其形象的资禀和敏感，这种资禀和敏感通过常在主义的听觉和视觉，把现实世界的丰富多彩的图形引入心灵里"。①想象作为艺术活动，在黑格尔看来是以现实为基础，通过艺术家的敏感和资禀，运用自身心灵的能力，对现实世界进行再创作，灌注了艺术家自我的特性，使得作品本身拥有情感。这样的艺术想象，需要艺术家本人的天分和努力，在艺术想象方面具有一种独特的能力。如黑格尔所言，"就这方面来说，艺术家不仅要在世界里看得很多，熟悉外在的和内在的现象，而且还要把众多的重大的东西摆在胸中玩味，深刻地被它们掌握和感动；他必须发出过很多的行动，得到过很多的经历，有丰富的生活，然后才有能力用具体形象把生活中真正深刻的东西表现出来。因此，天才尽管在青年时代就已露头角，但是只有到了中年和老年，才能达到艺术作品的真正的成熟，例如歌德和席勒就是如此"。②艺术作品的真正的成熟，实质上是艺术实践的结果，将内在心理的审美活动与对外在世界的审美活动有机统一起来。它既不是无端地虚构空中楼阁，也不是机械地描绘客观世界。如同歌德和席勒，艺术家具备这个才能，并不是一蹴而就的，而是经过长年累月艺术经验得以成熟的结果。

自然，艺术家的才能，并不能夸大为天才。即使具有某种禀赋，也要锻炼运用方可变成艺术才能。黑格尔承认某一民族在某门艺术上拥有天然的禀赋，"例如意大利人天生就在歌曲方面擅长，北欧人民则不然，……希腊人特别擅长于史诗和雕刻，而罗马人则没有一门专门的艺术，只是把希腊的艺术移植

① [德]黑格尔：《美学》，商务印书馆2018年版，第357页。

② [德]黑格尔：《美学》，商务印书馆2018年版，第359页。

到本土来”。[1]但黑格尔并不夸大禀赋天分的重要性，他始终认为艺术创作不是凭借禀赋天分就可以产生的。艺术天才需要通过充分的练习，锻炼自己的技巧，使之内化成自己的能力，才能达到高度的熟练，才能创作出极具生命力的艺术作品。与此同时，艺术家需要源源不断的灵感，才能去完成艺术创作。黑格尔认为，“单靠存心要创作的意愿也召唤不出灵感来。谁要是胸中本来还没有什么内容在活跃鼓动，还要东张西望地搜求材料，只是下定决心要得到灵感，好写一首诗，画一幅画，或是发明一个乐曲，那么，不管他多大才能，他也不能单凭这种意愿就可以抓住一个美好的意思或是产生一部有价值的作品”。[2]从这个角度来说，单单去寻找灵感是不能完成艺术创作，如何使灵感发挥作用，使内容丰满与形式鲜明达到统一，才是灵感发挥作用的表现。“所选内容（意蕴）的普遍的灵魂和实体既很明确，它的个别形象本身也很圆满，而整个表现出来的作品显得有那灵魂和实体灌注在里面。”[3]这种灌注，即是灵感在发挥作用，也是艺术审美的生成。

尽管黑格尔在美学上关于艺术创作做出了卓越的论述，涉及灵魂和实体、理性和感性等方面的问题，但他美学上的缺陷也是明显的，即一种客观唯心主义美学，就作家和艺术家的艺术审美而言，他实质上没有弄清艺术审美的真正来源，这个问题到了马克思这里，才得到解决。“只是由于人的本质客观地展开的丰富性，主体的，人的感性的丰富性，如有音乐感的耳朵、能够感受形式美的眼睛，总之，那些能成为人的享受的感觉，即确证自己是人的本质力量的感觉，才一部分发展起来，一部分产生出来。因为，不仅五官感觉，而且连所谓精神感觉、实践感觉（意志、爱，等等），一句话，人的感觉、感觉的人性，都是由于它的对象的存在，由于人化的自然界，才产生出来的。”[4]在这里，马克思回答了人的感觉，包括美的感觉是从哪里来的问题。作家和艺术家的美的感觉，都是由于艺术对象的存在，即使是对自然界的客观描绘，也因投入了作家和艺术家的主观情感，才产生出美来。由此，马克思批判了黑格尔美学的客观唯心主义实质，所谓“绝对理念”“绝对精神”或“绝对观念”（这三个译名在黑格尔哲学

① ［德］黑格尔：《美学》，商务印书馆 2018 年版，第 361 页。
② ［德］黑格尔：《美学》，商务印书馆 2018 年版，第 364 页。
③ ［德］黑格尔：《美学》，商务印书馆 2018 年版，第 369 页。
④ 《马克思恩格斯文集》（第一卷），人民出版社 2009 年版，第 191 页。

中的含义是一样的)的外化,“作为使自身外化并且从这种外化返回自身的、但同时又把外化收回到自身的主体,以及作为这一过程的主体;这就是在自身内部的纯粹的、不停息的旋转”。[①]显然,这种自身外化和自身内部旋转掩盖了美的真正来源——人的艺术生产,它的创造者就是作家和艺术家,它的欣赏者和评价者就是读者和批判家。

进而,马克思在批判了黑格尔客观唯心主义美学的基础上,又在批判了费尔巴哈的宗教人本主义的前提下,深刻地发掘出了美的本质。尽管黑格尔关于美是理性的感性显现的论断具有相当的道理,但它却忽略了产生美的具体的和实在的条件。正如马克思所揭示的:“忧心忡忡的、贫穷的人对最美丽的景色都没有什么感觉;经营矿物的商人只看到矿物的商业价值,而看不到矿物的美和独特性;他没有矿物学的感觉。因此,一方面为了使人的感觉成为人的,另一方面为了创造同人的本质和自然界的本质的全部丰富性相适应的人的感觉,无论从理论方面还是从实践方面来说,人的本质的对象化都是必要的。”[②]毫无疑问,美的产生,绝不是如同黑格尔所认为的那种绝对精神的外化,不是理性的感性显现的绝对发生,正如马克思所指出的,即使面对同样的景色,穷人和商人可能就不能发现出美和不会体验到美,当然,作家和艺术家若能用心投入,则能够发现美和体验到美。尽管美是一种人的感觉,但关键是要使人的本质和自然界的本质的全部丰富性相适应,即人的本质的对象化。就此,马克思是针对费尔巴哈的宗教人本主义来批判的,费尔巴哈把犹太—基督教文化归结为一种宗教进化论,认为上帝实质上是人的创造性、完美性和全能性等的寄托和体现,因而他认为宗教的本质即是人的本质,马克思批判道:“费尔巴哈把宗教的本质归结为人的本质。但是,人的本质不是单个人所固有的抽象物,在其现实性上,它是一切社会关系的总和。”[③]就此可以看出,马克思主义所认为人的本质,实质上是一切社会关系的总和,简单说来,人是社会性的、交往性和发展性的存在,并不是个人性的、孤立性和静止性的存在。而作家和艺术家作为艺术创造者,关键是要使人的本质的对象化,并且能符合美的规律。“动物只按照它所属的那个种的尺度和需要来构造,而人懂得按照任

① 《马克思恩格斯文集》(第一卷),人民出版社2009年版,第218页。
② 《马克思恩格斯文集》(第一卷),人民出版社2009年版,第192页。
③ 《马克思恩格斯选集》(第一卷),人民出版社2012年版,第135页。

何一个种的尺度来进行生产，并且懂得处处把固有尺度运用于对象；因此，人也按照美的规律来构造。”①在马克思主义看来，作家和艺术家能够自觉地和能动地来进行艺术创造，因而也就是按照美的规律来构造。当然，这主要是从艺术创造的维度来看待的，若从艺术接受的维度来看待，那就不得不谈读者与批评家。

二、读者与批评家

读者与批评家是既有联系又有区别的一组对象，如果说作家和艺术家是艺术作品的创作者，那么读者和批评家则是艺术作品的接收者。作为接收者，读者一般情况下是出于求知的目的，从而去阅读、体验、鉴赏、评价文学作品；而批评家凭借自身的专业修养和知识能力，在学术层面进行文本阅读、文本鉴赏和文学批评活动。无论是读者还是批评家，他们都把文学作品看作审美的对象，由审视审美的对象，以唤起审美经验。“审美的对象就是那以它自身的性质使我产生兴趣的东西，我并不力图去改造它或把它变成我的一部分，不占有它，也不消费它。审美经验是一种凝视观照的形式，是对审美对象的性质以及性质上的结构的一种喜爱的注意。实用性是审美经验的一个敌人；习惯是审美经验的另一个主要敌人，它是在由实用性所铺设的道路上对审美经验起障碍作用的。”②如何由审美对象来唤起审美经验，我们节选拜伦和雪莱的两首诗来进行说明：

巨人！在你不朽的眼睛看来
人寰所受的苦难
是种种可悲的实情，
并不该为诸神蔑视、不睬；
但你的悲悯得到什么报酬？
是默默的痛楚，凝聚心头；
是面对着岩石，饿鹰和枷锁，

① 《马克思恩格斯选集》(第一卷)，人民出版社 2012 年版，第 57 页。

② [美]勒内·维勒克、奥斯汀·沃伦：《文学理论》，刘象禹、邢培明、陈圣生、李哲明译，江苏教育出版社 2005 年版，第 287 页。

是骄傲的人才感到的痛苦；
还有他不愿透露的心酸，
那郁积胸中的苦情一段，
它只能在孤寂时吐露，
而就在吐露时，也得提防万一
天上有谁听见，更不能叹息，
除非它没有回音答复。①

这是拜伦的诗《普罗米修斯》中的选段，普罗米修斯为人类盗取火种，却遭受宙斯的惩罚，被钉锁在高加索的悬崖上，每天忍受巨鹰叼啄肝脏的痛苦。然普罗米修斯是为人类偷盗火种而受折磨和痛苦，他在人类心目中是正义的神灵和勇敢的英雄，而神王宙斯则是欺侮和压迫人类的敌人，是应该受到真正谴责和惩罚的。对此，马克思早就对普罗米修斯予以高度赞美和歌颂，将它作为一个审美对象，以它的故事唤起审美经验。1841 年 3 月，马克思在他的博士论文《德谟克利特的自然哲学和伊壁鸠鲁的自然哲学的差别》的序言里曾就疾呼过：

对于那些以为哲学在社会中的地位似乎已经恶化因而感到欢欣鼓舞的懦夫们，哲学再度以普罗米修斯对众神的侍者海尔梅斯所说的话来回答他们：

你好好听着，我绝不会用自己的痛苦
去换取奴隶的服役；
我宁肯被缚在崖石上，
也不愿作宙斯的忠顺奴仆。
普罗米修斯是哲学日历中最高尚的圣者和殉道者。②

马克思回答的那四句诗，直接引自埃斯库罗斯的《被铁链锁住的普罗米修

① [英]拜伦、雪莱、济慈：《拜伦雪莱济慈——诗精编》，长江文艺出版社 2014 年版，第 28 页。
② 《马克思恩格斯全集》(第四十卷)，人民出版社 1982 年版，第 190 页。

斯》，最精彩的是他总结出普罗米修斯是哲学日历中最高尚的圣者和殉道者这个结论。普罗米修斯的神话故事，马克思并没有去改变或修订它，普罗米修斯成为马克思这位读者的审美对象，普罗米修斯不畏惧痛苦的顽强毅力，不屈服做奴隶的高傲志气，引起了马克思的共鸣，在哲学探究中唤起了他的审美经验，即普罗米修斯是无私奉献和敢于牺牲的英雄形象。如果说撰写博士论文时的马克思更多地是以读者的身份对涉及的文艺对象进行审美批判，那么在完成《资本论》时的马克思则更多地是以批评家的身份对涉及的同一文艺对象进行审美批判。他在揭示剩余价值及其作用时论道，“一切生产剩余价值的方法同时就是积累的方法，而积累的每一次扩大又反过来成为发展这些方法的手段。由此可见，不管工人的报酬高低如何，工人的状况必然随着资本的积累而恶化。最后，使相对过剩人口或产业后备军同积累的规模和能力始终保持平衡的规律把工人钉在资本上，比赫斐斯塔司的楔子把普罗米修斯钉在岩石上钉得还要牢。这一规律制约着同资本积累相适应的贫困积累。因此，在一极是财富的积累，同时在另一极，即在把自己的产品作为资本来生产的阶级方面，是贫困、劳动折磨、受奴役、无知、粗野和道德堕落的积累”。①赫斐斯塔司是宙斯的儿子，为火神和锻冶之神，他为了取悦其父亲，残暴地用楔子钉住并用铁链锁住普罗米修斯，由此普罗米修斯要遭受几千年的折磨。马克思作为痛恨资本主义邪恶制度的经济学家，借用文学典故，批判资本对工人的折磨，竟然出现资本积累对应产生贫困积累的怪异现象，而运用普罗米修斯这个例子于此，是非常生动和鲜活的，由此，马克思的经济批判，演变为社会批判，为了增进社会批判的效果，他巧妙地运用了审美批判，使揭露更形象、讽刺更辛辣、批判更深刻。

我们再看看雪莱的《西风颂》，它向读者和批评家展现了西风和普罗米修斯的形象，即读者和批评家心目中的审美对象，从而唤起一种不屈的牺牲精神和坚定的乐观主义，也即一种审美经验。

> 就像我的话语，像是灰烬和火星
> 从还未熄灭的炉火向人间撒播！

① 《马克思恩格斯文集》(第五卷)，人民出版社 2009 年版，第 743—744 页。

让预言的喇叭通过我的嘴唇
把昏睡的大地唤醒吧！要是冬天
已经来了，西风呵，春日怎能遥远？
……
你能够推知未来的命运，
但却不肯说出求得和解；
你的沉默成了他的判决，
他的灵魂正枉然地悔恨。
……①

关于雪莱和拜伦的诗歌，恩格斯评价到，“雪莱，天才的预言家雪莱和满腔热情的、辛辣讽刺现存社会的拜伦，他们的读者大多数也是工人；资产者所读的只是经过阉割并使之适合于今天的伪善道德的版本‘家庭版’②”。在恩格斯眼里，工人阶级看到了比资产阶级更美丽的力量与希望。批评家切入文本的视角比普通读者的阅读视角总是更深刻，所包含的内容丰富。在马克思主义看来，同作为文艺接受者，读者与批评家都应该把握审美对象，唤起审美经验，然批判家则还要实行审美批判，这样不但有利于读者对文艺作品的理解和欣赏，也有利于作家与艺术家对文艺作品的创作和推广。

第三节　马克思主义文艺认识载体

马克思主义文艺认识载体包括文学作品和艺术作品两大方面，文学作品主要涉及诗歌、戏剧、散文和小说等体裁的作品，而艺术载体则涉及音乐、绘画、雕塑、舞蹈、电影等类别的作品。在马克思主义文艺认识论看来，文学和艺术实质上可以归属于一大类，因为两者都以审美情感为文艺内涵，都以审美理想为文艺目标，然而，它们的审美形式却是多种多样的。马克思主义文艺理

① ［英］拜伦、雪莱、济慈：《拜伦雪莱济慈诗精编》，穆旦译，长江文艺出版社 2014 年版，第 102 和 29 页。

② 《马克思恩格斯选集》（第一卷），人民出版社 2012 年版，第 131 页。

论,作为一种源自于西方的文艺理论,它从根源上对古希腊的诗学有着直接的继承,而亚里士多德的诗学摹仿说则是它的源头,“即摹仿中采用不同的媒介,取用不同的对象,使用不同的、而不是相同的方式”。①以此来看,即使文学和艺术中摹仿或描绘的是同样的对象,如皎洁的明月,但文学和艺术所采用的媒介和使用的方式是不同的,诗歌会采用精练的语言和抑扬的节奏为媒介,而绘画则用线条或颜色为媒介;诗歌会使用抒情的方式,绘画则会用展现的方式,于此等等,在马克思主义文艺认识论看来,从创作的结果来说,确实还是有文学作品和艺术作品的区别。

一、文学作品

语言是文学作品的媒介,由此媒介所承载的文学作品,从表达方式上来说又可分为抒情和叙事。中外文学,虽然各自民族、国家或地区的语言大有所不同,但总而言之,文学作品是一个话语系统,因其不同的结构形式,又可划分为不同的体裁,即小说、散文、诗歌、戏剧和寓言等。在马克思主义看来,语言作为人类生活交往和思想表达的重要载体,在文学中的运用,则是更加精准地表达和更加美化地抒发。文学作品主要是精神劳动的结果,关于语言的产生和功用,恩格斯在《劳动在从猿到人的转变中的作用》一文中做过重要论述。“语言是从劳动中并和劳动一起产生出来的,这个解释是唯一正确的,……首先是劳动,然后是语言和劳动一起,成了两个最主要的推动力,在它们的影响下,猿脑就逐渐地过渡到人脑;后者和前者虽然十分相似,但是要大得多和完善得多。随着脑的进一步的发育,脑的最密切的工具,即感觉器官,也进一步发育起来。正如语言的逐渐发展必然伴随有听觉器官的相应的完善化一样,脑的发育也总是伴随有所有感觉器官的完善化。”②正因为语言是人脑的感觉器官不断发育和完善的产物,人在表达思想情感方面与动物有着本质的区别,即使动物也能摹仿人的语言。恩格斯也曾幽默地论及,“如果我们把骂人话教给鹦鹉,使它能够想象到这些话的意思(这是从热带回来的水手们的一种主要的娱乐),然后惹它发怒,那么我们马上会看到,它会像柏林卖菜的女贩一样正确地

① [古希腊]亚里士多德:《诗学》,陈中梅译注,商务印书馆1996年版,第27页。
② 《马克思恩格斯选集》(第三卷),人民出版社2012年版,第992页。

使用它的骂人话。它在乞求美味食品时也有这样的情形。”[①]恩格斯的观点很明确，即动物和人都有摹仿的本能，但就创造的能力而言，语言也是被人从劳动中创造出来的。假使以人来反观猴的状态，从高级的形态来分析低级的形态，则更能看清人类社会和思想观念的历史发展脉络。正如马克思所论，“人体解剖对于猴体解剖是一把钥匙。反过来说，低等动物身上表露的高等动物的征兆，只有在高等动物本身已被认识之后才能理解”。[②]在马克思主义看来，语言作为被人劳动的所创造出的产物。就精准表达思想内涵而言，只有联系到人的产生性、社会性、历史性和交往性等，才能本质性地区分它与动物的叫声之不同意义。若就表达审美情感而言，那也非高超的语言莫属。马克思青年时期作为一名诗人，为我们树立了这方面的榜样。例如下面这首《思念——致燕妮》，其情感之强烈，审美意象之鲜明，可见一斑。

思　念

致燕妮

燕妮，即使天地翻覆迷茫，
你比天空晴朗，比太阳明亮。
即使天下人把我淋漓诅咒，
只要你属于我，我都能忍受。

思念比天上宫殿还高，
比永恒的天地更长久，
比理想国还更美妙，
忧心似海，深胜海洋。

思念无穷无尽永无止境，
像上帝亲自塑造的一样，
你留给我的形象，

① 《马克思恩格斯选集》(第三卷)，人民出版社 2012 年版，第 992 页。
② 《马克思恩格斯选集》(第二卷)，人民出版社 2012 年版，第 705 页。

我永远无限向往。

你就是思念的化身，
思念两字犹未能表达深情，
可以说它像一团火，
永远不断燃烧我激荡的心。①

马克思以他自己创作诗歌的实践经验告诉我们，诗歌作为侧重抒情的文学作品，语言是诗歌审美的精华。在描绘美感形态，突出审美意识，表达审美情感，抒发审美理想等方面，没有比在诗歌中对语言的提炼和加工有更高要求的文学形式了。然则，中外诗学无不期待语言既能描摹出最生动的形象，又能表述出最抽象的范畴。马克思主义文艺认识论也莫不如此，但马克思主义更具历史辩证性地看待这一问题。正如马克思所论，"哪怕是最抽象的范畴，虽然正是由于它们的抽象而适应于一切时代，但是就这个抽象的规定性本身来说，同样是历史条件的产物，而且只有对于这些条件并在这些条件之内才具有充分的适应性"。②这可以说是历史唯物主义在马克思主义文艺认识论中的理论奠定，然这种理论奠定也不是机械般的设定，而是要从文学创作进行实践运作，并不是抽象化的倾向性。正如恩格斯曾在1885年12月26日的《致明娜·考茨基》一信中的论述，在信中他提到，"倾向应当从场面和情节中自然而然地流露出来，而无须特别把它指点出来；同时我也认为，作者不必把他所描写的社会冲突的历史的未来的解决办法硬塞给读者。此外，在当前条件下，小说主要是面向资产阶级圈子里的读者，即不直接属于我们的人的那个圈子里的读者，因此，如果一部具有社会主义倾向的小说，通过对现实关系的真实描写，来打破关于这些关系的流行的传统幻想，动摇资产阶级世界的乐观主义，不可避免地引起对于现存事物的永恒性的怀疑，那么，即使作者没有直接提出任何解决办法，甚至有时并没有明确表明自己的立场，我认为这部小说也完全

① 《马克思恩格斯全集》(第四十卷)，人民出版社1982年版，第403—404页。
② 《马克思恩格斯选集》(第二卷)，人民出版社2012年版，第705页。

完成了自己的使命”。[①]尽管恩格斯是就明娜·考茨基的社会主义倾向的小说《旧与新》而言，但其文学理论要义无论是对诗歌，还是戏剧、散文和小说等，都是适应的和可行的。

当然，小说作为最通用和最流行的文学体裁之一，常以惊心动魄的故事情节、个性鲜明的角色以及精美华彩的语言等来打动读者的心。如法国科幻小说家儒勒·凡尔纳的《八十天环游地球》，讲述了主人公菲利斯·福格在俱乐部以两万英镑为赌注，打赌自己可以在八十天内环游地球一周的故事。小说中描述了福格与仆人乘火车、坐轮船、玩雪橇、骑大象等活动，不仅要面对各种突发事件和险恶的自然环境，还要应对警察和坏人的纠缠与追捕等，在故事末尾，福格成功环游地球，打赢赌局，获得两万英镑，并且还收获了爱情。下面，我们节选一段福格和仆人骑大象穿过森林的片段：

> 夜里冷。帕西人在破房子点起一堆干树枝，有了热气，大家感到十分惬意。晚饭吃的是在科尔比买的食物。吃饭的时候，几个人都已经筋疲力尽，疲惫不堪。谈话时连一句整话都没有，只开了个头，没说几句就结束了，接着便鼾声大作。向导守着靠在大树上站着睡觉的丘尼。
>
> 一夜平安无事。只有山豹和猎豹的吼声，夹杂着猴子的怪叫，偶尔打破这夜晚的宁静。不过，那些食肉的猛兽只是吼了几声，并未对破房子里的客人表露出丝毫的敌意。弗朗西斯·科罗马尔蒂爵士睡得很沉，像个疲乏至极的勇敢军人。让万能总是一惊一乍的，睡梦中又开始了日间的颠簸。至于福格先生，他睡得非常安静，就像在他萨维尔—罗大街的家里一样。
>
> 早晨六点，重新上路……[②]

可见，小说的魅力在于建构一个虚拟的世界，里面的主人公按照书中世界的设定经历人生，最后在人生的某一个辉煌时刻落幕。而我们跟随着主人公

---

① 《马克思恩格斯选集》(第四卷)，人民出版社 2012 年版，第 579 页。

② [法]儒勒·凡尔纳：《八十天环游地球》，赵克非译，人民文学出版社 2013 年版，第 61 页。

一起笑、一起哭，一同怀疑、一同相信，最后得出自己的结论，仿佛如在电影片里经历了冒险而丰富的人生。读小说越多，我们见识过的人生也就越多，那些角色们的成功与失败、傲慢与偏见，会逐渐炼化成我们的人生经验。这便是小说的魅力，是它作为文学作品的魅力。

散文是文学作品的另一体裁，不同民族、国家和文化的散文形式是不同的。如中国散文讲究“形散神不散”，如鲁迅的《朝花夕拾》、朱自清的《背影》、茅盾的《白杨礼赞》等；日本散文，又称为散文物语，散文集，如清少纳言的《枕草子》《万叶集》等。那么，在马克思主义看来，诗歌肯定是要符合情感特别是审美情感的要求，小说要符合巧构情节的要求，那么散文应符合什么要求呢？对此，恩格斯在《诗歌和散文中的德国社会主义》一文中，在其第二部分《卡尔·格律恩“从人的观点论歌德”》一文中，为我们提供了评价散文的范例。卡尔·格律恩(1817—1887)是德国小资产阶级政论家，青年黑格尔派的成员和费尔巴哈的信徒，“真正的社会主义”的代表。而“真正的社会主义”是保守和反动的小资产阶级的社会改良主义思潮，他们的文艺创作和文艺评论以抽象的人道主义和空想的社会主义为理论基础，格律恩正是以此为基础，发起了所谓“从人的观点论歌德”的散文评论。就此，恩格斯批评格律恩的人的观点，实质上是抽象的人的观点，所论述的歌德歪曲了歌德真正形象，为改良主义的德国小市民阶级的庸俗卑微心理服务：即蔑视农民、空喊自由、畏惧革命、躲避现实，这样阶级立场和政治倾向，导致他是不可能正确评价歌德的，如恩格斯所论，就会产生这样一些问题。“问题不仅仅在于，歌德承认德国生活中的某些方面而反对他所敌视的另一些方面。这常常不过是他的各种情绪的表现而已；在他心中经常进行着天才诗人和法兰克福市议员的谨慎的儿子、可敬的魏玛的枢密顾问之间的斗争；前者厌恶周围环境的鄙俗气，而后者却不得不对这种鄙俗气妥协，迁就。因此，歌德有时非常伟大，有时极为渺小；有时是叛逆的、爱嘲笑的、鄙视世界的天才，有时则是谨小慎微、事事知足、胸襟狭隘的庸人。连歌德也无力战胜德国的鄙俗气；相反，倒是鄙俗气战胜了他；鄙俗气对最伟大的德国人所取得的这个胜利，充分地证明了‘从内部’战胜鄙俗气是根本不可能的。……我们决不是从道德的、党派的观点来责备歌德，而只是从美学和历史的观点来责备他；我们并不是用道德的、政治的、或‘人的’尺度来衡量他。我们在这里不可能结合着他的整个时代、他的文学前辈和同代人来描写他，也不能从他的发展上和结合着他的社会地位来描写他。因此，我们仅限于纯粹叙述事实而已。”①恩格斯在这里揭示了歌德人格的两面性，而这种两面性却正好是当时德国社会现实中的矛盾的反映，因而要辩证区分歌德的艺术成就和人格弱点，不能从道德的、党派的观点来评价歌德，而应从美学和历史的观点来评价他，也即散文应该有朝向批判的要求。如何来批判呢？恩格斯所提出的美学和历史的观点，实质上就是要求将审美本质与社会本质统一起来，即文学作品中蕴含了审美特性和社会属性，不能将两者割裂开来，这与他评价斐·拉萨尔的历史悲剧《弗兰茨·冯·济金根》中的观点一致，体现了马克思主义文艺认识论中对认识载体的深刻认识。

马克思和恩格斯对于斐·拉萨尔的历史悲剧《弗兰茨·冯·济金根》有着丰富而深刻的论述，是马克思主义文艺认识论对戏剧作为文学作品的经典论述，在第三章中关于“莎士比亚化”和“席勒式”时我们会有详细的阐释，此处不展开论述。至此，我们也可做出一定的总结：马克思主义文艺认识论对文学作品的体裁、功用、对象、媒介和方式等都有着论述，一方面，注重探究文学作品的内在性因素，如人物、情节、语言、结构等，强调将它们视为审美因素来对待的意义；另一方面，也非常关注文学作品的外在性因素，如阶级关系、政治矛盾、历史处境等，强调要将它们作为社会因素来对待的意义。进而，马克思主义文艺认识论还不同于其他文艺认识论的地方是，审美因素和社会因素要辩证统一起来，如何来辩证统一，就要因人、因地、因时和因条件等的有机统一，从人类社会发展的角度来说，因为文学作品是人类劳动的产物，它就体现为历史唯物主义的文艺认识论。

二、艺术作品

在马克思主义文艺认识论中，艺术作品按照类型划分为歌曲、音乐、绘画、电影、电视、广播、雕塑、建筑等。随着科技的日益发达，艺术的类型也越来越多样，尽管在马克思和恩格斯所生活的 19 世纪，有些现在可称之为艺术的类型尚未出现，但马克思主义文艺理论具有与时俱进的特点，因而对这些新类型的艺术作品也是关注的。此外，艺术作品的类型确实较文学作品的类型更多

① 《马克思恩格斯全集》(第四卷)，人民出版社 1958 年版，第 256—257 页。

样化，涉及的领域更宽，需要研究者更广博和更专业的知识，例如法兰克福学派中的两位马克思主义文艺理论家，本雅明探究过电影艺术，而阿多诺则探究过广播艺术，这两位大师的知识功底和理论修养已远远超出于一般性的马克思主义文艺理论工作者，基于类型多样、技术知识和专业领域等原因，我们对艺术作品的探究就主要集中在歌曲和绘画。

歌曲和音乐作为人类以听觉为直接感受而体验欣赏的艺术，它们是一个个美的海洋。西方音乐按照时代划分，可以分为早期音乐、文艺复兴音乐、巴洛克音乐、古典主义音乐、浪漫主义音乐、20 世纪音乐和当代古典音乐。代表人物有巴赫、莫扎特、贝多芬、肖邦、德彪西等。每一位音乐家的艺术作品都是出自它们所属时代的美妙音符，在音乐史上熠熠生辉。音乐与歌曲常常结合起来，具有更加感人的效果。恩格斯曾高度肯定歌曲的作用，指出它在革命运动和政治宣传中的重要作用。在《德国的社会主义》一文中，他以《马赛曲》为例进行说明。“我们没有忘记法国在 1793 年为我们提供的那个光辉范例。1793 年的一百周年纪念日即将来临。如果沙皇的征服欲望和法国资产阶级的沙文主义急躁情绪要阻挡德国社会主义者的所向无敌的、但却是和平的前进运动，那么，请放心，德国社会主义者准备向全世界表明，今天的德国无产者无愧于上一世纪的法国长裤汉，1893 年能够同 1793 年媲美。如果孔斯坦先生的士兵闯进德国国土，人们将用《马赛曲》的这句歌词来迎接他们：

怎么，这些外国人的军队
想在我们家里耀武扬威！”①

孔斯坦(1833—1913)是法国国务活动家、内务部长和资产阶级共和党人，他对工人运动实行残酷镇压的政策。长裤汉是法国大革命时期对城市平民的称呼，因为他们穿粗布长裤，与穿丝绒短裤的贵族富豪有着鲜明的对比，后来演变为指革命者或共和主义者。恩格斯的《德国的社会主义》一文，肯定了德国社会民主党通过合法斗争，利用普选权取得了巨大成就，同时警告和鼓励德国的社会主义者要坚守所占领的阵地，不向内外敌人投降，而外来的敌人主要

① 《马克思恩格斯文集》(第四卷)，人民出版社 2009 年版，第 435 页。

是法国和俄国。恩格斯的艺术高明在于，他以《马赛曲》这支法国人所熟知的歌曲——法国军队当年用它来歌唱鼓舞士气，抵御外来入侵的普鲁士和奥地利的军队——以其人之道来治其人，并且以歌曲作为战斗的号角，鼓舞无产阶级革命和推动社会主义运动。当然，与歌曲联系密切的是诗歌。诗歌一旦传唱，也会变成宣传革命的力量。恩格斯写过三篇同名为《共产主义在德国的迅速进展》的报道，都是写给伦敦的《新道德世界》周报的，在第一篇中（写于1844年11月9日左右）他写道：

德国当代最杰出的诗人亨利希·海涅也参加了我们的队伍，他出版了一本政治诗集，其中也收集了几篇宣传社会主义的诗作。他是著名的"西里西亚织工之歌"的作者；我把这首歌译成散文寄给你，但是我担心它在英国会被认为是侮辱宗教的。不管怎样我还是要引证它，我只指出一点，那就是这首歌暗中针对着1813年普鲁士人的战斗叫嚣："国王和祖国与上帝同在！"，这种叫嚣从那时起就是保皇党人心爱的口号。下面就是这首歌：

在他们悲愤的眼里不见一滴泪珠，
他们坐在织机旁，绝望的愤怒呈现在脸上。
"我们已饱经折磨和冻饿；
古老的德意志呵！我们正为你织着寿衣，
把三个诅咒织在寿衣上。
我们织呵，织呵！
"一是诅咒上帝，那耳聋眼瞎的上帝。
我们信赖他，像孩子信赖他们的父亲，
我们对他满怀着希望和信任，
可是他却嘲笑我们，欺骗我们。
我们织呵，织呵！
"二是诅咒那富人的国王，
我们的苦楚丝毫不能打动他那铁石心肠。
他抢走了我们的最后一文钱，

还要派兵来把我们当狗一样枪杀。
　　　　我们织呵，织呵！
“还要诅咒那虚伪的祖国，
它给我们的只是痛苦和耻辱，
我们在它那里饱经饥饿和困苦，
古老的德意志呵！我们正为你织着寿衣。
　　　　我们织呵，织呵！”

这首歌的德文原文是我所知道的最有力的诗歌之一；……[1]恩格斯之所以要引用海涅的《西里西亚织工之歌》，是为了说明此诗歌如同战歌，同《马赛曲》一样是革命宣传的艺术载体，是社会主义运动的思想武器。马克思主义文艺认识论比其他文艺认识论高明的地方在于，它从不将革命强加于艺术，不将宣传等同于说教，它能充分利用艺术载体的性质，发挥有利于革命和宣传的艺术作用。

不同于歌曲，绘画则利用色彩、线条、画布、画框等为媒介来展现艺术、发掘审美和表达思想等。为了说明绘画详细逼真的写实功能，其功能所起到的奇妙作用，恩格斯并没有泛泛而谈。在第一篇《共产主义在德国的迅速进展》的报道中，恩格斯充分考虑了空想社会主义者杂志的编辑和英国读者对德国情况的不甚了解的现实状况，以举例的方式循序渐进地论述道：

因此请允许我提一下优秀的德国画家许布纳尔的一幅画；从宣传社会主义这个角度来看，这幅画所起的作用要比一百本小册子大得多。它画的是一群向厂主交亚麻布的西里西亚织工，画面异常有力地把冷酷的富有和绝望的穷困作了鲜明的对比。厂主胖得像一只猪，红铜色的脸上露出一付冷酷相，他轻蔑地把一个妇人的一块麻布抛在一边，那妇人眼看出售无望，便昏倒了；她旁边画着两个小孩，一个老头吃力地扶着她；管事的在检验另外一块麻布，这块布的主人正在焦灼地等候检验的结果；一个青年正在把自己的劳动换来的可怜的收入给失望的母亲看；在石头的长

① 《马克思恩格斯全集》(第二卷)，人民出版社 1957 年版，第 591—592 页。

凳上坐着一个老头、一个姑娘和一个男孩，他们在等着轮到自己；两个男人，一个人背着一块没有验上的麻布，正从房子里出来，其中一个怒气冲冲地摇晃着拳头，另一个把手搁在他的同伴的肩上，指着天，好像在说：别生气，自有老天爷来惩罚他。所有这些情景都出现在一间冷冷清清的、像是没有人住的外厅中，外厅的地面是石头铺的，只有厂主一个人是站在一块小毡垫上。在画面的远处，在柜台后面展现出来的是一个陈设极其讲究的账房，华丽的窗帘，明亮的镜子；几个办事员正在那里写什么，丝毫没有注意他们背后所发生的事情；老板的儿子，一个年轻的花花公子斜倚着柜台，手里拿着马鞭，嘴里叼着雪茄，冷眉冷眼地瞧着这些不幸的织工。这幅画在德国好几个城市里展览过，当然给不少人灌输了社会的思想。同时我们也非常满意地看到，我国优秀的历史画画家卡尔·莱辛已经站到社会主义方面来了。事实上社会主义今天在德国所占的地位已经比它在英国所占的地位优越十倍。①

他描述得如此详细，仿佛已是给我们再绘了一幅许布纳尔的画，其用心在于，他是用一幅绘画来阐明一个科学结论，即共产主义在德国已经得到迅速进展。从马克思主义文艺认识论来说，艺术作品作为宣传品，是生动的宣传品；艺术作品作为革命工具，是有说服力的工具；艺术作品作为思想载体，是能解放人的载体。宣传、革命和思想，这些都还是从艺术作品的功用来说的，那么绘画类作为一个艺术类别，是如何形成的呢？

我们知道，马克思和恩格斯并不是职业的艺术评论家，但作为经济学家、哲学家和思想家，他们在考察意识形态的演变中却触及并分析了绘画形成的问题。在《德意志意识形态》中，他们深刻地批判了麦克斯·施蒂纳（1806—1856）为代表的唯心主义思辨哲学。施蒂纳是德国哲学家，属于青年黑格尔派和资产阶级个人主义和无政府主义的思想家。他们实质上从历史唯物主义的理论高度，以交往形式和劳动分工等社会事实，来驳斥施蒂纳等的幻想虚构，并以空想社会主义所提倡的劳动组织为例，说明通过改良来反对资本主义生产的无政府状态，是根本行不通的幻想，如同是堂·吉诃德式幻想，而施蒂纳

① 《马克思恩格斯全集》（第二卷），人民出版社 1957 年版，第 589—590 页。

比堂·吉诃德都不如，只配做他的仆人桑乔，所以他们把施蒂纳比作桑乔。“桑乔以为，拉斐尔的绘画跟罗马当时的分工无关。如果桑乔把拉斐尔同列奥纳多·达·芬奇和提戚安诺比较一下，他就会发现，拉斐尔的艺术作品在很大程度上同当时在佛罗伦萨影响下形成的罗马繁荣有关，而列奥纳多的作品则受到佛罗伦萨的环境的影响很深，提戚安诺的作品则受到全然不同的威尼斯的发展情况的影响很深。和其他任何一个艺术家一样，拉菲尔也受到他以前的艺术所达到的技术成就、社会组织、当地的分工以及与当地有交往的世界各国的分工等条件的制约。像拉斐尔这样的个人是否能顺利地发展他的天才，这就完全取决于需要，而这种需要又取决于分工以及由分工产生的人们所受教育的条件。”①在此，他们列举了文艺复兴时期三大绘画家，即罗马派的拉斐尔、佛罗伦萨派的达·芬奇和威尼斯派的提戚安诺(有译为提香)，这三位巨匠的画风各不相同，拉斐尔的画中充满了人本主义的理想，凸显出现实主义风格；而达·芬奇的绘画则极具创造力和想象力，达到了文艺复兴时期的艺术巅峰；提戚安诺的画则洋溢着乐观主义精神，闪耀着世俗风情的色彩。在马克思和恩格斯看来，画家们的不同风格和作品之间的艺术联系，并不仅是由画家本身所造成的，根本上是由城市发展的不同的政治经济条件所造成的，是受社会环境的制约所造成的。基于此，就德国画家许布纳尔的画作和文艺复兴时期三位绘画巨匠的画风，在关于绘画载体的艺术功能和绘画风格的历史形成方面，都有侧重强调、强调绘画载体所能展现的生动性、强调绘画风格(绘画风格其实也可视为绘画载体的一种独特形态)的社会性的特点，这些都是马克思主义文艺认识论的贡献。

术语阐释

马克思主义文艺认识客体

马克思主义文艺认识客体，是指马克思主义对什么是文艺的认识客体的规定。一般来说，它指客观世界、社会历史和人类心灵三个方面。客观世界主

① 《马克思恩格斯论全集》(第三卷)，人民出版社1960年版，第459页。

要是指自然世界，具有自然性特征，是相对于人类社会和人类历史而言，而社会历史具有社会性特征。进而，客观世界和社会历史，具有外在性特征；而人类心灵，具有内在性特征。在马克思主义看来，外在特性和内在特性是有机统一的，虽然文艺的认识客体可以按层次分为三个，但实质上这三个层次又是有机统一的。

马克思主义文艺认识客体，尽管在涉及的范围和对象上与其他文艺理论中的认定没有什么本质的不同，但作为马克思主义文艺认识论中的一个构成部分，在关系到文艺认识理论上，却具有自己的特色。其一，文艺有认识对象，就能反映世界，不可能仅是想象的产物。其二，文艺能反映世界，并不是机械复制般反映，文艺反映世界需要审美想象。其三，文艺认识客体的三个方面，即客观世界、社会历史和人类心灵是有机统一的，要辩证联系地去把握它们。

马克思主义文艺认识主体

马克思主义文艺认识主体，即马克思主义认为谁是文艺作为人的认识活动的实施者，可划分作家与艺术家、读者与批评家两组对象。虽然这两组对象是各自独立的，但又是互相联系在一起的。作家一般指文学的创作者，而艺术家一般是指艺术的创作者；读者可以泛指文艺作品的接受者，也可包括观众和欣赏者；而批评家则指对文艺作品进行评论和鉴赏的专家，尽管他们也可视为特殊的读者，但其专业素质和评审水平要高于一般的读者。

马克思主义文艺认识主体，尽管在涉及的对象上与其他文艺理论中所确定的没有什么差异，但因涉及文艺认识理论的创新和发展，他们具有自己的性质。其一，他们都以辩证唯物主义和历史唯物主义为指导文艺认识论的世界观，具有牢固的理论高度。其二，他们都以唯物辩证法来对待文艺认识活动，从中彰显出科学性和实践性。其三，他们都不断完善自身，与时俱进，具有敏锐的批判意识和强劲的创新能力，代表着发展文艺的未来生力军。

思考题

1. 马克思主义是如何看待文艺认识客体的？
2. 马克思主义认为文艺认识主体有什么性质？
3. 马克思主义是如何看待文艺认识载体的功用和形成的？

延伸阅读

1.《马克思恩格斯选集》(第一卷、第二卷),人民出版社 2012 年版。

2. [古希腊]亚里士多德:《诗学》,陈中梅译注,商务印书馆 1996 年版。

3. [美]勒内·维勒克、奥斯汀·沃伦:《文学理论》,刘象禹、邢培明、陈圣生、李哲明译,江苏教育出版社 2005 年版。

第三章　马克思主义文艺方法论

原典摘录

恩格斯:“最高的标准”

最后两幕充分证明,您能够轻而易举地把对话写得简洁生动,我觉得,除了几场以外(这是每个剧本都有的情况),这在前三幕里也是能做到的,所以我毫不怀疑,您的舞台脚本大概考虑到了这一点。当然,思想内容必然因此受损失。而您不无理由地认为德国戏剧具有较大的思想深度和自觉的历史内容,同莎士比亚剧作的情节的生动性和丰富性的完美的融合,大概只有在将来才能达到,而且也许根本不是由德国人来达到的。无论如何,我认为这种融合正是戏剧的未来。您的《济金根》完全是在正路上;主要的出场人物是一定的阶级和倾向的代表,因而也是他们时代的一定思想的代表,他们的动机不是来自琐碎的个人欲望,而正是来自他们所处的历史潮流。但是还应该改进的就是,要更多地通过剧情本身的进程使这些动机生动地、积极地,所谓自然而然地表现出来,而使那些论证性的辩论(不过,我很高兴在这些辩论中又看到了您昔日在陪审法庭和民众大会上表现出来的雄辩才能)逐渐成为不必要的东西。您对舞台剧和文学剧作了区分,看来您自己也是把这种理想当做目标的;我相信,《济金根》是能够按照上面所说的那样改编成一个舞台剧的,虽然确实有困难(因为达到完美的确不是简单的事)。与此相关的是出场人物的个性描绘。您反对现在流行的恶劣的个性化,是完全正确的。这种个性化不过是玩弄小聪明而已,并且是垂死的模仿文学的一个本质的标记。此外,我觉得刻画一个人物不仅应表现他做什么,而且应表现他怎样做;从这方面看来,我相信,如果把各个人物用更加对立的方式彼此区别得更加鲜明些,剧本的思想内容是不会受到损害的。古代人的性格描绘在今天已经不够用了,而在这里,我认为您原可以毫无害处地多注意一下莎士比亚在戏剧发展史上的意义。然而这些都是次要的事情，我提到它们仅仅是为了使您看到，我在您的剧本的形式方面也用过一些心思。

至于历史内容，您以鲜明的笔调和对以后的发展的正确提示描述了您最关心的当时运动的两个方面：济金根所代表的贵族的国民运动和人道主义理论运动及其在神学和教会领域中的进一步发展，即宗教改革。在这里我最喜欢济金根和皇帝之间，教皇使节和特里尔大主教之间的几场戏（在这里，您把世俗的受过美学和古典文学教育的、在政治上和理论上有远见的使节同目光短浅的德国僧侣侯爵加以对比，从而成功地直接根据这两个人物的有代表性的性格作出卓越的个性刻画）；在济金根和查理的那场戏中对性格的描绘也是很动人的。不过，您对胡登的自传（您公正地称它的内容是本质的东西）采取了一种令人失望的做法，即把这种内容放到剧本中去了。第五幕里的巴尔塔扎尔和弗兰茨的对话也非常重要，在这段对话里前者向自己的主人说明他应当遵循的真正革命的政策。在这里，真正悲剧的因素出现了；而且正是由于这种意义，我认为在第三幕里就应当对这方面更强调一些，在那里有好几次机会这样做。但是，我现在又陷到次要问题上来了。——那个时代的城市和诸侯的态度在许多场合也都描写得非常清楚，这样，那时的运动中的所谓官方分子差不多被您描写得淋漓尽致了。但是，我认为对非官方的平民分子和农民分子，以及他们的随之而来的理论上的代表人物没有给予应有的注意。农民运动像贵族运动一样，也是一种国民运动，也是反对诸侯的运动，遭到了失败的农民运动的那种巨大的斗争规模，与抛弃了济金根的贵族甘心扮演宫廷侍臣的历史角色的那种轻率举动，正是一个鲜明的对照。因此，在我看来，即使就您对戏剧的观点（您大概已经知道，您的观点在我看来是非常抽象而又不够现实的）而言，农民运动也是值得进一步研究的；那个有约斯·弗里茨出现的农民场面的确有它的独到之处，而且这个"蛊惑者"的个性也描绘得很恰当，只是同贵族运动相比，它却没有充分表现出农民的鼓动在当时已经达到的高潮。我认为，我们不应该为了观念的东西而忘掉现实主义的东西，为了席勒而忘掉莎士比亚，根据我对戏剧的这种看法，介绍那时的五光十色的平民社会，会提供完全不同的材料使剧本生动起来，会给在前台表演的贵族的国民运动提供一幅十分宝贵的背景，只有在这种情况下，才会使这个运动本身显出本来的面目。在这个封建关系解体的时期,我们从那些流浪的叫花子王、无衣无食的雇佣兵和形形色色的冒险家身上,什么惊人的独特的形象不能发现呢!这幅福斯泰夫式的背景在这种类型的历史剧中必然会比在莎士比亚那里产生更强烈的效果。撇开这一点不说,我觉得,由于您把农民运动放到次要地位,所以您在一个方面对贵族的国民运动作了不正确的描写,同时您也就忽视了在济金根命运中的真正悲剧的因素。据我看来,当时广大的帝国直属贵族并没有想到要同农民结成联盟;他们靠压榨农民获得收入,所以不可能与农民结成联盟。同城市结成联盟的可能性倒是大一些;但是这种联盟并没有出现或者只是小部分地出现了。而贵族的国民革命只有同城市和农民结成联盟,特别是同后者结成联盟才能实现。据我看来,悲剧的因素正是在于:同农民结成联盟这个基本条件不可能出现;因此贵族的政策必然是无足轻重的;当贵族想取得国民运动的领导权的时候,国民大众即农民,就起来反对他们的领导,于是他们就不可避免地要垮台。您假定济金根和农民确实有某种联系,这究竟有多少历史根据,我无法判断,而问题也根本不在这里。此外,就我的记忆所及,在向农民呼吁的文件中胡登只是略微触及这个与贵族有关的麻烦问题,而企图把农民的愤怒都特别集中到僧侣身上去。但是我丝毫不想否认您有权把济金根和胡登看作是打算解放农民的。而这样一来马上就产生了一个悲剧性的矛盾:一方面是坚决反对解放农民的贵族,另一方面是农民,而这两个人却被置于这两方面之间。在我看来,这就构成了历史的必然要求和这个要求实际上不可能实现之间的悲剧性的冲突。您忽略了这一因素,把这个悲剧性的冲突缩小到相当有限的范围之内:使济金根不立即向皇帝和帝国宣战,而只向一个侯爵宣战(这里虽然您也非常恰当地把农民引进来),并且使他仅仅由于贵族的冷漠和胆怯就遭到了灭亡。但是,如果您在此以前就先着力地强调气势凶猛的农民运动以及由于先前的“鞋会”和“穷康拉德”而必然变得更加保守的贵族的心情,那么这一点就会得到完全不同的论证。然而这一切都不过是可以把农民运动和平民运动写入戏剧的一种方法而已;此外至少还有十种同样好的或者更好的其他方法。

您看,我是从美学观点和史学观点,以非常高的亦即最高的标准来衡量您的作品的,而且我必须这样做才能提出一些反对意见,这对您来说正是我推崇这篇作品的最好证明。是的,几年来,在我们中间,为了党本身的利益,批评必然是尽可能坦率的；此外，每当出现一个新的例证，证明我们的党不论在什么领域中出现，都显出自己的优越性时，我和我们大家总是感到高兴。而您这次也提供了这样的例证……①

以上选段出自 1859 年 5 月 18 日，恩格斯致费迪南·拉萨尔的信，谈论的话题是关于拉萨尔历史悲剧《弗兰茨·冯·济金根》。恩格斯所提出的“美学观点和史学观”的最高标准，在马克思主义看来就是文艺方法论中如何去采用最好的批评标准的问题。这个论题通过对《弗兰茨·冯·济金根》这个历史悲剧的分析，实质上蕴含比较、概念和批评的三个维度。据此，马克思主义文艺方法论，就包含了比较方法论、概念分析方法论和批评方法论三个子项，以下分别予以论述。

第一节　马克思主义文艺比较方法论

马克思主义文艺比较方法论，是马克思主义文艺理论中专门从比较的视野，对文艺创作、文艺接受和文艺批评等实践活动进行研究的方法。从比较的视野，能突出马克思主义文艺方法论的特色，当然不是从马克思主义文艺理论之内进行比较，而是与非马克思主义文艺方法论进行比较，才能凸显马克思主义文艺方法论的作用。它包括历史唯心主义与历史唯物主义的文论、形而上学与辩证唯物主义的文论上的方法比较。

一、历史唯心主义与历史唯物主义的文论

唯心主义和唯物主义，是作为哲学来划分的。而哲学是关于世界观的理论体系，对文艺理论具有重要的指导作用。所谓历史唯心主义，即“认为观念、理论和人们的意识等，是社会发展的根本原因。”②历史唯心主义认为社会意识决定这社会存在，否认阶级斗争在人类社会发展中作为直接动力的作用，否定人民群众在人类历史发展中的决定作用。而所谓历史唯物主义，即“是无产

① 《马克思恩格斯选集》(第四卷)，人民出版社 2012 年版，第 440—444 页。

② 刘延勃、张弓长、马乾乐、张念丰主编：《哲学词典》，吉林人民出版社 1983 年版，第 65 页。

阶级的历史观，是关于人类社会发展普遍规律的科学”。[①]就马克思主义哲学而言，历史唯物主义与辩证唯物主义是不可分割的。“辩证唯物主义认为：世界在本质上物质的，意识是物质高度发展的产物，是客观世界在人脑中的反映；这种反映是以实践为基础的能动的辩证的过程，它依赖于实践，又转过来为实践服务；对立统一规律是宇宙的根本规律，矛盾着的对立面有统一又斗争，由此推动事物的发展和变化。”[②]把辩证唯物主义推广和运用到人类的社会历史领域，就是历史唯物主义，没有历史唯物主义，辩证唯物主义也是不彻底的。没有辩证唯物主义，历史唯物主义也会发生变异的。

历史唯心主义的文论，以其对人类历史的观点，把文艺的真正来源归结为心灵、天才、神或上帝等，虽然在艺术审美上可能会揭示出某方面的规律，但从根本上对文艺的本质和来源等基本问题的认识是错误的。例如，康德从主观唯心主义出发，认为“美的艺术就是天才的艺术”。所谓主观唯心主义，是唯心主义哲学的一种，“它把个人的精神（心灵、意识、观念、意志、感觉等）当作世界的本原，看成是第一性的，认为人的思想不是外界事物的反映，而是自己头脑所固有的，世界上一切其他事物都只存在于‘我’的感觉、意识之中，是‘我’的感觉、意识的产物，是第二性的”。[③]基于这样的世界观，在关于艺术审美上，康德就特别强调艺术家的心灵和意志等的天生非凡性，美的艺术是由这种天生非凡性所决定的。“天才就是给艺术提供规则的才能（禀赋）。……天才就是天生的内心素质（ingenium），通过它自然给艺术提供规则。……美的艺术不能不必然地被看作天才的艺术。”[④]如此一来，美也成为天才艺术家的专利，似乎那些经过后天刻苦学习和日常严格训练的艺术家就不能创造出美的艺术了，而事实却不是如此，康德明显夸大了天才的作用，在看待艺术创造中美的形成上过于绝对化，是主观唯心主义在艺术领域的表现，将其运用到社会领域，就是历史唯心主义的一种表现。

---

① 刘延勃、张弓长、马乾乐、张念丰主编：《哲学词典》，吉林人民出版社1983年版，第66页。

② 刘延勃、张弓长、马乾乐、张念丰主编：《哲学词典》，吉林人民出版社1983年版，第714—715页。

③ 刘延勃、张弓长、马乾乐、张念丰主编：《哲学词典》，吉林人民出版社1983年版，第186页。

④ [德]康德：《判断力批判》，邓小芒译，杨祖陶校，人民出版社2002年版，第151页。“ingenium”是拉丁文，意思是“天赋”。

历史唯心主义的另一种表现，则是客观唯心主义，将其运用到艺术领域，则会把“理式、神、上帝”等看作艺术的来源。所谓客观唯心主义，也是唯心主义哲学的一种，“它认为不依赖于物质、不依赖于人类、不依赖于人的意识而独立存在的‘客观精神’或‘精神原则’是唯一真实的存在，在这种绝对的客观精神的发展过程中，才产生出物质世界。”①基于这样的哲学观，在看待艺术审美上，就会过分强调美的独自性和过度夸大美的绝对性，黑格尔就是如此，他把人类艺术发展史划分为“象征型艺术、古典型和浪漫型艺术”三种，并认为它们从低向高发展，最后浪漫型的美也是最高级别的，它比古典型的美(如希腊的美)更独立。“希腊的美表现精神主体的内在方面所用的完全就是他的肉体形象，动作和事迹；内在因素完全由外在因素表达出来了，而且在外在因素里面活着，显得很有福气。浪漫型的美却不然，它有一个绝对必要的条件，那就是灵魂尽管显现在外面的躯体里，却同时要显得要脱离这躯体而退回到灵魂本身，去过独立自在的生活。”②为什么浪漫型的美要退回到灵魂本身去，这个灵魂并不是人的灵魂，而是一种客观精神或绝对理念，实质上就是上帝的代名词。艺术史上的浪漫型的艺术，成为基督教文化史的宗教艺术，不但为艺术提供题材，而且支撑了它的信仰。“这种信仰本身就提供了这种绝对真理的证据，因而就形成内心世界的观念。换句话说，发展出来的信仰就是直接的信服，就是把这种历史的各阶段的观念当作真理本身而摆在意识面前。”③显然，这种信仰所宣称的绝对真理，是一种客观精神，也就是上帝，是人类社会历史的决定者和制造者，黑格尔的客观唯心主义成为历史唯心主义的另一种类型，在艺术审美领域不过是唯独之美、绝对之美，也就是上帝之美。

无论是康德的主观唯心主义美学，还是黑格尔的客观唯心主义美学，因为他们都否认历史的真正创造者——人民群众，都否认阶级斗争作为推动历史发展的动因，因而在关于文艺审美问题上实质上也都是历史唯心主义的美学。尽管黑格尔的美学比康德的美学因其辩证法的内涵还要更高明一些，但它们都摆脱了唯心主义的哲学泥潭。正如恩格斯在 1893 年 7 月 14 日《致弗兰

① 刘延勃、张弓长、马乾乐、张念丰主编：《哲学词典》，吉林人民出版社 1983 年版，第 499—500 页。

② [德]黑格尔：《美学》(第二卷)，朱光潜译，商务印书馆 1979 年版，第 290 页。

③ [德]黑格尔：《美学》(第二卷)，朱光潜译，商务印书馆 1979 年版，第 295 页。

茨·梅林》的信中所论的："如果说，路德和加尔文'克服了'官方的天主教，黑格尔'克服了'费希特和康德，卢梭以其共和主义的《社会契约论》间接地'克服了'立宪主义者孟德斯鸠，那么，这仍然是神学、哲学、政治学内部的一个过程，它表现为这些思想领域历史中的一个阶段，完全不越出思维领域。"①恩格斯所列的神学、哲学和政治学中变革的不彻底性，在于它们都还没有超越思维领域本身，都还是认识论的知识，而不是实践论的行动。那么，马克思主义美学，是对德国古典美学的超越。因为它以历史唯物主义为指导，历史唯物主义不仅是哲学知识领域的进步，更重要的是产生这种知识的外部事实的发展结果，这就能使我们不再"始终停留在纯粹思维的范围之中"②，也正如马克思恩格斯在《德意志意识形态》中早就总结出的："不是意识决定生活，而是生活决定意识。前一种考察方法从意识出发，把意识看做是有生命的个人。后一种符合现实生活的考察方法则从现实的、有生命的个人本身出发，把意识仅仅看做是他们的意识。"③那么，历史唯物主义的美学，就是从艺术人物所处的社会现实出发，从他们本人的具体情况出发，来考察文艺审美，这才理解济金根骑士暴动失败的历史处境，这才能把握莎士比亚化的现实主义个性风格。

当然，马克思和恩格斯对历史唯心主义美学的批判，他们总是从深刻艺术内涵和不断发展的历史眼观来看待文艺并研究其方法，由此克服对作家、艺术家、经典作品乃至社会理想的迷信。正如恩格斯在《路德维希·费尔巴哈和德国古典哲学的终结》所论："有一种迷信，认为哲学唯心主义的中心就是对道德理想即对社会理想的信仰，这种迷信是在哲学之外产生的，是在那些把席勒诗歌中符合他们需要的少数哲学上的只言片语背得烂熟的德国庸人中产生的。没有一个人比恰恰是十足唯心主义者的黑格尔更尖锐地批评了康德的软弱无力的'绝对命令'（它之所以软弱无力，是因为它要求不可能的东西，因而永远达不到任何现实的东西），没有一个人比他更辛辣地嘲笑了席勒所传播的那种沉湎于不能实现的理想的庸人习气。"④在这里恩格斯深刻地洞察了黑格尔的哲学对批判德国古典哲学的重要意义，所谓的"迷信"或"庸人习气"，指以康德

①② 《马克思恩格斯选集》（第四卷），人民出版社 2012 年版，第 643 页。

③ 《马克思恩格斯选集》（第一卷），人民出版社 2012 年版，第 152—153 页。

④ 《马克思恩格斯选集》（第四卷），人民出版社 2012 年版，第 238 页。

为代表的德国唯心主义思想和不求实践的作风，相比于大多数的认为世界可以被认识的唯心主义哲学家，“还有其他一些哲学家否认认识世界的可能性，或者至少是否认彻底认识世界的可能性。在近代哲学家中，休谟和康德就属于这一类，……对驳斥这一观点具有决定性的东西，凡是从唯心主义观点所能说的，黑格尔都已经说了；……因此，归根到底，黑格尔的系统是一种就方法和内容来说唯心主义地倒置过来的唯物主义。”①显然，恩格斯对黑格尔及其哲学的赞扬，一方面，看到他的哲学对旧的唯心主义哲学的弱点的克服；另一方面，又看到了他的哲学对新的唯物主义哲学的贡献，即转向辩证唯物主义的桥梁作用。很可惜的，黑格尔的哲学没有发展成为辩证唯物主义，更不可能成为历史唯物主义。“在黑格尔看来，自然界只是观念的‘外化’，它不能在时间上发展，只能在空间扩展自己的多样性，因此它把自己所包含的一切发展阶段同时地、并列地展现出来，并且注定永远重复始终是同一的过程。”②恩格斯对黑格尔哲学的一针见血的批判，揭示了历史唯物主义的创新意义。也正如马克思在《1844 年经济学哲学手稿》中早就批判过这种‘外化’，是“自身内部的纯粹的、不停息的旋转”。③这样的旋转当然终究是没有结果的，还是空洞的内容和玄幻的思想，它永远不会在人们所立足的大地上生根开花。

马克思主义所创立的历史唯物主义却在人们所立足的大地上生根开花，它解决了两个重要问题，一是人们是怎样生产自己的思想的？这就涉及文艺是如何被创作、被接受和被传播的实践问题。二是人的本质是什么？这就涉及文艺的基本属性的理论问题。马克思主义文艺理论的可发掘性在于，作为创始人的马克思和恩格斯，他们本身并没有很细致地解读和探究，文艺是如何被创作、被接受和被传播的实践问题，以及文艺的基本属性的理论问题。因为这些毕竟不是他们所学的专业和所从事的职业，但有幸的是，他们为解答这个实践问题和这个理论问题提供了哲学答案，而哲学作为世界观和方法论，对文艺理论特别文艺方法论自然具有指导意义。人们是怎样生产自己的思想的呢？就文艺的实践问题而言，他们认为，“人们是自己的观念、思想等的生产者。但这里所说的人们是现实的、从事活动的人们，他们受自己的生产力和与

---

① 《马克思恩格斯选集》(第四卷)，人民出版社 2012 年版，第 232—233 页。
② 《马克思恩格斯选集》(第四卷)，人民出版社 2012 年版，第 235 页。
③ 《马克思恩格斯文集》(第一卷)，人民出版社 2009 年版，第 218 页。

之相适应的交往的一定发展——直到交往的最遥远的形态——所制约”。①推而言之，埃斯库罗斯的命运悲剧和莎士比亚的性格悲剧，都是一定社会现实和历史处境的产物，我们不能设想它们可以直接被运用到今天的悲剧创作、接受和传播之中，但它们却对这些文艺活动具有深刻的历史和生动的审美意义。就文艺的理论问题而言，马克思指出，“费尔巴哈把宗教的本质归结为人的本质。但是，人的本质不是单个人所固有的抽象物，在其现实性上，它是一切社会关系的总和”。②以此而言，正如恩格斯在 1847 年所写《卡尔·格恩律“从人的观点论歌德”》中所警示的，德国小资产阶级政论家，“真正的社会主义”主要代表卡尔·格尔律(1817—1887)从抽象的人的观点来评价歌德，是极其错误的，这种狂热地鼓吹和讴歌抽象的人和普遍的爱的做法，是对歌德这样伟大的作家和诗人的侮辱和贬低，因为脱离具体的社会条件和历史处境，走上了形而上学的道路，这要继续深入批判的。

二、形而上学唯物主义与辩证唯物主义的文论

所谓形而上学，“是指与辩证法相对立的反科学的世界观、方法论”。③马克思主义的世界观和方法论可归结为辩证唯物主义，将其运用到人类社会则是历史唯物主义，这两者是相互统一和密切联系的。而马克思主义者是辩证唯物主义者和历史唯物主义者，反对形而上学者的做法。正如恩格斯在《反杜林论》中所批评的：“在形而上学看来，事物及其在思想上的反映即概念，是孤立的、应当逐个地和分别地加以考察的、固定的、僵化的、一成不变的研究对象。”④当以这样的观点和方法去研究问题时，即使本身的世界观和方法论是唯物主义，却只会变成形而上学唯物主义，“亦称作‘机械唯物主义’。是以形而上学的观点、方法去解释、说明世界的一种唯物主义哲学学说，是唯物主义发展过程中所经历的三个历史形态之一。它是欧洲 17、18 世纪资本主义上升时期科学进一步发展基础上产生的一种唯物主义世界观和方法论”。⑤从古代

---

① 《马克思恩格斯选集》(第一卷)，人民出版社 2012 年版，第 152 页。
② 《马克思恩格斯选集》(第一卷)，人民出版社 2012 年版，第 135 页。
③ 刘延勃、张弓长、马乾乐、张念丰主编：《哲学词典》，吉林人民出版社 1983 年版，第 332 页。
④ 《马克思恩格斯选集》(第三卷)，人民出版社 2012 年版，第 396 页。
⑤ 刘延勃、张弓长、马乾乐、张念丰主编：《哲学词典》，吉林人民出版社 1983 年版，第 335 页。

的朴素唯物主义，中间经历形而上学唯物主义，最后到辩证唯物主义，这是一个不断进步的过程，通过比较，才能真正认识马克思主义文论法论的科学性。费尔巴哈是近代唯物主义的集大成者，“是唯一对黑格尔辩证法采取严肃的、批判的态度的人；只有他在这个领域内作出了真正的发现，总之，他真正克服了旧哲学。……创立了真正的唯物主义和现实的科学，因为费尔巴哈使社会关系即‘人与人之间的’关系也同样成为理论的基本原则”。①换言之，他深刻批判了黑格尔的唯心主义哲学和基督教宗教神学，重塑了唯物主义的权威。诚然，费尔巴确立了唯物主义自然观，可是一到社会历史领域，就堕入唯心主义，所以是“半截子”唯物主义。他利用直观感性的形式，脱离社会历史实践去认识、理解外部世界，因而，费尔巴哈的唯物主义具有机械性、形而上学性。马克思看到了费尔巴哈唯物主义的固有缺陷，写下《关于费尔巴哈的提纲》（以下简称《提纲》）一文，阐明了历史唯物主义的观点。用实践的、辩证的唯物观点犀利地批判了费尔巴哈直观的唯物主义，实现了对费尔巴哈唯物主义的超越。

费尔巴哈对事物的理解总是采取直观感性的形式，由于他没有理解实践的真正意义，把实践与认识割裂开来。在人与自然的关系上，他认为人来自自在的自然，人就是人，他（她）没有一个自我生成、自我确证的过程。人与自然的关系是反映者与被反映者的关系，并非主动创造的关系，人由自然所决定，人在自然面前无能为力。这处处显示出其直观性、机械性和形而上学性。正如马克思在《提纲》的第一条指出：“从前的一切唯物主义（包括费尔巴哈的唯物主义）的主要缺点是：对对象、现实、感性，只是从客体的或者直观的形式去理解，而不是把它们当做感性的人的活动，当做实践去理解，不是从主体方面去理解。……费尔巴哈想要研究跟思想客体确实不同的感性客体，但是他没有把人的活动本身理解为对象性的[gegenständliche]活动。……因此，他不了解‘革命的’、‘实践批判的’活动的意义。”②德语“gegenständliche”对应翻译成英语有“concrete, objective, representational”③等意思，适应于此处的语境，翻译成汉语就是“对象性的”。马克思在《1844 年经济学哲学手稿》中已经大量使用“对象性”此一哲学术语，指出人的劳动是有意识的和自觉的创造性活动，

---

① 《马克思恩格斯文集》（第一卷），人民出版社 2009 年，第 199—200 页。

② 《马克思恩格斯选集》（第一卷），人民出版社 2012 年版，第 133 页。

③ *Collins German Dictionary*, Glasgow: Harper Collins Publishers 2013, p.1403.

而动物则是无意识的和不自觉的适应性活动。因而人不但生产自身，如同动物一样，人还改造和创造着客观世界。费尔巴哈对人与客观世界的关系"只是从客体的或者直观的形式去理解"，因而他否认了人的主体地位，否定人的主观能动性，认为作为主体的人完全受客体支配，人对于现实只能消极地、被动地、片面地接受。这是由于他看不到实践对认识的作用而造成的。

马克思创造性地把实践的观点引入人的认识领域，开辟了唯物主义的崭新视野。虽然黑格尔也看到了劳动实践的作用，"他把劳动看做人的本质，看做人的自我确证的本质；他只看到了劳动的积极方面，没有看到劳动的消极方面。劳动是人在外化范围之内的或者作为外化的人的自然的生成。黑格尔唯一知道并承认的劳动是抽象的精神的劳动"。①马克思所说的劳动是指人类的实践活动，既包括具体的物质的劳动，也包括抽象的精神的劳动。这种实践的活动是人认识世界和改造客观世界的对象性活动，人是实践活动的主体，实践活动的对象是客体，主体与客体之间建立起认识与被认识，改造与被改造的关系。正如马克思所指出："随着对象性的现实在社会中对人来说到处成为人的本质力量的现实，成为人的现实，因而成为人自己的本质力量的现实，一切对象对他来说也就成为他自身的对象化，成为确证和实现他的个性的对象，成为他的对象，这就是说，对象成了他自身。"②人不仅能认识客观对象，还能够按照自己的要求和意愿改造对象，把客观对象变成自己心中想要的对象。由此可见，人和客观世界不仅仅只是简单的、直接的反映关系。所谓的实践是人的对象性活动，即人们通过对象性活动即实践活动来满足自己的生活和生产需要，丰富和发展人类社会。

人的实践活动具有主观能动性，也即有意识和有目的之创造性。马克思指出："动物只是按照它所属的那个种的尺度和需要来构造，而人却懂得按照任何一个种的尺度来进行生产，并且懂得处处都把固有的尺度运用于对象；因此，人也按照美的规律来构造。"③这是人和动物的根本区别。人在改造世界的活动中，具有目的性、创造性、社会性，他们有意识地把对象改造得符合自己的目的和需要。而动物的生产实际上为了满足自己的肉体需要本能反应，体

① 《马克思恩格斯文集》(第一卷)，人民出版社 2009 年版，第 205 页。
② 《马克思恩格斯文集》(第一卷)，人民出版社 2009 年版，第 190—191 页。
③ 《马克思恩格斯选集》(第一卷)，人民出版社 2012 年版，第 57 页。

现为一种被动适应客观世界的生理意识。然而，形而上学唯物主义，特别是费尔巴哈的直观唯物主义，不是把实践当做感性的人的活动去理解，“不是从主体方面去理解。因此，和唯物主义相反，唯心主义却把能动的方面抽象地发展了，当然，唯心主义是不知道现实的、感性的活动本身的”。[①]在这里，马克思指出费尔巴哈式的形而上学唯物主义，并不比唯心主义要高明多少，直观式的或机械式的认识生活的模式，其危害也是很大的。推及文学与艺术，现实主义文艺创作要求文学再现生活，而不是“照镜子式”地复制和反映生活。文艺要求再现生活，强调的是文艺创作者的能动性、创造性，也就是作家和艺术家揭示社会生活本质的能力。

如何来提高作家和艺术家揭示社会生活本质的能力？只有靠实践，通过艺术实践才能揭示社会生活的本质。马克思在《提纲》第八条指出：“全部社会生活在本质上是实践的。凡是把理论引向神秘主义的神秘东西，都能在人的实践中以及对这种实践的理解中得到合理的解决。”[②]这个重要的论断，是辩证唯物主义区别形而上学唯物主义最明显的标志。实践是人类社会存在和发展的方式。物质生产实践是人类社会存在和发展的基础。人要生存，就必须通过劳动生产自己的生活所需。人的吃、穿、住、行等一切物质生活资料，都要从物质生产的实践活动去获得。实践也创造了人的各种关系，包括人与自然、人与社会、人与人的关系。人与自然的关系统一于实践。一方面，人可以利用自然，从自然界中获取物质生活资料和精神生活资料；另一方面，人们要尊重、爱护自然，与自然和谐共处。实践推动社会不断向上发展。马克思和恩格斯特别强调实践的极重要性，甚至把他们的哲学称为“实践的唯物主义”，认为“对实践的唯物主义者即共产主义者来说，全部问题都在于使现存世界革命化，实际地反对并改变现存的事物”。[③]这个观点出自马克思恩格斯的《德意志意识形态》中的第一卷第一章关于费尔巴哈的论述，马克思在此句话旁边还注明“费尔巴哈”，可见，实践是针对费尔巴哈式的形而上学唯物主义的良方和救药，作家和艺术家只有通过艺术实践活动才能认识历史规律和揭示社会本质。

---

① 《马克思恩格斯选集》(第一卷)，人民出版社 2012 年版，第 133 页。
② 《马克思恩格斯选集》(第一卷)，人民出版社 2012 年版，第 135—136 页。
③ 《马克思恩格斯选集》(第一卷)，人民出版社 2012 年版，第 155 页。

费尔巴哈的直观唯物主义人学思想具有抽象的和形而上学的色彩，在《基督教的本质》一书中，他把犹太—基督教文明简单归结为宗教人本主义进化论，把上帝的本质归结为人的本质。正如马克思在《提纲》第六条中指出："费尔巴哈把宗教的本质归结于人的本质。但是，人的本质不是单个人所固有的抽象物，在其现实性上，它是一切社会关系的总和。费尔巴哈没有对这种现实的本质进行批判，因此他不得不：(1)撇开历史的进程，把宗教感情固定为独立的东西，并假定有一种抽象的——孤立的——人的个体；(2)因此，本质只能被理解为'类'，理解为一种内在的、无声的、把许多个人自然地联系起来的普遍性。"①费尔巴哈把宗教的本质归结为人的本质，虽然打破了宗教神学的神秘束缚，肯定了人的合理地位，具有进步意义。但是费尔巴哈把人从复杂的社会关系中抽取和孤立出来，消解人的个性和差异，把人理解为抽象的、孤立的单个人和自然存在物，把人的本质理解为普遍的、无差异的"类"本质，这就是直观性、机械性和形而上学性的表现。马克思批判了费尔巴哈对人的本质的错误认识，并从人所处的社会关系中来规定人的本质，即把人作为从事实践活动并处于一定社会关系中的人去理解。换言之，人是生活在现实社会的人，每时每地都要和各种社会关系交织在一起，人是具体的、现实的、历史的。人的本质不是抽象的、永恒不变的，它随着社会历史的不断发展而发展。

费尔巴哈的人本主义和抽象的人学思想影响了后来的文艺创作和文艺评论，拉萨尔的历史悲剧《济金根》明显就是抽象地、主观地理解历史人物和塑造剧本角色，这在本章的第二节我们会有专门的论述。而就文艺评论而言，"真正的社会主义"理论家格恩律评价歌德身上"除了人的内容外没有别的内容"，歌德就是"完美的人性"，片面夸大歌德平庸、鄙俗的一面，而没有把歌德放到具体的社会历史条件下进行全面考察。马克思和恩格斯批评这些"真正的社会主义者"。"认为外国的共产主义运动文献不是现实运动的表现和产物，……完全是从'纯粹的思想'中产生的。……他们始终一贯地把这些一定的个人间的关系变为'人'的关系，……由于他们没有认识到现实的联系，因而就很容易用'绝对的'或者别的意识形态的方法来虚构幻想的关系。"②真正的

① 《马克思恩格斯选集》(第一卷)，人民出版社 2012 年版，第 135 页。

② 《马克思恩格斯文集》(第一卷)，人民出版社 2009 年版，第 588—589 页。

社会主义者和费尔巴哈一样，把人从社会历史实践活动中脱离出来，人只是生理上的、直观的、纯粹的人。马克思和恩格斯批评费尔巴哈："他还从来没有看到现实存在着的、活动的人，而是停留于抽象的'人'，并且仅仅限于在感情范围内承认'现实的、单个的、肉体的人'，也就是说，除了爱与友情，而且是理想化的爱与友情以外，他不知道'人与人之间'还有什么其他的'人'的关系。他没有批判现在的爱的关系，可见，他从来没有把感性世界理解为构成这一世界的个人的全部活生生的感性活动，……正是在共产主义的唯物主义者看到改造工业和社会结构的必要性和条件的地方，他却重新陷入唯心主义。"①拉萨尔在创作历史悲剧时，也陷入唯心主义的泥潭，如同费尔巴哈重新陷入唯心主义的泥潭一样。拉萨尔把济金根美化成一个深受平民和农民拥戴的民族英雄，以骑士暴动的方式企图在当时的德意志帝国恢复贵族民主制，即类似于古希腊罗马那样的奴隶社会制度，而当时的德意志帝国已经是成熟的封建等级制，并开始有了资本主义制度的萌芽。所以，马克思深刻揭示济金根失败的真正原因是："他的覆灭是因为他作为骑士和作为垂死阶级的代表起来反对现存制度，或者说得更确切些，反对现存制度的新形式。"②由于拉萨尔歪曲历史事实，违背人物性格的发展逻辑，正是形而上学唯物主义在艺术创作中的反映。席勒的创作更是如此，他在历史剧《唐·卡洛斯》中把主人公唐·卡洛斯塑造成了一个同情人民苦难、有责任感、有使命感的完美的人。但如此完美无缺的形象与他的王子身份不相符合，作者抹杀了时代的现实的阶级内容，忽视了人物的阶级属性。因而，唐·卡洛斯成为抽象化和概念化的人物。以此，"席勒式"成为这种唯心主义创作经验的先驱和形而上学创作方法的代名词，在本章的第二节中我们会有更详细的论述。

进而，涉及人物与环境的关系、艺术角色和历史处境的关系也是一样的，马克思在《提纲》第三条指出："环境的改变和人的活动或自我改变的一致，只能被看做是并合理地理解为变革的实践。"③这就是说人与环境的关系是辩证统一的，艺术角色和历史处境的关系也是辩证统一的，两者相互影响，相互依存。一方面，人们通过社会实践改变自然界和社会的面貌，开阔了作家和艺术

① 《马克思恩格斯选集》(第一卷)，人民出版社 2012 年版，第 157—158 页。
② 《马克思恩格斯选集》(第四卷)，人民出版社 2012 年版，第 436 页。
③ 《马克思恩格斯选集》(第一卷)，人民出版社 2012 年版，第 134 页。

家的视野。诚如马克思所总结的:“人创造环境,同样,环境也创造人。”①可见,人的社会实践活动改变了旧有的环境,提高和改善了人们的生活,扩大了艺术认识和艺术表现对象。另一方面,人生活在现实社会,受到社会的制约,人物性格总是由他所处的社会环境决定。不同的社会环境里的艺术典型都不可避免地打上历史的烙印,具有独特而鲜明的时代感。《骆驼祥子》中的祥子是一个正直、坚韧、自强、热爱生活的人,经历了三次买车又三次失去的痛苦经历后,祥子开始堕落了,他由一个踏实勤劳、自食其力的下层贫苦人民转变为一个自私、冷漠的小市民。祥子的性格变化是由他所处的那个恶劣的社会环境所决定的。当祥子想要以个人的奋斗去对抗整个社会的黑暗压迫时,无论他自身怎么努力,都是徒劳无用的挣扎,都改变不了他悲惨命运的事实。所以,当黑暗现实最终击毁他的生活理想时,他也就丧失了全部生活的寄托,屈服于命运,陷于精神崩溃,变成颓废、懦弱的人。而鲁滨孙身上的那种敢于冒险、具有顽强意志力和积极进取的实干精神,则是资本主义原始积累时期冒险家所具有的典型性格的反映。他面对人生的困境,不悲观、不绝望,凭借自己超凡的智慧和坚忍不拔的意志力,通过自己努力实践,求得在荒岛上生存的契机。这类人物身上反映出资产阶级时代人们的开拓进取、积极向上的乐观主义精神。马克思和恩格斯所阐述的社会环境决定人物性格的原理,对作家和艺术家正确认识和生动再现环境与人物的关系,达到“真实地再现典型环境中的典型人物”②,具有重要意义。

费尔巴哈批判黑格尔抽象的“绝对精神”而走上了唯物主义道路,这本应该是值得庆贺的事情,可惜的是,费尔巴哈“把唯物主义同它的一种肤浅的、庸俗化了的形式混为一谈,18 世纪的唯物主义现在就以这种形式继续存在于自然科学家和医生的头脑中,并且被毕希纳、福格特和摩莱肖特在 50 年代拿着到处叫卖。”③毕希纳和福格特分别是德国医生和自然科学家,而摩莱肖特则是荷兰的生理学家,他们活跃于 19 世纪的 50 年代,都是深受 18 世纪的唯物主义影响的庸俗唯物主义者。继承 18 世纪的唯物主义并混用它的庸俗化了

① 《马克思恩格斯选集》(第一卷),人民出版社 2012 年版,第 172—173 页。
② 《马克思恩格斯选集》(第四卷),人民出版社 2012 年版,第 590 页。
③ 《马克思恩格斯选集》(第四卷),人民出版社 2012 年版,第 234 页。

的形式，费尔巴哈的唯物主义也变成了庸俗唯物主义，与那些自然科学家和医生的庸俗唯物主义都是一丘之貉了。那么，马克思主义的哲学，即恩格斯所称的“现代唯物主义”，在对以黑格尔为代表的唯心主义和以费尔巴哈为代表的唯物主义的继承和批判之后，“一旦了解到以往德国唯心主义是完全荒谬的，那就必然导致唯物主义，但是要注意的是，并不是导致18世纪的纯粹形而上学的、完全机械的唯物主义。……现代唯物主义本质上都是辩证的，而且不再需要任何凌驾于其他科学之上的哲学了”。①辩证唯物主义是对形而上学唯物主义的克服和胜利，形而上学唯物主义者如费尔巴哈，看待客观世界的方式是直观的，所表达的观点是肤浅的，所采用的形式是庸俗的，所理解的事物运动是机械的，因而是不科学的。在批判了形而上学唯物主义之后所建立的辩证唯物主义，是被实践证明了的科学世界观和方法论，用这种科学世界观方法论来指导，也即马克思主义的世界观和方法论来指导，也就能确保马克思主义文艺方法论的科学性。

第二节　马克思主义文艺概念分析论

马克思、恩格斯分别于1859年在《致费南迪·拉萨尔》的信中，评论拉萨尔的历史剧《弗兰茨·冯·济金根》时提出了“莎士比亚化”和“席勒式”两个相对独立的关于文艺分析的概念。马克思在信中写道：“这样，你就得更加莎士比亚化，而我认为，你的最大缺点就是席勒式地把个人变成时代精神的单纯的传声筒。”②恩格斯也在信中指出：“古代人的性格描绘在今天已经不够用了，而在这里，我认为您原可以毫无害处地多注意莎士比亚在戏剧发展史上的意义。……我认为，我们不应该为了观念的东西而忘掉现实主义的东西，为了席勒而忘掉莎士比亚，……”③显然，马克思、恩格斯在创作上提倡“莎士比亚化”，反对“席勒式”。他们认为文艺创作首先必须根植于现实生活的土壤中，在符合生活固有逻辑的基础上，广泛地描绘五彩缤纷的现实图景，在揭示现实社会关系的深层本质中塑造性格鲜明的典型人物。只有实现艺术性和真实性

① 《马克思恩格斯选集》(第三卷)，人民出版社2012年版，第794—795页。
② 《马克思恩格斯选集》(第四卷)，人民出版社2012年版，第437页。
③ 《马克思恩格斯选集》(第四卷)，人民出版社2012年版，第441—442页。

高度融合的文艺作品才能给人以审美享受。要“莎士比亚化”而不要“席勒式”的创作方法，是马克思和恩格斯关于现实主义创作理论的组成部分，成为马克思主义文艺分析的重要概念，为当时的德国文学指明了方向，也成为世界文学史上对历史悲剧分析批评的范例。

马克思和恩格斯善于提出概念，然后再做详细分析和论证，以此来探讨文艺创作和文艺批评。“莎士比亚化”和“席勒式”正是这样的两个重要概念。从文艺创作来说，莎士比亚和席勒都是剧作家，前者被视为拥有现实主义创作经验的剧作家，后者则被视为推行倾向主义教条的剧作家，经过实践检验和时间洗礼，证明前者的成就远远高于后者。以文艺批评来说，要使读者和观众能敏锐地辨别出艺术和现实的关系，对文艺批评家来说，则要能深刻地把握好艺术性和倾向性的辩证关系，使读者和观众能从艺术欣赏中理解此种关系。基此，“莎士比亚化”和“席勒式”成为马克思主义文艺方法论中具有比照意义的两个概念，可以运用它们对文艺创作和文艺批评进行分析。

一、“莎士比亚化”

“莎士比亚化”和“席勒式”这两个术语对照出现是有原因的，最直接的原因是拉萨尔在《济金根》序言中说：“我认为德国戏剧通过席勒和歌德取得了超越莎士比亚的进步，就在于他们两个，尤其是席勒，首先创造了狭义的历史剧。”①可见，拉萨尔盲目吹捧席勒，贬低莎士比亚，而这对他个人的创作并无裨益，只满足了他狭隘的民族主义虚荣心理。间接原因是当时德国文学界实际存在高度推崇席勒而贬抑莎士比亚的一股潮流，以观念式的宣传代替精湛的艺术描写的情况较为严重，并对德国文学产生负面的影响。基于此，马克思和恩格斯适时地提出“莎士比亚化”和“席勒式”的概念，以反对这股文学潮流。一方面，他们认为莎士比亚的作品达到了深刻的思想性和丰富的艺术性的高度统一。他高超的艺术构思和娴熟的艺术技巧值得人们学习和借鉴，他作品所取得的非凡的现实主义艺术成就是我们应该继承的艺术传统，应该把莎士比亚作为我们文艺创作中可效法的作家典范。另一方面，马克思和恩格斯旨

---

① [德]拉萨尔：《〈弗兰茨·冯·济金根〉序言》，叶逢植译，人民文学出版社 1976 年版，第 9—10 页。

在纠正当时德国文坛因主观唯心主义思想所导致的不良的创作倾向，以强烈的倾向性来取代丰富的艺术性，在艺术效果上很低劣，在革命宣传上很笨拙，由此，要进行艺术批评和方法纠正。

所谓“莎士比亚化”，在马克思主义看来，是现实主义艺术基本特征和创作规律的代名词，是马克思、恩格斯对莎士比亚的创作经验和艺术特色的总结和概括。具体来讲，我们可以从以下几个方面来理解“莎士比亚化”的内容。

首先，从客观现实出发，描绘宏伟广阔的社会生活画面。18 世纪英国文坛重要的批评家和诗人塞缪尔·约翰逊说：“莎士比亚超越所有作家之上，至少超越所有近代作家之上，是独一无二的自然诗人；他是一位向他的读者举起风俗习惯和生活的真实镜子的诗人。……他的戏剧是生活的镜子。”①这个评价是十分中肯的，莎士比亚始终坚持现实主义的创作原则，真实再现生活本身的丰富多彩，在作品中广泛描写了 17 世纪英国的政治、经济、思想、道德、风俗、习惯等的社会生活状态，反映了封建社会逐渐衰落，资本主义社会迅速发展这一历史转换时期的社会现实。恩格斯谈到莎士比亚的戏剧时曾说：“不管剧中的情节发生在什么地方——在意大利、在法兰西、或在纳瓦腊，——其实展现在我们面前的基本上总是欢乐的英国，莎士比亚笔下的古怪的乡巴佬、精明过人的学校教师、可爱又乖僻的妇女全都是英国的，总之，你会感到，这样的情节只有在英国的天空下才能发生。”②《雅典的泰门》是莎士比亚创作的最后一个悲剧，书写了雅典的一个家财万贯的贵族，为人慷慨大方、乐善好施，无论是市井平民还是达官显贵都愿意跟随他，对他阿谀谄媚、备献殷勤。可等到他倾家荡产之时，平时受惠于他的那些人都跟他断绝来往，甚至对他落井下石。这时的他饱受世人的欺凌，也看透了那些酒肉朋友忘恩负义的嘴脸和虚伪贪婪的本性，最后在绝望中孤独而亡。莎士比亚借用这个故事揭露了资本主义私有制的弊病，抨击了资本主义社会唯利是图、金钱至上的道德伦理，批判人在金钱面前变得自私利己、狡诈卑劣的扭曲心态。泰门在剧中有一段独白说：“这东西，只这一点点儿，就可以使黑的变成白的，丑的变成美的，错的变成对的，卑贱变成尊贵，老人变成少年，懦夫变成勇士。”③泰门最后意识到自己生

① 易漱泉、曹让庭编：《外国文学评论选》(上册)，湖南人民出版社 1982 年版，第 6—9 页。

② 《马克思恩格斯论艺术》(第四卷)，中国社会科学出版社 1982 年版，第 335 页。

③ [英]莎士比亚：《雅典的泰门》，朱生豪译，人民文学出版社 1977 年版，第 64 页。

存的社会中，人与人之间根本没有真正的情感友谊可言，只剩下赤裸裸的金钱关系。马克思说："一切产品、活动、关系可以同第三者，同物的东西相交换，而这第三者又可以无差别地同一切相交换，……表现为人的素质、能力、才能、活动的社会性质发展的一个必然阶段。说得文雅一点就是：普遍的效用关系和适用关系。使不同的东西等同起来，——莎士比亚对货币就有过这样中肯的理解。"①在这里，马克思进一步揭示了莎士比亚在《雅典的泰门》中对资本主义金钱社会的本质，控诉了金钱腐蚀人性的罪恶现象。《哈姆雷特》可以说是英国16和17世纪时代的缩影。剧情展开的是丹麦王子哈姆雷特替父报仇的故事，他和叔父克劳狄斯两人进行着殊死较量，象征着资产阶级进步民主同封建专制王权之间的残酷斗争，莎士比亚借用对这一斗争的描绘，揭露了英国封建王权所造成的社会黑暗复杂的现实，在剧中对封建统治者及封建旧势力的诸多丑恶行径进行了猛烈的抨击。

《温莎的风流娘儿们》则是一部风俗喜剧，在莎士比亚的创作中具有独树一帜的风格。剧本描写了温莎小镇的风流趣事和生活闹剧，展现了一幅关于温莎小市民的世态风俗图画。恩格斯认为："单是《风流娘儿们》的第一幕就比全部德国文学包含着更多的生活气息和现实性。"②作者通过设计福特大娘、培琪大娘两个人捉弄福斯塔夫的一系列情景，讴歌了女性的聪明、智慧和魄力，显现了刚刚冲破黑暗中世纪牢笼后的新女性的精神面貌，讽刺了没落骑士福斯塔夫贪财好色、泼皮无赖的丑陋嘴脸。很明显，剧中的女性的地位大大提高了，她们释放天性，大胆追求爱情婚姻的自由平等，有效地诠释了作者的人文主义理想。然而，福斯塔夫看似是一个令人厌恶的角色，纵情美色、贪图享乐，但他勇于追求自由幸福的生活，身上闪耀着人文主义的思想光芒。因此，《温莎的风流娘儿们》是欧洲文艺复兴时期社会生活的真实写照，是当时的人们追求理想生活的真情流露。而莎士比亚通过精细观察社会，从目睹的种种社会现象中捕捉素材，力求反映出现实生活的丰富性和广阔性。恩格斯评论道，"莎士比亚到处摄取他的形象——天上，地下，无所不至；任何事物都逃不出他的洞察一切的眼光，他以不言而喻的力量，像一个苍鹰扑向它的猎获物时

① 《马克思恩格斯文集》(第八卷)，人民出版社2009年版，第57页。
② 《马克思恩格斯全集》(第三十三卷)，人民出版社1973年版，第108页。

的那股力量，将它们夺取过来。”[①]总之，莎士比亚的创作都严格取材于英国现实生活，为的是能够生动再现社会历史的真实面貌。

其次，正确处理人物与环境的关系，从揭示现实关系的深层本质来塑造典型的人物形象。人物性格的成长与现实环境存在密切联系，特定环境的改变也会促使人的个性发生变化。在塑造鲜明的、个性化的人物形象的时候，要充分考虑人物生活的特定环境，从而揭示出社会的本质和特征。莎士比亚特别擅长塑造人物，“他的人物总是比当时别的剧作家笔下的人物更全面，更深刻”，[②]于是也就更具有典型性。从他的创作成果来看，他笔下塑造了众多栩栩如生、有血有肉的艺术形象，如哈姆雷特、奥菲莉娅、麦克白、夏洛克、李尔王、福斯塔夫等，这些人物都成为英国文学史乃至西方文学史上的代表性角色，构成了文艺创作中的艺术典型。

《哈姆雷特》是莎士比亚的一部巅峰之作，创作于封建制度衰落、资本主义兴起的交替时期。这部剧描写了哈姆雷特为了实施复仇计划，和克劳狄斯展开殊死斗争的故事，实际表现了文艺复兴这一个急剧变革时代资产阶级人文主义者同封建统治者之间的斗争，表现了新兴资产阶级的要求和理想。剧中主人公哈姆雷特是典型的人文主义者。他是一位出身高贵、单纯快乐的王子，从小受人尊敬且接受了良好的教育，在他眼里一切都是美好的，他是一位单纯善良的理想主义者。他不懂世界的黑暗和丑陋，而他的叔叔克劳狄斯却亲手毒害了他的父亲，不久母亲也改嫁给克劳狄斯。他经历了这场重大的人生变故后，在情感上变得郁郁寡欢，在行动上变得犹豫迟疑。哈姆雷特是一个善于思考和慎于言行的人，这在一定程度上导致了他行动的犹豫不决和迟缓，但在经历过很多事情之后，他开始转变和觉醒，决心不再犹豫，而要用坚定的意志和果断的手段来解决问题。在经历了父亲被毒死的这段苦难后，哈姆雷特的思想有了重要转变，他努力克服自身的缺点，变得更坚定，他决心奋起反抗，即使以生命为代价。然而，哈姆雷特一贯的犹豫和迟疑的性格造成他好几次错失复仇的良机。黑格尔针对哈姆雷特犹豫和迟疑的性格做出分析说：“哈姆雷

---

① 易漱泉、曹让庭编：《外国文学评论选》(上册)，湖南人民出版社 1982 年版，第 98 页。

② 王佑良：《英国文学论文集》，外国文学出版社 1980 年版，第 22 页。

特固然没有决断，但是他所犹疑的不是应该做什么，而是应该怎样做。”①显然，哈姆雷特是一位理想的人文主义者，他之前一直生活在积极、单纯的环境中，他对世界的判断永远都是正面而美好的，尽管父亲死后，哈姆雷特所处的环境变得更加复杂。他不断用“人性主义”的标准来判断人物和事情，这是导致他犹豫不决的一个原因。另外，最重要的原因是他的阶级局限性。他面对黑暗的社会，决心担负起重整乾坤的责任，但势单力薄，自然缺乏胜利的信心，所以又迟疑不决。哈姆雷特矛盾的性格，是他所代表的新兴资产阶级的历史进步性和斗争软弱性的表现。克劳狄斯是莎士比亚刻画的一个阴险狡诈的反面人物。为了争夺权力，他不惜谋杀自己的亲兄，还娶王后为妻，他是一个心狠手辣、罪大恶极之人。一开始，他蓄意杀人后隐瞒了自己的罪行，还将舆论引向对自己有利的方向。等到哈姆雷特知道自己父亲死亡的真相后，他便开始使用各种手段来陷害哈姆雷特。恶有恶报，他最终被哈姆雷特刺死。克劳狄斯还是一个极度自私、城府很深的阴谋家。通过刻画克劳狄斯这个人物形象，莎士比亚揭露出封建统治者和资产阶级野心家的种种丑恶形态和罪恶面目，在很大程度上，反映了英国封建恶势力强霸和社会秩序混乱的历史情境。

《温莎的风流娘儿们》中的福斯塔夫则是个滑稽可笑的、窘态百出的喜剧人物，是没落的封建贵族沦为平民阶级的过渡性小人物。外表上，他满头白发，大腹便便；性格上，他贪财好色，装腔作势，整个人看上去露出一股“痞子气”。他的性格是复杂多变的，既勇于冒险又胆小怕事。他主动写了一式两封的情书分别给福德大娘和培琪大娘，遭受她们的愚弄仍然三番两次地去赴约。可见，他是个具有冒险精神的人。但他身上也有胆小懦弱的一面。赴约时，他生怕被福德捉住，听从两个妇女的安排，屁股朝上头朝下地藏进篓子里，像被屠夫切下来的一车肉骨肉屑一样被倒进泰晤士河里。每次赴约，他都让自己变得狼狈不堪。被戏弄后，他还对福德绘声绘色地描述道：“这两个混蛋仆人就把我像一个滚热的出笼包子似的，向泰晤士河里丢了下去，我简直像一块给铁匠打得通红的马蹄铁，放下水里，连河水都滋啦滋啦地叫起来呢！”②这风趣

① [德]黑格尔：《美学》(第一卷)，朱光潜译，商务印书馆 1979 年版，第 302 页。

② [英]莎士比亚：《温莎的风流娘儿们》，朱生豪译，中国国际广播出版社 2001 年版，第 131 页。

诙谐的述说，表现了福斯塔夫的豁达心态和乐观精神，使戏剧充满了欢乐气氛。角色的语言和行动中，渗透出作家的幽默意识，展现出作品的喜剧风格。莎士比亚构思巧妙，将福斯塔夫的丑态刻画得入木三分，引人捧腹大笑。福斯塔夫被描绘成一个满身恶习、荒淫无耻的人，从这个独特的漫画式的滑稽人物身上，莎士比亚反映出富有生活气息的平民社会的实际状况，也揭露了英国贵族社会中腐朽虚伪的一面。莎士比亚塑造的人物从来不是扁平的、单一的性格。他笔下的人物既有典型特征，又有性格缺陷。哈姆雷特，福斯塔夫都是如此。莫尔根说："作为一个笑料和一个机智的人，一个幽默家和一个滑稽者，一个试金石和一个笑柄，一个小丑和一个被嘲笑的对象，约翰·福斯塔夫爵士，就他一生中我们看见他的那个时期来讲，已成了一个大概从未展示过的最完美的喜剧性格。"①这种最完美的喜剧性格，当然是莎士比亚的高超艺术创作的结果。而高超艺术创作并不天才神奇的结果，在马克思主义看来，是现实主义创作的结果，就人物性格塑造而言，其高明在于成功处理好了人物与环境之间的辩证关系，人物性格艺术地反映了环境的现实状况，环境状况又促进人物性格的形成，彼此之间是相辅相成、有机统一的。

再者，"莎士比亚化"还涉及情节的生动性和丰富性，语言的朴实、生动、富有生活气息等。恩格斯在写给拉萨尔的信中，说到要把"较大的思想深度和意识到的历史内容，同莎士比亚剧作的情节的生动性和丰富性的完美融合"②起来。恩格斯所说的生动性就是非常逼真、引人入胜；所谓丰富性，就是丰富多样、富于变化，不能千篇一律、单一呆板。而这些特征，的确是莎士比亚艺术创作的特色和风格。莎士比亚的戏剧，大多具有多条线索交错、情节曲折、戏中有戏、出奇制胜的特点。例如在《温莎的风流娘儿们》中，恩格斯所称赞的第一幕，就是一幅色彩鲜明的农村风俗画：作为农村特征和农村风貌的农舍、饭馆以及在这种环境中生活的乡绅、牧师、医生、乡村法官以及农村青年男女，等等。他们一出场就把主要情节或线索和盘托出。乡村法官的侄儿和乡村医生同时打算向一个姑娘求婚；福斯泰夫同时写"情书"妄图勾引两个女人。每个人都以各自独特的行动方式，表现出自己独特的个性。乡村法官侄儿的愚蠢，

① 杨周翰编：《莎士比亚评论汇编》(上册)，中国社会科学出版社 1979 年版，第 97 页。

② 《马克思恩格斯选集》(第四卷)，人民出版社 2012 年版，第 440 页。

乡村医生的自负，福斯塔夫的流氓成性，在这里被展现得一览无余。之所以能达到这样的效果，与戏剧的线索交错和情节曲折有关，在交错和曲折之中，鲜活的人物和生动风趣的行动，便在其中活动和出现。而《哈姆莱特》中就有哈姆莱特、雷欧提斯、福丁布拉斯三条复仇线索，多条线索齐头并进，并且做到前后呼应，首尾贯通，形成了波澜起伏和跌宕有致的艺术效果。

此外，莎士比亚是一名杰出的语言大师。一方面，他的作品的语言丰富生动，比喻形象贴切，且富有哲理。比如，《哈姆雷特》一剧中，雷欧提斯警告奥菲利娅要慎重考虑哈姆雷特对她的爱慕和献媚，他描绘并比喻到，“年轻人一时的感情冲动，一朵初春的紫罗兰早熟而易凋，馥郁而不能持久，一分钟的芬芳和喜悦，如此而已”。①这样的描绘很生动，比喻很形象，道理很透彻，没有莎士比亚的语言艺术，我们今天就见不到这个名句了。另外，一些出自剧中人物之口的语言，例如出自哈姆雷特之口的语言，都常常蕴含着深刻的哲理或人生箴言。比如在等待鬼魂的露台上，哈姆雷特和朋友霍拉旭聊天说：“有些人品性上有某些丑恶的瘢痣，或者是天生的——这就不能怪本人，因为天性不能由自己选择，或者是某种脾气发展到反常地步，冲破了理智的约束和防卫，……这些人只要带着上述一种缺点的烙印，……不管其余方面他们是如何圣洁，如何具备一个人所能有的无限美德，由于那点特殊的毛病，在世人的非议中也会感染溃烂；少量的邪恶足以勾销全部高贵的品质，害得人声名狼藉。”②这种描绘加分析再加比喻的语言，既生动，又深入，还形象，自然是莎士比亚的语言才华的见证。

另一方面，剧中的人物，因各自身份和性格的不同，都有自己相应的个性特征和鲜明的语言。比如御前大臣波洛涅斯一开口，就是空洞无物的废话和阿谀奉承的话：“不瞒陛下说，我把我对于我的上帝和我的宽仁厚德的王上的责任，看得跟我的灵魂一样重呢。”③观众一听这话，就知道这是一个曲意逢迎、庸俗饶舌的官僚。当然，随着心境与处境的变化，人物的语言也会发生变化。比如等候父王鬼魂的时候，哈姆雷特的语调抑郁低沉；装疯卖傻时，则断断续续，前言不搭后语；而在斥责母后匆匆改嫁不守贞操时则如疾风骤雨一

---

① ［英］莎士比亚：《哈姆雷特》，朱生豪译，人民文学出版社1977年版，第19页。
② ［英］莎士比亚：《哈姆雷特》，朱生豪译，人民文学出版社1977年版，第25页。
③ ［英］莎士比亚：《哈姆雷特》，朱生豪译，人民文学出版社1977年版，第41页。

般，这些语速、语气或语调等的变化，无不鲜活生动地揭示出人物心理、灵魂、精神等的存在特征和性质。再一方面，作品中的比喻、隐喻、讽刺和双关等手法也被运用得得心应手，能贴近人物的形象，能描绘出性格特点，这也说明，莎士比亚高明的修辞手法，都是为现实主义创作服务的。

综上所述，“莎士比亚化”是马克思、恩格斯对莎士比亚的创作经验和创作特点的概括，是关于现实主义创作方法和创作原则的一个重要概念。对读者和观众来说，这个鲜明生动的表述，使他们在欣赏作品时受到直观的指导；对文艺批评家来说，它又是一个准确而充实的理论归纳，成为分析作家作品的有力武器。这个概念不仅是抽象的归纳，还蕴含着对人物、环境、情节、语言等丰富的分析。在“莎士比亚化”中演绎出艺术审美和艺术创造的实践活动，显示出马克思主义文艺理论的艺术辩证法，是对“席勒式”的否定和批判，那么，什么是“席勒式”呢？

二、“席勒式”

“席勒式”也是马克思、恩格斯于1859年在分别致信给斐南迪·拉萨尔关于他的历史悲剧《济金根》时提出的概念，与“莎士比亚化”互相对应。马克思在信中写道：“这样，你就得更加莎士比亚化，而我认为，你的最大缺点就是席勒式地把个人变成时代精神的单纯的传声筒。”①恩格斯也在信中指出：“古代人的性格描绘在今天已经不够用了，而在这里，我认为您原可以毫无害处地多注意莎士比亚在戏剧发展史上的意义。……我认为，我们不应该为了观念的东西而忘掉现实主义的东西，为了席勒而忘掉莎士比亚……”②如果将“莎士比亚化”概括为现实主义的创作方法和创作原则，那么“席勒式”指的是主观唯心主义的创作方法和创作倾向。所谓“席勒式”，指席勒的部分创作从观念出发，以抽象的观念代替对客观现实的描写、把人物变成时代精神的传声筒的创作倾向。简言之，指从观念出发来表现现实生活的抽象化、概念化的创作倾向。马克思、恩格斯坚决反对“席勒式”的唯心主义创作倾向，坚持辩证唯物主义和历史唯物主义的反映论，认为文艺要以生动具体的审美形态来反映社会生活。

---

① 《马克思恩格斯选集》(第四卷)，人民出版社2012年版，第437页。

② 《马克思恩格斯选集》(第四卷)，人民出版社2012年版，第441—442页。

“席勒式”从本质上说是德国社会的特殊产物，是继席勒之后在德国乃至西欧等国家曾经一度普遍流行的唯心主义创作倾向。“席勒式”的产生有着一定的社会历史原因。首先，德国社会自16世纪以来，封建割据不断，国家处于分裂状态，民不聊生。而资产阶级发展萎靡、缓慢，政治上十分软弱，恩格斯在《反革命在维也纳的胜利》一文中指出，“在法国，资产阶级只是在清除了阻碍本阶级进行统治的一切障碍之后，才以反革命首领的面貌出现。而在德国，资产阶级甚至连自己的公民自由和自己的统治所必需的起码的生存条件都没有来得及取得就卑贱地作了君主专制制度和封建制度的尾巴”。①可见，德国资产阶级无力改变现状，他们在思想观念上就只能向封建旧阶级妥协，在实际行动上则表现为逃离现实、躲进书斋、沉湎于哲学的冥想，将严肃的变革社会的实际要求转化为在理论上的精神追求。这样一来，虽然德国古典哲学出现了高度繁荣的局面，但是德国社会中却由此形成了怯弱狭隘和耽于幻想的心理和风气，这种情况在知识界和学术界特别严重，进而影响到了文艺界。其次，“席勒式”的出现，与席勒所处时代及个人思想追求有着密切联系。席勒生活的年代，德国社会停滞不前，到处乌烟瘴气。正如恩格斯在《德国状况》中描述的那样，“这是一堆正在腐朽和解体的讨厌东西。没有一个人感到舒服。……一切都很糟糕，不满情绪笼罩了全国。……一切都烂透了，动摇了，眼看就要坍塌了，简直没有一线好转的希望，因为这个民族连清除已经死亡了的制度的腐烂尸骸的力量都没有。”②尽管席勒鄙视和厌恶德国社会落后状况，一心想摆脱这丑恶的现实，但他却逃向理想主义之中，导致他后来醉心于康德的唯心主义哲学，他的世界观和人生观跟着发生极大转变，改变世界和实现人生的行动都虚化在思辨哲学的理想王国之中，于是，“席勒式”艺术创作就在这种特殊背景下产生。

拉萨尔是德国工人运动中的机会主义代表，哲学上属于青年黑格尔派。拉萨尔还是席勒的偏爱者，曾经公开宣称：“德国戏剧通过席勒和歌德取得了超越莎士比亚的进步，就在于他们两个，尤其是席勒，首先创造了狭义的历史剧。”③他

① 《马克思恩格斯全集》(第五卷)，人民出版社1958年版，第540—541页。

② 《马克思恩格斯全集》(第二卷)，人民出版社1957年版，第633—634页。

③ [德]拉萨尔：《〈弗兰茨·冯·济金根〉序言》，叶逢植译，人民出版社1976年版，第9—10页。

的历史剧《济金根》就是受“席勒式”创作倾向影响而写成的作品。拉萨尔始终笃信黑格尔的唯心主义历史观,并把唯心主义历史观贯彻到剧本《济金根》的创作中,为了宣扬他的机会主义路线,随意歪曲历史事实,臆造历史人物,马克思和恩格斯针对他的《济金根》这部历史悲剧,严厉批判了他的唯心主义历史观。结合拉萨尔的创作来看,“席勒式”艺术创作主要表现出以下几点:

第一,从观念出发,不惜歪曲历史真实去表现现实生活。

“席勒式”创作体现了唯心主义的创作倾向,他倡导作家不从客观生活出发,而从自我观念出发去概括和反映现实。当观念和生活发生冲突时,用观念来曲解生活。一旦错误观念居于统治地位,作品容易走上违背历史真实的道路。《济金根》取材于16世纪20年代德国历史上的真实事件,即描述以济金根、胡登为首发起的一次反对封建诸侯、僧侣的骑士暴动。但是,拉萨尔在剧本中对这段历史的真实面貌作了歪曲描写。拉萨尔把济金根极力美化为彻底反封建的革命英雄,竭力颂扬贵族骑士的暴动,把农民运动放到附庸地位,把“路德式”的骑士反对派看得高于“闵采尔”式的平民反对派,马克思和恩格斯都指出了他的历史谬误,进而批评了他的错误立场。马克思评论道:“革命中的贵族代表——在他们的统一和自由的口号后面一直隐藏着旧日的皇权和强权的梦想——不应当像你的剧本中那样占去全部注意力,农民和城市革命分子的代表(特别是农民的代表)倒是应当构成十分重要的积极的背景。”①恩格斯也指出,“我认为对非官方的平民分子和农民分子,以及他们的随之而来的理论上的代表人物没有给予应有的注意。”②事实上,济金根等骑士,作为低等贵族,他们根本不是社会变革的中坚力量,他们“一方面使自己变成当代思想的传播者,另一方面又在实际上代表着反动阶级的利益”。③济金根刻意装扮成革命领袖,但并没有打算放弃对农民的封建特权。当时德意志帝国社会各阶层力量可划分为三大阵营:皇帝、诸侯、高级僧侣属于反动派;市民和大量低级贵族属于改良派;农民和城市平民属于革命派。济金根、胡登是没落骑士的代表,属于改良派。在反对封建诸侯统治的斗争中,存在两种国民运动,即骑士暴动和农民运动,而农民运动当时已经达到高潮,农民大众才是主要的革命

① 《马克思恩格斯选集》(第四卷),人民出版社2012年版,第437页。
② 《马克思恩格斯选集》(第四卷),人民出版社2012年版,第442页。
③ 《马克思恩格斯选集》(第四卷),人民出版社2012年版,第436—437页。

阶级和推动反封建斗争的主要力量。骑士阶级是落后的、垂死的阶级,他们不能承担改变当时德国封建制度的重任。拉萨尔对骑士精神及其本质有着错误认识,而骑士精神的目的是要在当时的德意志帝国建立贵族民主制,这样就能保障骑士的利益,然而在十六世纪的德意志帝国这是不可能的,恩格斯在《德国农民战争》中就有着精彩而深刻的论述:

> 建立在农奴制为基础的贵族民主制,例如波兰的贵族民主制,又例如被日耳曼人占领的各帝国在最初几个世纪里实行的形式略有不同的贵族民主制,都是属于最原始的社会形式中的一种形式,后来都自然地发展成为完备的封建等级制度,而封建等级制度显然已经是更高的阶段了。所以,要建立纯粹的贵族民主制,在16世纪的德国是不可能的。贵族民主制已经不可能建立,因为当时在德国已经有了一些有影响的、强大的城市。另一方面,也不可能建立像英国那种使封建等级君主制转变成资产阶级立宪君主制的下层贵族同城市的联盟。在德国,旧贵族都保存下来了;……在德国,农奴制依然存在,贵族的收入来源是封建性的;在英国,农奴制几乎完全废除了,贵族就是单纯的资产阶级地主,其收入来源是资产阶级性的:地租。最后,专制君主制的中央集权制,在法国路易十一以来就由于贵族同市民阶级之间的对立而产生并且日臻完备,但这种中央集权制在德国则行不通,因为在德国,实施全国性中央集权制的条件尚未具备,或者极不完备。①

可见,拉萨尔在这个历史悲剧创作中,歪曲了历史真相,美化了骑士英雄,从他的唯心主义主观愿望出发,属于典型的观念先行,脱离实际,导致艺术失真。在探究济金根悲剧根源问题时,拉萨尔认为,《济金根》的悲剧冲突是,“构成革命的力量和狂热的思辨观念与表现上十分狡智的有限的理性之间,看起来似乎存在着某种不可解决的矛盾。”②他把济金根覆灭的原因归结为外交手段的“狡智”,在马克思和恩格斯看来,济金根失败的真正根源是,“他的覆灭是

① 《马克思恩格斯文集》(第二卷),人民出版社2009年版,第273页。
② 《马克思恩格斯论艺术》(第一卷),中国社会科学出版社1982年版,第15页。

因为他作为骑士和作为垂死阶级的代表起来反对现存制度，或者说得更确切些，反对现存制度的新形式”。[①]济金根以骑士纷争的方式发起暴动，他们打着反对封建诸侯统治、统一德意志帝国的口号，表面上与农民运动的要求是一致的。但是，“在他们的统一和自由的口号后面一直还隐藏着旧日的皇权和强权的梦想”。[②]济金根最根本的目的是企图恢复贵族民主制。正如恩格斯曾在《德国农民战争》中指出，贵族民主制在16世纪的德国是不可能的事。济金根妄图恢复贵族民主制，这是一种历史倒退行为，是与历史进程相违背的幻想，根本不可能实现。恩格斯从骑士与国民大众的实质关系来分析济金根悲剧的根源，以此来反驳拉萨尔的观点。“而贵族的国民革命只有同城市和农民结成联盟，特别是同后者结成联盟才能实现。据我看来，悲剧的因素正是在于：同农民结成联盟这个基本条件不可能出现，因此贵族的政策必然是无足轻重的；当贵族想取得国民运动的领导权的时候，国民大众即农民，就起来反对他们的领导，于是他们就不可避免地要垮台。……在我看来，这就构成了历史的必然要求和这个要求的实际上不可能实现之间的悲剧性的冲突。”[③]济金根要想取得成功，就必须联合农民。但是，济金根所代表的贵族阶级与农民阶级存在不可调和的矛盾，他们没有打算废除农奴制，一直靠压榨和剥削农民获得收入，不可能同农民阶级建立可靠的联盟关系。一旦他们选择孤军奋战，失败就成为必然。拉萨尔认为济金根的悲剧冲突是“革命目的”和“策略手段”的矛盾，导致济金根失败的原因是主人公性格上的缺陷，很显然这是他错误的唯心主义历史观在作祟，片面夸大个人在历史中的作用。而马克思和恩格斯却是从阶级本性和阶级地位来揭示济金根失败的根源。济金根之所以采取“迂回的斗争策略”，不是因为他性格上的狡诈，而是由他的阶级本性决定的。马克思在回应这个问题时说道：“如果他以另外的方式发动叛乱，他就必须在一开始发动的时候直接诉诸城市和农民，就是说，正好要诉诸那些本身的发展就等于否定骑士制度的阶级。”[④]拉萨尔从唯心主义观念出发，严重歪曲德国历史上社会真实状况，夸大了骑士暴动的历史作用，就此，马克思和恩格斯批判了拉萨尔的唯心主义创作观，以客观事实为依据，从阶级分析中去探求历史真相，

①④ 《马克思恩格斯选集》(第四卷)，人民出版社2012年版，第436页。

② 《马克思恩格斯选集》(第四卷)，人民出版社2012年版，第437页。

③ 《马克思恩格斯选集》(第四卷)，人民出版社2012年版，第443页。

以此来确立历史悲剧的艺术效果，为我们如何站在历史唯物主义立场上分析艺术形象树立了典范。

第二，把人物变成时代精神的传声筒，人物塑造呈现理想化、抽象化、概念化的特点。

从剧本中对济金根和胡登两位主要人物形象的塑造上看，拉萨尔忽视了人物的个性化，使人物成为抽象化、概念化的简单图解。拉萨尔将济金根美化成一个自命不凡、空前绝后的民族英雄，不惜笔墨把他描摹得伟岸、崇高，具有高度责任感和使命感。济金根在农民心中具有强大号召力，人们把他当作救世主一样称颂。但因为过度赞美和颂扬往往使人物显得不够真实可信，导致济金根的言行举止与他的骑士身份不相符合，脱离了历史实际。济金根成为脱离现实的理想化形象，从这里可以看出，拉萨尔明显受到了席勒的影响，过于理想化，乃至趋近完美。席勒所创作的历史剧《唐·卡洛斯》中的人物波萨侯爵，是一个性格近乎完美无缺的形象：心灵高尚仁慈，痛恨封建专制，一心想拯救受到封建暴政压迫的民众。但这样一种完美的形象与他作为深得宠任的侯爵身份和状况不符，仿佛是作者席勒把美好的人格品质强加在人物身上。波萨不是一个血肉丰满和个性鲜明的人物，而只是一个充满理想主义色彩的符号。济金根的形象亦是如此，与他所生活的社会处境相脱离，成为拉萨尔主观精神的抽象化载体。拉萨尔曾谈到剧本《济金根》时说："在这样一出悲剧中，问题不再是关于个人，他只不过是这种普遍精神的最深刻的对抗性矛盾的代表和化身罢了。"[①]拉萨尔甚至认为，作家有权利"把那个时代所有的精神的光芒好像集中在一个焦点上似的集中在自己的主人公身上，赋予他那个时代才可能有的最高意识(哪怕是他实际上没有这种意识)。"[②]由此可见，济金根成了拉萨尔政治理想和完美人格的化身，而不是一个栩栩如生的人物形象和个性鲜明的艺术典型。马克思评价拉萨尔的剧本《济金根》时说："……你最大的缺点就是席勒式地把个人变成时代精神的传声筒。……在人物个性描写方面看不到什么特色，……甚至你的济金根——顺便说一句，他也被描写的太抽象了——也是十分苦于不以他的一切个人打算为转移的冲突，这可以从下面

① [德]拉萨尔：《〈弗兰茨·冯·济金根〉序言》，叶逢植译，人民出版社1976年版，第11页。
② 《马克思恩格斯论艺术》(第一卷)，中国社会科学出版社1982年版，第42页。

一点看出来：他一方面不得不向他的骑士宣传城市友好等，另一方面他自己又乐于在城市中施行强权司法。”①显然，拉萨尔割断了济金根与他的现实生活处境之间的内在联系，忽视人物的阶级属性，把主观观念和主观意图强加在济金根身上，济金根成了时代精神单纯的传声筒。相比较而言，马克思、恩格斯赞成歌德在创作历史剧《葛兹·冯·伯利欣根》的做法，同时肯定了葛兹这个艺术形象。葛兹同样是一个反封建的没落骑士，拥护皇权，不从根本上反对封建制度，歌德忠于历史事实，没有像拉萨尔那样把葛兹写成一个革命领袖，如实地反映了葛兹与农民之间的矛盾，将艺术真实和历史真实统一，使其成为一个艺术典型。

《济金根》剧本中另一个主要人物胡登，马克思评价说：“照我看来，胡登过多地一味表现‘兴高采烈’，这是令人厌倦的。他不也是个聪明人，机灵鬼吗？因此你对他不是很不公平吗？”②在马克思看来，胡登的乐观饱满的情绪不是通过刻画他的性格表现出来，而是作者拉萨尔强行地附加给他的，因而是不符合这个人物的个性形象的，对这个人物就不公平了。拉萨尔不顾人物性格发展逻辑，歪曲生活真相和乱画人物形象以套进他的观念框框，这是不正确的创作方法。歌德在谈到他和席勒的创作方法不同时提到，“诗人究竟是以一般而找特殊，还是在特殊中显示出一般，这中间有很大的分别”。③从特殊中找一般，是歌德的创作方法；而从一般找特殊，就是拉萨尔的概念化的创作方法。济金根和胡登都成为概念的符号，成为抽象化的人物。为了克服概念化和抽象化创作方法，马克思主义文艺方法论认为在人物塑造上应该对“有代表性的性格作出卓越的个性刻画”。④恩格斯在谈到人物形象塑造时，甚至明确指出：“我觉得刻画一个人物不仅应表现他做什么，而且应表现他怎样做。”⑤人物怎么做的问题，实质上是作家如何精心刻画形象和成功塑造人物的问题，马克思主义文艺方法论强调对人物的个性做细致刻画，还要注意把人物同现实环境联系起来，注意把他们放到现实矛盾冲突中去加以展现，如此才能塑造出惟妙惟肖、栩栩如生的艺术形象，给读者和观众以艺术美感的享受。

---

①② 《马克思恩格斯选集》(第四卷)，人民出版社 2012 年版，第 437 页。

③ [德]歌德：《关于艺术的格言与感想》(下卷)，人民文学出版社 1979 年版，第 416 页。

④⑤ 《马克思恩格斯选集》(第四卷)，人民出版社 2012 年版，第 441 页。

第三，作品充塞着大段议论和空洞说教，借人物之口狂热宣传作家的政治理想和社会观点。《济金根》剧本中有许多抽象议论和论辩性的台词，借由剧中人物之口慷慨激昂地讲述出来，这实质上是作家把自己的政治立场和思想见解直接表露出来了。恩格斯在对拉萨尔关于《济金根》剧本的信中建议道，“但是还应该改进的是，要更多地通过剧情本身的进程使这些动机生动地、积极地，所谓自然而然地表现出来，而使那些论证性的辩论逐渐成为不必要的东西。”①恩格斯看出，剧中的这些抽象议论和滔滔不绝的辩论等，实际上成为一种空洞枯燥的说教，应该要纠正过来。之后的 1885 年 11 月恩格斯在《致明娜·考茨基》的信中，针对什么是社会主义倾向的小说进一步指出：“可是我认为，倾向应当从场面和情节中自然而然地流露出来，而无须特别把它指点出来；同时我认为，作家不必把他所描写的社会冲突的历史的未来的解决办法硬塞给读者。”②作者的政治立场和思想见解不应以直接的方式和裸露的形态表现出来，这样的做法是很笨拙的和不高明的，而应通过人物的行动和演剧的故事等，自然而然地流露出来，否则会失去艺术吸引力和审美感染力，也就丧失了文艺影响力。

其实，就拉萨尔的剧本《济金根》，恩格斯还曾担心它是否能顺利上演，因为无论是马克思还是恩格斯，所读到的只是《济金根》的文学剧本，而不是舞台脚本。事实上，在 1858 年春，当拉萨尔完成了《济金根》并匿名发表之后，柏林皇家剧院拒绝上演这部戏剧，1859 年春他就将它以文学剧本发表。可见，柏林皇家剧院拒绝上演不太可能是因为作者的原因，而可能是剧本的舞台上演问题。这正如恩格斯对他所忠告的：“在韵律方面您确实处理得比较随意，而这给阅读时带来的麻烦比给上演时带来的麻烦还要大。我很想读一读舞台脚本；就眼前的这个剧本来看，它肯定是不能上演的。”③显然，拉萨尔为了表现他的雄辩艺术和卓越口才，大量运用韵律以达到抑扬顿挫的朗诵效果，但他完全没有考虑到舞台效果，例如演员如何去掌握这些复杂的韵律？观众如何保持长久的聆听注意力？拉萨尔已经混淆了戏剧演出与政治宣传之间的区别，他把自己曾有的法庭辩护和集会演说的经验和技巧简单而直接地套用到戏剧

① 《马克思恩格斯选集》(第四卷)，人民出版社 2012 年版，第 440 页。
② 《马克思恩格斯选集》(第四卷)，人民出版社 2012 年版，第 579 页。
③ 《马克思恩格斯选集》(第四卷)，人民出版社 2012 年版，第 439—440 页。

创作之中，这是很不高明的做法。也正如恩格斯在《致明娜·考茨基》的信中所提醒的："如果一部具有社会主义倾向的小说，通过对现实关系的真实描写，来打破关于这些关系的流行的传统幻想，动摇资产阶级的乐观主义，不可避免地引起对于现存事物的永恒性的怀疑，那么，即使作者没有直接提出任何解决办法，甚至有时并没有明确地表明自己的立场，但我认为这部小说也完全完成了自己的使命。"①以此类推，一部历史悲剧也达到了这样的效果，即使作者没有直接提出任何解决办法，甚至有时并没有明确地表明自己的立场，这部历史悲剧也完全完成了自己的使命。遗憾的是，《济金根》的效果却适得其反，作者拉萨尔直接提出了解决办法，明确表明了自己的立场，这一切根因，归结为他对"席勒式"的推崇和效法。

综上所述，"席勒式"是一种唯心主义的创作方法和创作倾向。它的主要特征是从主观观念出发去描绘现实生活，在内容上歪曲历史真相，脱离现实生活的实际。在人物塑造上缺乏鲜活性、生动性和丰富性，把人物变成时代精神单纯的传声筒，使艺术形象呈现为抽象化、模式化、概念化的特征。在语言上则用抽象议论代替生动描述，大大降低了作品的艺术感染力。因而，"席勒式"作为一种违背艺术创作规律的不良的创作倾向，是马克思主义文艺方法论所批判的对象。马克思主义文艺方法论提倡从历史的客观实际出发，正确认识和反映客观生活，以文艺作品中所塑造的鲜明、丰富、生动的艺术形象，以曲折冲突的故事情节和鲜活明快的艺术语言，通过审美感受，形成不可替代的艺术之美，成为艺术经典。

第三节 马克思主义文艺批评方法论

从前沿与经典角度来看，马克思主义文艺批评方法论可分为跨学科的批评方法论与美学和史学的批评标准。前者实质上是一个更大的范畴，将后者包含在内。由于学科的发展和知识累积，跨学科的批评方法论成为一种迅猛之势，促使了马克思主义文艺批评方法论的创新，如文学与宗教跨学科批评方法论、艺术与人类学的跨学科批评方法论等。但就经典的马克思主义文艺批

① 《马克思恩格斯选集》(第四卷)，人民出版社 2012 年版，第 579 页。

评方法论而言，美学和史学的批评标准，实质上也是一种批评方法，是学习马克思主义文艺理论的必修课。

一、跨学科的批评方法论

跨学科的批评，在马克思主义之中是早已存在的。马克思主义当然是一个博大深厚的知识体系，其中包含了哲学、文学、艺术学、历史学、宗教学、政治学、法学、经济学、社会学等知识。既然已经存在这个知识体系和这些知识学科，那么进行跨学科的批判就已经具备了客观的条件。就马克思本人来说，用文学或艺术学知识来支撑马克思主义理论的思想大厦，是常有的事情并且贯穿着他的一生。“……随着他自己的 Weltanschauung〔世界观〕逐步从早期的黑格尔和费尔巴哈混合物中演变出来，他就开始借助文学来证实和提出他的新观点；他认为，在文学或其他艺术中不取得一个牢固的杰出的地位，他在成熟时期要形成一个完整的体系是不可能的；晚年的马克思则经常从文学作品中寻找精神上的支持、游戏的材料、论战的弹药。”①也许，游戏看似是玩乐的，但何尝不是与政治斗争和社会批判等有着联系呢？正如梅林所记：“马克思把欣赏文学当作精神上的休息。在他整个一生中，文学始终是他的一种慰藉。……他始终是古希腊作家的忠实读者，而他恨不得把当时那些教唆工人去反对古典文化的卑鄙小人挥鞭赶出学术的殿堂。”②显然，文学上的这些游戏的材料，对马克思来说并不是一种纯粹的为休息而娱乐的材料，它们实质上服务于马克思的哲学、政治学、历史学、宗教学、经济学、社会学等的研究，也就具有跨学科研究的意义，彰显跨学科批评的方法特色：其他学科知识作为支撑的多样性，以及超越狭隘思想作为辩论材料的丰富性。

马克思自己在跨学科研究上的一个突出贡献，就是系统研究并撰写出了巨著《政治经济学批判》，尽管它可被认为是经济学的研究，但最少也涉及政治学的研究，而实际情况远不致如此。正如他在《〈政治经济学批判〉序言》中所交代的：“我学的专业本是法律，但我只是把它排在哲学和历史之次当做辅助学科来研究。……伦敦对于考察资本主义社会是一个方便的地方，最后，随着

---

① ［英］希·萨·柏拉威尔：《马克思与世界文学》，梅邵武、苏邵亨、傅惟慈、董乐山译，北京：生活·读书·新知三联书店 1980 年版，第 537 页。

② ［德］弗·梅林：《马克思传》(下)，樊集译，持平校，人民出版社 1965 年版，第 641 页。

加利福尼亚和澳大利亚金矿的发现，资产阶级社会看来进入了新的发展阶段，这一切决定我再从头开始，批判地仔细钻研新的材料。这些研究一部分要涉及似乎完全属于本题之外的学科，……我以上简短地叙述了自己在政治经济学领域进行研究的经过，这只是要证明，我的见解，不管人们对它怎样评论，不管它多么不合乎统治阶级的自私的偏见，却是多年诚实研究的结果。但是在科学的入口处，正像在地狱的入口处一样，必须提出这样的要求：'这里必须根绝一切犹豫；这里任何怯懦都无济于事。'"①可见，为了研究政治经济学，马克思运用了政治学、经济学、哲学、历史、法学、社会学和矿产学等知识，然而最有趣的是他在序言的结尾处所引用的诗句，是选自但丁的《神曲·地狱篇》。他用这个文学的材料，一来要鼓舞自己的勇气，二来要彰显自己科学研究的实证性和可靠性，也诚如他所说，"我把已经起草的一篇总的导言压下了，因为仔细想来，我觉得预先说出正要证明的结论总是有妨害的，读者如果真想跟着我走，就要下定决心，从个别上升到一般。不过在这里倒不妨谈一下我自己研究政治经济学的经过。"②所谓总的导言就是《政治经济学批判》著作的导言，在这里，马克思并不急于要告诉读者在导言里得出了什么结论，关键是他要读者明白他是怎么去研究政治经济学的。而我们现在明白了，他研究政治经济学的经过，实质上是运用跨学科批判的方法，综合而得出结论的过程。

在马克思的跨学科研究之中，除了政治经济学研究，特别耀眼而丰富的是文学与宗教学的跨学科研究，遗憾的是，马克思自己并没有去总结文学宗教学研究，其原因是复杂的，而其结果却是实在的，如此，对我们来说，马克思的文学宗教学跨学科成果及其意义才是重要的。当然，这个问题并不是一个纯粹的理论问题，而更是一个具体的学术关联问题。毫无疑问，马克思在文学和宗教学方面都有许多论述，特别是在后者，几乎在马克思的许多学术论述中都出现。我们现在可以发现的一个跨学科关联是：马克思的宗教批判与文学情感之间有着密切的联系。"马克思的宗教批判常是与其文学情感融合在一起的，以文学的爱恨情感来痛斥教会等组织的黑暗；以文学的审美情感来贬斥宗教意识形态的虚假性，以文学的激情来冲破宗教历史唯心主义的藩篱，由此构成

---

① 《马克思恩格斯选集》(第二卷)，人民出版社 2012 年版，第 1—5 页。

② 《马克思恩格斯选集》(第二卷)，人民出版社 2012 年版，第 1 页。

了马克思宗教批判的比较文学跨学科研究的新内涵，对研究马克思的宗教观也构成了一种新的视角和新方法。”①如此，对马克思的宗教观的新视角和新方法，则可以从其文学宗教学的跨学科批评来分析和探究，而这样的实例是丰富而又有说服力的。

在以文学的爱恨情感来痛斥教会等组织的黑暗方面，马克思常采用抒情的方式，甚至表演的方式来批判宗教的某些黑暗现象。如他在《〈黑格尔法哲学批判〉导言》中所抒发爱恨情感，“对宗教的批判最后归结为人是人的最高本质这样一个学说，从而也归结为这样的绝对命令：必须推翻那些使人成为被侮辱、被奴役、被遗弃和被蔑视的东西的一切关系，一个法国人对草拟中的养犬税所发出的呼声，再恰当不过地刻画了这种关系，他说：‘可怜的狗啊！人家要把你们当人看哪！’”②“被侮辱、被奴役、被遗弃和被蔑视”是四个排比，连贯推进，气势起伏，情感强烈，这是典型的抒情修辞方法，但却是用于对宗教的批判。而模仿那个法国人口吻所说的话，滑稽可笑，幽默风趣，仿佛是在进行喜剧的表演，造成一种演戏的生动逼真效果。《反宗教运动——海德公园的示威》一文，记录了1855年6月25日爆发于伦敦海德公园的示威游行，工人和民众抗议《啤酒法案》和《禁止星期天贸易法案》，英国教会却和垄断大资本家勾结而支持法案，马克思奋笔抒写道：“十八世纪的法国贵族说过，伏尔泰，给我们；弥撒和十一税，给人民。十九世纪的英国贵族说过，信奉上帝的话，由我们来说；执行上帝意志的事，由人民去做。基督教的古圣先贤为了拯救世人的灵魂而羞辱了自己的肉体，而当今有教养的圣者为了拯救自己的灵魂而羞辱(mortifies)民众的肉体。”③转引法国贵族和英国贵族的话，只是为了归结出他们共同的信教本质，劝导民众是虚，鱼肉人民是实；倡导博爱是假，从中剥削是真。而对比贵族和民众，前者制造骗人的思想，后者创造养人的收入；前者说空话，后者做实事。马克思通过运用转引和对比的修辞方法，抒发了对教会不仁不义行径的痛恨与批判。

在以文学的审美情感来贬斥宗教意识形态的虚假性方面，马克思和恩格

---

① 李志雄：《基于马克思及其文化的文学研究》，河南大学出版社2017年版，第138页。

② 《马克思恩格斯选集》(第一卷)，人民出版社2012年版，第10页。

③ Karl Marx, Anti-Church Movement—Demonstration in Hyde Park In *K. Marx and F. Engels On Religion*, Moscow: Progress Publishers 1957, p.114.

斯在《神圣家族》中，以玛丽花这位命运凄惨的妓女为例，分析了她被教士感化、悔悟“罪孽”、皈依上帝、当上修道院院长而死去的历程，论证出基督教虚假意识形态对牺牲玛丽花这类女性的阴险性和残酷性。“修道院的生活不适应于玛丽的个性，结果她死了。基督教的信仰只能在想象中给她慰藉，或者说，她的基督教慰藉正是她的现实生活和现实本质的消灭，即她的死。鲁道夫就这样先把玛丽花变成悔悟的罪女，再把她由悔悟的罪女变成修女，最后把她由修女变为死尸。”①玛丽花的最可怜之处，在于至死都不明白她自己就是为基督教服务的真正牺牲品。她被诱导和被欺骗的实质，从她的“罪女—修女—死尸”三个阶段足以说明，也深刻地批判鲁道夫之类的信徒，作为玛丽花的亲生父亲，最终还是将女儿诱骗至死。这类温馨的诱导和温和的欺骗，是基督教虚假意识形态的伪善本质的外表，其内在的残酷和恶毒是令人发指的，马克思和恩格斯通过小说中人物命运的分析，以饱满的审美情感，抒发对美好人生和理想社会向往。此外，马克思善于描绘反动教士嘴脸来揭示其本质，凸显文学审美批判的张力。在《莱茵观察家的共产主义》一文中，为了揭露马格德堡的国教顾问海·瓦盖纳的反动宣传，即普鲁士政府通过宣传封建的社会主义和基督教的社会主义来误导民众，从而使他们不去反对专制制度。马克思描绘道，“请注意，在国教顾问梳得溜光的头顶上开始露出狐狸耳朵来了。‘议会认为极端重要的问题是有关原则的问题。’这条博爱的毒蛇多么圣洁啊！”②溜光的头顶形象，生动说明国教顾问被普鲁士政府豢养的实质；狐狸耳朵露出，形象说明他狡猾骗人的本性；博爱的毒蛇是圣洁的，强烈暗示他的伎俩会被民众识破。

在以文学的激情来冲破宗教历史唯心主义的藩篱方面，马克思善于从历史唯物主义哲学来批判宗教哲学的本质，在《〈黑格尔法哲学批判〉导言》中，他指出，“反宗教的批判的根据是：人创造了宗教，而不是宗教创造人。……宗教是人的本质在幻想中的实现，因为人的本质不具有真正的现实性。……宗教是人民的鸦片。……对宗教的批判就是对苦难尘世——宗教是它的神圣光环——的批判的胚芽。这种批判撕碎锁链上那些虚构的花朵，不是要人依旧戴上没有幻想没有慰藉的锁链，而是要人扔掉它，采摘新鲜的花朵。……宗教

① 《马克思恩格斯全集》(第二卷)，人民出版社1957年版，第224—225页。
② 《马克思恩格斯全集》(第四卷)，人民出版社1958年版，第213页。

只是虚幻的太阳,当人没有围绕自身转动的时候,它总是围绕着人转动。”①他从三种关联来展开对宗教本质的批判:第一是宗教与人的关联,宗教把人的本质在幻想中实现,但并没有真正实现。第二是宗教与世界的关联,宗教只是对苦难尘世的扭曲的反映,看起来神圣光荣,但实质上没有解决苦难。第三是宗教与真理的关联,宗教是一种颠倒的世界观,阻碍了人们对真理的正确认识,成为谬误认识的温床。当然,马克思批判所具体针对的宗教是基督教,但他并不是一般性地抽象批判,而是结合资本主义时期社会生产的现实,揭示了基督教与资本主义的合谋互助的隐秘事实。在《资本论》中马克思这样精彩的论述:“在商品生产者的社会里,一般的社会生产关系是这样的:生产者把他们的产品当做商品,从而当做价值来对待,而且通过这种物的形式,把他们的私人劳动当做等同的人类劳动来互相发生关系。对于这种社会来说,崇拜抽象人的基督教,特别是资产阶级发展阶段的基督教,如新教、自然神教等等,是最适当的宗教形式。”②新教、自然神教在资本主义发展阶段成为最恰当的宗教形式,秘密在于它能满足商品交易和资本主义私有制的需要,抽象的人成为可作商品交易的一个符号,而这在古代和中世纪是不行的,那时生产力不能支持这样的商品交易。

很显然,马克思和恩格斯在文学与哲学、历史学、政治学、社会学、法学乃至经济学等方面都有跨学科的研究。同样,在艺术学与文学与哲学、历史学、政治学、社会学、法学乃至经济学等方面也有跨学科的研究,如在《德意志意识形态》中,就有对拉斐尔等的绘画艺术成就的论述,这种论述是在哲学和社会学的语境中予以开展的。而后来的被称为西方马克思主义文艺理论家和批评家的布洛赫和阿多诺等,在哲学和社会学的语境中对音乐进行了跨学科的研究,毋庸置疑的是,马克思主义有着丰富而充足的文艺跨学科批评研究。通过以上的分析我们可以知道,马克思主义文艺跨学科批评作为方法论,其特色是鲜明的。其一,从方法的形态来说,丰富多样,但以史学的和美学的观点为普遍联系线索。马克思主义中包含了哲学、史学、宗教学、政治学、法学和社会学的丰富的知识,文艺与它们的跨学科批评的方法,自然是丰富多样的。然则,

① 《马克思恩格斯选集》(第一卷),人民出版社 2012 年版,第 1—2 页。

② 《马克思恩格斯选集》(第二卷),人民出版社 2012 年版,第 127 页。

马克思主义文艺方法论是要受到马克思主义文艺理论指导的，而马克思主义文艺理论，最主要的是涉及人类社会的文艺理论，从哲学上就是历史唯物主义，从文学和艺术学上就是美学理论，故而要以史学和美学观点为普遍联系线索。其二，从方法的运用来说，综合多用，但要以灵活处理和具体运用为手段，不能以僵化地处理和机械地运用。马克思主义文艺跨学科批评，涉及文学和艺术，与其他众多学科之间的交流和合作等等，所面临的问题是什么，所涉及的处境怎样的，这就要求我们予以灵活处理。而出现这些问题的时间、地点、人物和条件可能都不是一概被设定好的，这就要求我们对之进行具体运用。其三，从方法的功用来说，影响多面，但要以服务于文艺实践和社会变革为宗旨。马克思主义文艺跨学科批评作为方法，具有论证、说明、分析、参照、启发等多种功用。但其马克思主义文艺理论之特色，在于其是实践的方法论，它要能为文艺创作、文艺接受和文艺批评等实践活动服务，否则其功用无有归宿。此外，马克思主义世界观，其意义不仅在于能使人们去认识世界，而且关键在于能使人们去改造世界。受马克思主义世界观所指导的马克思主义文艺方法论，在文艺跨学科批评上，关键是能为社会变革服务，尽管也能在改造客观世界和人类心灵上起到作用。但马克思主义所认定的人的本质，是一切社会关系的总和的人的本质，因而能为社会变革服务是要旨。文艺跨学科批评方法，换言之也是文艺批评的标准，标准有高低，为什么说“美学的和史学的观点”是马克思主义文艺批评的最高标准呢？

二、美学和史学观点的批评标准

马克思和恩格斯把“美学的和史学的观点”作为马克思主义文艺批评的最高标准和理论原则，并在以后的批评实践中，基本上按照这样的批评标准和方法来评价作家作品和判断文学现象。关于“美学和史学的观点”，1847 年，恩格斯在一篇题为《卡尔·格恩律“从人的观点论歌德”》的评论中，针对德国小资产阶级政论家，“真正的社会主义”主要代表卡尔·格尔律（1817—1887）从抽象的人的观点来评价歌德的错误倾向，明确指出，“我们决不是从道德的、党派的观点来责备歌德，而只是从美学和历史的观点来责备他；我们并不是用道德的、政治的、或‘人的’尺度来衡量他。”①所谓“真正的社会主义”是 19 世纪中

① 《马克思恩格斯全集》（第四卷），人民出版社 1958 年版，第 257 页。

叶诞生于德国的一个小资产阶级思想派别，实质上是空想社会主义、黑格尔思辨哲学和费尔巴哈的人本主义的大杂烩，在文艺创作和批评中，狂热地鼓吹和讴歌抽象的人和普遍的爱。对歌德这样伟大的作家和诗人，他们脱离具体的历史处境，抛弃艺术审美情境，以狭隘的道德、政治观点，或抽象的人的标准，来判断歌德及其文学成就，这当然是错误的。1859 年，恩格斯在写给拉萨尔的关于评论历史悲剧《济金根》的信中，再次郑重提出："我是从美学观点和史学观点，以非常高的亦即最高的标准来衡量您的作品的，而且我必须这样做才能提出一些反对意见，这对您来说正是我推崇这篇作品的最好证明。"①在恩格斯看来，拉萨尔在创作这个历史悲剧时，还没有从艺术审美的发生情境和历史求真的检验实境，来提高作品的艺术效果。马克思在评论剧本《济金根》时，同样做出了犀利而深刻的文学批评见解。他在谈论剧本的缺点时说道："这纯粹是形式问题，既然你用韵文写，你本来可以把你的韵律安排得更有艺术些。……革命中的贵族代表——在他们的统一和自由的口号后面一直还隐藏着旧日的皇权和强权的梦想——不应当像你在剧本中那样占去全部的注意力，农民和城市革命分子的代表(特别是农民的代表)倒是应当构成十分重要的积极的背景。这样，你就能够在更高得多的程度上用最朴素的形式恰恰把最现代的思想表现出来，而现在除宗教自由以外，实际上，市民的统一就是你的主要思想。"②这里，马克思是从形式和内容两个方面来说的，"韵律安排"体现出美感节奏，彰显出审美情感体验，这是从美学观点来看的。"最现代的思想"属于历史要求，即反映出"市民的统一"，可惜的是拉萨尔把它全放到"宗教自由"上去了，歪曲了历史真相，导致文艺作品不能正确揭示社会历史的客观真实性。可见，马克思恩格斯都强调从"美学和史学的观点"来创作、分析、批评文艺作品，这也成为马克思主义经典作家一贯坚持的文艺批评标准和方法。

所谓"美学的观点"，即从艺术方面来考察作家作品，要求在文艺批评中注重文艺作品的审美特性和审美规律，包括重视作家的创作个性和审美体验，重视文学作品的艺术形象、情节结构、表达技巧和语言特色等，旨在从深层次来把握文学作品的审美意蕴和美学价值。文艺创作是一种特殊的精神生产活

---

① 《马克思恩格斯选集》(第四卷)，人民出版社 2012 年版，第 443 页。

② 《马克思恩格斯选集》(第四卷)，人民出版社 2012 年版，第 435—437 页。

动,需要“按照美的规律来构造”。诚如马克思在《1844 年经济学哲学手稿》所论中,“动物只按照它所属的那个种的尺度和需要来构造,而人懂得按照任何一个种的尺度来进行生产,并且懂得处处把固有尺度运用于对象;因此,人也按照美的规律来构造”。①关于“美的规律”问题,必然牵涉审美对象和审美主体的相互关系。马克思认为:“对象如何对他来说成为他的对象,这取决于对象的性质以及与之相适应的本质力量的性质;……每一种本质力量的独特性,恰好就是这种本质力量的独特的本质,因而也是它的对象化的独特方式,它的对象性的、现实的、活生生的存在的独特方式。……只有音乐才激起人的音乐感;对于没有音乐感的耳朵来说,最美的音乐也毫无意义,不是对象,……只是由于人的本质客观地展开的丰富性,主体的、人的感觉的丰富性,如有音乐感的耳朵,能感受形式美的眼睛,总之,那些能成为人享受的感觉,即确证自己是人的本质力量的感觉,才一部分发展起来,才一部分产生出来。”②在此,马克思具体而深刻地揭示了审美对象和审美主体之间的辩证关系,即审美对象的性质和状况,与审美主体的感觉和能力,这两方面是相互统一的和相互促进的,而动物在这个方面则没有达到这个水准,因而是不能按照“美的规律”来构造的。但即使是人,不依据审美对象的性质和状况,不丰富审美感觉和不提升审美能力,也就没有把自身作为审美主体,那也不能按照美的规律来构造,因而在马克思主义文艺方法论中,审美对象和审美主体的辩证统一的。

就审美对象而言,在文艺创作中就要注重艺术形象的塑造,要塑造出生动形象、血肉丰满的典型人物,反对把人物形象抽象化和概念化的创作方法。法国小说家欧·仁苏的长篇小说《巴黎的秘密》以青年黑格尔派的思辨哲学为理论基础,系统宣扬了宗教救赎学说及其解放人类的权威,极度夸大了思辨哲学改造世界的伟力,受到“青年黑格尔派”一味地颂扬和吹捧。马克思和恩格斯对此进行了全面揭露和深刻批判。作者欧仁·苏按照头脑中思辨哲学的原则和虚幻的观念来塑造小说人物,导致小说中的人物成为思辨哲学的代言人。“在鲁道夫看来,所有的人不是持善的观点,就是持恶的观点,并且对所有的人都要按照这两个不变的观念来进行评价;同样,在鲍威尔先生及其伙伴看来,

① 《马克思恩格斯选集》(第一卷),人民出版社 2012 年版,第 57 页。
② 《马克思恩格斯文集》(第一卷),人民出版社 2009 年版,第 191 页。

所有的人不是持批判的观点，就是持群众的观点。但是鲁道夫和鲍威尔及其伙伴都把现实的人变成了抽象的观点。”①鲁道夫是《巴黎的秘密》中的主人公，德国一个小封建王公盖罗尔斯坦公爵的儿子，早年过着骄奢淫逸的生活，中年后转变为道德家，开设“平民银行”和创办“模范农场”，以此来拯救社会贫困，小说主要叙述他在巴黎的活动。而布鲁诺·鲍威尔（1809—1882），是德国唯心主义哲学家、宗教和历史研究者，青年黑格尔派的重要理论家，自我意识哲学的代表。鲁道夫通过自己的行动，不但找到了自己的女儿——玛丽花，而且使这位命运凄惨的堕落者在他的宗教感化下，皈依了上帝，成为基督教禁欲主义者和顺良公民。鲁道夫的形象，就是鲍威尔自我意识哲学的翻版，鲁道夫会发生转变，就是一种自我意识和自我行动的结果，并且因他而影响和转变了玛丽花。玛丽花原本是一个善良天真、纯洁无瑕、活力充沛、蕴含丰富生命力的美丽少女。“尽管她处在极端屈辱的境遇中，她仍然保持着人类的高尚心灵、人性的落拓不羁和人性的优美。这些品质感动了她周围的人，使她成为罪犯圈子中的一朵含有诗意的花，并获得了玛丽花这个名字。”②但在教士喋喋不休的欺骗和蛊惑下，她渐渐感到自己罪孽深重，最终在忏悔、赎罪中寂寞惨死。在欧仁·苏的笔下，玛丽花完全就是抽象观念的化身，是作者宣传宗教伦理道德学说的工具。她身上本来固有的一切美好人性都被宗教伦理道德完全扼杀了。马克思批驳道：“她已经为宗教的伪善所支配，这种伪善把我对别人的感恩拿过来归之于上帝，把人身上一切合乎人性的东西一概看做与人相左的东西，而把人身上一切违反人性的东西一概看做人的真正的所有。”③可见，玛丽花已成为伪善的宗教的牺牲品，从一个活生生的善良之人，变成了无人性、无情感的修道院女院长，从妓女到修女再到“死女”，她的人生历程就是基督教救赎主义的真实写照。

另外，恩格斯在评价社会主义民主作家明娜·考茨基（1837—1912）的长篇小说《旧人与新人》指出，她把主人公阿尔诺德描绘得理想化了，“这个人确实太完美无缺了，因此，当他最终在一次山崩中死掉时，人们只有推说他不见容于这个世界，才能把这种情形同文学上的崇尚正义结合起来。可是，如果作

---

① 《马克思恩格斯文集》（第一卷），人民出版社 2009 年版，第 359 页。

② 《马克思恩格斯全集》（第二卷），人民出版社 1957 年版，第 215 页。

③ 《马克思恩格斯全集》（第二卷），人民出版社 1957 年版，第 221 页。

者过分欣赏自己的主人公，那总是不好的，而据我看来，您在这方面也多少犯了这种毛病。爱莎尽管已经被理想化，但还是保有一定的个性描写，而阿尔诺德身上，个性就更多地消解到原则里去了”。[①]在这里，恩格斯评价了阿尔诺德和爱莎两个人物，认为作者把小说中的人物描写太过理想化，致使人物丧失了独立的个性。以人物塑造而言，作者在刻画人物形象时将他们过于美化，将他们的行动过于崇高化，将他们的思想过于理想化等等，这实质上是概念化、抽象化和模式化创作方法的另一种表现形式，是“席勒式”的变相形式。对读者和观众而言，人物形象就是体现于文艺作品中的审美对象，作者在创作时，要充分考虑到读者和观众的审美感受和情感体验，不能一味地将自己的政治立场和阶级观点等充塞到人物身上，似乎这样就完成了具备某种倾向的文艺作品。事实上，这样的做法是不科学的，也不符合美的规律。就此，恩格斯对明娜·考茨基建议道：“可是我认为，倾向应当从场面和情节中自然而然地流露出来，而无需特别把它指点出来；同时我认为，作家不必把他所描写的社会冲突的历史的未来的解决办法硬塞给读者。”[②]人物的倾向性不是被作家指点出来的，也不是艺术家强加给人物的，而是观众从场面冲突中感受出来的，是读者从情节变化中领悟出来的，于此，文艺作品中的人物才真正成为审美对象。

就审美主体而言，应该重视作家的创作个性、审美体验、创造精神和人格力量等。艺术作为一种特殊的实践活动，它和其他实践活动一样要求创作主体必须是“自觉自由”的活动。并且艺术活动是对人的情感和灵魂的外在化表达，作家通过创作来表达自己的喜怒和爱憎，来抒发自己的志向和理想。因此，创作者要把自己当作自觉自由的人，这是人的整体特性之所在，是人类作为一个种的特性。正如马克思所言：“一个种的整体特性、种的类特性就在于生命活动的性质，而自由的有意识的活动恰恰就是人的类特性。”[③]因而，作家的创作活动是自由精神和审美意识的集中展现，是对外在强权和暴政的反抗，是对政治独裁和专制的抵抗。马克思在《评普鲁士最近的书报检查令》一文中，对反动当局扼杀作家个性、风格的做法作了辛辣的讽刺，强调精神活动必

① 《马克思恩格斯选集》(第四卷)，人民出版社 2012 年版，第 578—579 页。
② 《马克思恩格斯选集》(第四卷)，人民出版社 2012 年版，第 579 页。
③ 《马克思恩格斯选集》(第一卷)，人民出版社 2012 年版，第 56 页。

须保持自己个性、风格的自由，否则精神活动便会失去其自身的特性，乃至消亡。文学创作基于审美体验，而审美体验就包括作家从审美上对世界和社会的感受力、判断力和理解力，培养作家对生活的审美感知能力，对开拓文艺创作反映现实生活的广度和深度是十分重要。作家描写的客观对象，必须是从自己的社会阅历出发、为自己所真正理解体验、与自己的生命气质相互契合的，只有在这个基础上，作家才能进行独到的、美妙感人的艺术创造。马克思阐释说："因为任何一个对象对我的意义（它只是对那个与它相适应的感觉来说才有意义），恰好都以我的感觉所及的程度为限。因此，社会的人的感觉不同于非社会的人的感觉。"①这势必要求作家应当不断开阔和延伸自己的艺术视野，丰富自己的生活积累。作家和艺术家的生活积累与体验决定艺术表现，使他们对一定社会处境和历史条件下人的生活，有深入的理解和独特的发现，使他们的作品在一定程度上反映时代变迁和人物命运。马克思称赞莎士比亚揭露资本主义世界的种种丑恶和罪行的本质，抓住了货币这个膜拜之物和魔鬼之物。"莎士比亚把货币的本质描绘得十分出色。……莎士比亚特别强调了货币的两个特性：(1)它是有形的神明，它使一切人的和自然的特性变成它们的对立物，使事物普遍混淆和颠倒；它能使冰炭化为胶漆。(2)它是人尽可夫的娼妇，它是人们和各民族的普遍牵线人。"②冰水和火炭本是不相容的，如同邪恶和善良本不相容，但在资本主义社会，一切都可通过货币来购买，通过用钱收买，邪恶的人被美化为善良的人。爱情本是恋人们专一而独特的情感，但通过花钱购买，肉体的性活动代替了精神的爱恋情感，因此，莎士比亚揭露和批判资本主义制度的深刻性在于：货币实现了"颠覆、混淆和代替"的功用，当作家和艺术家能以艺术的形式揭示出这样的功用社会邪恶，就是一个社会的人的感觉，而不是非社会的人的感觉，即他们自觉认识到了人的本质。"人的本质不是单个人所固有的抽象物，在其现实性上，它是一切社会关系的总和。"③由此，在马克思主义文艺方法论看来，从审美对象到审美主体，文艺能真实地反映客观世界、社会历史和人类心灵，关键从社会关系中去透视世界宇宙，包括客观世界，也是人类的社会透视，只有社会对人类才具有真正的存在

① 《马克思恩格斯文集》（第一卷），人民出版社 2009 年版，第 191 页。

② 《马克思恩格斯文集》（第一卷），人民出版社 2009 年版，第 244—245 页。

③ 《马克思恩格斯选集》（第一卷），人民出版社 2012 年版，第 135 页。

意义，历史的发展，就是社会变革乃至武装革命的结果。优秀的文艺，最能直观生动地反映社会的问题，其中就有革命的问题。列宁评价列夫·托尔斯泰的创作和作品时强调："如果我们看到的是一位真正的伟大艺术家，那么他在自己的作品中至少会反映出革命的某些本质方面。"①至此，我们可以理解，马克思主义文艺方法论，以美学的观点来评价文艺创作及其活动，实质上也是以"史学的观点"来衡量。

所谓"史学的观点"，马克思主义坚持从历史唯物主义的理论高度来揭示文艺的本质特征。在分析文艺作品时，需把文艺作品放到其所生产时的社会历史条件下考察，看其是否反映社会历史内容和时代发展趋势，从而揭示现实社会关系的真正本质。在评价作家和艺术家时，应该联系作家和艺术所处的社会环境和历史背景，对其作出客观的和历史的评价，无论是针对文艺作品，还是针对作家和艺术家，不能孤立地、单一地、绝对地作出评价。

卡尔·格恩律在他的《从人的观点论歌德》一书中，从抽象的人的观念出发来评价歌德以及歌德作品中表现的人。他称赞歌德是"人的诗人"，脱离歌德的生活处境和历史境遇，空洞地想象地来分析歌德及其成就。"'歌德身上除了人的内容外没有别的内容。'……'歌德在今天(他的著作也是如此)是人类的真正法典。'歌德就是'完美的人性'。……'歌德的诗篇是(!)人类社会理想。'……'歌德不能成为民族的诗人，因为他的使命是作人的诗人。'"②这一派胡言，从抽象的人概念出发，发掘出脱离历史背景的空洞的法典，脱离时代处境的完美人性，脱离社会现实的人类理想，脱离民族身份的却能作为人的诗人，因此，恩格斯辛辣讽刺并严厉批判格恩律对歌德的评论。"他丝毫没有描写歌德伟大的一面。对于歌德的一切确实伟大的和天才的地方，例如，'浪荡公子'歌德的'罗马哀歌'，格律恩先生不是匆匆的一闪而过，就是滔滔不绝地说一通言之无物的废话。但是他却以他少有的勤勉去搜罗一切庸俗的、一切小市民的、一切琐屑的东西，把所有这些收集在一起，用真正文学家的笔法加以夸张，并且每当他有可能利用歌德的权威，而且还常常是被歪曲了的歌德的权威来支持自己的狭隘性的时候，他就兴高采烈起来。……格律恩先生的辩

① 《列宁选集》(第二卷)，人民出版社 1995 年版，第 241 页。

② 《马克思恩格斯全集》(第四卷)，人民出版社 1958 年版，第 254 页。

解，他对歌德的每一句庸俗的言语所嘟嘟囔囔说出来的感激不尽的话，这方是被侮辱的历史所能给与最伟大的德国诗人的最残酷的报复。”①格律恩先生的匆匆的一闪而过，是对产生歌德这样伟大诗人的历史事实的忽视，他的滔滔不绝就是废话，体现不出歌德思想的崇高、眼光的远大、其作品中的美的规律等，产生歌德的德国文学史被他侮辱了，乃至对最伟大的德国诗人进行了最不合理的评价。从历史唯物主义来看，格律恩就是从观念和想象出发，忽视历史事实和社会处境，抓住偶然现象，依据只言片语，对作家和艺术家进行孤立的、单一的和绝对的评价，这当然是要犯大错误的。正如恩格斯跟马克思通信时所谈到和指出的，“格律恩把歌德的一切庸人习气颂扬为人的东西，他把作为法兰克福人和官吏的歌德变成了‘真正的人’，而同时对于一切伟大的和天才的东西他却避而不谈，甚至加以唾弃”。②格恩律把歌德的形象肆意加以歪曲，把歌德的观点脱离历史地抽象化，他错误地宣称歌德是一个“费尔巴哈的弟子和‘真正的社会主义者’”③，没有从完整的历史用全面的眼光去看待歌德。由于他们一派的历史唯心主义和思辨哲学作祟，导致他故意夸大歌德平庸和鄙俗的一面，按照他们所推行的真正的社会主义的伦理道德观点和政治党派观点来要求歌德，把歌德打扮成他们道德说教的工具。他评论出的歌德是一个脱离了德国社会、历史、现实的歌德，由此，恩格斯对格恩律的做法进行了无情的揭露与辛辣的讽刺。恩格斯鲜明纠正他的观点并指出：“歌德在德国文学中的出现是由这个历史结构安排好了的。”④这个历史结构是指对立互补的统一性，例如罗马缺乏的，那不勒斯却有；而那不勒斯所缺乏的，罗马却有，而巴伐利亚的路德维希却两者兼有，这两者兼有的情况，如同是歌德的情况。“他心中经常进行着天才诗人和法兰克福市议员的谨慎的儿子、可敬的魏玛枢密顾问之间的斗争；前者厌恶周围环境的鄙俗气，而后者却不得不对这种鄙俗气妥协，迁就。因此，歌德有时非常伟大，有时极为渺小；有时是叛逆的、爱嘲笑的、鄙视世界的天才，有时则是谨小慎微、事事知足、胸襟狭隘的庸人。”⑤歌德所

---

① 《马克思恩格斯全集》(第四卷)，人民出版社 1958 年版，第 274—275 页。
② 《马克思恩格斯全集》(第二十七卷)，人民出版社 1972 年版，第 89 页。
③ 《马克思恩格斯全集》(第四卷)，人民出版社 1958 年版，第 255 页。
④ 《马克思恩格斯全集》(第四卷)，人民出版社 1958 年版，第 254 页。
⑤ 《马克思恩格斯全集》(第四卷)，人民出版社 1958 年版，第 256 页。

接触的实际生活是无力摆脱的鄙俗气，即使他很鄙视这样的生活环境，但他又不能摆脱这样的社会环境。在如此鄙俗的社会环境中，歌德不可避免会受到社会环境的浸染和影响。这就是歌德创作所面临的现实处境和历史状况，这样的处境和状况导致了他人格的矛盾性、作品蕴含的两重性、艺术形成的历史性。为此，我们应当如何正确而恰当地评价歌德呢？

正如恩格斯所告诫我们的，“我们并不像白尔尼和门采尔那样责备歌德不是自由主义者，我们是嫌他有时居然是个庸人；我们并不是责备他没有热心争取德国的自由，而是嫌他由于对当代一切伟大的历史浪潮所产生的庸人的恐惧心理而牺牲了自己有时从心底出现的较正确的美感；……我们决不是从道德的、党派的观点来责备歌德，而只是从美学和历史的观点来责备他；我们并不是用道德的、政治的、或‘人的’尺度来衡量他。”①恩格斯从历史唯物主义的观点出发分析歌德，指出歌德思想结构的矛盾性与德国的历史环境是分不开的。只有从这个历史环境出发，才能正确分析歌德的艺术人生和艺术成就，要将美学的和历史的观点统一起来。当然，马克思主义是用历史唯物主义来看待作家及其创作，因而以此种历史观来看待文艺，也就是史学的观点、马克思主义史学的观点。

无论是评价歌德及其创作，还是评价拉萨尔及其创作，恩格斯都是站在历史唯物主义的高度来展开的，从作家的历史处境，从作品的反映内容，从批评的具体实践，都是可靠和可行的。作家作为一个社会的、现实的、具体的“人”，身上或多或少都会打上时代和社会的烙印，因此。这就需要把作家置身于特定的历史环境中作具体分析。而文艺作品作为一种精神性的产品，是对人类物质性的实践活动的反映，作家需要从现实世界中摄取广泛的素材，形成对社会生活的审美反映，而文艺批评家则要从作家的历史处境出发，对作品的审美内涵做出客观而公正的评价。马克思主义的“美学观点”与“史学观点”是建立在历史唯物主义基础之上，美学和史学的关系是辩证统一的，不是割裂开来的。若过分强调美学观点，势必会陷入唯美主义的泥淖；若过分强调史学观点，就会走上唯历史考证的机械唯物主义的道路。“美学与史学的观点”在马克思主义文艺方法论中，是辩证统一的。即在评价文艺创作、接受和批评等实

① 《马克思恩格斯全集》(第四卷)，人民出版社 1958 年版，第 257 页。

践活动中，以美学的观点，就是以史学的观点来看待和评价；以史学的观点，就是以美学的观点来看待和评价。美学和史学观点的文艺批评标准，其所具有的方法论的意义，在马克思主义看来，只有运用于文艺实践才具有真正的意义，而不是一种无条件的运用。

术语阐释

莎士比亚化

这是马克思在1859年的《致费迪南·拉萨尔》的信中，就拉萨尔所创作的历史悲剧《济金根》时所明确提出的一个关于文艺创作原则的术语，恩格斯对此术语也高度认同，它是马克思主义文艺方法论中的一个重要范畴。所谓“莎士比亚化”，在马克思主义看来，是作为现实主义艺术基本特征和创作规律的代名词，是马克思和恩格斯对莎士比亚的创作经验和艺术特色的总结和概括，对指导我们今天的文艺创作、文艺接受和文艺批评都具有重要的指导意义。

首先，文艺创作要从客观现实出发，描绘宏伟广阔的社会生活画面。其次，正确处理人物与环境的关系，从揭示现实关系的深层本质来塑造典型的人物形象。再者，“莎士比亚化”的创作原则要求情节具有生动性和丰富性，语言朴实、明快、富有生活气息等。运用这个理论概念来欣赏作品，对读者和观众来说，这个鲜明生动的表述，使他们受到直观的指导；对文艺批评家来说，它又是一个准确而充实的理论归纳，成为分析作家作品的有力武器。

席勒式

“席勒式”是马克思和恩格斯于1859年在分别致信致斐南迪·拉萨尔关于他的历史悲剧《济金根》时，马克思明确提出、恩格斯高度认同的理论概念，与“莎士比亚化”互相对应。所谓“席勒式”，指席勒的部分创作从观念出发，以抽象的观念代替对客观现实的描写、把人物变成时代精神的传声筒的创作倾向。简言之，指从观念出发来表现现实生活的抽象化、概念化的创作倾向。马克思恩格斯坚决反对“席勒式”的唯心主义创作倾向，坚持辩证唯物主义和历史唯物主义的反映论，认为文艺要以生动具体的审美形态来反映社会生活。

"席勒式"的艺术创作表现在:第一,从观念出发,不惜歪曲历史真实去表现现实生活。第二,把人物变成时代精神的传声筒,人物塑造呈现理想化、抽象化、概念化的特点。第三,作品充塞着大段议论和空洞说教,借人物之口狂热宣传作家的政治理想和社会观点。"席勒式"是一种唯心主义的创作方法和创作倾向,是一种违背艺术创作规律的不良创作倾向,是马克思主义文艺方法论所批判的对象。马克思主义文艺方法论提倡从历史的客观实际出发,正确认识和反映客观生活,以文艺作品中所塑造的鲜明、丰富、生动的艺术形象,以曲折冲突的故事情节,鲜活明快的艺术语言,通过审美感受,形成不可替代的艺术之美,成为艺术经典。

思考题

1. 马克思主义文艺比较方法论有哪些?

2. 试举例论述马克思主义文艺概念分析论。

3. 为什么美学和史学的观点是马克思主义文艺批评的最高标准?

延伸阅读

1.《马克思恩格斯选集》(第一卷、第四卷),人民出版社 2012 年版。

2. [德]黑格尔:《美学》(第一卷、第二卷),朱光潜译,商务印书馆 1979 年版。

3. 李志雄:《基于马克思及其文化的文学研究》,河南大学出版社 2017 年版。

第四章　马克思主义文艺创作论

原典摘录

马克思:“艺术生产”

关于艺术,大家知道,它的一定的繁盛时期决不是同社会的一般发展成比例的,因而也决不是同仿佛是社会组织的骨骼的物质基础的一般发展成比例的。例如,拿希腊人和莎士比亚同现代人相比。就某些艺术形式,例如史诗来说,甚至谁都承认:当艺术生产一旦作为艺术生产出现,它们就再不能以那种在世界史上划时代的、古典的形式创造出来;因此,在艺术本身的领域内,某些有重大意义的艺术形式只有在艺术发展的不发达的阶段上才是可能的。如果说在艺术本身的领域内部的不同艺术种类的关系中有这种情形,那么,在这个艺术领域同社会一般发展的关系有这种情形,就不足为奇了。困难在于对这些矛盾作一般的表述。一旦它们的特殊性被确定了,它们也就被解释明白了。

……

大家知道,希腊神话不只是希腊艺术的武库,而且是它的土壤。……任何神话都是用想象和借助想象以征服自然力,支配自然力,把自然力加以形象化;因而,随着自然力实际上被支配,神话也就消失了。……希腊艺术的前提是希腊神话,也就是已经通过人民的幻想用一种不自觉的艺术方式加工过的自然和社会形式本身。这是希腊艺术的素材。不是随便一种神话,也就是说,不是对自然(这里指一切对象的东西,包括社会在内)的随便一种不自觉的艺术加工。埃及神话不能成为希腊艺术的土壤和母胎。但是无论如何总得是一种神话。因此,决不是这样一种社会发展,这种发展排斥一切对自然的神话态度,一切把自然神话化的态度;因而要求艺术家具备一种与神话无关的幻想。

……

但是，困难不在于理解希腊艺术和史诗同一定社会发展形式结合在一起。困难的是，它们何以仍然能够给我们以艺术享受，而且就某方面说还是一种规范和高不可及的范本。①

An adult cannot become a child again, or he becomes childish. But does not the naiveté of the child give him pleasure, and must he not himself endeavour to reproduce the child's veracity on a higher level? Does not the specific character of every epoch come to life again in its natural veracity in the child's nature? Why should not the historical childhood of humanity, where it attained its most beautiful form, exert an eternal charm as a stage that will never recur? There are unbred children and precocious children. Many of the ancient peoples belong to this category. The Greeks were normal children. The charm their art has for us does not conflict with the immature stage of the society in which it originated. On the contrary, that charm is a consequence of this and is, rather, inseparably linked with the fact that the immature social conditions which gave rise, and which alone could give rise, to this art can never recur.②

以上中文和英文摘录均出自马克思在《政治经济学批判·导言》中的著名论述，值得注意的是，马克思在这里正式提出了“艺术生产”这个概念（这里艺术一词泛指文艺），这在马克思主义文艺发展史上具有划时代的意义，在这之前西方文艺史上没有理论家如此明确地把文艺活动也当作一种生产活动，探究艺术生产的特殊形态、发展规律和形成原因。英文中的“inseparably linked”（不可分离地联系着）最能说明古希腊艺术的形成与当时古希腊的社会发展状况不可分离的历史事实，这是一种用历史唯物主义的辩证观点来分析文艺创作的马克思主义文艺理论观，这揭示了文艺创作动因、创作过程和创作成就的整体状态，以下特从这三个方面予以阐释。

---

① 《马克思恩格斯选集》（第二卷），人民出版社 2012 年版，第 710—711 页。

② Karl Marx Frederic Engels Collected Works(Volume 28). London: Lawrence & Wishart 1986, pp.47—48.

第一节　马克思主义文艺创作动因论

尽管在以上摘录中，马克思并没有明确指出古希腊艺术和莎士比亚的戏剧形成的具体原因，但他从艺术生产的特殊形态出发，如不同于物质生产的那种与社会发展成比例性特征，而是具有永恒的艺术魅力、不可复制性的阶段性印记等方面，最终说明这样高超的艺术恰巧只能诞生在它们所生长的社会处境和历史条件中，这就是马克思主义文艺创作动因论的阐释前提，即辩证的历史唯物主义阐释论。那么，如何来理解马克思主义关于文艺创作论的辩证观点、历史观点和唯物主义观点，就此而言，创作动因可分为以下两个方面。

一、外在动因

所谓外在动因，是就创作主体，如诗人、作家、戏剧家、艺术家、作曲家、音乐家、画家等之外的导致创作的驱动性原因，如社会原因、历史原因、自然世界的原因、文艺接受者的原因等。其中社会的原因很复杂，马克思主义特别关注其中的政治原因和经济原因，这两者对文艺创作的推动作用最直接、最重大也最具有影响力。这也就能合理地解释，非马克思主义文艺批评家、平常性的读者和学习者乃至是形而上学唯物主义的文艺批评家等所不能理解的一个不同寻常的现象：马克思为什么会在《政治经济学批判・导言》中提出“艺术生产”的命题。在马克思主义看来，恰巧是在对政治经济学的研究中，最能揭示出文艺创作外在动因的形成机理。

外在动因的第一类是政治原因，政治是推动文艺创作的最明显、最活跃以及最直接的因素。尽管在上述原典摘录里马克思没有直接提及政治的原因，但大家不要忘记了，首先，这个写于 1857 年的导言，是马克思为研究资本主义制度、揭示资本家发财致富而穷苦工人被剥削的秘密而写的，它最终导致了马克思的辉煌巨著《资本论》的面世。列宁认为，“政治就是经济的集中表现”，这说明政治实质上代表了各个阶级的经济利益，是阶级斗争的结果，能极大地推动人类社会的发展，体现为物质生产和精神生产，其中文艺创作主要是属于精神生产，自然也在被政治推动的范围。反过来说，作家和艺术家等的创作，都是一定时代的政治状态或革命斗争的产物。列宁对托尔斯泰的评价正是如此，他认为："作为俄国千百万农民在俄国资产阶级革命快到来的时候的思想和情绪的表现者，托尔斯泰是伟大的。托尔斯泰富于独创性，因为他的全部观点，总的来说，恰恰表现了我国革命是农民资产阶级革命的特点。从这个角度来看，托尔斯泰观点中的矛盾，的确是一面反映农民在我国革命中的历史活动所处的各种矛盾状况的镜子。"①列宁的这个"镜子说"，最典型地说明了政治常是文艺的内容，尽管文艺也常以审美的外衣将这个政治内容巧妙地掩藏起来，这自然也印证了政治对文艺创作的促成与推动的作用。

其次，马克思在这里所提到的政治经济学批判，实质上是对英国的古典经济学的批判。英国是当时世界上最早进行工业革命、最发达的资本主义国家，其经济学的研究，以亚当·斯密、大卫·李嘉图和约翰·穆勒等为代表，其成果在当时也被视为最先进的，实质上代表了资产阶级的利益，被冠之以国民经济学的美称。马克思正是在对英国的国民经济学的研究基础上，写出了《政治经济学批判》。"国民经济学由于不考察工人(劳动)同产品的直接关系而掩盖了劳动本质的异化。当然，劳动为富人生产了奇迹般的东西，但是为工人生产了赤贫。劳动生产了宫殿，但是给工人生产了棚舍。劳动生产了美，但是使工人变成了畸形。"②马克思对资本主义政治的批判是尖锐的，指出"美"本不应该这样被扭曲。而卡夫卡的《变形记》等优秀作品，不正是对资本主义异化批判的文学反映吗？所以说文学创作不受政治的影响是很难的。进一步来说，当时英国的所谓国民经济学，其"国民"的词源意义还是来自古希腊的政治学，特别是亚里士多德的政治学，认为人是政治的动物，政治实质上是治理城邦社会的有效机制，城邦的居民当然也就是最初形态的"国民"。亚里士多德说，"我们见到每一个城邦(城市)各是某一类的社会团体，一切社会团体的建立，其目的总是为了完成某些善业……这种至高而广涵的社会团体就是所谓'城邦'，即政治社团(城市团体)……城邦的长成出于人类'生活'的发展，而其实际的存在却是为了'优良的生活'"。③可见，西方的政治社团最早是从古希腊的城邦生活模式开始，其实在的作用是为了城邦的居民，亦即最初形态的"国民"的优良的生活。西方的民主政治最早发源于古希腊的城邦社会，而城邦中

① 《列宁选集》(第二卷)，人民出版社1972年版，第371页。
② 《马克思恩格斯选集》(第一卷)，人民出版社2012年版，第53页。
③ [古希腊]亚里士多德:《政治学》，吴寿彭译，商务印书馆1965年版，第3—7页。

有各种各样的人，如好人、坏人或一般的人，为了治理好城邦，让“国民”过上优良的生活，文艺的培育和熏陶作用自然成为一种需要，这就导致了古希腊悲剧和喜剧艺术的繁荣。亚里士多德在他的摹仿论中，亦即关于古希腊文艺创作起源的论述中讲道，“既然摹仿者表现的是行动中的人，而这些人必然不是好人，便是卑俗低劣者（性格几乎脱不出这些特征，人的性格因善与恶相区别），他们描述的人物就要么比我们好，要么比我们差，要么等同于我们这样的人。……此外，悲剧和喜剧的不同也见之于这一点上：喜剧倾向于表现比今天的人差的人，悲剧则倾向于表现比今天的人好的人”。①因而，悲剧之所以显得崇高而庄严，究其实质则是观众（国民）通过观赏后要认真地去学习其中的好人，而喜剧之所以显得滑稽低俗，究其关键则是观众（国民）通过观看后要自觉地去批判其中的坏人。众所周知，古希腊三大悲剧诗人——埃斯库罗斯、欧里比德斯、索福克勒斯，他们都是悲剧比赛的胜者，喜剧诗人阿里斯托芬、欧波利斯、米南德也是如此，由此他们的悲剧或喜剧被优选下来，而谁是支持这种悲剧的比赛呢？正是希腊的城邦，特别是雅典，也即城邦为了政治治理而自觉去推动文艺创作的发展。当然，古希腊最推崇的文艺形式还是悲剧，它的兴起与衰落并不是一个偶然的事实。“古希腊悲剧的衰落，固然有其作为戏剧文学自身的原因，也有其深刻的政治、经济、历史等原因，但古希腊悲剧对后世的影响是深远的。……事实上，古希腊的悲剧并没有真正衰落，无论其悲剧精神或是悲剧的表演艺术在当代同样大放光彩。”②当古希腊的悲剧在纽约、伦敦、巴黎、柏林、北京、东京等地上演的时候，正好印证了马克思在1857年所预言的：“它们何以仍然能够给我们以艺术享受，而且就某方面说还是一种规范和高不可及的范本。”毫无疑问，政治是文艺创作的外在动因。

外在动因的第二类是经济原因。经济的发展，直接推动的是社会的物质生产的发展，物质生活资料的满足，导致人们追求精神生活的需要。不可想象也很难做到的是，当一位作家或艺术家连饭都吃不上，却要求他成天去创作。一个人是如此，整个人类也是如此。正如马克思在1959年的《政治经济学·序言》中所指出的：“人们在自己生活的社会生产中发生一定的、必然的、不以

① ［古希腊］亚里士多德：《诗学》，陈中梅译注，商务印书馆1996年版，第38页。
② 李志雄：《亚里士多德古典叙事理论》，湘潭大学出版社2009年版，第99—100页。

他们的意志为转移的关系，即同他们的物质生产力的一定的发展阶段相适应的生产关系。这些生产关系的总和构成社会的经济结构，即有法律的和政治的上层建筑竖立其上并有一定的社会意识形式与之相适应的现实基础。物质生活的生产方式制约着整个社会生活、政治生活和精神生活的过程。不是人们的意识决定人们的存在，相反，是人们的社会存在决定人们的意识。”①马克思在这里论述得很清楚，作为属于精神生活的文艺创作，其发展受到物质生活的生产方式的制约，而物质生活的生产方式最主要的就是经济活动。正是由于经济的发展，促使人类社会从原始生活、奴隶社会、封建社会、资本主义社会发展到社会主义社会，人类的文艺创作也变得越来越丰富和博大。在分析拉萨尔所创作的历史悲剧《济金根》不成功的原因时，恩格斯和马克思一样，都认识到济金根作为德国十六世纪垂死阶级的代表(骑士阶层)，是不可能成为拉萨尔所设想的那样的拯救和统一德意志的民族英雄，这是有着深刻的经济制约的原因的。正如恩格斯在《德国农民战争》中所比较而指出的，“在德国，农奴制还依然存在，贵族的收入财源是封建性的；在英国，农奴制几乎完全废除了，贵族就是单纯的资产阶级地主，其收入来源是资产阶级性的：地租。最后，专制君主制的中央集权制，在法国路易十一以来就由于贵族同市民阶级之间的对立而产生并且日臻完备，但这种中央集权制在德国则行不通，因为在德国，实施全国性中央集权的条件尚不具备，或者极不完备。在这种情况下，胡登越是致力于实际推行他的理想，就越需要作出更多的让步，他的帝国改革计划的轮廓也就越模糊。……随着这次斗争的失败和两位领袖的去世，贵族势力作为一个不依附于诸侯的独立集团就被粉碎了。从此以后，贵族只得为诸侯效劳并听从诸侯指挥。此后不久爆发的农民战争迫使贵族更进一步置身于诸侯直接或间接的庇护之下，同时也证明了德国贵族宁肯在诸侯统治之下继续剥削农民，也不愿意同解放了的农民结成公开的同盟去打倒诸侯和僧侣。②济金根和胡登两位贵族(骑士阶层是贵族的最低等级)起义的失败是必然的，恩格斯在这里分析了德国16世纪的经济原因，指出拉萨尔因忽视了此原因而导致所创作的艺术典型不成功。“恩格斯的深刻剖析，使我们明白对文

① 《马克思恩格斯选集》(第二卷)，人民出版社2012年版，第2页。

② 《马克思恩格斯文集》(第二卷)，人民出版社2009年版，第273—275页。

学所反映的社会现实，要深入到社会历史阶段、经济发展状态和政治制度影响的层面去认识和理解，绝不能做想当然的虚构和臆想，如同拉萨尔做的那样。”①可以理解的是，经济原因对文艺创作的影响，是深层而难以察觉的，它由物质性的到精神性的影响，由理性内核到感性外观的显现，由历史内涵到审美形式的演变等，都要我们去细致领会。

另外，经济的进步推动社会的发展，导致人们社会生活、精神生活的方式，特别是文艺欣赏的方式发生质的变化。从古到今，从悲剧欣赏、诗歌吟诵、小说阅读、电影观赏、网络文学传播等，人们对文艺的欣赏方式越来越丰富，而这一切正需要经济和技术的支撑。正如伊格尔顿所言，“正统的经济学思想趋向于把经济观念狭隘化。相反，马克思主义却把生产构建为最丰富、最有容量的(richest, most capacious)方式。马克思的历史理论管用的理由是物质产品不仅是物质产品的事实。它们是人类安乐的保证”。②这就是说，马克思主义看到了物质生产和科学技术对“艺术生产”本身所具有的基础性支撑和拓展性功用，这是从积极的和发展的眼观来看待经济对文艺创作的良性作用。但马克思主义总是用辩证法来对待任何一个事情，包括文艺创作本身。由此，从另一方面来看，经济的发展并不总是与艺术的发展同步，社会的一般发展并不能立即导致艺术创作的发生。正如马克思所言，“关于艺术，大家知道，它的一定的繁盛时期决不是同社会的一般发展成比例的，因而也决不是同仿佛是社会组织的骨骼的物质基础的一般发展成比例的”。③由此，社会的一般发展，特别是科技的进步，也可能对文艺创作产生负面的或消极的作用，关键是艺术家、批判家或理论家，乃至是一般的读者或欣赏者对此要有清醒的认识和把握。就此，西方马克思主义文艺理论家，法兰克福学派的重要代表本雅明就尖锐地批评现代社会中对艺术作品的机械复制，他指出，“艺术最初在传统中的背景综合体现在崇拜仪式中。……带有辉光的艺术作品的存在从来就不完全与其仪式功能相割裂。……机械复制在世界历史上第一次把艺术作品从它对仪式的寄生式依赖中解放出来了。在很大程度上，复制的艺术品变成了为复制性

---

① 李志雄：《基于马克思及其文化的文学研究》，河南大学出版社 2017 年版，第 108 页。

② Terry Eagleton, *Why Marx Was Right*, New Haven & London: Yale University Press 2011, p.122.

③ 《马克思恩格斯选集》(第二卷)，人民出版社 2012 年版，第 710 页。

所设计的艺术。例如，从照片的底片可以冲洗出许多图片；再要求‘真品’已毫无意义。但是，当原真性的标准不再适应于艺术生产，艺术的全部功能就完全颠倒了。”①于是，我们可以发现，艺术作品变成了复制产品，没有了辉光，只有印象；没有了崇拜，只有使用；没有灵性，只有物欲；等等一切，在马克思主义看来，艺术生产要恢复它的原真性，体现为独特性、感染性、吸引性、审美性，乃至有一定的神秘性等，无不要求作家或艺术家摆脱对技术的滥用，要用心、用情、用美去创作艺术作品，如马克思曾称赞的莎士比亚、恩格斯所称赞的巴尔扎克，列宁所称赞的托尔斯泰，毛泽东所称赞的鲁迅、梅兰芳、齐白石等。

二、内在动因

从内在动因来看，马克思主义认为文艺创作的原因与作家或艺术家的情感和意志等心理因素有着密切的关系。情感可视为内在动因的第一类，是文艺创作的动力，它能源源不断地给作家或艺术家提供精神力量和心理能量，表现为一种创作情感或创作激情，成为一种强大的内在动因。而意志则是文艺创作的耐力，它能持续而长久地保持作家或艺术家的创作情感或激情，成为一种耐久的内在动因。这两点，在马克思的诗歌创作和文艺理论批评中都表现得特别明显，成为文艺创作论中的一种典范。

我们知道，马克思在青年时期是一位具有强烈情感的诗人。他是一个情感十分丰富而爱憎又特别分明的人。但凡历史上的文学创作者，无论是诗人、剧作家或是小说家等，他们的情感都是十分丰富的，这是他们进行文学创作的生命基础。情感，是人对周遭世界的直接感受和切实体验的反映，因此情感又是作家进行创作的生活基础。马克思是一个情感丰富的人，这可从他青年时期的诗歌创作中看出来。首先是由于爱情的缘故，马克思在读大学时写了大量的诗歌献给燕妮，显示了他爱情的炙热，同时也彰显了他性格和禀赋上情感强烈、丰富细腻的特征，如以下这首：

---

① ［德］瓦尔特·本雅明：《机械复制时代的艺术作品》，载《文学批评理论——从柏拉图到现在》，［英］拉曼·塞尔登编，刘象愚，陈永国等译，北京大学出版社 2003 年版，第 457 页。

只要我的七弦琴一奏鸣，
心中的热血便会沸腾，
我又敢把世上万能的神仙，
彻底地藐视看轻。
……
尽管天上雷声轰响，
或者歌声轻轻飘荡，
我想得到的只是你——
燕妮，我的甜蜜的偶像。
……
也许他们不懂得
在胆怯的血液中沸腾的愿望？
他们莫不是在暗中妒忌
爱情带来的纯朴的喜欢？①

其次是由于亲情，特别是对他父亲的感激和敬爱之情，贯穿于马克思的一生之中，乃至他死后，人们在他的上衣口袋里发现他一直珍藏着他父亲的照片。在马克思的成长过程中，特别是他在波恩和柏林读大学期间，他父亲与他的通信很多，体现了一位慈父对儿子的拳拳眷顾之情。而作为一位情感丰富、思想活跃的诗人马克思，则把写信作为一种文学创作，以寄托自己对父亲的思念与爱戴。例如，1837 年 11 月 10 日他从柏林写信给他的父亲，展现了他的散文创作才华。

亲爱的父亲：

生活中往往有这样的时刻，它好像是表示过去时光结束的界标，但同时又明确地指出生活的新方向。

在这样的转变时刻，我们感到必须用思想的锐利目光去观察今昔，以便认清自己的实际状况。而世界历史本身也喜欢回首往事、审视自己，这

① 《马克思恩格斯全集》(第四十卷)，人民出版社 1982 年版，第 521—523 页。

往往使它显得是在倒退和停滞不前;其实他只是在安乐椅上反躬自省,从精神上探求自己的活动——精神活动。

个人在这样的时刻是富于感情的,因为每一变化,既是绝笔,又是伟大的新诗篇的序曲,这新诗篇力图留住正在渐渐消失的辉煌的色彩。但我们还是要给一度经历过的东西竖立一块纪念碑,使之在我们的感情上重新获得它在行动上已经失去的地位。不过对于我们经历过的东西来说,哪里有比父母的心怀更为神圣的珍藏之所呢! 父母是最仁慈的法官、最亲密的朋友,是以自己的火焰来温暖我们的进取心的爱的太阳。……

希望笼罩着我们家庭的阴云慢慢消散,希望我能够和你们同受苦和同哭泣,并且也许能够在你们身边证明我这一片深切而真诚的情意和常常难以表达的无限爱:希望你,亲爱的、永远敬爱的父亲,在考虑我忐忑不安的心情时能原谅我,我经常觉得心慌意乱,是战斗精神在压抑着它;希望你早日完全康复,以便我能紧紧地拥抱你,向你倾诉我的衷肠。①

再次是真情,此真情既体现他在诗歌散文创作中的真情实意,不为歌功颂德而创作、不为吹捧奉承而动笔、不为金钱利益而写作等;也表现为他在文学创作上的一种批判实践的精神,如在学习上的反思、对低俗的社会风气的批评、野蛮战争的痛斥等,如以下关于黑格尔的讽刺短诗是对黑格尔主义哲学的反思,关于阿尔博特和罗莎蒙德的抒情诗歌则是对野蛮战争和强暴婚姻的批判。

关于黑格尔的讽刺短诗(2)

我教授的语言,在风云急变中全被搅乱,
每个人要怎么去理解,完全可以随他的便。
……
他可以想一想,就成认识;有所感,便变思维,
所以应任每个人去饮这纯正智慧的仙酒;

① [法]雅克·阿塔利:《卡尔·马克思》,刘成富、陈玥、陈蕊译,上海人民出版社 2010 年版,第 27—28 页。

我给你揭示一切，我献给你的仍是一无所有！①

关于阿尔博特和罗莎蒙德的抒情诗歌

她显出满脸的怒气
狂怒使她扭歪嘴脸：
“用我父亲的头颅作酒杯，
这种玩笑简直是犯罪！

我怎能在他的眼皮底下
硬把这口酒咽下？
他的眼窝已不再闪现
那无穷尽的生命的火焰！
……
咳！你这婊子是瞎了眼，
须知在你生长的地方，
男人见到我影子一晃，
就胆颤心惊魂飞魄荡！

要么为我的健康，
你把这杯酒喝干；
要么就上地狱去，
永远离开人间！”②

由此可见，仅以马克思的诗歌和散文创作为例，可以发现爱情、亲情和真情都可构成马克思主义文艺创作的内在动因，恩格斯也如此、列宁也如此、毛泽东也如此。西方马克思主义文艺理论家，如布洛赫、阿多诺、本雅明和马尔库塞等的文艺创作或理论总结，也大概如此，因而此论点在马克思主义文艺理

① 《马克思恩格斯全集》(第四十卷)，人民出版社 1982 年版，第 651 页。
② 《马克思恩格斯全集》(第四十卷)，人民出版社 1982 年版，第 493—505 页。

论上具有普遍性。

内在动因的第二类是意志，它是作家或艺术家能保持旺盛的文艺创作的毅力，是他们能持续进行文艺批评的耐力。前面我们以马克思为例，见证了他创作大量的诗歌和散文的奇迹般的事实，但马克思后来并没有成为职业的诗人或散文家，而是成为伟大的革命导师、思想家、哲学家，同时也成为杰出的美学家、文艺理论家、文艺批评家。换言之，马克思将其一生的巨大精力投入革命事业中，把他青年时期已练就的文艺创作的顽强毅力贯彻到批判实践活动中，具体体现在他对哲学、政治和宗教的批判中所归纳出的文艺理论或文艺批评，也即一种学术研究和学说创造中的文艺理论或文艺批评，其中涉及文艺创作的论述，则成为马克思主义文艺创作论的一种典范。

其一，就哲学批判而言，马克思在《1844 年经济学和哲学手稿》中创造性提出“美的规律”的命题，这是马克思对资本主义“异化劳动”做出了尖锐辛辣的批判，进而在对资本主义私有制度做出无情痛斥的基础上，在比较了人的生产和动物的产生之不同后，他敏锐地洞察了资本主义异化劳动将工人变成动物的残酷事实，资本的贪婪本性摧毁了人的“类本质”，将人的自由自觉自为的创造能力贬损到动物的盲目被动不自觉的程度，因而也损毁了将人的本质力量对象化的审美能力，资本主义异化劳动是不正常不合理不道义的劳动，他通过对劳动成果的分析，做出了一目了然的比较。“动物只按照它所属的那个种的尺度和需要来构造，而人懂得按照任何一个种的尺度来进行生产，并且懂得处处把固有尺度运用于对象；因此，人也按照美的规律来构造。”①按照美的规律来构造，也就成为马克思主义文艺理论中关于艺术创造的理论指南和实践规则，它不是一个空洞的口号，而是马克思主义哲学批判的实践活动中所总结出来的文艺理论命题，具有重要的理论指导意义。

其二，就政治批判而言，马克思和恩格斯中《共产党宣言》中预言到一个“世界的文学”的时代的到来，而这在今天已被证实和逐步被实现。“旧的、靠本国产品来满足的需要，被新的、要靠极其遥远的国家和地带的产品来满足的需要所代替了。过去那种地方的和民族的自给自足和闭关自守状态，被各民族的各方面的互相往来和各方面的互相依赖所代替了。物质的生产是如此，

① 《马克思恩格斯选集》(第一卷)，人民出版社 2012 年版，第 57 页。

精神的生产也是如此。各民族的精神产品成为公共的财产。民族的片面性和局限性日益成为不可能，于是由许多民族的和地方的文学形成了一种世界的文学。”①在马克思和恩格斯看来，世界的文学时代的到来，并不仅仅是由其文学自身所决定的，而是人类社会在物质生产发展上的日益相互依赖与合作的必然要求所决定的，这实质上回应了外在动因的政治和经济的原因。但是，他们所设想的“世界的文学”更需要人自身的努力，因为到那个理想的共产主义社会里，人人都可成为作家和艺术家，即使人人都自由有充足的条件，但不努力，没有坚强的意志，没有毅力和耐力，何以能实现“世界的文学”的创作呢？

其三，就宗教批判而言，马克思的宗教批判常是与其文学情感融合在一起的，以文学的爱恨情感来痛斥教会等组织的黑暗；以文学的审美情感来贬斥宗教意识形态的虚假性，以文学的激情来冲破宗教历史唯心主义的藩篱，由此构成了马克思宗教批判的比较文学跨学科研究的新内涵，对研究马克思的宗教观也构成了一种新视角和新方法。我们发现，马克思很善于用形象而生动的语言来批判教会的反动本质和歌颂人民群众的革命精神，这是马克思运用文学情感来进行宗教批判的常有方式。例如，在《反宗教运动——海德公园的示威》一文中，他于 1855 年 6 月 25 日详细地描述了爆发于伦敦海德公园的示威游行，此事是为了抵制《啤酒法案》和《禁止星期天贸易法案》，体现了下层民众的勇敢不屈，反映了英国教会的腐朽邪恶。马克思这样写道：“十八世纪的法国贵族说过，伏尔泰，给我们；弥撒和十一税，给人民。十九世纪的英国贵族说过，信奉上帝的话，由我们来说；执行上帝意志的事，由人民去做。基督教的古圣先贤为了拯救世人的灵魂而羞辱了自己的肉体，而当今有教养的圣者为了拯救自己的灵魂而羞辱民众的肉体。”②法国贵族和英国贵族的话，尽管只是转引，但可归纳出他们共同的信教本质，即口是心非、沽名钓誉、奸诈狡猾、奴役人民。而在对基督教的古圣先贤与当今的圣者的比较中，可以发现当今的圣者的虚伪狡诈和鱼肉人民的反动本质。转引、对照和比较，尽管不仅是为了文学的修辞而用，但这样的手法加上鲜活的用词，描述形象而生动，使得马克

① 《马克思恩格斯选集》(第一卷)，人民出版社 2012 年版，第 404 页。

② Karl Marx, Anti-Church Movement—Demonstration in Hyde Park In *K. Marx and F. Engels On Religion*, Moscow: Progress Publishers 1957, p.114.

思的宗教批判具有刻骨铭心的效果。就文艺创作而言，马克思主义认为文艺工作者要有坚定的信念，坚强意志，敢于批判黑暗的社会现实，使文艺变成为劳动人民和穷苦民众辩护和申诉的艺术武器。

第二节　马克思主义文艺创作过程论

一、对象化

文艺的创作过程，是一个既变化复杂而又显得神秘的过程。说它变化复杂，是因为文艺创作不是记日记、抄笔记式的，也不是引经据典、实地取证般地撰写科学论文，更不是如今社会交往所使用的聊 QQ、发微信式的。说它显得神秘，是因为艺术创作是一种难以言表的心灵感受过程，也是一种难以捕获的如何去确切表现的过程，更是一种难在如何有效地向读者或欣赏者去传达的过程。正是由于这些困境，使得千百年来人类对艺术创作的过程有着不同的理解和解答。那么，马克思主义关于文艺创作过程的“对象化”，何以是科学阐释和高明的结论呢？

马克思在《1844 年经济学哲学手稿》中比较了动物的生产和人类的生产之本质性的差异后，进而批判了资本主义异化劳动把工人贬损到动物境地的邪恶本性，他认为人的劳动是一种自觉性、创造性、自由性的活动，其过程关键在于人的劳动是“对象化”的过程，而动物的则是“顺应化”的过程。诚如他所论，“因此，一方面，随着对象性的现实在社会中对人说来到处成为人的本质力量的现实，成为人的现实，因而成为人自己的本质力量的现实，一切对象对他来说也就成为他自身的对象化，成为确证和实现他的个性的对象，成为他的对象，这就是说，对象成为他自身。……每一种本质力量的独特性，恰好就是这种本质力量的独特本质，因而也就是它的对象化的独特方式，是它的对象性的、现实的、活生生的存在的独特方式。因此，人不仅通过思维，而且以全部感觉在对象世界中肯定自己。……另一方面，即从主体方面来看：……只是由于人的本质客观地展开的丰富性，主体的、人的感觉的丰富性……才一部分发展起来，一部分产生出来。……一句话，人的感觉、感觉的人性，都只是由于它的对象的存在，由于人化的自然界，才产生出来的。五官感觉的形成是迄今为止全部世界历史的产物。”①马克思的这些论述尽管看起来很抽象和难以理解，实质上要理解也很简单。人的本质力量，不同于动物的那种生物性和体力性的力量，是另一种不同的然而对人来说是根本性的力量。首先，这是一种发达的依赖于社会存在的力量，不像动物一样是依赖于自然而存在的力量，因而能衍生出各种各样的社会关系，既复杂又有具体的针对性。其次，这种力量更具有自觉性，人能自觉地把一切对象当成自己的对象，而动物则不能，如“狗啃狗骨头”，狗虽然也聪明，但它却意识不到所啃的骨头是它同类的东西。再次，这种力量具有丰富的意识，是一种人的感觉，从五官感觉的具体性和细致性，发展到思维意识的理智性和思辨性，这完全是动物不能比拟的。同时，在这个发展过程中，人能由想到做，由设计到制作，由构思到创作等，人的本质力量的对象化，也就是人的实践能力的提升化。

可见，马克思敏锐地洞察出了人的本质力量的独特性，这种独特性导致了美的形成。“只是由于人的本质客观地展开的丰富性，主体的、人的感觉的丰富性，如有音乐感的耳朵，能感受形式美的眼睛，总之，那些能成为人享受的感觉，即确证自己是人的本质力量的感觉，才一部分发展起来，才一部分产生出来。”②当然，这些发展起来的和产生出来的感觉，都是人具有美感意识的感觉，就文艺创作而言，是一种自觉性、创造性和自由性的审美能力，在马克思主义看来，就是精神生产的对象化。而这样的精神生产若以追求美为对象，遵循美的规律，就是马克思在1857年的《政治经济学批评·导言》中所定义的“艺术生产”。“动物只按照它所属的那个种的尺度和需要来构造，而人懂得按照任何一个种的尺度来进行生产，并且懂得处处把固有尺度运用于对象；因此，人也按照美的规律来构造。”③按照美的规律来构造，这是马克思主义对文艺创作过程的总结，是艺术生产的对象化过程的基本规律。较之其他的文艺创作论，马克思主义对象化的创作过程论，它有着如下的几个特点。

其一，就它的形成基础来说，马克思主义强调它的社会关系属性，而不是仅仅考虑它的自然属性，如感觉、情绪、情感等。马克思在批判费尔巴哈的人

---

① 《马克思恩格斯文集》(第一卷)，人民出版社2009年版，第190—191页。
② 《马克思恩格斯文集》(第一卷)，人民出版社2009年版，第191页。
③ 《马克思恩格斯选集》(第一卷)，人民出版社2012年版，第57页。

本主义宗教本质论时，就深刻地指出，“但是，人的本质不是单个人所固有的抽象物，在其现实性上，它是一切社会关系的总和”。[①]以此观点，在马克思主义看来，作家和艺术家所积累的人的感觉、情绪和情感等，在本质上都是社会关系中的产物，如劳动合作、社会分工、销售购买、交往联结等，这些社会内容是导致文艺创作的形成基础，而个人的感觉、情绪和情感等，只不过是社会内容的具体化，只不过是社会网络上的分支，只不过是社会普遍性的特殊形式，由此，马克思主义文艺创作论中的对象化有着众多的事件支撑，具有夯实的形成基础。

其二，就它的形成机理来说，对象化体现为一种自觉性的机理。也就是说，文艺创作者能积极地主动地联系客观对象，譬如说要描绘的自然景物、要叙述的历史事件，要塑造的小说人物等。就物来说，文艺创作者把审美情感投入其中；就人来说，文艺创作者可以与他们进行艺术情感交流，这些都是文艺创作联系。另一方面，文艺创作者还能积极地主动地作用于客观对象，就物来说，主客相生、物我交融等便是其作用的方式；就人来说，主体间性、互文性、期待视域等西方现当代文艺理论的命题或观点，便是其作用的有效阐释。由此可见，无论是对中国文艺理论，还是对西方文艺理论，马克思主义创作论中的对象化，都是适应的，其机理是科学而有效的。

其三，就它的形成结果来说，文艺创作中的对象化促使艺术情感得以提升，上升到一种主客互动、情景交融、物我一体的审美意境，而这样的对象化是自然主义、唯美主义、唯灵主义等文艺创作论所不能达到的高超的程度，因为自然主义的对象化过于专注于客体状态，唯美主义则过于偏重于感性体验，而唯灵主义则过于倚重心灵意识。相比之下，马克思主义的对象化，其导致的文艺创作具有互动性、处境性和审美性。作家与作品，作品与读者等，都是互动性的各种具体形式；作者与身世、作者与环境等，也都是处境性的各种具体形式；艺术家与美的意识、艺术家与美的世界等，也都是审美性的各种具体形式。由此看来，马克思主义文艺创作论中的对象化所形成的艺术结果是灵动的、具实的和精美的。

---

① 《马克思恩格斯选集》(第一卷)，人民出版社 2012 年版，第 135 页。

二、自然而然

如果说对象化是马克思主义文艺创作过程论中的方向性或走向性或趋向性的理论总结，自然而然则是过程论中的形态性或形状性或状态性的理论归纳。恩格斯在1859年5月18日《致斐·拉萨尔》的信中，对拉萨尔的历史悲剧《济金根》所做的修改建议中明确指出，“……主要的出场人物是一定的阶级和倾向的代表，因而也是他们时代的一定思想的代表，他们的动机不是来自琐碎的个人欲望，而正是来自他们所处的历史潮流。但是还应该改进的就是，要更多地通过剧情本身的进程使这些动机生动地、积极地，所谓自然而然地表现出来，……”，①显而易见的是，恩格斯对历史悲剧创作过程中的本然形态或曰固然形状或曰实然状况是：自然而然。这种马克思主义文艺创作过程论的“自然而然”，却充满了生动的、积极的创作动机。它并不要显出一种有意而为的、着意而做的动机，更不要去宣扬和广告此创作的目的。鲁迅先生在《“硬译”与“文学的阶级性”》一文中曾论到，“托尔斯泰正因为出身贵族，旧性荡涤不尽，所以只同情于贫民而不主张阶级斗争。马克思原先诚非无产阶级中的人物，但也并无文学作品，我们不能悬拟他如果动笔，所表现的一定是不用方式的恋爱本身”。②鲁迅先生所举的托尔斯泰这位伟大的俄国文豪，他所创作的《安娜·卡列尼娜》等优秀作品，在他的创作过程中，他的“勿以暴力抗恶”的改良主义阶级立场就自然而然地流露出来了。而马克思青年时期所创作的大量爱情诗歌，是他与燕妮自由恋爱、冲破封建等级、克服家境悬殊、蔑视贫富差异的结果，这些诗歌以真挚热烈、激情荡漾、痛苦缠绵的审美情感方式表现出来，就是他创作动机自然而然的表现方式。若托尔斯泰或马克思在创作中明显地、有意地显露他们的阶级立场或政治同情心，以此来张扬他们的创作动机，这样的举动和做派，在马克思主义看来是低劣和笨拙的。

确实，恩格斯对拉萨尔创作弊病的针砭是一针见血的，尽管他肯定了拉萨尔的创作动机，其中包含了他对创造德国戏剧辉煌的民族自豪感和对未来理想戏剧的期待，就此，恩格斯提醒他并建议道，“而您不无理由地认为德国戏剧

① 《马克思恩格斯选集》(第四卷)，人民出版社2012年版，第440页。

② 鲁迅：《二心集》，人民文学出版社1973年版，第16页。

具有的较大的思想深度和自觉的历史内容，同莎士比亚剧作的情节的生动性和丰富性的完美的融合，大概只有在将来才能达到，而且也许根本不是由德国人来达到的。无论如何，我认为这种融合正是戏剧的未来”。①当然，拉萨尔也希望有朝一日他的《济金根》能与《哈姆莱特》相媲美，可惜的是，他的《济金根》还仅是个“文学剧”，远远还没有达到如同《哈姆莱特》那样的舞台剧，它还只是一个案头剧本，充斥于其中的那些论证性的辩论，导致这个剧本很难实际上去演出和打动观众，这是为什么呢？试看《济金根》中的一些台词，以下所选的为第五幕的第五场。

第五场

前面描述过的兰德施土尔堡的塔楼房间。弗兰茨单独从侧门上场。

弗兰茨　（沉思冥想）还没有回来！他上哪儿去了？

时间一分钟一分钟地消失，
像铅一样沉重地拖着缓慢的步子！——
他走了已经三个钟头，对于我，
每个钟头都变成永恒那样长久，
并且每个钟头在我的心头，
带来无穷无尽的希望与担忧，
使我沉醉的，是这种痛苦的混合酒。
（他走到塔楼的一个窗口，伸开两臂）
德意志啊，你在外面，充满着青春和阳光，
我热爱我的国土，我努力争取的国土！
我的思想随着我的眼光
穿过这窗口的贴栏杆，飞向你那里。
他说得对！这些墙壁不是我的堡垒！
只是把我和民众分隔开的界线，
在外边，他们在沉重的压迫下期待，
非常焦急地期待救星的到来；

① 《马克思恩格斯选集》（第四卷），人民出版社2012年版，第440页。

绵亘的山峦像胳膊似地舒展，

像在对我招手，招引我冲向它们的胸怀！

我来了——我发誓——我要

出去，我要到你那里去。任何神灵也无法阻挠我的决心！

巴尔塔扎尔　（垂头丧气地上场）①

这第五幕第五场，整场却只有一个人物，即本剧主角弗兰茨·冯·济金根，巴尔塔扎尔作为济金根的秘书和心腹，只有表情没有言语，而济金根的言语又太多了，他被围困在这里，塔楼即将被敌军攻破而他也将被杀死，他所苦等的派去打听救兵消息的巴尔塔扎尔最后登场，却在此场中没有与主人发生对话，由此全场变成了济金根一人的内心独白和思想论证。尽管此场中也有人物的表情提示和故事的场景提示，但即使是普通的读者也都能察觉到：此场戏是难以上演的，一是没有明显的剧情，人物不能借助行动来推动故事的发展；二是没有动态的人物对话，只有一人独白，即使这种独白辞藻华美、铿锵顿挫、哲理深邃，但随着演出推移，观众就会觉得厌烦和枯燥，因为它没有生动性和曲折性，缺乏艺术感性，可以说，拉萨尔完全没有认真地去考虑这场历史悲剧如何去上演的问题，从严格意义上来说，他的《济金根》还只是一个半成品。这样的错误缘于他不正确的历史悲剧观，在此剧的《原序》中他明确强调，他反对以细节描写来塑造典型人物，他把人物的情感表达（以喊口号式的宣传）作为最高艺术标准，如他所说："特别是因为我根本不把历史性的东西放到历史材料、事件和人物身上去。我主要是这样来处理的：使这个转折时期的具有最内在的世界历史意义的思想和思想冲突能十分清楚地在戏剧里得到展现和塑造，固然，这样就更有可能陷入一种抽象的、学究式创作的危险。但我深信这个危险是完全可以避开的。另一方面，由于面对着这些具有世界历史意义的伟大目标及其所能产生出的动人感情，所以凡是与描写个人命运的悲剧有关的和所能涉及的一切问题，都会为之黯然失色，并且退居到远远不是重要的地位上去。"②以此可

① ［德］费迪南·拉萨尔：《弗兰茨·冯·济金根——五幕历史悲剧》，叶逢植译，人民出版社1976年版，第262—263页。

② ［德］费迪南·拉萨尔：《弗兰茨·冯·济金根——五幕历史悲剧》，叶逢植译，人民出版社1976年版，第11—12页。

见，拉萨尔根本就没有把历史悲剧的演出效果当作一回事，他将所谓的世界历史意义的思想简单地、机械地灌注到人物身上，根本就不考虑艺术的生动性、感染性。由此带来的戏剧创作中的抽象的、学究式创作的危险，也就是马克思称之为“席勒式”的创作，而拉萨尔认为只要能产生出所谓的“动人情感”，这些危险都可以克服。实质上，这是行不通的。正如马克思指出的，“……你的最大缺点就是席勒式地把个人变成时代精神的单纯的传声筒。……在人物个性上的描写方面看不到审美特色，……甚至你的济金根——顺便说一句，他也被描写得太抽象了——……在细节方面，我必须责备你在有些地方让人物过多地回忆自己，这是由于你对席勒的偏爱造成的”。[①]拉萨尔的创作，从两方面提供给我们教训，其一是在文艺创作过程中，创作者不是自然而然地将角色或人物的阶级情感和政治立场等流露出来，像席勒式地喊出来，那是笨拙的；其二是，被描述角色或人物不是以自然而然的方式去表现或塑造出来，那也是低劣的，由此，自然而然是马克思主义文艺创作过程论中的应有形态。

第三节　马克思主义文艺创作成就论

一、高不可及的范本

在马克思主义看来，文艺作品被创作出来后，决不可能是被束之高阁作为摆设的装点样品，而是要被人们去阅读欣赏、评价批评的。这样，自然就涉及了对文艺作品成就的评价问题。评价文艺作品，当然不是说马克思主义具有特殊的专权，而是较之其他的文艺评价或批评，马克思主义特别强调要从文艺发展史的渊源，以及作家、艺术家创作的具体的社会历史处境的背景下去探讨，否则文艺评价就成为无源之水和悬空之地，这样的情况在文艺评价活动或文艺批评史上是屡见不鲜的。确实，这样的文艺评价或批评总如同一阵狂风或一场流星雨，终究是狂而不久、流而不行的。相反，马克思主义对文艺创作的评价总是力图要达到客观公正和真实准确境地，既有认真负责的态度，又有科学精准的精神。

① 《马克思恩格斯选集》(第四卷)，人民出版社 2012 年版，第 437 页。

就关注文艺发展史的渊源来说，马克思在对古希腊艺术作为西方文艺发展的源头的论述，正好体现了上述要求和精神。“大家知道，希腊神话不只是希腊艺术的武库，而且是它的土壤。成为希腊人幻想的基础，从而成为希腊〔艺术〕的基础的那种对自然的观点和对社会的关系的观点，……任何神话都是用想象和借助想象以征服自然力，支配自然力，把自然力加以形象化；因而，随着这些自然力实际上被支配，神话也就消失了。……希腊艺术的前提是希腊神话，也就是已经通过人民的幻想用一种不自觉的艺术方式加工过自然和社会形式本身。这是希腊艺术的素材。不是随便一种神话，就是说，不是对自然（这里指一切对象的东西，包括社会在内）的随便一种不自觉的艺术加工。埃及神话决不能成为希腊神话艺术的土壤或母胎。但是无论如何总得是一种神话。因此，决不是这样一种社会发展，这种发展排斥一切对自然的神话态度，一切把自然神话化的态度；因而要求艺术家具备一种与神话无关的幻想。……但是，困难不在于理解希腊艺术和史诗同一定社会发展形式结合在一起。困难的是，它们何以仍然能够给我们以艺术享受，而且就某方面来说还是一种规范和高不可及的范本。”①此处，马克思就对优秀的文艺创作的评价提出了“高不可及的范本”的说法。当然，既然是高不可及的范本，自然是别的文艺创作者模仿和学习的样本，“规范”便是这个意思，也实际上等同于“范本”的意思。那么，何以马克思认为古希腊艺术是以后西方文艺创作的高不可及的范本呢？

首先从文艺发展脉络来看，古希腊神话是古希腊一切艺术的源头，而古希腊艺术随之成为西方文艺发展的源头，这是西方文艺发展史的历史事实，不可否认。但关键的是，马克思精辟而深刻地归结出：希腊神话不只是希腊艺术的武库，而且是它的土壤。武库在这里的意思是方法论，如同工匠要制造一柄剑或一把刀，怎么造呢？最简单而实用的办法是，他到武库中去取一柄剑或一把刀，照着它们的样子去制造。而在古希腊，文艺被视为技艺，自小熟读古希腊悲剧史诗的马克思，当然是知道这个文艺史的事实。在古希腊人的认识和观念中，他们是这样来认定的。“自然界的生成依循本身的规律，人工的生产靠的是技艺（tekhnē，复数 tekhnai）的指导。……古希腊人认识到生成是一种普

① 《马克思恩格斯选集》（第二卷），人民出版社 2012 年版，第 711 页。

遍现象，也知道 tekhnai 是方便和充实生活的'工具'，但是，他们没有用不同的词汇严格区分我们今天所说的'技术'和'艺术'。Tekhnē 是个笼统的术语，既指技术和技艺，亦指工艺和艺术。"①基此，在马克思看来，文艺创作需要遵循已被证明是可靠可行可用的方法，而神话故事中的一些创作方法，如情节的结构、人物的塑造、语言生动等，后来的悲剧、喜剧和史诗等的创作中无不对之进行模仿和学习，就此而言，神话就是后来发展起来的诸多文艺的范本。以出现的时间来衡量，神话中的这些方法，总是比其他文艺中的方法要早出现和使用，如"突转……指行动的发展从一个方向转至相反的发现；……发现，如该词本身所示，指从不知到知的转变，即使置身于顺达之境或败逆之境中的人物认识到对方原来是自己的亲人或仇敌。最佳的发现与突转同时发生，如《俄底浦斯》中的发现。"②《俄底浦斯》本身原先就是一个关于弑父娶母的神话，再后来才被索福克勒斯创作成悲剧《俄底浦斯》。由此可以说，神话中的一些方法，就形成和被使用的先后来说，它们最具有原创性或原真性，其他后来的文艺方法对它们的利用，则是复制性或模仿性的，是不可能超过原创性或原真性的，在此意义上，马克思说它们是规范和高不可及的范本。

其次从艺术内容来看，古希腊神话是古希腊其他后来出现的艺术的素材，甚至也可说是西方后来某些文艺的题材。例如，《俄底浦斯》神话中的故事，成为索福克勒斯悲剧《俄底浦斯》中的材料；古希腊神话中的英雄奥德修斯的历险事迹成为乔伊斯《尤利西斯》的主题来源。"希腊神话不只是希腊艺术的武库，而且是它的土壤。"马克思的这个"土壤"比喻很形象，说明神话是一切后来艺术的基础，其他国家的文艺创作的案例也莫不证明确实如此，例如中国的汉赋、唐诗、宋词、元曲和明清小说的创作中，大量存在着引用古代神话的情况，中国文艺理论中称之为"用典"，"用典"就是西方文艺创作中马克思所提出的"土壤论"。土壤是植物和作物等生长的营养来源和立足基础，脱离了土壤，植物和作物等难以茁壮成长。同理，脱离了神话，后来的文艺难以发展壮大。由于神话相对于受其影响的后来的文艺先在性和基础性，实质上每一国别、文化中的神话，都是它们文艺的祖宗，为它们文艺的子孙播种了最原始形态的

① [古希腊]亚里士多德：《诗学》，陈中梅译注，商务印书馆 1996 年版，第 234 页。
② [古希腊]亚里士多德：《诗学》，陈中梅译注，商务印书馆 1996 年版，第 89 页。

DNA，这些 DNA 是不能被其他形态所替代的，如古希腊的“海伦神话”就不能改成中国古代的“嫦娥神话”，反之亦然。就此而言，这样的不可替代性或修改性，就是马克思所说的高不可及的范本，所以要辩证地理解这个高不可及，它并不仅是很高超的意识，而且也有不能复制、难以篡改的意思。

再次从艺术方法来看，古希腊神话如其他任何神话一样，都是用想象和借助想象以征服自然力，支配自然力，把自然力加以形象化。另一方面，它又不是随便地进行不自觉的艺术加工，创作这些神话的艺术家要充满幻想，构想出这般神奇的故事。古希腊神话大都是无名的诗人口头创作的结果，这些诗人走村串户，在树荫下或街道旁，给民众即兴吟诵，甚至以竖琴等乐器来伴奏，这些诗人被称为游吟诗人，其中有名字的一位盲人诗人，据说叫荷马，这是大家所熟知的。而欣赏这些神话的民众，多是村民或市民。他们可能没有多少文化，甚至在原古的时候，连文字都还没有发明，或有了文字但那时只能写在纸莎草①上，这些都可以说明古希腊神话的传播方式最早是口传吟诵的形式，也就是说，“希腊神话在诞生千百年以后仍然只是民间口头演唱的题材”。②而民众的人数是多的，情况是复杂的，各种各样的思想观念都有，如何来使他们对神话也感兴趣、爱欣赏？因为是神话，核心的描述对象是神，而对民众来说，他们中一些人是无神论者，一些人是有神论者，还有一些是不可知论者，对于无神论者和不可知论者来说，要使他们欣赏神话，关键的问题就不是信神的问题，而是这些神话如何来感人的问题，所以马克思才说，神话能感人而长久地流传，要求艺术家具备一种与神话无关的幻想。正是这些幻想，使神话成为高不可及的范本。此处的高不可及，可以理解为手法高明、技艺高超、能力高强。

二、现实主义的最伟大胜利

从艺术起源和文艺发展史的维度，马克思主义认为高不可及的范本是对文艺创作成就评价，这主要还是从文艺作品本身及其影响力而言的。这也是最直接或最直观的评价方式，因为作品、艺术品都直接是给读者或观众来阅读

---

① 纸莎草是一种多年生的灯芯草属植物，茎高六七尺，木髓可切成薄片，横竖排列可当纸用，茎可造绳子。

② [德]古斯塔夫·施瓦布：《希腊古典神话》，曹乃云译，译林出版社 2004 年版，第 15 页。

欣赏的，通过阅读欣赏读者或观众能直观地感受到作品、艺术品的魅力。但这个评价的过程并没有到此就结束，事实上，中外文艺史优秀经典的作品或艺术品，在通过读者或观众的第一道评价后，还要经过文艺批评家或理论家的第二道评价。文艺批评家或理论家要对文艺创作进行评价，首先他们也要成为读者或观众，也要获得关于作品或艺术品的审美感受，领会它们的艺术魅力。其次，他们还要进一步对作品或艺术品进行艺术批评，从而归结出它们在文艺理论上的成就。再次，在获得了这样的文艺理论上的成就后，他们还要把这些理论性的成果再应用到文艺创作的实践活动中，以期能指导文艺创作。因此，文艺批评家或理论家的工作，从感性认识上升到理性认识，再让理性认识回归到感性创作的活动中，这个过程可能要反复多次，以至于日益完善，但却永无尽止。

确实，文艺批评家或理论家能对文艺创作进行更合理更全面更深入的评价，其秘诀，在马克思主义看来，是因为要辩证地看待作家或艺术家与其所处社会历史环境的动态性张力关系，也即说，这种关系决不是静止的或一成不变的，它是发展的，因具体情况和处境，有的变成为良性的，有的变成为恶性的，有的保持为中性的；有些发展为积极的，有些发展为消极的，也有些发展为半积极半消极的。此一方面的典型论断，当属 1888 年 4 月恩格斯在《致玛格丽特·哈克奈斯》中所提出的“现实主义的最伟大胜利”。玛格丽特·哈克奈斯笔名为约翰·洛劳，是活跃在英国 19 世纪 80 年代而倾向于社会主义的现实主义女作家，作为一位对政治经济学感兴趣的无神论者，她曾深入伦敦工人区，调查工人生活，接触了社会主义运动。她在 1887 年 4 月出版了她的第一部中篇小说《城市姑娘》，并特意给这个小说副标题加为“现实主义的故事”。小说的主要内容是叙述伦敦东头工人区的一个年轻的缝纫女工耐丽，被资产阶级绅士阿瑟·格兰特诱骗并抛弃的故事。恩格斯在接受哈克奈斯转赠的《城市姑娘》并急切地读完它之后，一方面高度赞扬了哈克奈斯表现出了真正艺术家的勇气，即敢于批判当时英国社会主义团体中坚持宗派主义和教条主义的“革命的大人物”，勇于揭露基督教贫民救济会的虚假用心，乐于描述无产阶级姑娘被资产阶级男人勾引的一个老而又老的故事；另一方面，他也诚恳地指出了哈克奈斯在创作《城市姑娘》中所显露出来的弱点和不足；恩格斯的这些艺术批评确实有根有据，分析透彻，见解深刻，试看如下原信中的论述：

“如果我要提出什么批评的话，那就是，您的小说也许还不够现实主义。据我看来，现实主义的意思是，除细节的真实外，还要真实地再现典型环境中的典型人物。您的人物，就他们本身而言，是够典型的；但是环绕这些人物并促使他们行动的环境，也许就不是那样典型了。……如果这是对1800年前后或1810年前后，即圣西门和罗伯特·欧文的时代的恰如其分的描写，那么，在1887年，在一个有幸参加了战斗无产阶级的大部分斗争差不多50年之久的人看来，就不可能是恰如其分的了。……作者的见解越隐蔽，对艺术作品来说就越好。我所指的现实主义甚至可以不顾作者的见解而表露出来。让我举一个例子。巴尔扎克，我认为他是比过去、现在和未来的一切左拉都要伟大得多的现实主义大师，他在《人间喜剧》里给我们提供了一部法国‘社会’，特别是‘上流社会’的无比精彩的现实主义历史，他用编年史的方式几乎逐年地把上升的资产阶级在1816—1848年这一时期对贵族社会日甚一日的冲击描写出来，这一贵族社会是在1815年以后又重整旗鼓的，并尽力重新恢复旧日法国生活方式的标准。……围绕这幅中心图画，他汇编了法国社会的全部历史，我从这里，甚至在经济细节方面（诸如革命以后动产和不动产的重新分配）所学到的东西，也要比从当时所有职业的史学家、经济学家和统计学家那里学到的全部东西还要多。不错，巴尔扎克在政治上是一个正统派；他的伟大作品是对上流社会无可阻挡的衰落的一曲无尽的挽歌；他对注定要灭亡的那个阶级寄予了全部的同情。但是，尽管如此，当他让他所深切同情的那些贵族男女行动的时候，他的嘲笑空前尖刻，他的讽刺空前辛辣。而他经常毫不掩饰地赞赏的人物，却正是他政治上的死对头，圣玛丽修道院的共和党英雄们，这些人在那时（1830—1836年）的确是人民群众的代表。这样，巴尔扎克就不得不违背自己的阶级同情和政治偏见而行动；他看到了他心爱的贵族们灭亡的必然性，从而把他们描写成不配有更好命运的人；他在当时唯一能找到未来的真正的人的地方看到了这样的人，——这一切我认为是现实主义的最伟大的胜利之一，是老巴尔扎克最大的特点之一。”①

---

① 《马克思恩格斯选集》（第四卷），人民出版社2012年版，第590—591页。

通过以上恩格斯的论述，我们发现马克思主义是如此来理解现实主义文学及现实主义的最伟大胜利的：首先，文学细节要能真实地反映社会生活现实，表现人物的思想性格。恩格斯在《反杜林论》中还指出，“当我们通过思维来考察自然界或人类历史或我们自己的精神活动的时候，首先呈现在我们眼前的，是一幅由种种联系和相互作用无穷无尽地交织起来的画面，其中没有任何东西是不动的和不变的，而是一切都在运动、变化、生成和消逝。这个原始的、素朴的、但实质上正确的世界观是古希腊哲学的世界观，而且是由赫拉克利特最先明白地表述出来的：一切都存在而又不存在，因为一切都在流动，都在不断地变化，不断地生成和消逝。但是，这种观点虽然正确地把握了现象的总画面的一般性质，却不足以说明构成这幅总画面的各个细节；而我们要是不知道这些细节，就看不清总画面。为了认识这些细节，我们不得不把它们从自然的或历史的联系中抽出来，从它们的特性、它们的特殊的原因和结果等方面来分别地加以研究。”①可见，恩格斯是从世界观的哲学高度，推及到文学细节对于文艺创作的重要性。他称赞巴尔扎克作品所表现的经济细节方面也要比当时所有职业的史学家、经济学家和统计学家告诉人们的还要多。他认为如果没有这些细节，巴尔扎克很难表现出金钱世界的丑恶和残酷。如巴尔扎克在《欧也妮·葛朗台》中有着大量细致入微的细节描写。小说中写葛朗台看到查理留给女儿的那个金匣子时，他的“身子一纵，扑向梳妆匣，好似一只老虎扑上一个睡着的婴儿”。②这一“纵”和一“扑”栩栩如生地表现了葛朗台对金子的贪婪与垂涎，展现出他嗜财如命的资本家本性。另外，雨果《巴黎圣母院》中对吉卜赛女郎爱斯梅哈尔达与副主教克罗德之间厮打的细节描述，也充分地反映出美与丑强烈对比的人物心灵。“牧师疯狂地用胳膊把她抱住，可怕地笑着。‘好吧，是的，我是凶手！’他说。‘我要得到你。你不愿意把我当作你的奴隶，你就得把我当做你的主人。我要得到你！……漂亮的孩子，你得死去，或者属于我！属于牧师！属于一个背教者！属于一个凶手！……你要选择：坟墓或是我的床！’他眼睛闪着淫欲的粗暴的光。他的嘴唇火热地接触了那少女的脖子。她在他的臂抱中挣扎。他满嘴口沫地拿亲吻盖满她一脸。‘别咬我，

① 《马克思恩格斯选集》(第三卷)，人民出版社 2012 年版，第 395 页。

② ［俄］巴尔扎克：《欧也妮·葛朗台》，傅雷译，载周煦良主编，《外国文学作品选》(第三卷)，上海译文出版社 1979 年版，第 63 页。

怪物！’她叫喊道。‘呵！可怕的不洁的妖僧！放开我！我要扯掉你可恶的灰头发，把它们扔到你的脸上！’”①雨果此处的细节描述，在行动描写之外，直接引述了人物各自的语言，以“！”号来提示语言的激烈情感色彩。以女主角对爱情的坚贞不屈，衬托出副主教克罗德行径的卑劣，非常有力地揭露了宗教的残酷和虚伪。可见，这些作家的创作常常以精细而冷峻的细节描写来揭示小说的题旨，使作品具有鲜明的现实主义特色。

其次，要处理好典型环境与典型人物的关系。典型环境决定典型人物，有什么样的典型环境便有与之相应的典型人物。狄德罗说人物的性格要根据他们所处的环境来决定。巴尔扎克也认为正是不同的社会环境把人类陶冶成无数不同的人，形成千殊百类的性格。马克思认为，人的性格是由环境造成的，资本主义货币制度的腐蚀作用，造成了非人的环境，非人的性格。巴尔扎克小说《高老头》中的高老头，是巴黎的一个面粉商人，在大革命时期靠投机倒把、囤积居奇而起家，是一个早期资本家形象的代表。19 世纪上半叶，当时法国社会正处于封建贵族政治与资产阶级政权的不断交锋时期，在这一过程中，资产阶级的势力不断扩大，逐渐占据上风。高老头就是封建宗法思想被资产阶级金钱至上的道德原则所战胜的时代悲剧的缩影，他把两个女儿当作天使，乐于牺牲自己来满足她们的种种奢望。而她们却只想要从他那搜刮钱财，满足一己私欲，连他弥留之际，她们都不愿去看他。高老头的父爱是神圣的，但是他的父爱却交织着封建宗法观念和资产阶级的金钱法则，这与当时的社会时代大背景是紧密联系着的。人的思想性格的形成不是由一种孤立的因素决定的，而是由生活和环境中诸多因素的“合力”以及由这些“合力”的交互作用决定的。如《红楼梦》中的林黛玉，因为幼年丧母，礼教的约束相对少一些，才有了她个性自由滋长的空间。寄居贾府之后，客观环境与她的自由个性形成了强烈的冲突，造成了她与环境的格格不入，环境对她是如此地“风刀霜剑严相逼”，使得她总是形单影只、多愁善感，一直小心谨慎地生活着。这样一个多愁善感、个性倔强、才华横溢的女性形象是由生活和环境中的多种因素相互交融的结果。此外，人物的性格也会随着环境的变化而变化。如《骆驼祥子》中的

① ［法］维克多·雨果：《巴黎圣母院》，陈敬容译，见周煦良主编，《外国文学作品选》（第二卷），上海译文出版社 1979 年版，第 505 页。

主人公祥子，初到北京时，祥子老实坚忍、自尊好强、吃苦耐劳，但在经历了买车的三起三落之后，祥子变得麻木潦倒、好占便宜、自暴自弃，这种变化正是黑暗的旧社会对普通劳动者的摧残，导致其人性的扭曲，引起人物性格的转变。另外，典型人物也能促进典型环境的形成。如《高老头》中的高老头是早期资本家的代表，他有着强烈的发财欲望，但只知道以单纯高利贷方式来获取利润，不晓得靠商品流通和资本周转来赚取；他贪婪而又吝啬，宁可过着寒碜的生活；《欧也妮·葛朗台》中的葛朗台是商业资本家的代表，他由原始剥削的手工业和放贷的方式过渡到商业投机、证券交易的方式；《纽沁根银行》中的纽沁根是金融资本家的代表，他以假破产、假清理的手段，杀人不见血地掠夺千家万户的财产，过着穷奢极欲、荒淫无耻的豪华生活。高老头、葛朗台和纽沁根三个人都是资本家，但是他们处在不同的时期因而有不同的性格特征，以此，对这些人物的描述，也就揭示了资本主义社会的发展过程。

在马克思主义看来，现实主义最伟大胜利的原因主要有两个方面。其一是因为坚持了现实主义创作原则。巴尔扎克有句名言："法国社会将成为历史家，我只应该充当他的书记。"①为了当好历史家的书记，就要求作家要深入生活、体验生活和研究生活，从而获得对生活真正的认识和深刻的理解。赵树理也曾说过："一个写作者总得对自己熟悉的群众生活的根据地永远保持着饱满的兴趣"②，他要求作家不仅要深入生活，还要身入生活，以农村为家。从1951年到1966年间，他经常回到山西农村生活，从事实际的农村工作，参加和体验了一系列的农村运动，急剧变革的农村生活给赵树理带来了永不枯竭的创作源泉。如此他才能写出《三里湾》这样的名著，它是我国第一部反映农村合作化运动的长篇小说。其二是因为作家的人格力量。一方面，作家必须渴望真理，对现实有狂热追求，拥有一颗真诚和正直的良心。巴尔扎克说："就所有行业来说，艺术家有一种难以克服的自尊心，一种艺术感情、一种难以磨灭的对事物的良心。你打败不了，也永远收买不了这颗良心。"③在中国文学史上，陶渊明不为五斗米折腰；朱自清不食美国洋面；巴金作《随想录》来讲真话，不隐恶，不虚美，对自己的灵魂进行挖掘和审判。这些伟大的作家，不沽名钓

---

① 《巴尔扎克全集》(第一卷)，人民出版社1984年版，第8页。
② 《赵树理文集》(第四卷)，工人出版社1980年版，第1659页。
③ 《巴尔扎克论文选》，李健吾译，新文艺出版社1958年版，第57页。

誉，不苟全保身，始终维护着作为作家和艺术家的价值和尊严。另一方面，作家和艺术家要保持同社会生活的密切联系和对社会重大问题的关注。鲁迅在《狂人日记》中，发出“救救孩子”的呼号，他要掀翻这人肉的筵席。这是他对当时中国社会“人吃人”的邪恶现象所发出的警告和控诉，体现了他对儿童、国家和未来的深深忧虑与殷殷关怀。卡夫卡是批判资本主义异化的杰出作家，他的《变形记》展现了现代人异化为非人的凄惨现象。因此，所谓现实主义的最伟大胜利，就其最隐藏而深刻的根源来说，实际上是作家和艺术家世界观中比较深刻的一面对比较肤浅的一面的胜利。世界观指导、制约着创作活动，但不是决定着创作活动。现实主义最伟大的胜利意义在于：它确证了生活、实践观点的正确性，作家和艺术家的观点由他们的生活实践所决定；它也说明了生活、实践观点是唯物主义认识论的首要观点，也是现实主义艺术创作论的首要观点；它更是历史辩证法的胜利，也是生活实践的胜利。这种胜利最终表明，它是一种自觉或不自觉地运用马克思主义世界观和方法论对文艺创作活动进行指导而取得的胜利。

术语阐释

艺术生产

这是马克思在1857年的《政治经济学批判·导言》中正式提出来的一个关于文艺创作的专门术语。马克思主义认为导致艺术生产的外部动因有政治和经济等，内部动因有情感和意志等。艺术生产表现为共性与个性、必然与偶然、特殊与一般的有机统一，它是一种创造性、主观性、个体性的活动，它强调精神的自由性。

艺术生产是马克思主义在文艺学、美学上的一个发现，是经典作家在文艺学和美学旗帜上的重要标志。把“艺术”与“生产”两个概念联系起来，从“生产”这种社会存在出发，将艺术生产与物质生产相比较作为考察艺术和美的方法，是超越于前人的理论创举，也是马克思主义对德国古典哲学、美学的批判性继承和发展。

对象化

对象化是马克思在《1844年经济学哲学手稿》中正式提出来的，在比较了动物的生产和人类的生产之本质性不同后，他批判资本主义的异化劳动将工人贬损到动物般的生存境地。由此，他认为人类本有的劳动过程应是对象化的活动过程，即根据事物和人的特性，有目的地、能动地、自觉地和创造性地实现人类劳动的目标。

马克思主义认为可将对象化运用于文艺创作，其一是在客体方面，根据客体方面的性质，如眼睛用于视觉，耳朵用于听觉，来进行艺术活动。其二是在主体方面，创作者要自觉地、积极地、主动地使人的感官与审美活动联系起来，如具有欣赏形式美的眼睛，具有察觉音乐感的耳朵等。由此，对象化在马克思主义看来，就是在文艺创作和审美活动中艺术美的生发和实现的过程。

现实主义的最伟大的胜利

这是恩格斯在《致玛格丽特·哈克奈斯》的信中首次提出的，恩格斯认为哈克奈斯的《城市姑娘》还不完全是现实主义的，她作品中人物本身虽说是够典型的，但是环绕着这些人物并促使他们行动的环境还不够典型。相反，巴尔扎克《人间喜剧》的创作，却真实地反映了1816—1848年的历史发展中一些典型环境中的典型人物。他的创作克服了作家本身的政治偏见和阶级局限性，因而被恩格斯称为现实主义的最伟大胜利。

马克思主义认为作家和艺术家能实现现实主义的最伟大胜利，其一是他们能坚持现实主义的创作原则，深入生活，以艺术细节来真实地反映社会现实。其二是作家具有人格力量，对真理有渴望，同社会生活保持密切联系和对社会重大问题进行关注。它确证了生活、实践观点的正确性，是马克思主义文艺理论在历史辩证法上的胜利。

思考题

1. 马克思主义认为文艺创作的动因有哪些？
2. 如何理解马克思主义关于文艺创作过程中的对象化？
3. 什么是现实主义的最伟大胜利？

延伸阅读

1.《马克思恩格斯选集》(第一卷、第二卷),人民出版社 2012 年版。

2. Terry Eagleton, *Why Marx Was Right*, New Haven & London: Yale University Press 2011.

3. 李志雄:《基于马克思及其文化的文学研究》,河南大学出版社 2017 年版。

第五章　马克思主义文艺审美论

原典摘录

马克思："美的规律"

"通过实践创造对象世界，改造无机界，人证明自己是有意识的类存在物，就是说是这样一种存在物，它把类看作自己的本质，或者说把自身看作类存在物。诚然，动物也生产。它也为自己营造巢穴或住所，如蜜蜂、海狸、蚂蚁等。但是，动物只生产它自己或它的幼仔所直接需要的东西；动物的生产是片面的，而人的生产是全面的；动物只是在直接的肉体需要的支配下生产，而人甚至不受肉体需要的影响也进行生产，并且只有不受这种需要的影响才进行真正的生产；动物只生产自身，而人再生产整个自然界；动物的产品直接属于它的肉体，而人则自由地面对自己的产品。动物只是按照它所属的那个种的尺度和需要来构造，而人懂得按照任何一个种的尺度来进行生产，并且懂得处处都把固有的尺度运用于对象；因此，人也按照美的规律来构造。"①

"In creating an objective world by his practical activity, in working up inorganic nature, man proves himself a conscious species being, i.e., as a being that treats the species as its own essential being, or that treats itself as a species being. Admittedly animals also produce. They build themselves nests, dwellings, like the bees, beavers, ants, etc. But an animal only produces what it immediately needs for itself or its young. It produces one-sidedly, while man produces universally. It produces only under the dominion of immediate physical

① 《马克思恩格斯选集》(第一卷)，人民出版社 2012 年版，第 56—57 页。

need, while man produces even when he is free from physical need and only truly produces in freedom therefrom. An animal produces only itself, while man reproduces the whole of nature. An animal's product belongs immediately to its physical body, while man freely confronts his product. An animal forms things in accordance with the standard and the need of the species to which it belongs, while man knows how to produce in accordance with the standard of every species, and knows how to apply everywhere the inherent standard to the object. Man therefore also forms things in accordance with the laws of beauty."①

"Das prakische Erzeugen einer gegenständlichen Welt, die Bearbeitung der unorganischen Natur ist die Bewährung des Menschen als eines bewußten Gattungswesens, d. h. eines Wesens, das sich zu Gattung als seinem eignen Wesen oder zu sich als Gattungswesen verhält. Zwar producirt auch das Thier. Es baut sich ein Nest, Wohnungen, wie die Biene, Biber, Ameise etc. Allein es producirt nur, was es unmittelbar für sich oder sein Junges bedarf; es producirt einseitig, während der Mensch universell producirt; es producirt nur unter der Herrschaft des unmittelbaren physischen Bedürfnisses, während der Mensch selbst frei vom physischen Bedürfniß producirt und erst wahrhaft producirt, in der Freitheit von demselben; es producirt nur sich selbst, während der Mensch die ganze Natur reproducirt; sein Product gehört unmittelbar zu seinem physischen Leib, während der Mensch frei seinem Product gegenübertritt. Das Thier formirt nur nach dem Maaß und dem Bedüfniß der species, der es angehört, während der Mensch nach dem Maaß jeder species zu produciren weiß und überall das inhärente Maaß dem Gegenstand anzulegen weiß; der Mensch formirt daher auch nach den Gesetzen der Schönheit."②

① Karl Marx, "Economic and Philosophic Manuscripts of 1844", in *Economic and Philosophic Manuscripts of 1844 and the Communist Manifesto*, translated by Martin Milligan. New York: Prometheus Books 1988, pp.76—77.

② Karl Marx, Ökonomisch-philosophische Manuskripte (Zweite Wiedergabe), in: *Karl Marx · Friedrich Engels · Gesamtausgabe · Band 2*. Berlin: Dietz Verlage Berlin, 1982, ss.369—370.

以上三段选文，出自马克思的《1844 年经济学哲学手稿》，之所以要将它的中文、英文译文和德文原文摆放在一起，其一是涉及此手稿的版本问题，其二是涉及一个重要术语“美的规律”的问题，这两个问题，都与马克思主义文艺审美论的立论起点和核心阐释有着密切联系。其实，只要是通晓英文和德文的细心读者就会发现，我们今天所熟知的马克思的名篇《1844 年经济学哲学手稿》，在德文原文中并没有“1844 年”几个字，这是为什么呢？根据 1982 年出版的《马克思恩格斯全集》德文历史考证本（也就是简称的 MEGA 版），大家可以查看到马克思为写作经济学哲学手稿而编排的原样稿本，它处在目录“卡尔 · 马克思 1843 年 3 月至 8 月的著作 · 论文 · 草稿”（“KARL MARX：WERK · ARTIKEL · ENTWÜRFE：MÄRZ 1843 BIS AUGUST 1844”①）的目录之下，因而马克思的原稿《经济学哲学手稿》其实并没有 1844 年几个字，因为此手稿是他在 1844 年 5 月底 6 月初到 8 月完成的草稿，遗憾的是在他生前此手稿并没有被发表，它第一次发表是在 1932 年的《马克思恩格斯全集》第 1 部分的第 3 卷。为了体现这个历史遗稿在创作过程上的原始形态，1982 年出版的历史考证本编纂者把它分别编排为第一文本（“Erste Wiedergabe”②），此文本如实地体现了马克思手稿的原始形态，即由三个笔记本所构成，第一笔记本共有 36 页，每页由三个纵列或两个纵列所组成；第二笔记本却只留下 4 页；第三笔记本共有 34 页，每页由两个纵列构成。这些文稿形态为研究马克思手稿的历史创作过程，提供了最为直接的原始材料。然则，为了从整体上并系统性地展现马克思手稿的重要思想和逻辑结构，编纂者把经由马克思列宁主义研究所编辑整理的手稿则称为第二文本（“Zweite Wiedergabe”③），也就是我们所熟知的《1844 年经济学哲学手稿》。第二文本比第一文本有所改变的是，把《序言》放在最首，将每章标上题目，如“工资”“资本的利润”“异化劳动”等，这样的变动完全符合马克思在《序言》中所要表达的意思，因为马克思的原稿还是一个手写的草稿样式，尽管其文章内容已经成熟。所以，在文章内容上第一文本与第二文本几乎没有什么改变，而我们所选的这段德文，出自第二文

---

① *Karl Marx · Friedrich Engels · Gesamtausgabe · Band 2*. Berlin：Dietz Verlag Berlin，1982，s.5.

②③ *Karl Marx · Friedrich Engels · Gesamtausgabe · Band 2*. Berlin：Dietz Verlag Berlin，1982，s.6.

本,与第一文本完全是一致的①。之所以要不厌其烦地陈述《1844年经济学哲学手稿》的得名、编排及版本等信息,为的只是要说明和强调,马克思关于“美的规律”的提出,确实是出自他对资本主义异化劳动批判的语境之中,脱离了此语境,要理解“美的规律”及马克思主义文艺审美论,就会有困难或产生歧义。

尽管“异化”及其概念在马克思以前的德国哲学中被广泛使用,但马克思所提出的“异化劳动”概念,以及他在手稿中分析出的“异化劳动”在资本主义社会中所造成的危害性、残酷性和变异性,都是确证“美的规律”、抒发“美的情感”和期盼“美的生活”的起点与背景。马克思对当时英国以亚当·斯密等为代表的国民经济学的批判,揭示出导致异化劳动的原由——资本主义的私有制。马克思所看到的是工人的凄惨处境,所痛恨的是资本家的暴富,所批判的是机械化大生产为资本主义私有制服务,所期待的是无剥削的理想社会。

另一方面,在术语的翻译上,也值得注意。《马克思恩格斯选集》的三版(第三版为2012年出版,1995年出版的被称为第二版,1972年出版的被称为第一版)在这个方面有所改善,一些重要术语的翻译也有所改进,如“美的规律”的出处地方,就有两个显著改善,其译文为:“动物只是按照它所属的那个种的尺度和需要来构造,而人懂得按照任何一个种的尺度来进行生产,并且懂得处处都把固有尺度运用于对象;因此,人也按照美的规律来构造。”②确实,“formirt”的本意是“构造”,因而比翻译成“建造”更精准,无疑,动物是不能如同人类一样去建造什么东西。“inhärente Maaß”翻译成“固有尺度”是准确的,而翻译成“内在的尺度”很容易引起误解,仿佛还有“外在的尺度”与之相对应,之前关于“美的规律”的争论,所谓内在的尺度和外在的尺度的问题,就因这个新的译语而解决了,可见,通晓德文原文的重要性。

然而,就是此出处,对“美的规律”的翻译还是存在着问题的。德文的原文“Gesetzen der Schönheit”的意思是“美的诸规律”,“Gesetzen”是“Gesetz”的复

① Karl Marx, „Ökonomisch-philosophische Manuskripte (Erste Wiedergabe)“, in: *Karl Marx · Friedrich Engels · Gesamtausgabe · Band 2*. Berlin: Dietz Verlag Berlin, 1982, s.241.

② 《马克思恩格斯选集》(第一卷),人民出版社2012年版,第57页。

数形式，“Gesetz”在德文中是“规律、法则”的意思，所以“美的规律”在英文中对应翻译是“laws of beauty”。但是，以中文来说，“美的诸规律”的说法是别扭的。由此，“美的规律”这个翻译对中文读者来说是好理解的，但必须结合人的审美能力的形成来理解才更全面和更丰富。

基于美的规律，马克思主义认为，人的审美能力的形成是客观条件和主观条件相互融合和相互作用的结果。其形成的客观条件之一是人手的能力的形成，人手的能力是一个不断提高的过程，人手的灵巧性和创造性使手成为人类的第一大工具，文艺创作，也至低需要手这个工具来操作。客观条件之二是语言能力的形成，语言从生产劳动中产生，具有重要的交际性和叙述功能，语言在叙述中具有审美的效应。同时，审美能力的形成还需要主观条件。主观条件之一是美感的形成，一方面美感的发生由于对象性的存在，即审美对象的出现，如“感时花溅泪”“月是故乡明”“吹面不寒杨柳风”之类的美感。另一方面艺术对象创造出懂得艺术和能够欣赏美的大众——即审美主体的产生，如懂得欣赏悲剧的观众。主观条件之二是审美关系的形成，审美关系具有愉悦性、融洽性、感应性和社会性，涉及人与自身、人与人、人与世界之间的审美情感。审美关系的本质是其社会性，正是社会真正地将人与自身、与他人、与世界关联起来，艺术生产也是社会性的劳动，劳动创造了美。

要透彻理解人的审美能力，还需要注意的是，马克思主义特别强调的是，人的生产与动物的生产本质性的不同是，人能自觉地、积极地并最终自由地把任何一个种的尺度运用到作为对象本身上去，换言之，人的生产是根据对象的性质或规律，将人的智慧或才华运用于对象之上，而最终实现人所设想的目的，达到预期的效果等。这样，就生产出来美的家具、美的汽车、美的房屋等，而生产出家具、汽车、房屋等等美的东西，每一者所要遵循的美的规律是不同的。物质性的生产是如此，精神性的生产也是如此，创作出美的诗歌、美的绘画、美的音乐，等等，所要遵循的美的规律也是不同的。然则，有一点它们是共同的，美的物品是人的生活所需要的，美的文艺也是人的生活所需要的。从已被生产出来的方面看，它们是为人的生活这个目的而生产；从如何被生产出来方面看，按照美的规律，起到服务于人的生活的功用，这种功用，在马克思主义看来，以文学和艺术而论，就是审美反映论。

第一节　马克思主义审美反映论

一、形象显示

文学和艺术是对世界的一种反映，但都是一种审美反映，这是它们不同于哲学、历史、宗教和伦理学等也可以作为对世界的反映的地方。简言之，文艺求美，哲学求真，历史求实，宗教求信，伦理学求善。这样一来，文艺成为来对世界的一种审美反映，也形成了它们作为人类的认识方式的独有特性。当然，文艺既然可以是对自然世界的一种审美反映，如描绘自然风光的优美诗歌；也可以是对人类心灵的一种审美反映，如讴歌英雄人物的命运交响曲；还可以是对人类社会历史生活的一种反映，如展现某一时期社会矛盾的长篇小说。如此可见，无论就目的还是功用来说，文艺是对世界的审美反映，在马克思主义看来，这就被称为文艺审美反映论。

马克思主义审美反映论，不是凭空产生的，它是对德国古典美学的批判性继承而发展而来的。就继承方面而言，马克思的审美反映论首先是对康德的美学思想有所继承。康德的美学思想可归结为一种主观唯心主义的美学，他把涉及主体的愉快和不愉快的情感对应于“艺术”①(也即我们所说的文艺)的应用范围，而把关于主体情感的认识能力称之为“判断力”。那么，在康德看来，什么是审美性状呢？“凡是在一个客体的表象上只是主观的东西，亦即凡是构成这表象与主体的关系、而不是与对象的关系的东西，就是该表象的审美性状；但凡是在该表象上用作或能够被用于对象的规定(知识)的东西，就是该表象的逻辑有效性。”②显然，在康德看来，审美的性状是一种主观的东西，它构成为一种与主体相关的“表象化”的形态，它本质上与对象(亦即客体，与主体对应的存在对象)无关，但为什么我们会感觉对象(如一束玫瑰花)是美的呢？“很容易看出，要说一个对象是美的并证明我有品位，这取决于我怎样评价自己心中的这个表象，而不是取决于我在哪些方面依赖于该对象的实

① [德]康德：《判断力批判》，邓小芒译，杨祖陶校，人民出版社2002年版，第33页。
② [德]康德：《判断力批判》，邓小芒译，杨祖陶校，人民出版社2002年版，第24页。

存。”[1]康德说得很清楚了，对象之美是因为我的心中的评价，一束玫瑰花之所以是美的，那是“我”用赞美欣赏的心态去评价的；但同样还是这个主体的“我”，当处在贬损厌恶的心态时，此时评价出的那束玫瑰可能就是丑陋带刺的。因此，审美是与主观感受密切联系的，不能忽视主体的感受性。马克思也曾说过，“忧心忡忡的、贫穷人对最美丽的景色都没有什么感觉；经营矿物的商人只看到矿物的商业价值，而看不到矿物的美和独特性；他没有矿物学的感觉”。[2]忧心忡忡的穷人之所以感觉不到最美丽的景色，那是因为他们的内心为食物等生存性问题所困扰；贩卖矿物的商人之所以感觉不到矿物的美和特性，如玉石的洁白和光泽，因而他们也就没有矿物学的感觉，只因为他们的内心为矿物能值多少金钱的欲望所占有。由此可见，文艺的审美，尽管与人的情感密切相关，但人的情感并不在真空中滋长，而总是与人的实际生活处境，进而与人的阶级状态和立场有着实质性的关联。鲁迅先生在这方面论述得很形象也很透彻，他说，“自然，‘喜怒哀乐，人之情也’，然而穷人决无开交易所折本的懊恼；煤油大王那会知道北京捡煤渣老婆子身受的酸辛；饥区的灾民，大约总不去种兰花，像阔人的老太爷一样；贾府上的焦大，也不爱林妹妹的”。[3]鲁迅先生已自觉地具备了马克思主义文艺审美论的观点，已经深入了人类社会的阶级审美论，马克思主义承认人类发展社会中的阶级，阶级是人类社会生产（包括精神生产）的结果，而动物的生产却远远没有发展到这样的程度。那么，精神生产，特别是其中的艺术生产，审美的主体是谁？“快意对于无理性的动物也适用；美只适用于人类，即适用于动物性的但却有理性的存在物，但这存在物又不单是作为有理性的（例如精灵），而是同时又作为动物性的存在物；……惟有对美的鉴赏的愉悦才是一种无利害的和自由的愉悦；因为没有任何利害、既没有感官的利害也没有理性的利害来对赞许加以强迫。”[4]审美的主体是人类，尽管动物也有感性的愉悦，但那绝不是审美意义上的愉悦。工人在生产劳动中所获得的愉悦，是一种美，在马克思看来这是毫无疑问的，一种主体的愉悦，构成一种表象的形态，但并不是一种纯粹的抽象物，它要借助于

① ［德］康德：《判断力批判》，邓小芒译，杨祖陶校，人民出版社 2002 年版，第 39 页。
② 《马克思恩格斯文集》（第一卷），人民出版社 2009 年版，第 192 页。
③ 鲁迅：《“硬译”与“文学的阶级性”》，见《二心集》，人民文学出版社 1973 年版，第 15 页。
④ ［德］康德：《判断力批判》，邓小芒译，杨祖陶校，人民出版社 2002 年版，第 45 页。

实在的形态表现出来,故曰“表象”,这是马克思的文艺审美论对以康德为代表的德国古典美学的继承,由此演进,展现了马克思主义文艺审美论在主体能动性和艺术创作性上的强调与注重。

除康德之外,马克思的文艺审美论还受黑格尔的美学思想所影响。众所周知,黑格尔的美学,被视为德国古典美学的集大成。在他看来,宇宙世界的起源,来自他所定名的“绝对理念(也被翻译成‘绝对精神’)”,这种“绝对理念”被认为是客观存在的。宇宙世界的发展,从“绝对理念”出发,外化为客观世界的万事万物,又从客观世界的万事万物回归到“绝对理念”自身。以黑格尔的哲学观点,尽管“绝对理念”是纯粹单一和永恒不变的精神性的东西,但它却是不以人的意志为转移的客观存在。也即说,他认为是先有“绝对理念”,后才有宇宙世界的。由此,他的美学是一种客观唯心主义的美学。那么,黑格尔是怎么来认定美的呢?作为哲学家,他是从哲学作为人类整体知识的理论总结来判定美的观念。“哲学观念上的美,至少以初步的方式来指涉出它的真实本性,必须在其自身内协调好所指出的两种极端,它要融合形而上学的普遍性(universality)和实在个体的确切性(precision),只有这样在关于它的真理上,才能完全掌握它。”①可以看出,黑格尔所认定美的真实本性,体现在它融合了理念的普遍性和实体的特殊性,是一种艺术形象,超越了康德的那种关于美是愉悦的表象的说法,没有仅停留在主体感受的层面。因此,黑格尔对美的认定更具辩证内涵,他认为,“美是作为观念和现实直接融合的理念(the idea),然此理念也只有处于融合中,在感性(sensuous)和真实的外表中的直接显现。”②换言之,美是理念,是“绝对理念”的一种外化,它的奇妙本性在于:它是理性的感性显现。而什么东西具备理性的感性显现?就是文艺之美,艺术形象,进而构成为艺术典型,黑格尔也称它为一个“这个”,恩格斯接受了这个说法,关于塑造人物典型,他在与明娜·考茨基的通信中说过,“每个人都是典型,但同时又是一定的单个人,正如老黑格尔所说的,是一个‘这个’,而且应当是如此。”③以上

① G.W.F. Hegel, *Aesthetics*: *Lectures on Fine Art* (Volumen 1). Translated by. T.M. Knox. Oxford: Oxford University Press, 1975, p.22.

② G.W.F. Hegel, *Aesthetics*: *Lectures on Fine Art* (Volumen 1). Translated by. T.M. Knox. Oxford: Oxford University Press, 1975, p.116.

③ 《马克思恩格斯选集》(第四卷),人民出版社 2012 年版,第 578 页。老黑格尔在这里就是指的黑格尔,这是恩格斯对他的尊称。

可见，马克思主义文艺审美论继承和吸收了德国古典美学中关于审美判断、美的观念和美的定义等多方面的积极因素。

但是在另一方面，问题的关键是，马克思、恩格斯又深刻地批判了德国古典哲学，从哲学基础上革命性地颠覆了德国古典美学，以此构建出马克思主义美学。就文艺审美论而言，马克思主义强调要弄清文艺的基本属性是什么，要知道它们的来源是什么。马克思主义总是从社会生产和经济发展的生存状态来考察文艺的属性和来源，由此，生产力与生产关系(生产关系的总和被马克思称之为经济基础)对文艺具有重要的决定性的作用。“随着经济基础的变更，全部庞大的上层建筑也或慢或快地发生变革。在考察这些变革时，必须时刻把下面两者区别开来：一种是生产的经济条件方面所发生的物质的、可以用自然科学的精准性指明的变革，一种是人们借以意识到这个冲突并力求把它克服的那些法律的、政治的、宗教的、艺术的或哲学的，简言之，意识形态的形式。”①马克思在此处所指的“艺术”，就是文艺，显而易见，文艺如同法律、政治、宗教和哲学，本质上都是意识形态，文艺是人类社会历史发展出的一种意识形态，它们以追求审美为特性，就像法律以追求社会公平为特性，政治以追求社会治理为特性，宗教以追求人类信仰为特性，哲学以追求世界真理为特性。既然文艺是一种审美意识形态的形式，那它们又是从哪里来的呢？“人们是自己观念、思想等等的生产者，但这里所说的人们是现实的、从事活动的人们，他们受自己的生产力和与之相适应的交往的一定的发展——直到交往的最遥远的形态——所制约。……德国哲学从天国降到人间；和它完全相反，这里我们是从人间升到天国。这就是说，我们不是从人们所说的、所设想的、所想象的东西出发，也不是从口头说的、思考出来的、设想出来的、想象出来的人出发，去理解有血有肉的人。我们的出发点是从事实际活动的人，而且从他们的现实生活过程中还可以描绘出这一生活过程在意识形态上的反射和反响的发展。……不是意识决定生活，而是生活决定意识。”②由此可见，马克思主义文艺审美论，既批判了康德为代表的主观唯心主义文艺审美论，又批判了以黑格尔为代表的客观唯心主义文艺审美论，创立了历史唯物主义的文艺审美论，

---

① 《马克思恩格斯选集》(第二卷)，人民出版社 2012 年版，第 3 页。

② 《马克思恩格斯选集》(第一卷)，人民出版社 2012 年版，第 152 页。

因为它从人类生存和社会发展的最基础性维度，辩证性地去理解和阐释文艺审美活动，不是从主观头脑，也不是从上帝灵魂中去判断、认识、鉴别和欣赏文艺之美。那么，这样的文艺之美，是如何显示出来的呢？

其实，马克思主义关于文艺之美如何显示出来，也很简明扼要，就是形象显示。恩格斯曾对拉萨尔说过，“主要出场的人物是一定阶级和倾向的代表，因而也是他们时代的一定思想的代表，他们的动机不是来自琐碎的个人欲望，而正是来自他们所处的历史潮流。但是还应该改进的就是，要更多地通过剧情本身的进程使这些动机生动地、积极地，所谓自然而然地表现出来”。[①]人物形象活起来，就会生动起来。从哪里活起来呢？就可从文艺作品所描述的生活、事件、故事等中活起来，如奥德修斯在海上的艰苦漂流，不迷恋女神的美貌与柔情，不眷恋长生不老的神仙世界，等等，就把他作为英雄的形象写活了。此外，还可以从人物的行动中把人物形象写活，因为行动是人物心灵的真实反应。鲁迅先生在《药》中，通过刽子手康大叔对夏瑜行动的描述，将幼稚而坚贞的革命者夏瑜写活了。“康大叔瞥了小栓一眼，仍回过脸，对众人说，‘夏三爷是乖角儿，要不是他先告官，连他满门抄斩。现在怎么样？银子！——这小东西也真不成东西！关在牢里，还要劝牢头造反。’……‘你要晓得红眼睛阿义是去盘盘底细的，他却和他攀谈了。他说：这大清的天下是我们大家的。你想：这是人话么？红眼睛原知道他家里只有一个老娘，可是没料到他竟会这么穷，榨不出一点油水，已经气破肚皮了。他还要老虎头上搔痒，便给了他两嘴巴！’”[②]出卖革命者的本家族人夏三爷，凶残狠毒的康大叔，得了痨病期待吃了“人血馒头”能治好病的华小栓，前两者不可怜，后一者可怜，他们作为事件的关联者，作者所要映衬的是革命者夏瑜，围绕“人血馒头”的事件，特别是通过对夏瑜行动的描述，把这类革命者的形象写活了。

当然，康德关于文艺审美的“表象形态”，黑格尔关于文艺审美的“感性显现”，不是他们不承认文艺审美要符合形象显现的规则，而是他们的形象显现，没有充分地显现出从事实际活动的人及他们的现实生活过程。换言之，他们的形象显现还是抽象式的、静止式的、孤立式的、部分式的，没有充分地展现人

① 《马克思恩格斯选集》（第四卷），人民出版社 2012 年版，第 440 页。

② 鲁迅：《药》，见《鲁迅小说全编》（插图本），漓江出版社 1996 年版，第 21 页。

类及社会的深刻历史内涵，只有人类社会才是具有真正意义的历史，动物的发展只是自然史，即使是将工人的生存倒逼至动物性的生存境况，那是资本主义异化劳动的罪恶史，马克思主义者可以拿起文艺之笔，如投枪和匕首，刺向资本主义的邪恶之心。鉴此，马克思主义文艺审美论，也是文艺批评论。

二、艺术真理

马克思主义文艺审美反映论，第一步是关于如何反映的，这个问题在以上关于形象显示的论述中已经解决。接下来的第二步，是关于反映的结果是什么的问题，这个结果，在马克思主义文艺理论中，可以称之为艺术真理，即通过文艺审美，作家和艺术家试图要反映出什么样的社会历史真相，要表达出什么样的世界人生真理，与之相对应，读者和批评者能认识到什么样的社会历史真相，能阐释出什么样的世界人生真理。尽管艺术真理是文艺理论中的一个常有的理论术语，但扩展开去，也可成为一个理论范畴。但马克思主义文艺理论中，特别是具体到马克思主义文艺审美论中，它与其他的文艺理论的不同点在于，一者文艺审美要以唯物史观为指导去探求艺术真理；二者文艺审美要以唯物辩证法为准绳去获取艺术真理，如此才能行之有效，否则就可能是所谓绝对的、永恒的、抽象的、万能的艺术真理，而这样的艺术真理本身就不是真理了。

关于艺术真理，要充分理解马克思主义唯物史观在此方面的指导意义，只要比较一下非马克思主义对它的判定，就能彰显此方面的理论内涵和实践意义。我们可以拿诗歌情感论的重要代表华兹华斯的见解来对比，在著名的《〈抒情歌谣集〉前言》中，他论道，“……诗歌是强烈感觉（feelings）的自发流露：它起源于平静中回忆起的情感（emotion）：这种情感被沉思着，直到被一种反应所打破，平静逐步消失，于是一种情感，类似于那种置于沉思主体面前的，就逐步产生，而它自身（itself）确实存在于心灵之中。……诗人会从提供给他的经验中受益，然特别谨慎，那就是，不管他传达给读者什么样的激情（passions），如果他的读者心灵健全和富有活力，一种愉悦的超量（an overbalance of pleasure）就会伴随着那些激情而来。”①华兹华斯的诗确实写得

① William Wordsworth, "Preface to Lyrical Ballads." Edited by Yao Naiqiang. *Western Classics in Literary Criticism*: *From Plato to Henry James*. Shanghai: Shanghai Foreign Language Education Press 2003, p.335.

很美，读者也常为他的诗所感动，产生了一种因欣赏他的诗而带来的审美愉悦。然则，这样伟大的诗人，他对诗歌产生原因的探究，最终却把它归宿到心灵，也即说，心灵世界才是诗歌创作灵感的源头。欣赏诗即使给读者带来了激情，但它不过是平静中回忆起的情感，经过了创作主体诗人的沉思。一种理性的沉思，酝酿于诗人的心灵，喷发出来，撞击出读者的激情，这实质上还是黑格尔关于“美是理性的感性显现”的变相说法，也是康德关于审美判断是“主体(人)感受的表象”的变脸游戏，它们的共同点是都认为文艺的来源是心灵精神来源，只是前者认为这样的心灵精神是客观性的，如上帝的；后者认为则是主观性的，如凡人的。那么，关于文艺的本质是什么，或曰我们认识到什么艺术真理，这种艺术真理终究是心灵精神的反映。在古代，人们认为艺术是神灵或上帝等超自然力量的心灵精神的反映，这不奇怪，我们不能苛求古代人的认识世界的能力，那么，艺术是否就是对人类心灵精神的反映呢？

艺术远不只是对人类心灵精神的反映，它更是对人类社会历史的反映。确实，人类的心灵精神到底来自哪里？马克思对费尔巴哈的直观唯物主义的批判可以说是回答了这个问题。费尔巴哈以他的人本主义宗教进化论，对德国唯心主义哲学所支撑的宗教本质论是一场严峻的清算。他洞察出犹太—基督教文化的演变，实质上是西方社会历史演变的结果。上帝的本质，实质上就是人的本质。“上帝就是人，人就是上帝。”①这是多么振聋发聩的呐喊，是多么言简意赅的妙语。一切归于人的创造，一切归于人的发明，一切归于人的认识。人能认识真理，真理与人有什么关系？“真理是人，而不是抽象的理性，是生活，而不是那停留在纸上求得其完全而相适应的存在的思想。所以，那些直接由笔尖转入血液，由理性转入人的思想，已不再是科学的真理。”②费尔巴哈的这种直观唯物主义的观点难能可贵，真理当然不是抽象的理性，真理是对人的生活的反映。然则，什么才是人的生活呢？由此，马克思一针见血地指出，“从前的一切唯物主义(包括费尔巴哈的唯物主义)的主要缺点是：对对象、现实、感性，只是从客体的或者直观的形式去理解，而不是把它们当作感性的人的活动，当作实践去理解，不是从主体方面去理解。因此，和唯物主义相反，能

① [德]费尔巴哈：《基督教的本质》，荣震华译，商务印书馆1984年版，第16页。
② [德]费尔巴哈：《基督教的本质》，荣震华译，商务印书馆1984年版，第10页。

动的方面却被唯心主义抽象地发展了，当然唯心主义是不知道现实的、感性的活动本身的。费尔巴哈想要研究思想客体确实不同的感性客体，但是他没有把人的活动本身理解为对象性的(gegenständliche)活动。因此，他在《基督教的本质》中仅把理论的活动看做是真正的人的活动，而对于实践则只是从它的卑污的犹太人的表现形式去理解和确定。因此，他不理解'革命的'、'实践批判的'活动的意义。"①尽管费尔巴哈的哲学观是唯物主义的，但他并不了解什么是感性的人的活动，亦即实践，它是现实的、具体的和对象性的活动，它的活动的主体——人是有血有肉的、活动的、有自觉性的和创造性的存在者，并不是冰冷的、静止的、孤立的和抽象的存在者，如同上帝一样的神灵。"费尔巴哈把宗教的本质归结为人的本质。但是，人的本质不是单个人所固有的抽象物，在其现实性上，它是一切社会关系的总和。"②如此，在马克思主义看来，艺术真理是对人的活动——实践的一种反映，尽管它可能是心灵精神的形式，但其根本内容是人的社会生活，人是处在社会关系中而存在的，没有孤立纯粹抽象的关系，都是现实的、活动的、具体的关系，如家庭关系、朋友关系、师生关系、生产关系、消费关系，等等，作为艺术真理，也就是对这些关系的审美反映。

艺术真理作为审美反映的另一方面是，它要符合唯物辩证法的准绳。即艺术审美虽然是心灵感应的方式，艺术真理也是心灵意识的反映，但要获得艺术真理，仅仅遵循心灵精神的法则还不够，更关键的它是要遵循客观世界的法则。若把艺术真理仅当作一个绝对理念的化身，以正题—反题—合题的变化方式，在自身内部循坏，那样的艺术真理不是真理。黑格尔的辩证法认为，万物规定性(质)作为存在形态的运动过程也即是—非—变的过程。是和非的统一是变，是和非两者都是变的结果，它们是怎样变来的呢？"两者都同样是变(becoming)，即使它们方向是如此不同以至相互渗透和制约(interpenetrate and paralyze)。一个方向是消亡(ceasing-to-be)；是过渡到非，但非又是它自身的对立物，过渡到是，即成为(coming-to-be)。这个成为是另一个方向；非过渡

① 《马克思恩格斯选集》(第一卷)，人民出版社2012年版，第133页。
② 《马克思恩格斯选集》(第一卷)，人民出版社2012年版，第135页。

到是，但是又同等地扬弃自身，更确切来说过渡到非，即消亡。它们不是相互扬弃，不是外在性地将另一者扬弃，而是每一个在自身中扬弃自身(but each rather sublates itself in itself)，每一个在自身中就是自己的对立物。"①如遵循黑格尔的辩证法，在文艺审美认识反映论上，对何为艺术真理的探究，就会陷入一种精神理念自我循环的窘迫之境，艺术真理也最终会从人间蒸发，消失在天国神祇的幽冥世界之中，成为与人的生活、与社会发展毫无关系的玄幻之思。正如马克思批判黑格尔哲学，指出其毛病在于把运动从抽象形式上去理解，这样一来，"……作为辩证法，被看成真正人的生命；而因为它毕竟是人的生命的抽象、异化，所以它被看成神灵的过程，然而是人的神性的过程，——人的与自身有区别的、抽象的、纯粹的、绝对的本质所经历的过程。……绝对精神，就是知道自己并且实现自己的观念。现实的人和现实的自然界不过成为这个隐秘的非现实的人和这个非现实的自然界的谓语、象征。因此，主语和宾语之间的关系被绝对地相互颠倒了：这就是神秘的主体—客体，或笼罩在客体上的主体性，作为过程的绝对主体，作为使自己外化并且从这种外化返回到自身的、但同时又使外化回到自身的主体，以及作为这一过程的主体；这就是在自身内部的纯粹的、不停息的旋转。"②在马克思看来，辩证法是宝贵的，但黑格尔的错误在于，把这个对真正人的生命的总结的东西，演化为神灵的过程，他为什么会这样做呢？还是他哲学观的问题，马克思所谓"主词和宾词之间的关系被绝对地相互颠倒了"，即是说，在黑格尔的哲学观中，绝对精神决定了客观世界。尽管他的辩证法是可信的、合理的或是可行的，它还是停留在逻辑的和理性的层面上，还没有深入历史的和社会的根基上，所以，类似于黑格尔哲学所统摄的艺术真理，还远远不能从审美上对人类历史和社会发展进行深刻的把握，这种深刻的把握，正如马克思所赞美的古希腊艺术和莎士比亚的戏剧，能超越它们所赖以生产的时代局限，穿越人类社会的历史时空，超越性、穿越性、前瞻性、唯一性和恒久性，是马克思主义认定艺术真理所具有的特性，这些都为中外文艺史所确证，毋庸赘言。

---

① Georg Wilhelm Friedrich Hegel, *The Science of Logic*. Translated and edited by George Di Giovanni, Cambridge: Cambridge University Press 2010, pp.80—81.

② 《马克思恩格斯文集》(第一卷)，人民出版社 2009 年版，第 217—218 页。

第二节　马克思主义审美情感论

马克思主义文艺审美情感论，涉及马克思主义对文艺活动中审美情感的形成与作用的基本看法。审美情感，已经不再是生活情感的原始形态，上升为艺术化的高级形态，是文艺创作中的艺术动力，也是文艺批评中的艺术判断力，还是文艺鉴赏中所要追求的艺术魅力。由此而来，审美情感论，在马克思主义的视域中，成为一种强大的审美能力，对文艺创作活动构成一种创作激情，对文艺作品的形成起到催生和推动的作用；而对文艺批评和文艺鉴赏则构成一种批判精神，对文艺作品的评价和赏析起到指正和反思的作用。

一、创作激情

就马克思本人来说，他是一位有着创作激情的人，这可以从他一生的创作量来衡量。英国的劳伦斯—威施赦特出版公司（Lawrence & Wishart）到2004年止共计出版马克思恩格斯全集五十卷，如果马克思和恩格斯各占一半（但实质上马克思的著作更多），每人平均二十五卷，如果十六岁前的创作不算著作的话，那么马克思在51年里创作了二十五卷著作，平均几乎是两年一本书，但我们知道马克思一生中还有一些年的流亡岁月，在他短暂的六十五年寿命中，能有这样丰厚的创作真是一件奇事，仅就献给燕妮的诗歌就有三卷本，更不论其他种类的叙事诗、抒情诗、讽刺诗和颂歌等。此外，他还创作过悲剧和幽默小说。客观地讲，马克思在他的青年时代，他本是一个浪漫主义者和诗人，他的文学天赋和创作热情充分体现在他的诗歌之中。

马克思是一个情感丰富的人，这可从他青年时期的诗歌创作中看出来。爱情成为他诗歌创作的审美情感动力。他在读大学时写给燕妮的诗歌，显示了他爱情的炙热，同时也彰显了他性格和禀赋上情感强烈、丰富细腻的特征。他是在用自己的身心去创作，这个青年的内心世界和感情潮水被他的下列诗歌形象地描述出来：

我不能安安静静地生活，
我常常在深夜里被唤醒，

我经常听见警钟敲响，
还有大风的咆哮呻吟。
那时我很快就离开
舒适而温暖的家，
驾着船儿来到汪洋大海，

那里狂风呼啸雷电交加。
我在与风浪搏斗中锻炼成长，
并不指望上帝来给我帮忙，
我扬起船帆信心满怀，
仰赖可靠的星辰引航。
在漫长的决死战斗里，
我浑身是喜悦的活力，
我充满了粗犷的热情，
我唱出了豪迈的歌声。①

这里，我们看到一个果敢而勇毅的青年，他离开舒适而温暖的家，去危机四伏的大海航行。大海上的凶险则是不言而喻的：狂风呼啸、雷电交加、波涛汹涌、黑夜漫长。在这样的险境中，这位青年扬帆远航，奋力拼搏，充满喜悦，敢斗艰难。“我充满了粗犷的热情，我唱出了豪迈的歌声。”这两句最能反映他的情感本性和心理特性，具备了一个文学青年最为关键性的条件。青年马克思对燕妮的深情思念，显示了他不顾一切艰难险阻而要达到爱情港湾的坚强勇气和毅力，同时也就表现出对神灵阻碍因素的狂傲与批判：

只要我的七弦琴一奏鸣，
心中的热血便会沸腾，
我又敢把世上万能的神仙，
彻底地藐视看轻。

① 《马克思恩格斯全集》(第四十卷)，人民出版社 1982 年版，第 469 页。

……

尽管天上雷声轰响，
或者歌声轻轻飘荡，
我想得到的只是你——
燕妮，我的甜蜜的偶像。

……

也许他们不懂得
在胆怯的血液中沸腾的愿望？
他们莫不是在暗中妒忌
爱情带来的纯朴的喜欢？①

青年诗人马克思的爱情之歌是如此敏感而激昂，只要七弦琴一奏鸣，他的热血便会沸腾，而神仙等冷血动物不喜欢看到人的快乐生活，因而马克思要蔑视他们，轻贱他们。天国的雷声恐吓阻止不了他对爱情的执着追求；人间的欢歌享受引诱不了他对爱情的真情渴望，于是，为了神圣的爱情，他可鄙视一切阻碍人类爱情发展的庸俗权力和反动势力，这是一个疾恶如仇、爱憎分明的性格，情感力量支撑了他的文学创作。

那么，在马克思主义的视域中，这些成功的作家和艺术家都具有充沛超凡的创作激情，其原因是什么呢？是天才吗？是神灵吗？是狂人吗？都不是。实际上，这些文艺创作成就上的幸运儿，在现实生活中大都是一些苦难儿。以马克思主义文艺实践论来看，创作激情是生活情感的深厚积淀，也是人生磨难的高度升华。激烈旺盛、沉醉迷恋、百折不挠是创作激情的表现特征，但如此特性，却是作家和艺术家以生命代价、苦难生活、艰难经历等换取而来的。司马迁在受辱宫刑后仍执着写作《史记》，他是这样说的："夫《诗》《书》隐约者，欲遂其志之思也。昔西伯拘羑里，演《周易》；孔子厄陈、蔡，作《春秋》；屈原放逐，著《离骚》；左丘失明，厥有《国语》；孙子膑脚，而论兵法；不韦迁蜀，世传《吕览》；韩非囚秦，《说难》《孤愤》；诗三百篇，大抵圣贤发奋之所为作也。此人皆

① 《马克思恩格斯全集》(第四十卷)，人民出版社 1982 年版，第 521—523 页。

意有所郁结，不得通其道，故述往事，思来者。”①司马迁所列举中国文学史上的名家及其名篇的出世，与他们遭受苦难折磨却坚忍不拔地奋斗分不开，他们炽热燃烧的创作激情、执着顽强的创作毅力，在马克思主义看来，就是审美情感的持续喷发，体现了正直的作家或艺术家的责任担当和社会良知，从先秦至晚清，这样的例子不胜枚举。曹雪芹在家遭变故和生活困窘情况下仍要创作《红楼梦》，他是这样描述的：“虽今日之茅椽蓬牖，瓦灶绳床，其晨夕风露，阶柳庭花，并不足妨我襟怀；况那晨风夕月，阶柳庭花，更觉得润人笔墨。……满纸荒唐言，一把辛酸泪。都云作者痴，谁解其中味。”②其实，马克思主义者可能最解其中味，如一生至少读过五遍《红楼梦》的毛泽东。马克思主义者绝不会把这样的悲剧命运简单地看作是个人的悲剧命运，而是从社会变迁的历史维度，洞察出其中的社会变革的必然性，而读者和欣赏者对《红楼梦》所体验出或领会到的审美情感，却以情感动人、审美愉悦的方式，让人理解这种社会变革的必然性。

中国文学史上的例证如此，外国文学史上的例证也莫不如此。被恩格斯高度称赞的巴尔扎克，其《人间喜剧》之成就卓然，孰知其个人命运却是如此不顺。“1819 年，他刚从法科学校毕业不久就毅然离开了司法界，决心投身于文学事业。他一方面大量阅读各种书籍，一面卖文为生。后来他又投笔从商，先后经营出版、印刷等业，甚至还想冒险去开采废银矿，但是一事无成。这些投机活动非但没有获得他所渴望的大量金钱，以保证他生活和写作工作，反而债台高筑，以致拖累终生。在巴黎各界的奔波碰撞，和巴黎各种人物的接触交往，使他认识了巴黎社会形形色色的丑恶面孔，更使他亲身领略了资本主义社会中金钱的万能和万恶的力量，人与人之间赤裸裸的利己主义关系。这些，为他成功地创作《人间喜剧》奠定了生活基础。”③马克思主义对《人间喜剧》这样的文学巨著，无论是对作者本人的同情，还是对作品中人物的怜悯，都能以审美情感去体验和领会，从中窥见其生活积淀与社会阅历。作家本人命运的悲惨与他们艺术成就的高超及文艺影响力的持久之间，形成了一种反差，这在马

① （汉）司马迁：《史记·太史公自序》，见郭绍虞主编《中国历代文论选》（一卷本），上海古籍出版社 1979 年版，第 37—38 页。

② （清）曹雪芹、高鹗：《红楼梦》，舒芜前言，岳仁校点，岳麓书社 1999 年版，第 1—3 页。

③ 黄晋凯主编：《外国文学简编》（欧美部分），中国人民大学出版社 1999 年版，第 233 页。

克思主义看来是正常的也是合理的，这是一种辩证的发展，只要作家或艺术家的创作激情不衰，其艺术成就便能超越创作者本人命运之不幸，这是马克思主义唯物史观和辩证法在文艺上的胜利。

二、批判精神

马克思的诗歌创作与批判实践是紧密联系和相互促进的，紧密联系起两者的是他的批判意识和实践精神；诗歌创作是他批判实践的初战场，批判实践又是他诗歌创作的有力武器。由此，铸就了他文艺理论的批判风范和实践品格，形成了他激越的诗歌创作情调和激昂的诗歌创作情怀，并影响了他后来的学说创造。最关键的是，他诗歌创作中灌注着一种批判意识和实践精神，构成了他文艺理论的精神品性。批判意识旨在说明文艺具有在认识世界的基础上进行反思的功用，这就可以解释为什么他的文艺理论具有批判的风范。关于“美的规律”正是对资本主义异化劳动在艺术劳动上的批判，是对资本主义私有制在文艺关怀上的批判，是对人的本质力量在文艺审美上的肯定。关于“莎士比亚化”正是对唯心主义创作原则——“席勒式”的批判，是对拙劣的文艺倾向性表现的批判。实践精神则说明文艺有通过人的活动去改变世界和实现理想的目的，这就可以解释为什么他的文艺理论具有实践品格。关于“人的本质力量的对象化”正是对在文艺审美上人的能动性和创造性的诉求；关于“艺术生产”正是对在文学创作上人依据客观条件而能去积极实现并创造出“高不可及”的文学范本。而马克思主义文艺理论批判风范和实践品格的结合，也就是将文艺的功用和目的相结合，正说明了文艺是什么和为什么的统一。由此，我们探究马克思主义文艺理论，并不一定要费力地借助于他的哲学、政治经济学、社会学等，而是可以直接借助于他的诗歌创作。马克思主义文艺理论积累于他的诗歌等的创作经验，但脱离了他的批判意识和实践精神就不能把握他文艺理论的特性和本色。忽视了他的批判意识和实践精神，也就消解了他文艺理论的本有内涵，贬低了其创造性价值。

批判精神，在马克思主义文艺理论中，其作用方式可以通过情感与公正的关系体现出来，“情感在马克思主义文论中是指审美的情感，公正则是指文艺审美所诉求的社会公正。在马克思主义文论中，情感与公正辩证统一，相互作用。审美情感是社会公正的心理基础，社会公正是审美情感的现实保障。将审美情感与社会公正统一起来，批判功利化的情感和社会的不公正，是马克思主义文论的合理维度和有效层面”。[①]显而易见，审美情感与社会公正的有机统一，是马克思主义唯物史观的活化身。一方面，审美情感作为一种艺术化的心理因素，其根基不在心理本身，而是扎根在现实生活。唯美主义，唯艺术主义，它们的缺陷在于只看到了审美情感的表面现象，而没有把握它的本质内涵，最主要的是其所反映出的社会历史内容。“大漠孤烟直，长河落日圆”，王维所描绘出的边陲大漠中壮阔雄奇的景象，使人感受到其意境空旷，其气势磅礴，但如果只从景象中去捕捉，只从心理上去体会，而不联想到戍边守疆的艰辛困苦，保家卫国的责任担当，那么，读者对这诗句所蕴含的审美情感的领会是肤浅的。中国文学中的审美情感如此，外国文学又何尝不是如此呢？试看以下《奥德赛》中，对奥德修斯哭泣的描述：

那位著名的歌人这样歌唱，奥德修斯
用强健的双手提起宽大的紫色外袍，
举到头部，遮住他那优美的脸面，
担心费埃克斯人发现他眼中流泪水。
当神妙的歌人唱完一曲停止演唱，
他便抹去眼泪，把袍襟从头部挪开，
举起双耳酒杯，酹酒把神明祭奠。
但当费埃克斯首领重又要求歌人，
继续演唱，因为他们喜欢他的歌，
奥德修斯不禁又把头遮住哭泣。[②]

奥德修斯十年的海上漂流之旅，当他漂落到费埃克斯人的领地，作为一个孤苦受难之人，却受到国王阿尔基诺斯的热情款待，当他听到歌人得摩多科斯的歌唱，为什么要流泪呢？这时读者所感受的审美情感，若仅就奥德修斯自身当时的处境——生死漂泊、命悬一线、前途未料，而陡然受到热情招待，于是他

① 李志雄：《情感与公正：马克思主义文论的批判之维》，载《首都师范大学学报》（社会科学版），2012年第2期。

② ［古希腊］荷马：《奥德赛》，王焕生译，人民文学出版社1997年版，第148页。

便慨然流泪，这样的阐释还远不足够的。就更深层的原因来说，奥德修斯的流泪，还与他因十年特洛伊战争而远离家国，又经历了多年的漂泊尚未回到家中，对母亲的思念，对妻子的依恋，对儿子的惦念，对家况的担心，对城邦的担忧，等等，而自己却还身处异国不能回去，这些涉及亲人、家庭、王国的复杂的原因，才是导致他落泪的根本原因。

另一方面，自然主义、写实主义的文艺作品在涉及审美情感上，作家或艺术家的批判精神似乎是客观的、现实的和理性的。其实并不然，在马克思主义文艺理论看来，自然主义或写实主义的作家或艺术家，虽然他们是如实地按照现实生活本来的状况来写作，如写日记一般，即使把每天繁杂的、琐碎的、细致的事情记下来，但这还远不是文学作品；或者摄影者把某地的风景拍下来挂在网页上；或者音乐爱好者把某处的声音录下来后再以抖音的方式在微信上播放，这些也还根本不是艺术。真正的文艺作品，需要在人物塑造、情节构造、语言特色、表现形式、审美艺术等诸多方面进行提升和创新，所以艺术悲剧要比真实历史更具真理的普遍性，这就是亚里士多德所总结的："所以，诗是一种比历史更有富哲学性、更严肃的艺术，因为诗倾向于表现带普遍性的事，而历史却倾向于记载具体事件。"[①]广而言之，文艺是一种对人、事、物等的客观属性予以反映的真实，在它里面蕴含了作家或艺术家的理性加工和思想提炼，它远远要超过于写实性。同样，艺术形象往往要高于生活原型，由"黄毛女"的真实故事所改造成的艺术歌剧《白毛女》，"白毛女"的艺术形象更能反映出旧中国受摧残和被侮辱的下层劳苦女性的悲惨命运和不屈精神。这就是毛泽东所总结的，"……文艺作品中反映出来的生活却可以而且应该比普通的实际生活更高，更强烈，更有集中性，更典型，更理想，因此就更带普遍性"，[②]实质上说明批判精神对文艺审美的重要作用，其中更强烈和更有集中性，是针对审美情感而言的，更高则是针对审美认识而言的，更典型和更理想是针对审美理想而言的，由此，我们可以转入马克思主义文艺审美论，但在这之前，我们还应扼要地总结批判精神（可以再细化为批判意识和实践精神）对马克思主义文艺理论的重要作用。

---

① [古希腊]亚里士多德：《诗学》，陈中梅译注，商务印书馆1996年版，第81页。

② 《毛泽东选集》（第三卷），人民出版社1991年版，第861页。

马克思本人历来就具有强烈的批判精神，无论是在哲学上对黑格尔的绝对理念的批判，还是在宗教学上对费尔巴哈人本主义宗教进化论的批判，或是在政治经济学上对亚当·斯密的国富论的批判，在政治学上对圣西门、傅立叶的空想社会主义的批判，在文学上对席勒的唯心主义创作论的批判。这些批判意识和实践精神，尽管各自的具体内容是不同的，但其普遍理念是共同的，即对不合理、不可行、不公正、不公平、不科学、不诚信等一切东西的无情批判和绝不姑息。就文学与艺术而言，无论是作家或艺术家，还是读者或观众，不审美是不具备批判精神的直接外露和拙劣表现。就一种理论形态而言，批判精神是"……马克思主义文艺理论的特性标志。……当我们研究马克思的文艺理论时，应当特别关注他的批判意识和实践精神，这是学好他文艺理论的一个关键。尽管他在早期诗歌创作时与后来学说创造时的批判实践之具体内涵有所不同，但其基本规则是相同的：批判的对象是不合理的世界，实践的目标是理想的社会。批判实践是马克思主义文艺理论的真谛，具备此种理论品格才能声称继承了马克思主义文艺理论的传统。一切马克思主义文艺理论能创新发展，也离不开批判实践这个法宝。不像马克思一样，敢于批判陈旧过时的理论、专制反动的观点，怎能去创新文艺理论？不像马克思一样，笃于将理论运用于实际之中、检验理论于实践，怎能去发展文艺理论？马克思除了诗歌创作，还进行过悲剧创作和讽刺小说创作等，这些早期的文学实践为他后来的文艺理论奠定了基础。一些时髦的理论拼接理论研究，看似花团锦簇，但因根枝不扎土壤，转眼便将枯萎凋落。它们以马克思主义文艺理论来装点门面，只会弄巧成拙。继承马克思主义文艺理论传统的，定将会能批判实践；发展马克思主义文艺理论思想的，必将会要批判实践"。[①]简言之，批判精神是马克思主义文艺审美情感论中的一个法宝，具有方法论的意义，批判也就是创新的最直接和最简单的方法。批判精神还是马克思主义文艺审美情感论中的一大特色，缺乏了批判精神，就是缺乏艺术勇气和弱化审美能力的表现。文艺审美是追求理想人生、理想社会和理想世界的艺术动力，在 1848 年发表的《共产党宣言》中，马克思和恩格斯就以优美的笔法，设想了未来的共产主义社会的美好状态和条件，有些今天已经实现了，这给了我们巨大的鼓舞和激励，这种鼓舞

① 李志雄：《论马克思的诗歌创作与批判实践》，载《台州学院学报》2019 年第 2 期。

和激励，就是对一种美好理想的反应，一种对马克思主义所指明的美好理想的反应，就文艺而言，也就是马克思主义审美理想论。

第三节　马克思主义审美理想论

马克思主义审美理想论，就从符合“美的规律”的本质要求，以追求美好理想的根本目标而言，它涉及自然世界、人类本身（包括心理世界）和社会现实三大领域，以马克思主义文艺审美的眼光，什么样的自然世界是理想的；什么样的人类个体是理想的；什么样的人类社会是理想的；当然在这其中，人既是自然世界和社会现实的审美主体，人也是人自身的审美客体，因而人成为联结一切的枢纽，成为问题的关键。由此，马克思主义特别关注人的生活状态和人的社会处境，而这些生活状态和社会处境往往是相当糟糕的，常常使人失望的，那么，马克思主义是否就此向现实低头，或自暴自弃，或随波逐流？都不是，马克思主义是不屈不挠的、乐观上进的、积极作为的，这种强烈的追求，可以通过艺术审美来实现，并不是虚幻的、梦呓般的实现，艺术审美在马克思主义看来也是活动性的、事实性的和存在性的，同时也是前瞻性的、超越性的和实现性的，以此，构成马克思主义审美理想论。

一、人化与自然

马克思主义审美理想论，首先涉及的领域是自然世界，在马克思所生活的19世纪，资本主义在西方正经历着早期的高速发展期，经济的巨大发展，随之带来的是对自然环境的极大破坏，地表荒漠、森林砍伐、塌方空陷、江河污染、雾霾弥漫等自然遭破坏的现象，是对人的生存的一种严重威胁。针对这种情况，马克思在《1844年经济学哲学手稿》中，他一方面批判资本主义的异化劳动所导致的异化结果，包括对自然环境的破坏，另一方面，他又对人与自然环境的良好关系给予了期望和建议。“自然界的人的本质只有对社会的人来说才是存在的；因为只有在社会中，自然界对人说来才是人与人联系的纽带，才是他为别人的存在和别人为他的存在，只有在社会中，自然界才是人自己的合乎人性的存在的基础，才是人的现实的生活要素。只有在社会中，人的自然的存在对他来说才是人的合乎人性的存在，并且自然界对他来说才成为人。因此，社会是人同自然界的完成了的本质的统一，是自然界的真正复活，是人的实现了的自然主义和自然界的实现了的人道主义。”①这是马克思对未来的共产主义社会的美好期盼，在那种消灭了私有制和克服了异化劳动的社会里，自然界、人和社会是完全统一的，因为那样的社会是极为美好的，所以自然界和人才能和谐统一，而在资本主义社会中，人破坏自然界导致环境恶化，自然环境恶化又反过来报复人。可以说，这种状态可归纳为自然的恶化和人的异化，两者相互关联导致恶性循环。而在共产主义社会里，自然界的人性化和人类生活的自然化，两者相互关联形成良性循环，如此构成了美好社会。

我们也清醒地认识到，共产主义那样的美好社会还远远没有到达，还有很长的路和很艰苦的工作要做，于是，审美理想成为一种需要。即使在现实世界中，周遭环境等都是不理想的，但通过文艺审美，自然世界在读者和观众的心目中变得人性化。即使在现实社会中，世风人际等也是不理想的，但通过文艺审美，社会环境在读者和观众的感受中变得自然化，虚伪假饰等都被批判和清洗，尽管这样的审美期盼在中西古代的文艺理论中也不乏个例，但马克思主义审美理想论，是站在历史唯物主义的理论高度，从社会发展的辩证性实践活动中，来达到人道主义和自然主义的统一，这是与以往的审美理想论所不同的地方。

二、审美乌托邦

我们知道，空想社会主义的创始人托马斯·莫尔在他的名著《乌托邦》中叙述了一位航海家航行到异国他乡“乌托邦”的奇闻逸事。在那里，财产是公有的，人民是平等的，实行着按需分配的原则，大家穿统一的工作服，在公共餐厅就餐，官吏是公共选举产生。以莫尔的观点来看，私有制是万恶之源，必须消灭它。这个虚构的故事是具有磁铁般的吸引力，它寄托人们对理想社会和美好生活的向往。但在马克思主义看来，理想社会和美好生活不是靠幻想得来的，也不是凭想象就可实现的，而是需要进行斗争和革命，为此，恩格斯在《社会主义从空想到科学的发展》中有这样的总结：“因此，社会主义现在已经不再被看做某个天才头脑的偶然发现，而被看做两个历史地产生的阶级即无

① 《马克思恩格斯文集》(第一卷)，人民出版社 2009 年版，第 187 页。

产阶级和资产阶级间斗争的必然产物。它的任务不再是构想出一个尽可能完善的社会制度，而是研究必然产生这两个阶级及其相互斗争的那种历史的经济的过程；并在由此造成的经济状况中找出解决冲突的手段。”①恩格斯关于社会主义问题的提出，是针对黑格尔为代表的唯心主义历史观的批判而来的，指出只有依靠唯物主义历史观，才能合理地、科学地从而真正地阐释从资本主义发展到社会主义的必然性和过程性，否则又会陷入空想社会主义的泥潭中而不能自拔。

如何自拔？当然是要来解决问题，而不是空想和玄谈，坐而论道却不投入实际的行动之中。恩格斯继续阐释：

> 但是，问题在于：一方面应当说明资本主义生产方式的历史联系和它对一定历史时期存在的必然性，从而说明它灭亡的必然性；另一方面应当揭露这种生产方式内部的一直还隐蔽着的性质。这已经由于剩余价值的发现而完成了。已经证明，无偿劳动的占有是资本主义生产方式和通过这种生产方式对工人进行的剥削的基本形式；即使资本家按照劳动力作为商品在商品市场上所具有的全部价值来购买他的工人的劳动力，他从这劳动力榨取的价值仍然比他为这劳动力的支付要多；这种剩余价值归根到底构成了有产阶级手中日益增加的资本量由以积累起来的价值量。这样就说明了资本主义生产和资本生产的过程。这两个伟大的发现——唯物主义历史观和通过剩余价值揭开资本主义生产的秘密，都应当归功于马克思。由于这些两个发现，社会主义已经变成了科学，……。所以，一切社会变迁和政治变革的终极原因，不应当到人们的头脑中，到人们对永恒的真理和正义的日益增进的认识中去寻找，而应当到生产方式和交换方式的变更中去寻找；不应当到有关时代的哲学中去寻找，而应当到有关的时代的经济学中去寻找。②

可见，马克思主义掌握了历史唯物论和剩余价值论，关于社会主义理

① 《马克思恩格斯选集》(第三卷)，人民出版社 2012 年版，第 796 页。

② 《马克思恩格斯选集》(第三卷)，人民出版社 2012 年版，第 797—798 页。

想社会的实现，把哲学问题落实到经济学问题，从抽象思辨到落脚到社会现实，社会主义的蓝图日益明晰，过程日益实化，所以说，是从空想走向科学的发展。

术语阐释

美的规律

这是马克思在《1844年经济学哲学手稿》中提出来的一个关于文艺审美活动中应遵循的客观规律，同时也是在文艺批评活动中可应用的原则，是马克思主义文艺审美论中的一个重要术语，它揭示了艺术之美生成的历史基础，以及审美主体和审美客体之间的辩证关系。值得注意的是，马克思并不是就文艺审美来论及“美的规律”，而是针对资本主义社会的异化劳动，工人劳动得越多，受剥削得也越多，自己受益却越少；劳动创造了美的产品，但工人却被奴役成了麻木呆痴的丑陋者，基于这样的异化反常情况，马克思才提出关于人类的劳动(包括精神劳动，文艺创作就是其中的一种)，都应遵循“美的规律”，文艺活动更应该如此。

基于美的规律，马克思主义认为，人的审美能力的形成是客观条件和主观条件相互融合和相互作用的结果。其形成的客观条件之一是人手的能力的形成，人手的能力是一个不断提高的过程，人手的灵巧性和创造性使手成为人类的第一大工具，文艺创作，也至低需要手这个工具来操作。客观条件之二是语言能力的形成，语言从生产劳动中产生，具有重要的交际性和叙述功能，语言在叙述中具有审美的效应。同时，审美能力的形成还需要主观条件。主观条件之一是美感的形成，一方面美感的发生由于对象性的存在，即审美对象的出现。另一方面艺术对象创造出懂得艺术和能够欣赏美的大众——即审美主体的产生。主观条件之二是审美关系的形成，审美关系具有愉悦性、融洽性、感应性和社会性，涉及人与自身、人与人、人与世界之间的审美情感。审美关系的本质是其社会性，正是社会真正地将人与自身、与他人、与世界关联起来，艺术生产也是社会性的劳动，劳动创造了美。

审美乌托邦

审美乌托邦是当代马克思主义文艺理论家或美学家对马克思主义文艺审美理想论的一种形象表述，尽管在传统马克思主义文艺理论或美学中并没有这个术语。但纵观马克思主义文艺理论或美学，无论其形态或特征是传统的、现代或当代的，它们都强调对历史的继承，对现实的批判，对未来的期望。审美理想基于审美积淀和审美批判上的，并不是凭空地、随意地、想象性地建构。

在马克思主义看来，审美乌托邦并不是审美空想，而是审美理想。文艺是实现审美理想的重要载体和有效工具。一方面，马克思主义文艺理论批判审美空想，强调文艺审美自身在人文历史上的继续性，政治和经济对文艺审美的影响性，以及社会现实对文艺审美的基础性。另一方面，它又倡导审美理想，重视文艺审美的超越性，高度肯定文艺朝向未来和追求理想的积极力量，是对审美悲观主义的有效克服。

思考题

1. 什么是马克思主义所理解的艺术真理？
2. 如何践行马克思主义审美批判？
3. 马克思主义是如何看待审美乌托邦的？

延伸阅读

1.《马克思恩格斯选集》(第一卷、第四卷)，人民出版社 2012 年版。

2. G.W.F. Hegel, *Aesthetics*: *Lectures on Fine Art* (Volume 1). Translated by. T.M. Knox. Oxford: Oxford University Press, 1975.

3. 李志雄:《基于马克思及其文化的文学研究》，河南大学出版社 2017 年版。

第六章　马克思主义文艺实践论

原典摘录

毛泽东："亲口吃一吃梨子"

马克思、恩格斯、列宁、斯大林之所以能够作出他们的理论，除了他们的天才条件之外，主要地是他们亲自参加了当时的阶级斗争和科学实验的实践，没有这后一条件，任何天才也是不能成功的。"秀才不出门，全知天下事"，在技术不发达的古代只是一句空话，在技术发达的现代虽然可以实现这句话，然而真正亲知的是天下实践着的人，那些人在他们的实践中间取得了"知"，经过文字和科技的传达而达于"秀才"之手，秀才乃能间接地"知天下事"。如果要直接地认识某种或者某些事物，便只有亲自参加于变革现实、变革某种或某些事物的实践的斗争中，才能触到那种或那些事物的现象，也只有在亲身参加变革现实的实践的斗争中，才能暴露那种或那些事物的本质而理解它们。……知识的问题是一个科学问题，来不得半点的虚伪和骄傲，决定地需要的倒是其反面——诚实和谦逊的态度。你要有知识，你就得参加变革现实的实践。你要知道梨子的滋味，你就得变革梨子，亲口吃一吃。……一切真知都是从直接经验发源的。但是人不能事事直接经验，事实上多数的知识都是间接经验的东西，这就是一切古代的和外域的知识。这些知识在古人在外人是直接经验的东西，如果在古人外人直接经验时是符合于列宁所说的条件"科学的抽象"，是科学地反映了客观的事物，那末这些知识是可靠的，否则就是不可靠的。所以，一个人的知识，不外直接经验的和间接经验的两部分。而且在我为间接经验者，在人则为直接经验。因此，就知识的总体说来，无论何种知识都是不能离开直接经验的。任何知识的来源，在于人的肉体感官对客观外界的感觉，否认了这个感觉，否认了直接经验，否认亲自参加变革现实的实践，他就不是唯

物论者。……①

上段摘录，出自毛泽东的名篇《实践论》。这篇写于 1937 年 7 月的文章，主要是针对当时中国共产党内一些人在革命工作中的教条主义和经验主义。教条主义者生吞活剥马克思主义的只言片语，充当“知识里手”，吓唬人和瞎指挥；而经验主义者则拘泥于自身的片断经验，盲目自信，缺乏理论高度，这两者都使中国革命遭受挫折和损失。为了纠正这些错误，毛泽东写出了这哲学名篇，从它的副标题《论认识和实践的关系——知和行的关系》就可知道，它是从哲学上谈论认识主体和认识客体的关系，简化来说就是知和行的关系。他对这种关系的论证，实则是从理论的高度来指导如何实践，当然，这个实践既包括革命斗争和社会生产这样的物质性为主的活动，也包括艺术生产和文艺批评这样的精神性为主的活动。由于此种内涵，我们可知道，他的《实践论》确实为他后来的《在延安文艺座谈会上的讲话》奠定了哲学基础，也为文艺创作和批评等提供了理论指南，这种理论指南涵盖了三个方面的问题，即以马克思主义理论为指导，文艺的服务对象问题、文艺的功用形态问题及文艺的实施策略问题，简化来说就是：文艺“为了谁”“有何用”“怎么做”。对象、功用和做法，实质上是一个总体问题的三个具体方面，它们是有机联系的一个整体——马克思主义文艺实践论。

第一节　马克思主义文艺的服务对象

一、为千千万万劳动人民

在马克思主义看来，文艺为什么样的人服务的问题，是一个思想导向和政治立场的问题。文艺尽管是关于艺术审美的，但文艺的实质内容是人的社会意识的反映。好的文艺总是充满了建构伦理道德和价值信念的正能量，而坏的文艺则弥漫着破败伦理道德和价值信念的负能量。由于文艺的这种社会属性，导致文艺的社会内涵其实就是思想内涵，而这种思想内涵是有道德诉求和

① 《毛泽东选集》(第一卷)，人民出版社 1991 年版，第 287—288 页。

价值判断的，并不能去诲淫诲盗或离经叛道的，由此文艺是有思想导向的。另一方面，文艺要追求审美，这是它的艺术属性，由此，好的文艺同时也要求是美的文艺，这是一个问题的两个方面，它们并不矛盾冲突，而是相辅相成的。因此，作为与人的生活和社会状况密切相关的文艺，它总是有政治立场的，它要代表一些人、一定的阶级来说话，它也反映了某些历史中、某种社会中的现实状况，尽管它是以审美的方式来说话和来反映。这种审美方式显得自然而然，要能天然去雕饰和不要做作，正如恩格斯所言，“……主要的出场人物是一定的阶级和倾向的代表，因而也是他们时代的一定思想的代表，他们的动机不是来自琐碎的个人欲望，而正是来自他们所处的历史潮流。但是还应该改进的是，要更多地通过剧情本身的进程使这些动机生动地、积极地，所谓自然而然地表现出来”，①这是针对《济金根》中的席勒式的形式主义政治倾向而言的，是一种拙劣的表现方式，而高明的表现方式，如润物细无声一般，如操作皮影戏而观众看不到的艺术工匠之手一般。因此，恩格斯还总结过：“作者的见解越隐蔽，对艺术作品来说就越好。”②高明的作者总是尽最大可能地隐蔽自己的政治观点，以文艺审美来反映自己的政治观点，以至于读者和欣赏者们都感觉不到他们的政治观点，所谓“政治无意识”。“政治无意识的断言提议，我们如此进行一种最终的分析，并探索了多种途径，以至引导出一种揭示，即文化产品作为社会象征（socially symbolic）行为。”③文艺作品，肯定是文化产品中的一部分，如同詹姆逊所言，既然从整体上文化产品都是作为社会象征行为，那么作为其中一部分的文艺产品，也是作为社会象征行为。社会象征行为很广泛和很复杂，但其中很活跃的和具有影响性的象征行为当属政治象征行为，文艺因此也就是一种政治象征行为。然则，优秀文艺的高明在于，它绝不会赤裸裸地、急功近利地去表现它的政治观点，而是通过艺术审美，悄然无声地显露它的政治观点，如春风拂面、如妙音入耳、如心旷神怡。

事实上，马克思主义文艺从没有放弃过对审美的追求，但文艺要面对的现

① 《马克思恩格斯选集》（第四卷），人民出版社 2012 年版，第 440 页。

② 《马克思恩格斯选集》（第四卷），人民出版社 2012 年版，第 590 页。

③ Fredric Jameson, *Political Unconsciousness: Narrative as a socially symbolic act*. London and New York: Routledge 2002, p.5.

实不总是美好的，社会发展不总是理想的，历史的前进不总是顺利的。就马克思和恩格斯所处的19世纪而言，资本家的贪婪本性，资本主义制度的残酷性，工人受剥削的严酷性，劳动人民生活状态的悲惨性，都充分地展现出来了。马克思和恩格斯面对这样的社会现实，对资本主义社会开展了深入研究和深刻批判，他们力图要诊断出资本主义的病根，正如马克思所发现的一种怪异和反常的情况，即工人的劳动出现了大问题——工人的劳动成果到哪里去了？“当然，劳动为富人生产了奇迹般的东西，但是为工人生产了赤贫。劳动生产了宫殿，但是给工人生产了棚舍。劳动生产了美，但是使工人变成了畸形。”①可以说，此种对比是鲜明的，它所包含的批判是尖锐的。马克思所要猛烈批判的是资本主义的异化劳动，它把劳动者——工人极大地忽视和打压。“劳动对它的产品的直接关系，是工人对他的生产的对象的关系。有产者对生产对象和生产本身的关系，不过是这前一种关系的结果，而且证实了这一点。……因此，当我们问劳动的本质关系是什么的时候，我们问的是工人对生产的关系。”②在马克思主义看来，当我们探究劳动的本质时，必须紧扣劳动者对劳动的关系，这个劳动者是劳动产品直接的、具有真正意义的创造者，而不是那些不从事实际生产的资本家，但他们却占有绝大部分的劳动产品。当我们探究艺术生产的本质时，也必须紧扣作家或艺术家对艺术生产的关系。而资本主义的邪恶也正好表现在这个地方，当它看待劳动时，只关注劳动产品的占有者（有产者或资本家）对劳动的关系，当它看到艺术生产时，也只关注艺术产品的占有者（艺术品收购商或文物商贩）对艺术生产的关系，乃至于很多杰出的艺术家生前都挨饿受穷，发财的却是那些艺术商贾。这一切在马克思主义看来，就是资本主义的异化劳动，艺术生产被异化也不可避免。导致异化劳动的原因是什么？就是资本主义的私有制，但问题是以前的社会形态，如奴隶制、封建制也是私有制，却没像资本主义这样严重地导致异化劳动呢？“资本定制出两种劳动模式：抽象的和具体的。当它生产商品，为资本家在公开市场上创造利润时，劳动是抽象的。马克思称这种劳动生产了‘交换价值’（exchange value）。当生产人所需的产品时，劳动是具体的，生产了‘使用价值’。资本主义为不断增加交换价值所驱使。由此，人的活动变成非人的，创

①② 《马克思恩格斯选集》（第一卷），人民出版社2012年版，第53页。

造出满足资本家自身利益的东西，而不是人真正需要的东西。"①这正是资本主义私有制的邪恶本性，它比奴隶制和封建制更残酷、更疯狂和更变异。马克思主义所倡导的文艺，不批判这种邪恶，怎么去履行文艺的功用？何以去履行文艺的功用，涉及文艺的阶级立场，涉及文艺为谁服务的具体问题。

马克思和恩格斯正是深刻地洞察了他们所处社会的弊端，坚定地提出了建构共产主义社会的理想，热切地呼唤世界的文学的时代的到来。在批判以往封建时代所遗留的阶级对立和阶级压迫后，他们继续批判："但是，我们的时代，资产阶级时代，却有一个特点：它使阶级对立简单化了。整个社会日益分裂为两大敌对的阵营，分裂为两大相互直接对立的阶级：资产阶级和无产阶级。"②两大敌对的阵营，两大相互直接对立的阶级，其结果可想而知，那只会导致阶级矛盾的加深，阶级斗争的激烈，比以前的阶级社会的政治状况更糟糕。而资本主义社会政治的不安定，却是由于其经济的变异发展而来，即"生产的不断变革，一切社会状况不停的动荡，永远的不安定和变动，这就是资产阶级时代不同于过去一切时代的地方"。③尽管这些都是从消极方面来看待资本主义社会，但以马克思主义的辩证眼光，从来不只是从一个方面或单个层面来看问题，他们还看到资本主义发展的积极方面。"资产阶级，由于开拓了世界市场，使一切国家的生产和消费都成为世界性的了。……旧的、靠本国产品来满足的需要，被新的、要靠极其遥远的国家和地带的产品来满足的需要所代替了。过去那种地方的和民族的自给自足和闭关自守状态，被各民族的各方面的互相往来和各方面的互相依赖所代替了。物质的生产是如此，精神的生产也是如此。各民族的精神产品成了公共的财产。民族的片面性和局限性日益成为不可能，于是由许多民族的和地方的文学形成了一种世界的文学。"④那么，这样的世界的文学要为谁服务呢？为什么要为他们服务呢？这样服务的结果是什么呢？这可以说是马克思主义文艺实践论中关于文艺服务对象问题的三个联系的方面。

---

① Robert A. Gorman, *New-Marxism*: *The Modern Radicalism*. West Port & London: Greenwood Press 1982, p.82.

② 《马克思恩格斯选集》(第一卷)，人民出版社 2012 年版，第 401 页。

③ 《马克思恩格斯选集》(第一卷)，人民出版社 2012 年版，第 403 页。

④ 《马克思恩格斯选集》(第一卷)，人民出版社 2012 年版，第 404 页。

资产阶级生存和统治的根本条件，是财富在私人手里的积累，是资本的形成和增殖；资本的条件是雇佣劳动。雇佣劳动完全是建立在工人的自相竞争之上的。资产阶级无意中造成而又无力抵抗的工业进步，使工人通过结社而达到的革命联合代替了他们由于竞争而造成的分散状态。于是，随着大工业的发展，资产阶级赖以生产和占有产品的基础本身也就从它的脚下被挖掉了。它首先生产的是它自身的掘墓人。资产阶级的灭亡和无产阶级的胜利是同样不可避免的。……共产党人的最近目的是和其他一切无产阶级政党的最近目的一样的：使无产阶级形成为阶级，推翻资产阶级的统治，由无产阶级夺取政权。……代替那存在着阶级和阶级对立的资产阶级旧社会的，将是这样一个联合体，在那里，每个人的自由发展是一切人的自由发展的条件。①

在这里，马克思和恩格斯首先回答了为什么要为无产阶级服务的原因，即无产阶级产生和胜利的历史必然性；然后确定了其服务对象的领导者——共产党人，其服务对象——无产阶级。当然，其服务对象的领导者既可以从无产阶级中成长而来，也可以从背叛资产阶级而来，共产党人的先进性并不囿于其阶级出身，关键是在革命斗争中的阶级立场。最后，他们断定了这样服务的结果——人类的自由发展，人类的理想社会——共产主义社会的到来。由此，世界的文学，要为谁服务，为什么要服务，服务的结果会是怎么样的，马克思和恩格斯都已经明确指明了，是否问题也就解决了呢？马克思主义文艺实践论告诉我们，问题的解决永远在路上，文艺实践的问题，与无产阶级革命斗争和社会建设的活动是紧密相连的。

那么，与无产阶级革命斗争和社会建设的活动紧密相连的文艺是个什么样的状态呢？若仅就文学而言，列宁曾做过这样的论述："这将是自由的文学，因为把一批又一批新生力量吸引到文学队伍中来，不是私利贪欲，也不是名誉地位，而是社会主义思想和对劳动人民的同情。这将是自由的文学，因为它不是为饱食终日的贵妇人服务，不是为百无聊赖、胖得发愁的'几万上等人'服务，而是为千千万万劳动人民，为这些国家的精华、国家的力量、国家的未来服

① 《马克思恩格斯选集》(第一卷)，人民出版社 2012 年版，第 412—422 页。

务。这将是自由的文学，它要用社会主义无产阶级的经验和生气勃勃的工作去丰富人类革命思想的最新成果，它要使过去的经验（从原始空想形式的社会主义发展成科学社会主义）和现在的经验（工人同志们当前的斗争）之间经常发生相互作用。”①列宁的此处论述，可以说是对马克思主义文艺实践服务对象的全面论述，它涉及三个方面。第一，服务对象的思想性质，他们是反对资本主义私有制的，主张社会主义公有制，认为劳动光荣，反对剥削压迫，他（她）们思想是进步的。第二，服务对象所指是谁，即千千万万劳动人民，而不是那些资本主义的富豪，也不是那些封建等级的贵族，因为这些人都不是真正的劳动者，而是剥削者和寄生虫。第三，服务对象的作用方式，他们这些人，都是从事着实际工作的广大劳动人民，在马克思主义的指导下，懂得将历史与未来、经验与发展、理论与实践结合起来，而不是耽于空想、墨守成规、闭门造车。文艺为他们服务，是应当的，是可靠的，是有希望的。

然而，世界上的事物是多样的，社会的发展是曲折的，历史的处境是具体的，马克思主义总是以辩证的眼光来看待这个问题。一方面，要重视文艺为谁服务这个问题，而庸俗主义者、机会主义者、官僚主义者等，他们根本就不重视这个问题，这样会导致文艺路线的错误、文艺工作的失败、文艺活动的无效等。故此，毛泽东指出，“为什么人的问题，是一个根本的问题，原则的问题”。②它是根本的问题，若偏离了或忽略了，则文艺的作用会丧失；是原则的问题，若违背了或破坏了，则文艺的方向会迷失。另一方面，文艺为谁服务在具体的历史处境中是有针对性和选择性的，并不是一概而论或漫无所指的，如在战争动乱与和平发展的不同时期就会有所不同，在民族危亡与国家昌盛的不同情境中也会有所不同，这是马克思主义文艺辩证法的具体运用，正如毛泽东所指出的，“所以我们的文艺，第一是为工人的，这是领导革命的阶级。第二是为农民的，他们是革命中最广大最坚决的同盟军。第三是为武装起来的工人农民即八路军，新四军和其他人民武装队伍的，这是革命战争的主力。第四是为城市小资产阶级劳动群众和知识分子的，他们也是革命的同盟者，他们是能够长期地和我们合作的”。③文艺之所以还为这四种人服务，是由于当时的历史处境

---

① 《列宁选集》（第一卷），人民出版社1972年版，第650页。
② 《毛泽东选集》（第三卷），人民出版社1991年版，第857页。
③ 《毛泽东选集》（第三卷），人民出版社1991年版，第855页。

所决定的，由于处在民族存亡的危急时刻和建立抗日统一战线的需要。这种划分是出自毛泽东的《在延安文艺座谈会上的讲话》，时间是1942年5月。而将近八十年后，中国社会已经发生了翻天覆地的变化，从新中国的建立，到社会主义的初期建设，到改革开放的时代，社会进步了，时代发展了，文艺为谁服务的覆盖面更宽了，所指对象更多了，所获效果更好了。正如邓小平所指出，“人民是文艺工作者的母亲。一切进步文艺工作者的艺术生命，就在于他们同人民之间的血肉联系。忘记、忽略或是割断这个联系，艺术生命就会枯竭。人民需要艺术，艺术更需要人民。自觉地在人民的生活中汲取题材、主题、情节、语言、诗情和画意，用人民创造历史的奋发精神来哺育自己，这就是我们社会主义文艺事业兴旺发达的根本道路。我们相信，我们的文艺工作者一定会坚定不移地沿着这条道路不断前进。”①这段话出自邓小平《在中国文学艺术工作者第四次代表大会上的祝词》，时间是1979年10月。时间的流逝是无情的，历史的向前发展是不可抗拒的，社会主义文艺事业兴旺发达的根本道路已被伟人所指明，已被马克思主义真理之光所照亮。但是，指明了却不去行动，照亮却不去勇往前行，纸上谈兵、坐而论道、胡思乱想等，都只会导致我们社会主义文艺事业的失败，软弱的行动和胡乱的思想，还是指向一个关键问题：社会主义文艺事业的兴旺发达最终要靠什么？

二、人民是文艺工作者的母亲

社会主义文艺事业的兴旺发达最终要靠什么？一种回答是要靠文艺工作者。这个回答看似正确，实则错误。尽管文艺作品是文艺工作者创作出来的，但决定一切进步艺术工作者的艺术生命，在于他们同人民之间的血肉联系。也即是说，社会主义文艺事业之所以不同于资本主义的文艺事业，它是以一切拥护和支持社会主义建设事业的那些阶级、阶层和社会集团即人民为依靠的，它是为人民服务的，人民是集体的概念，在人数上是占绝大多数的。而资本主义文艺从本质上是以少数资本家为中心，是为资本家服务的。由于此种方向性的差别，也就是阶级立场的差别，也是政治意识形态的差别，导致社会主义文艺事业的面向性是宽广的，来源性是深厚的，而此种宽广和深厚的基础性，

---

① 《邓小平文选》(第二卷)，人民出版社1994年版，第211—212页。

正是社会主义文艺事业繁荣发达的根本条件。所以，文艺工作者如同是大厦，虽然可以住人，但若没打牢基石，大厦就会坍塌，就不可能再住人；或文艺工作者就像皮影动画，固然可以吸引观众，但若操作皮影的工匠病倒，皮影戏也演不成，观众也会散去；再曰文艺工作者好似飞机，尽管可以快速运载乘客，但若发动机发生故障，再宽大舒适的飞机也运送不了乘客。如此类比，从基础、运作和动力方面来看，人民才是决定社会主义文艺事业的基本因素，是促进社会主义文艺事业兴旺发达的根本条件。

另一种回答是要靠文艺作品本身的艺术魅力，这种回答只看到了表面现象，而没有抓住根本实质。固然，文艺作品本身的艺术魅力是吸引读者和观众的重要因素，一切优秀的文艺作品都具有这样的艺术魅力，这正如某些蛋糕很香甜美味，导致品尝和购买的顾客很多，由此就把蛋糕销售很旺的原因仅归结为蛋糕本身，这是不深刻的，也是不科学的。其实，这些好蛋糕，肯定是由优秀的蛋糕技师制作出来的，这些蛋糕的原料肯定是优质的。这正好比是优秀的文艺作品、优秀的文艺工作者和人民三者之间的关系一样。从形成的过程来看，其次序排列是原料——技师——蛋糕，类似的是：人民——文艺工作者——文艺作品；从形成的结果来看，其重要性排列是优质原料——高明技师——美味蛋糕，类似的是：诚信的人民——优秀的文艺工作者——精美的文艺作品。由此可见，精美的文艺作品，其能吸引读者和观众，其能影响接受者和欣赏者，甚至其能改变创作者本人（恩格斯称之为“现实主义的最伟大胜利”），最终的和最关键的还是哺育和培养了优秀文艺工作者的母亲——人民。忽视人民，就创作不出好的文艺作品；脱离人民，就创作不优秀的文艺作品。

还有一种回答是要靠文艺批评者的推动和帮助，似乎没有文艺批评者的评价和宣传，社会主义文艺事业就会陷入困境，就会停滞不前，就会落伍后退。当然，社会主义文艺事业也是需要文艺批评者的，因为他们具备专业知识和行业水准，能对文艺创作、文艺审美、文艺欣赏等进行合理估量和科学评价。然而，从形成基础来说，并不是文艺批评者决定了文艺作品质量，文艺作品由文艺创作者来完成，其质量取决于文艺创作者是否代表了人民的声音，符合了人民的审美要求。从作用机制来说，文艺批评者是文艺创作者的帮手，能够指引和帮助文艺创作者提高水平，更好地切合人民的艺术需求，他们和文艺创作者一起，共同组成了文艺工作者。以马克思主义的文艺实践论来看，社会主义的文艺工作者，既来自人民，又服务于人民，人民是文艺工作者的母亲。

第二节　马克思主义文艺的功用形态

一、“齿轮”和“螺丝钉”

以马克思主义文艺实践论来看，文艺到底有什么功用呢？其功用的形态是怎样的呢？文艺的功用，从其作用内容来说，当然是无产阶级的革命斗争和社会主义建设；从其作用对象来说，是无产阶级，在当今时代就是指人民。那么，它的功用形态是什么呢？正如列宁所指出的，“文学事业应当成为无产阶级总的事业的一部分，成为一部统一的、伟大的、由整个工人阶级的整个觉悟的先锋队所开动的社会民主主义机器的‘齿轮和螺丝钉’。文学事业应当成为有组织的、有计划的、统一的社会民主党工作的一个组成部分。”①列宁的这个说法，是一个生动的比喻说法，对文艺都是适用的。齿轮表明文艺如同转动装置，具有动力性的形态；螺丝钉表明文艺如同紧固件，具有固化性的形态，由此，文艺的实践活动，是融动态和静态的有机统一，是驱动性与加固性的有机统一。

若以文艺为“齿轮”的动力形态而类比，则可以洞察到文艺对人的生活和社会发展具有推动的作用。当然，当人们的生活状态良好，社会和谐与发展进步的时候，人们可能不太觉得文艺的推动作用；而当人们的生活状态恶化，社会动乱和黑暗腐败时，人们就会强烈地需要文艺对人生和社会进行针砭和批判。如 19 世纪 40 年代，在德意志争取自由和民主资产阶级革命运动高涨，而当时的普鲁士政府却加强了对出版的限制，于 1841 年 12 月 24 日颁布了新的对书报的检查命令，在此种情况下，马克思撰文《评普鲁士最近的书报检查令》而予以猛烈抨击。“你们赞美大自然悦人心目的千变万化和无穷无尽的丰富宝藏，你们并不要求玫瑰花和紫罗兰散发同样的芳香，但你们为什么却要求世界上最丰富的东西——精神只能有一种存在的形式呢？我是一个幽默家，可是法律却命令我用严肃的笔调。我是一个激情的人，可是法律却指定我用谦

① 《列宁选集》(第一卷)，人民出版社 1972 年版，第 647 页。

逊的风格。没有色彩就是这种自由唯一许可的色彩。每一滴露水在太阳的照耀下都闪耀着无穷无尽的色彩。但是精神的太阳,无论它照耀着多少个体,无论它照耀着什么事物,却只准产生一种色彩,就是官方的色彩!”①这些精彩论述,他用诗意般的笔调,然而是充满了尖锐的讽刺,批判了只准一种色彩即官方色彩的书报检查令,揭露了普鲁士政府假自由真专制的虚伪反动本质,为普鲁士民众争取自由幸福的生活提供了指导,为推动民主主义革命提供了帮助。

而在20世纪30年代的中国,政治专制,社会黑暗,反动官僚腐败至极,卑鄙文人恶毒已极。正如鲁迅先生揭露资本家文人走狗的卑鄙行径,却以形象化的叙述来点醒读者。“我还记得,‘国共合作’时代,通信和演说,称赞苏联,是极时髦的,现在可不同了,报章所载,则电杆上写字和‘××党’,捕房正在捉得非常起劲,那么,为将自己的论敌指为‘拥护苏联’或‘××党’,自然也就髦得合时,或者还许会得到主子的‘一点恩惠’了。”②鲁迅先生推测这些资本家的御用文人或许会得到“一点恩惠”,这应该没有冤枉他们。一者当时的政治是反动黑暗至极,连电杆上写字的人都可能被捕;二者,这也是那些御用文人常用的伎俩,因为他们“以为文艺原不是无产阶级的东西,无产者倘要创作或鉴赏文艺,先应该辛苦地积钱,爬上资产阶级去,而不应该大家浑身褴褛,到这花园中吵嚷。并且造出谣言,说在中国主张无产阶级文学的人,是得了苏俄的卢布。这方面也并非毫无效力,许多上海的新闻记者就时时捏造新闻,有时还登出卢布的数目。但明白的读者们却不相信它,因为比起这种纸上的新闻来,他们却更切实地在事实上看见只有从帝国主义国家运到杀戮无产者的枪炮”。③鲁迅先生不失幽默但包含讽刺的叙述,实则描述了那些资产阶级文人学士的丑恶嘴脸,也狠狠地批判了他们的反动阶级立场,这如同就是齿轮所发挥的驱动作用,带动了其他部件的运动,也推动了整个机器的前进。

若以文艺为“螺丝钉”的固化形态而类比,则可以洞察到文艺对革命斗争和社会建设的加固和稳定的作用,当然,就文艺而言,主要是能树牢革命思想和促进文化建设。在这些方面,马克思明确赞美过莎士比亚、歌德等,恩格斯

---

① 《马克思恩格斯全集》(第一卷),人民出版社1956年版,第111页。

② 鲁迅:《“丧家的”“资本家的乏走狗”》,见《二心集》,人民出版社1973年版,第48页。

③ 鲁迅:《黑暗中国的文艺界现状——为美国〈新群众〉而作》,见《二心集》,人民出版社1973年版,第77—78页。

则明确赞美过埃斯库罗斯、阿里斯托芬、但丁、塞万提斯和巴尔扎克等，这些作家或艺术家，他们在拧文艺的这些“螺丝钉”时，拧得很有艺术性，他们的加固过程，就是审美过程，他们巩固出美的艺术，而不是固化出僵硬冰冷的机械。如此则是不成功的艺术，这个方面的例子有拉萨尔和哈克奈斯等。在《弗兰茨·冯·济金根》这个剧本的第五幕第二场中，讲述此时诸侯联军已经紧紧包围了弗兰茨及其心腹所在的兰德施土尔堡的一座塔楼中，等待弗兰茨他们的即是楼破人亡。此时。弗兰茨与他的秘书巴尔塔扎尔的对话，反映出拉萨尔关于此场骑士暴动失败原因的错误判断，他把关于历史悲剧的“螺丝钉”拧歪了。

弗兰茨……

计划本来很好，一切都是经过仔细估量。
可是谁能掌握偶然呢——谁能
强制改变偶然的事件呢？

巴尔塔扎尔　唉，不要把必然的事称之为偶然！

因为您不能估计偶然，
就把世界的命运放在摇摆不定的“偶然”的尖端，
这就愚蠢。如果为时太早，
若是您要起事，您倒不如
公开挺身而出反对查理皇帝，
把改革教会和帝国的口号
明明白白地写上你的旗帜，
甚至更好的是，勇敢地宣布自己为皇帝，
打开那被河堤费力地阻塞着的
民众的巨流，
这总比您同朋友们捉迷藏，
同时又未能遮掩敌人的耳目，来得有利。
——您说，仔细估量过！是啊，正因为如此，
正因为如此！您就弄得聪明反被聪明误。
您本可以做出丰功伟绩来，可是在平凡小事上失败了！

在大事情上使用狡诈，因此而丧命的，

您不是第一个，也不会是最后一个。……

……

弗兰茨　（这时带着愈来愈强烈的情绪来回走动，突然站起）那么你真的认为我已经失败了？

巴尔塔扎尔　主公——我如果那样的话——就不会这样同您说话，

……

农民当中起了骚动！

影响到很远的各个地区。就象薄薄的

一层外壳下面暗藏着火山的不详焰苗，

正在不断地隐隐燃烧着一场燎原之火。（热烈地）

您只要出来说几句适当的话，隐藏的微燃的

火焰就会熊熊地直冲云霄。

农民在呼唤——成千上万的农民

会站起来组成您的一支大军！

——请您出来说话吧，实现您的诺言，

让德意志成为您的大军，让您成为全国的统帅！①

这段对话，简直是痴人说梦话，把济金根骑士暴动起义失败的原因，在事件归结为偶然因素，在才智上归结为不够聪明，在性格上归结为狡诈，在操作上归结为没有组织农民，这些都是拉萨尔的臆断和幻想，反映出他唯心主义的文艺创作观，在文艺实践论上是一种严重的误导，他的历史悲剧没有揭示历史真相，反而歪曲了艺术真理。正如马克思所指出的，“济金根（而胡登多少和他一样）的覆灭并不是由于他的狡诈。他的覆灭是因为他作为骑士和作为垂死阶级的代表起来反对现存制度，或者说得更确切些，反对现存制度的新形式。……他在骑士纷争的幌子下发动叛乱，这只意味着，他是按骑士的方式发动叛乱的。如果他以另外的方式发动叛乱，他就必须在一开始发动的时候直

① ［德］费迪南·拉萨尔：《弗兰茨·冯·济金根——五幕历史悲剧》，叶逢植译，人民出版社1976年版，第237—240页。

接诉诸城市和农民，就是说，正好要诉诸那些本身的发展就等于否定骑士制度的阶级。”[1]由此，以马克思主义文艺实践论的视域来看，要拧固“螺丝钉”，要捍卫革命斗争的思想，不能从主观幻想出发，而要从历史事实出发；不能牵强附会，而要有理有据。

若就拧“螺丝钉”的类比，来说明文艺实践对社会建设的稳固作用，那也是审美化地和艺术化地去稳固，决不是贴标签式的、机械般地加入，则就能起到稳固的作用。例如，哈克奈斯所创作的小说《城市姑娘》，企图展现社会主义倾向，这对加强社会主义文化建设本是良好的愿望。但问题是，从她所塑造的女主角——耐丽，一位无产阶级的女性身上，没有艺术化地表现出社会主义倾向。耐丽被资产阶级绅士格兰特所引诱并最终被抛弃，他们的私生子也因此受影响而病死，小说第十一章描述了小孩病死后，耐丽对护士进行谴责、谩骂甚至推搡，而与格兰特再碰见却毫无怨言，风平浪静，真是拙劣的艺术表现，且看如下描述：

> 她把孩子从棺材里抱出来，搂着孩子坐在诵经台的台座上。她抚摸着他的全身，把他的法兰绒小殓衣也脱下来了，她直勾勾地盯着他那没有血色的额头和长长的黑睫毛，把自己的脸蛋紧紧地贴在孩子冰冷的小脸上。她一直不相信他死了，直到吻过了他，才算死心塌地。
>
> 这时耐丽使护士长见识了东头的母亲是怎么热爱自己的孩子的。耐丽的做法使西头的女人大吃一惊，她叫嚷着说，是护士们害了她的孩子，她对那些没有结过婚、没有孩子的自称为护士的女人破口大骂。她的帽子掉到地板上了，金红色的头发披散在双肩上，栗色的眼睛冒着怒火，两手攥着拳头。
>
> “我跟你拼了！”耐丽叫道，一下子把那个没有孩子的护士推倒在地上。
>
> 后来她用披巾把一动不动的冰冷冷的死孩子包裹起来，抱着他从停尸间跑上台阶。那个护士还躺在地上没有爬起来。看门人吃早点去了。没有人阻拦耐丽。她跑到街上，没人问她。

---

① 《马克思恩格斯选集》(第四卷)，人民出版社2012年版，第436页。

“你怎么了?”

她抬头一看,是格兰特先生。格兰特先生腋下挟着皮包(这是他最讨厌的皮包!)到医院去上班,正在边走边构思。最初他没有认出耐丽。他们已经有几个月没有见面,所以他没有想到是她。格兰特先生正在写的这部小说使他的脑筋极度紧张,同时他对自己的家庭生活也十分满意,因此没有时间想到维尔泰贝的女工。但是看到耐丽抬起头来时,他马上认出了这个姑娘,她的变化使他大为震惊,她那痛苦的眼睛和憔悴的面庞使他万分惊讶。

“你抱的是什么,耐丽?”格兰特先生问,他的声音还象从前一样,听起来非常温和。

“你的儿子,”她说。

耐丽终于支持不住,倒在了他的脚下,当她撩起披巾时,格兰特看见她抱的是个死孩子。①

这是选自《城市姑娘》的第十一章末尾,此章的标题为《儿童医院》,叙述了耐丽被格兰特抛弃后,她与格兰特的私生子生病了,最后病死在儿童医院。此处展现了耐丽作为一个普通母亲对儿子的深沉挚爱,但同时也作为一位无产阶级的年轻母亲(伦敦东头的女人),却有着使资产阶级的年轻女性(伦敦西头的女人,此处提到的是儿童医院的女护士们)非常惊讶和不能理解的言行和思想,这种惊讶和不能理解,实际上对读者来说也是一样的。一者是她将儿子的死因归算到护士头上,这真是冤枉。其实,读者都明白,她儿子的病死,真正的原因是她与格兰特先生私情生子,而格兰特先生最终却抛弃了她。于是,耐丽的母亲、哥哥和男友都不理睬她,她找不到好工作,生活极端困难,导致她儿子生病,医治无效而死亡。耐丽的种种不幸是值得同情的,但一个生活在19世纪末期,至少领受过无产阶级革命斗争经验的青年女工,其对自身悲剧命运的思考能力太低了,那种对无辜者谩骂和推搡的举动太疯狂了。二者是,当她面对真正的罪魁祸首——引诱、通奸、抛弃她的格兰特先生,却不会申冤,甚至还有一些陶醉在他温和的声音中,对这样无耻虚伪的资产阶级绅士还抱有一定

① [英]玛·哈克奈斯:《城市姑娘》,秦水译,人民出版社1961年版,第105—107页。

的幻想。她对欺骗和抛弃了她的男人只有软弱容忍，不敢反抗，仿佛自己才是真正结过婚，比那些年轻的护士更懂得生命的意义，其实正是那爱打扮、慕虚荣和贪享受的性格，导致了她的被骗和被弃。尽管她是工人的出身和处境，却对资产阶级的生活方式羡慕有加，对有产者的绅士抱有幻想，即使被他玩弄了，也恨他不起。

玛格丽特·哈克奈斯笔名约翰·洛劳，是英国19世纪80年代倾向于社会主义的现实主义作家，她从80年代初开始深入伦敦的工人区，了解工人的生活状况，从80年代中期开始接触社会主义运动，与马克思的女儿爱琳娜有一定的联系。1887年4月，她的小说《城市姑娘》出版。第二年，她将此小说送给恩格斯并请他提出批评意见，恩格斯在阅读了该小说后，对女作家的艺术勇气及小说所反映出的现实主义的真实性给予肯定外，也提出了中肯的批评。"在《城市姑娘》里，工人阶级是以消极群众的形象出现的，他们无力自助，甚至没有试图作出自助的努力。想使他们摆脱贫困而麻木处境的一切企图都来自外面，来自上面。如果说这种描写在1800年前后或1810年前后，即在圣西门和罗伯特·欧文时代是恰如其分的，那么，在1887年，在一个有幸参加了战斗无产阶级的大部分斗争差不多50年之久的人看来，就不可能是恰如其分的了。工人阶级对压迫他们的周围环境所进行的叛逆的反抗，他们为恢复自己做人的地位所作的令人震撼的努力，不管是半自觉的或是自觉的，都属于历史，因而也应当在现实主义领域内占有一席之地。"①显然，恩格斯并不是要否定小说人物的真实性，而是要作家提升小说的艺术性，即把塑造人物与描绘环境有机地统一起来，而不是割裂开来，就如同要塑造一位当代青年的知识女性，写出来的却是林黛玉一样的角色，而林黛玉所生活的时代是清朝末期，所处的环境是封建大家庭。角色和环境要相匹配和统一，这正是恩格斯对哈克奈斯的建议，从马克思主义文艺实践论来看，现实主义是三个要素的有机统一，即细节、环境和人物。故此，恩格斯非常诚恳地对哈克奈斯说："如果我要提出什么批评的话，那就是，您的小说也许还不够现实主义。据我看来，现实主义的意思是，除细节的真实外，还有真实地再现典型环境中的典型人

---

① 《马克思恩格斯选集》(第四卷)，人民出版社2012年版，第590页。

物。”[①]若回到“拧螺丝钉”的类比，螺丝钉要拧到机器受重或受力的地方，才能起到牢固的作用。以文艺来树牢社会主义的思想，尽管细节是真实的，还要塑造典型的人物和描绘典型的环境，由此达到艺术的真实，超越生活的真实，这是马克思主义文艺实践论的必然要求。

二、文化的军队

如果说“齿轮”和“螺丝钉”的说法，形象地比喻了文艺在实践活动中的运转形态和加固形态，那么，文艺在实践活动中的生成形态，则可以用“文化的军队”这个说法。军队是建立一个国家的武装力量，建立一个国家，不但需要物力上的武装，更需要思想上的武装，因为思想指挥行动。正如毛泽东所论：“在我们为中国人民解放的斗争中，有各种的战线，就中也可以说有文武两个战线，这就是文化战线和军事战线。我们要战胜敌人，首先要依靠手里拿枪的军队。但是仅仅有这种军队是不够的，我们还要有文化的军队，这是团结自己、战胜敌人必不可少的一支军队。‘五四’以来，这支文化军队就在中国形成，帮助了中国革命，使中国的封建文化和适应帝国主义侵略的买办文化的地盘逐渐缩小，其力量逐渐削弱。到了现在，中国反动派只能提出所谓‘以数量对质量’的办法来和新文化对抗，就是说，反动派有的是钱，虽然拿不出好东西，但是可以拚命出得多。在‘五四’以来的文化战线上，文学和艺术是一个重要的有成绩的部门。革命的文学艺术运动，在十年内战时期有了大的发展。这个运动和当时的革命战争在总的方向上是一致的，但在实际工作上却没有互相结合起来，这是因为当时的反动派把这两支兄弟军队从中隔断了的缘故。抗日战争爆发以后，革命的文艺工作者来到延安和各个抗日根据地的多起来了，这是很好的事。但是到了根据地，并不是说就已经和根据地的人民群众完全结合了。我们要把革命工作向前推进，就要使这两者完全结合起来。”[②]此处是毛泽东1942年《在延安文艺座谈会上的讲话》中，给文艺取名为“文化的军队”的原话，他以现代中国革命历史为线索，简要地梳理了文艺作为文化的军队的发展和作用。中国现代文艺是伴随着中国现代革命的发展而发展的，革命的文艺对中国

① 《马克思恩格斯选集》(第四卷)，人民出版社2012年版，第590页。
② 《毛泽东选集》(第三卷)，人民出版社1991年版，第847—848页。

革命斗争具有积极的促进作用，而反动的文艺则起着消极的阻碍作用。

在五四新文化运动中，文学革命起到了推动并引领的强大作用，面对封建主义、官僚资本主义和帝国主义在中国的反动统治，建成为思想斗争和文化洗礼的阵线。1917 年 2 月，陈独秀发表《文学革命论》，明确倡导“三大主义”，向封建文学发起了猛烈的攻击。“曰推倒雕琢的阿谀的贵族文学，建设平易的抒情的国民文学；曰推倒陈腐的铺张的古典文学，建设新鲜的立诚的写实文学；曰推倒迂晦的艰涩的山林文学，建设明了的通俗的社会文学。”①所谓国民文学、写实文学和社会文学，实则反映了革命者和马克思主义文论家对文学的服务对象、审美风格和社会功能的强调，这是一种带有自觉性的、力图中国化的马克思主义文艺理论主张，而鲁迅等进步的革命文学家，从五四新文化运动，一直到第二次国内革命战争时期（1927—1937 年），都以文学创作的实践，在默默地艰难地组建成一支文化的军队，他们为当时社会的黑暗与腐败感到绝望，但看到革命者的热情与牺牲，由绝望又看到了希望，即使那黑暗和腐败还没有根本改变，他们也要为革命者呐喊助威，如他在 1932 年 12 月 14 日所写，“‘绝望之为虚妄，正与希望相同。’既不是直接对于‘文学革命’的热情，又为什么提笔的呢？想起来，大半倒是未来对于热情者们的同感。这些战士，我想虽在寂寞中，想头是不错的，也来喊几声助助威罢。首先，就是为此。自然，在这中间，也不免夹些将旧社会的病根暴露出来，催人留心，设法加以治疗的希望。但为达到这希望计，是必须与前驱者同一的步调的，我于是删削些黑暗，装点些欢容，使作品比较的显出若干亮色，那就是后来结集起来的《呐喊》，一共有十四篇”。②在这十四篇中，就包含大家非常熟悉的《狂人日记》《孔乙己》《药》《一件小事》《故乡》《阿 Q 正传》和《社戏》等，这每一篇里，饱含了对封建主义、官僚资本主义及帝国主义勾结在一起而对中国劳动人民所进行的压迫和剥削的血泪控诉，“呐喊”不过是他的谦虚用词，“助威”却是他的真实用心，实质上，鲁迅作为这支文化军队的司令，其文学功绩是高不可攀的。正如毛泽东对他评价，“……不仅因为他的文章写得好，是一个伟大的文学家，而且因为他是一个民族解放的急先锋，给革命以很大的助力。他并不是共产党组织中的一人，

① 唐弢主编：《中国文学史简编》，人民出版社 1984 年版，第 3 页。

② 鲁迅：《附录：鲁迅论小说创作》，见《鲁迅小说全编》（插图本），漓江出版社 1996 年版，第 408 页。

然而他的思想、行动、著作,都是马克思主义的。他是党外的布尔什维克。尤其在他的晚年,表现了更年青的力量。他一贯地不屈不挠地与封建势力和帝国主义作坚决的斗争,在敌人压迫他、摧残他的恶劣环境里,他忍受着、反抗着,……是充满了艰苦斗争的精神的”。①毛泽东对鲁迅的评价是中肯的,身处反动派统治辖区内,鲁迅不畏生命危险,成为文化军队的领袖。他身体力行,敢于斗争,创作出来大量针砭时弊的优秀作品,展现了马克思主义文艺的革命精神和实践品格。

而抗日战争爆发以后,革命的文化军队面临着新的形势和任务,如何以文艺的审美方式来鼓舞人民抗击日本帝国主义的侵略,来宣传建立抗日民族统一战线,变成了重要的议题。一些文艺工作者克服重重阻隔,来到延安和各个抗日根据地,这至少说明文化的军队的人员在增加,是件好事。但好事要变成彻底的好事,还需要进一步的努力。“中国的革命的文学家艺术家,有出息的文学家艺术家,必须到群众中去,必须长期地无条件地全心全意地到工农兵群众中去,到火热的斗争中去,到唯一的最广大最丰富的源泉中去,观察、体验、研究、分析一切人,一切阶级,一切群众,一切生动的生活形式和斗争形式,一切文学和艺术的原始材料,然后才有可能进入创作过程。否则你的劳动就没有对象,你就只能做鲁迅在他的遗嘱里所谆谆嘱咐他的儿子万不可做的那种空头文学家,或空头艺术家。”②这不仅是对抗日根据地的作家或艺术家而言的,对于国统区的也是一样的。只要作家能真正地、切实地接近群众,摸清实情,了解时局,就能写出优秀的作品,就能以文化战士身份为社会、为时代和为民众服务。例如,著名作家张天翼 1938 年 4 月 16 日在《文艺阵地》第一卷第一期上发表的短篇小说《华威先生》,作为批判卖国官僚主义虚假嘴脸的经典之作,就很能说明作家也是战士的艺术职责。

有一天他请我吃晚饭。他说因为家乡带来了一块腊肉。

我到他家里的时候,他正在那里对两个学生样的人发脾气。

“你昨天为什么不去,为什么不去?”他吼着。“我叫你拖几个人去的。

① 毛泽东:《论鲁迅》,见《毛泽东论文艺集》,中央文献出版社 2002 年版,第 9 页。

② 《毛泽东选集》(第三卷),人民出版社 1991 年版,第 860—861 页。

但是我在台上一开始演讲，一看——连你都没有去听！我真不懂你们干了些什么？”

“昨天——我到了新组织的一个难民读书会去的。”

“什么！什么！——新组织的一个难民读书会？怎么我不知道，怎么不告诉我？”

“我们那天大家决议了的。我来找过华先生，华先生又是不在家——”

“好啊，你们秘密行动！”他瞪着眼。“你老实告诉我——这个读书会到底是什么背景，你老实告诉我！”

对方似乎也动火了：

“什么背景呢，都是中华民族！部务会议议决的，什么秘密行动也没有。……华先生又不到会，开会也不终席，来找又找不到……我们总不能把工作停顿起来。”

华威先生把雪茄一摔，狠命在桌子上捶了一拳：Dung！

“混蛋！”他咬着牙，嘴唇在颤抖着。“你们小心！你们，哼，你们！你们！……”①

这几小段对话，栩栩如生地勾画出了华威先生——一个当时混迹于抗日文化阵营的市侩官僚的形象。他权欲旺盛却又不学无术，一本正经却招摇撞骗，东奔西跑却不干实事，在他口口声声为抗日事业“要努力要团结”的义正词严的外表下，实际上是时时插足和操纵群众组织和活动，干着真卖国而假抗日的勾当，揭露了国民党官僚借抗战之名破坏抗日民族统一战线的丑恶行径。以张天翼为代表的，有着正义和良心的作家或艺术家，在国难当头、民族存亡的关键时刻，展现了政治自觉和阶级立场，不愧为文化军队中的勇敢战士。

文化军队的勇敢战士，并不只包括鲁迅、张天翼这样的作家，也不只是梅兰芳或冼星海这样的艺术家，还包括那些勇于改造思想、推动历史前进、批判社会黑暗的文艺批评家。马克思和恩格斯本人就是典范。法国小说家欧仁·苏(1804—1859)曾创作出小说《巴黎的秘密》，在法国的《评论报》上连载，自

① 张天翼：《华威先生》，载严家炎、孙石玉、温儒敏主编，《中国现代文学作品精选》(增订本)，北京大学出版社2001年版，第520页。

1842年6月到1843年10月持续刊载，小说轰动了法国。这部一百多万字的长篇小说，情节复杂，事件离奇，人物众多，主要叙述了德国盖罗尔施坦公国的鲁道夫公爵微服访问巴黎、惩恶扬善的过程，刻画了妓女玛丽花（鲁道夫的私生女）、罪犯操刀鬼、猫头鹰等角色，展现了贵族、贫民和罪犯这三类人物的生活的“秘密”内幕，反映了19世纪三四十年代巴黎的社会生活。尽管此小说在当时影响很大，还被翻译成了英、德、荷、比等国文字，被多次改编，搬上了舞台和银幕。然而，它却有个致命的毛病：“小说基于空想社会主义的一些关于未来理想社会的图景（包括鲁道夫的那个实验农场），究其实，不过是一种基于阶级调和的社会改良。”①由于这种空想社会主义作祟，欧仁·苏所刻画的正面人物都带有较为浓厚的理想色彩，形成了较为严重的虚构性质，在一定程度上歪曲了社会历史的真实面貌。例如鲁道夫的良心发现，扶贫济困，惩恶扬善；玛丽花的悔罪意识，神灵感化，宗教皈依，这类无条件的或任意性的改变，在马克思和恩格斯所坚持的历史唯物主义的文艺批评观来看，是不合理的，甚至是荒唐的。且看玛丽花与教士拉波特在鲁道夫的实验农场散步时，教士是如何趁机引诱玛丽花忏悔，从而逐步实现鲁道夫等贵族阶级所宣扬的博爱精神和所倡导的宗教伦理。

> 到处一片寂静，时间庄严万分。
>
> 教士停在小山上，欣赏着美丽的暮色。凝思了一会儿，把一只颤抖的手指向半隐在傍晚雾气中的天空深处，对深思地走在他身边的玛丽花说道：“你看呵，我的孩子！看那一望无涯的天际，……这天际的界限现在无法分辨了……我觉得，万籁俱寂和无边无际几乎能使我们产生一种永恒的观念……玛丽，我对你说这些，是因为你易于感受造物之美……看到这造物之美在你心中，在你那长久丧失宗教感情的心中激起了宗教崇拜，我常常是深为感动的……难道，你不和我一样感到此时雄伟的寂静吗？”
>
> 唱歌的小妞一声不响。②

---

① [法]欧仁·苏：《巴黎的秘密》（上册），成钰亭译，云南人民出版社1981年版，前言第8页。

② [法]欧仁·苏：《巴黎的秘密》（上册），成钰亭译，云南人民出版社1981年版，第346—347页。

马克思和恩格斯就此评论道："教士已经成功地把玛丽对于大自然美的纯真的喜爱变成了宗教崇拜。对于她，自然已经被贬为适合神意的、基督教化的自然，被贬为造物。晶莹清澈的太空已经被黜为静止的永恒性的暗淡无光的象征。玛丽已经领悟到，她的本质的一切人性表现都是'罪孽深重'的，这些表现背弃了宗教，违背了真正的神恩，这些表现是离经叛道、亵渎神灵的。教士必须使她感到自惭形秽，必须把她的自然的和精神的力量以及各种自然的赋予都化为灰烬，以便使她能够接受他所许给的超自然的赋予，即接受洗礼。"①确实，当玛丽花一声不响，表明她已被大自然之美所感动，由于此种喜爱的情感，使她不能区分审美情感与宗教崇拜的情感，正是这个迷惑，为教士能对她进行洗礼的引诱提供了契机，使她自感渺小和形秽，以凸显所谓神恩的悲悯和博大。但凡有一些理性思考能力的人都会反问，特别像是玛丽花这样的可怜人物，都会要追问自己不幸命运的原因，她的疑问与教士的解释，揭示了基督教伦理的虚伪和掩饰。

"既然善恶意识的觉醒对于我是这样的可怕，那末为什么不让我由不幸的命运去摆布呢？……要是听我沦落在过去的火坑中，也许贫困和毒打很快就断送了我的性命，而对于这种无论我怎样渴望也始终得不到的纯洁，我至少是可以毫不知道便了此一生的。"

……

"咳！玛丽，这实在没办法！就是品性最高尚的人，只要他在你被救出的污泥中呆过一天，出来后也会在额上留下一个洗不掉的污点……"

玛丽花伤心地说道："那末，您看出我是命定该绝望的罗！"

教士阴沉而庄严地说道："你必须抛弃想从自己的生活中撕掉这可悲的一页的任何希望，但是你应该期望全能的上帝的无限仁慈。在这里，在尘世上，可怜的孩子，你应得的一份是眼泪、忏悔、赎罪；但有一天在那里，"他向着开始星罗棋布的天空举起手来，又说道，"在天堂中，你将得到赦免和永恒的福祐！"

"可怜可怜我吧……可怜可怜我吧，天呀！……我还这样年轻……我

① 《马克思恩格斯全集》(第二卷)，人民出版社 1957 年版，第 220 页。

多么不幸啊……”唱歌的小妞儿肝肠痛断地呼天号地，她不自主地跪倒在教士的脚下。

神甫站在小山的顶巅上，那里离他的公所不远，他的黑长袍，尊敬的面容，衬着暮色的光辉，在天空中突显出来，透明澄清，在西方浅淡黄色中，简直象天空中一块蓝色宝石。教士把一只颤抖的手举上天空，另一只手递给玛丽花，后者的眼泪滴满他的手上。她灰色斗篷的风帽，这时落到肩膀上，露出少女温柔的侧面，妩媚的祈求的目光中，充满了眼泪……①

这段催人泪下的对话，生动地描述了玛丽花的天真无知，为了了解她悲惨命运的根因，糊涂和急切中，她上了老教士的误导之船。神甫和玛丽花站在小山顶上的那个画面般的描绘，遥远的天空，虚缈的天国，成为引导可怜女玛丽花的理想圣地，她最后一点正常的思考能力，都被教士巧妙地剥夺了。

失望唱歌的小妞儿不禁说道：“噢！我好苦！我整个生命即使将来和你的同样长久、同样纯洁，我的神甫，它也要永远受到良心的谴责和对过去罪愆的烙印了……我好苦呵！”

“恰巧相反，这是你的幸福，玛丽，是你的幸福！主使你受到良心的谴责、这种谴责虽然充满了痛苦，但却是与人为善的。它证明你的灵魂有宗教的感受性！……你所受到的每一点苦难都会在天上得到补偿。相信我的话，上帝一时把你放在邪路上，是为了以后让你能得到忏悔的荣誉和赎罪所应有的永恒的奖励！……”②

从这一刻开始，玛丽花的理想防线完全被老教士攻破，她已自感承认和忏悔自己是有罪的人，尽管这些罪恶都是坏人和邪恶社会累加给她的，但经教士的教导和感化，她完全被奴化和俘虏了，正如马克思和恩格斯所批判的：

“从这一瞬间起，玛丽便成了自己有罪这种意识的奴隶。如果说，以前她

① [英]欧仁·苏：《巴黎的秘密》（上册），成钰亭译，云南人民出版社 1981 年版，第 352—353 页。

② [英]欧仁·苏：《巴黎的秘密》（上册），成钰亭译，云南人民出版社 1981 年版，第 353—354 页。

在最不幸的环境中还知道在自己身上培养可爱的人类个性，在外表极端屈辱的条件下还能意识到自己的人的本质是自己的真正本质，那末现在，却是从外面损伤了她的现代社会的污浊在她眼中成了她的内在本质，而因此经常不断地忧郁自责，就成了她的义务，成了上帝亲自为她预定的生活任务，成了她存在的目的本身。”①老教士实质上是鲁道夫的宗教事务助手，是贵族权贵们的传教士，是统治阶级的神学辩护护士，他们口口声声说要拯救玛丽花，而其结果是，“鲁道夫就这样先把玛丽花变为悔悟的罪女，再把她由悔悟的罪女变为修女，最后把她由修女变为死尸。”②一个无辜的可怜的女人就这样被黑暗的社会和虚伪的教会用不刃血的屠刀伤害了，最可恨的和可耻的是，这个行刑的刽子手竟然是她的亲生父亲，这是马克思和恩格斯作为文艺批评的战士，对当时的欧洲资本主义社会，以巴黎为代表的贵族上流社会秘密的大胆揭露，也是针对当时流行的青年黑格尔派在哲学上以“自我意识”极度膨胀和无限扩张的荒唐之举的无情鞭挞，更是对维护资本主义私有制的基督教伦理的莫大讽刺。马克思和恩格斯的高明在于，他们是以文艺批评者的角色，从政治、哲学和宗教等维度，对资本主义制度进行了深刻的批判。由此，他们成为这支文化军队的领袖，身体力行，文艺批评成为他们战斗的武器，结合实际的小说案例，分析具体的艺术作品，以此阐释了马克思主义文艺实践论中的功用形态。

第三节　马克思主义文艺的实施策略

马克思主义文艺的实施策略的问题，是涉及文艺实践论中对文艺发展的具体运作问题。承接前面所论，第一节论述了马克思主义文艺的服务对象，解决了文艺实践论中的艺术接受和审美客体的问题，而第二节论述了马克思主义文艺的功用形态，解决了文艺实践论中的艺术机制和审美形态的问题，那么到了第三节，就要论述马克思主义文艺的实施策略，要解决文艺实践论中的艺术方针和审美技巧的问题，当然，这三节实质上是有机统一的，是马克思主义文艺实践论中联系着的三个方面。

---

① 《马克思恩格斯全集》(第二卷)，人民出版社 1957 年版，第 223 页。

② 《马克思恩格斯全集》(第二卷)，人民出版社 1957 年版，第 225 页。

马克思主义文艺的实施策略，也就是马克思主义如何来运作文艺的计策和方略，具有艺术方法论的意义。这个艺术方法论，并不是一种纯粹的学究式的形而上学，而是艺术实践的方法论，是旨在要使文艺有所发展的运作，涉及文艺的管理部门和文艺工作者，就文艺的管理部门来说，要制定科学的艺术方针，以指导文艺的发展；就文艺工作者本身而言，要总结出可靠可行的审美技巧，于是，就有以下的关于“双百”方针与“深入”和“身入”的论述。

一、“双百”方针

文艺既是意识形态的形式，追求艺术审美，要以情感人，以美化人；同时，文艺也是艺术实践的运作，关注审美经验的积累，重视艺术形成的过程。显然，艺术随着人类的诞生而诞生，之前的艺术经验为以后的艺术实践提供了指导，提醒后来的文艺工作者少走弯路，由此，文艺审美经验的问题，由个别文艺工作者的事情，上升为众多文艺工作的事情，这样就导致了文艺管理部门出现的必要。无论历史上哪个王朝或政府，还是东方或西方的国家或民族，都对文艺的方针非常重视，它既属于思想政治的问题，又属于社会治理的问题，还属于艺术实践的问题，就此，马克思主义也不例外。但马克思主义的高明在于，它绝对不会把这些问题分割开来，而是统一起来，就此，马克思主义文艺实践论，就特别强调文艺管理所制定的艺术方针的合理性和有效性，在此方面，毛泽东所提出的“双百”方针，就很具有代表性。在 1957 年的《关于正确处理人民内部矛盾的问题》中，他明确指出，“百花齐放，百家争鸣，长期共存，互相监督，这几个口号是怎样提出来的呢？它是根据中国的具体情况提出来的，是在承认社会主义仍然存在着各种矛盾的基础上提出来的，是在国家需要迅速发展经济和文化的迫切要求上提出来的。百花齐放、百家争鸣的方针，是促进艺术发展和科学进步的方针，是促进我国的社会主义文化繁荣的方针。艺术上的不同形式和风格可以自由发展，科学上不同的学派可以自由争论。利用行政力量，强制推行一种风格，一种学派，禁止另一种风格，另一种学派，我们认为会有害于艺术和科学的发展。艺术和科学的是非问题，应当通过艺术界和科学界的自由讨论去解决，通过艺术和科学的实践去解决，而不应当采取简单的方法去解决。”①可见，他所提出的艺术上要百花齐放，是具有合理性的。其

① 《毛泽东文集》(第七卷)，人民出版社 1999 年版，第 229 页。

合理性在于，这已经是处在社会主义的时代，已经不再是封建主义文化专制的时代，已经不再是资本主义文化变异的时代，这是自由的民主的文化繁荣的时代。然则，社会主义文化的繁荣，还面临着一些问题，还有一些地方需要完善，而艺术的繁荣，则能带动文化的繁荣。要艺术繁荣，必须要让作家和艺术家们进行自由的创作，创作出不同的形式和风格的文艺作品，单一形式和风格的文艺作品，绝不会带来艺术的繁荣。

就有效性而言，却是因为社会主义的民主制度，使作家和艺术家可充分发挥其创作的能力，为社会和人民创作出更多的优秀作品，以帮助广大人民群众来提高文化水平。而封建社会的专制制度，多半会导致钳制文化、垄断思想，其结果是文人学士多不得志，文艺的繁荣受到阻碍。而资本主义利益至上的私有制度，也常常会导致金钱民主或拉选票式的民主，与之相伴随的是商业文化、消费文化或是快餐式文化的盛行，真正的艺术，审美的艺术或是深厚的文艺作品却没有市场，导致文艺的萧条。而社会主义的文艺，除了民主制度的保障外，它所营造的自由的文化环境，所制定的宽松的管理政策，接受多种文艺形式，鼓励多种文艺风格，有效地为文艺的繁荣创造良好的条件。仅以当代中国文坛而论，出了莫言、王蒙、陈忠实、余华、王安忆等作家，就是百花齐放方针正确性和科学性的明显例证。

虽然，毛泽东所提出的“双百”方针，百花齐放主要针对的是文艺工作的，而百家争鸣却主要针对的是科学工作的，但实质上，“双百”方针是辩证统一的。一方面，百花齐放所绽放的是不同种类和不同特色的花卉，所倡导的是不同形式和不同风格的美；而百家争鸣所争论的是不同学派和不同观点的理论主张，所揭示的是关于不同事物和不同情状的理，由此，在此种意义上，它们的精神实质是一样的，即自由的精神。另一方面，艺术的百花齐放，说明即使是对同一事物和对象，美的形态和华彩仍然可以是多样的；而科学的百家争鸣，对于同一个事物和对象，在同样的条件和处境中，所得出的结论应该是相同的。由此，艺术是求美，在个别性中展现一般性，而科学求真，要将一般性应用到个别性中，无论是一般性和个别性，两者是辩证统一的。但就艺术而言，切忌从一般性走向个别性，而宜从个别性走向一般性，否则这就犯了理论先行、按图索骥这类的错误，使美变成了“感性的理性显现”，黑格尔主义美学也都否定这样的美学观点，更不要说马克思主义美学，其实践的诉求，更会强调从个别到一般、从特殊到普遍的艺术实践。

二、"深入"与"身入"

"双百"方针是文艺管理部门所提出的关于文艺实践的科学策略，它是鼓励自由创作和激励个人探索的政策，求美和求真实质上是辩证统一的，所以百家争鸣也是适应于文艺批评和艺术审美的。那么，针对作家和艺术家个人而言，如何来获得有效的和成功的文艺实践的策略？以马克思主义文艺理论家来看，可以归结为"深入"和"身入"两条。赵树理曾说过，"一个写作者总得对自己熟悉的群众生活的根据地永远保持着饱满的兴趣"①，他要求作家不仅要深入生活，还要"身入"生活，以农村为家。从1951年到1966年间，他经常回到山西农村生活，从事实际的农村工作，参加和体验了一系列的农村运动，急剧变革的农村生活给赵树理带来了永不枯竭的创作源泉。如此他才能写出《三里湾》这样的我国第一部反映农村合作化运动的长篇小说。赵树理的艺术创作实践，非常典型地代表了作家如何深入群众之中、亲身体验社会生活从而总结出创作经验的实践之路，我们以他的《小二黑结婚》和《登记》为例，说明他的小说是如何以艺术的方式反映中国农村从新中国成立前到新中国成立后婚姻自由的问题。

> 二诸葛忌讳"不宜栽种"，三仙姑忌讳"米烂了"。这里有两个小故事：有一年春天大旱，直到阴历五月初三才下了四指雨。初四那天大家都抢着种地，二诸葛看了看历书，又掐算了一下说，"今日不宜栽种"。初五日是端午，他历年就不在端午这天做什么，又不曾种；初六倒是个黄道吉日，可惜地干了，虽然勉强把他的四亩谷子种上了，却没有出够一半。后来直到十五才又下雨，别人家都在地里锄苗，二诸葛却领着两个孩子在地里补空。邻家有个后生，吃饭时候在街上碰上二诸葛问道："老汉！今天宜栽种不宜？"二诸葛翻了他一眼，扭转头返回去了，大家就嘻嘻哈哈传为笑谈。
>
> 三仙姑有个女儿叫小芹。一天，金旺他爹到三仙姑那里问病，三仙姑坐在香炉后唱，金旺他爹跪在香炉前听。小芹那年才九岁，晌午做捞饭，

---

① 《赵树理文集》(第四卷)，工人出版社1980年版，第1659页。

把米下进锅里了，听见她娘哼哼得中听，站在桌前听了一会，把饭也忘了。一会，金旺他爹出去小便，三仙姑趁空子向小芹说，“快去捞饭！米烂了！”却不料叫金旺他爹听见，回去就传开了。后来有些好玩笑的人，见了三仙姑就故意问别人“米烂了没有？”①

从这两个小故事可以看出，赵树理的小说语言朴实，情节变化而不经意，他用简洁的文笔，以人物的言行为线索，活灵活现地刻画了两个具有代表性的人物，而这两个人物就是妨碍小二黑和小芹自由恋爱和结婚的元凶。二诸葛是个满脑子迷信的封建老顽固，打卦算命、循旧保守，相信所谓“命里八卦”，于是他阻止儿子小二黑与小芹的恋爱。而小芹的母亲三仙姑则是个装神弄鬼的神婆，要拆散小芹与小二黑的恋爱关系。也许，今天的读者对这个写于1943年5月的小说的内容会感到陌生，但这确实是赵树理对新中国成立前中国农村恋爱婚姻的艺术反映，特别经典的是这两个小故事，浓缩地且艺术化地把当时阻碍恋爱婚姻自由的根因揭示了出来，如果赵树理没有深入地扎根农村生活，没有实地去接触农民，亲身体验他们的思想感情，肯定写不出这样优秀的作品，以马克思主义文艺实践论的实施策略来说，就是作家和艺术家的“深入”与“身入”的艺术经验的总结。同样还是关于农民的自由恋爱和婚姻问题，到了新中国成立后的情况又怎么样呢？

他们三个人进村公所，民事主任才写过信，墨盒还没有盖上。民事主任看见他们几个人在一起就没有好气，撇开艾艾和小晚，专对燕燕说：“回去吧！信已经交给你妈了！”燕燕说：“我知道！这回是给他们两个人写！”主任瞟了小晚和艾艾一眼说：“你两个？”“我两个！”“自己也都不检讨一下！”小晚说：“检讨过了！我们两个都愿意！”主任说：“怕你们不愿意哩？”艾艾说：“你说怕谁不愿意？我爹我妈也愿意！”小晚说：“我爹我妈也都愿意！”主任说：“谁的介绍人？”燕燕说：“我！”“你怎么能当介绍人？”“我怎么不能当介绍人？”“趁你的好名声？”“名声不好为什么还给我写介绍信？”主

① 赵树理：《小二黑结婚》，《中国现代文学作品精选》（增订本），载严家炎、孙石玉、温儒敏主编，北京大学出版社2001年版，第526页。

任答不上来就发脾气:“去你们的!都不是正经东西!”艾艾看见仍不行了,就又顶了他一句:“嫁给你的外甥就成了正经东西了,是不是?”

这一下更问得主任出不上气来。……①

在这里,赵树理主要采用了直接引语的对话,将双方的冲突逐步升级,年轻人由询问,到反问,再到诘问,他们的态度一步步坚挺;而民事主任则由理直气壮,到恶口骂人,再到无话可说,这中间的原委是:小进和燕燕,小晚和艾艾各是一对自由恋爱的青年男女,但燕燕的妈妈为女儿包办婚姻,让媒婆与民事主任串通,男女双方事先没见面就给写好了介绍信。而艾艾的婚事也为媒婆所包揽,准备许给民事主任的外甥。这里关键的是这个民事主任,做人没有责任心,办事没有原则,私心和关系至上,是个典型的变坏了的基层小官僚。赵树理显然是在“深入”和“身入”生活的基础上,才创作出这样永具魅力的文艺作品,这是对马克思主义文艺实践论的一种贡献。

马克思主义文艺实践论,在关于作家和艺术家的实施策略上,强调“深入”和“身入”生活的艺术辩证性。一方面,只有“深入”了生活,才能找到文艺的良好素材,才能提炼出作品的最佳主题,才能创作出被人民群众所喜爱的作品。另一方面,只有“身入”生活,才能切实把握好人物的思想性格,才能扎实建构好情节,才能夯实好艺术语言的基础。此外,“深入”和“身入”是相互统一的,“深入”要靠“身入”来保证,不实践难以获得艺术创作的真经。“身入”也反过来要靠“深入”来提升,盲目行动和肤浅体验,不能创作出能经受历史和人民群众检验的真正的艺术作品,所以,“深入”和“身入”也是辩证统一的。

术语阐释

人民是文艺工作者的母亲

这是邓小平在 1979 年《在中国文学艺术工作者第四次代表大会上的祝

① 赵树理:《登记》,《中国当代文学作品精选(1949—1999)》(增订本),载谢冕,洪子诚主编,北京大学出版社 2002 年版,第 39 页。

词》中提出来的一个理论命题，是马克思主义文艺实践论中关于文艺服务对象的一个比喻性的说法，它充分体现了马克思主义文艺实践论所具有的群众性基础，人民的内涵在现阶段是指全体社会主义劳动者、社会主义事业的建设者、拥护中国共产党和中国特色社会主义的爱国者、拥护祖国统一和致力于中华民族伟大复兴的爱国者。

同时，它也揭示了马克思主义关于文艺实践来源的综合汇聚，即人民及其生活是文艺工作者在创作中，题材、主题、情节、语言、诗情、画意等的最终来源和艺术基础。因此，作家和艺术家要从人民及其生活中捕获题材，提炼主题，构建情节，美化语言，催生诗情，烘托画意，经过如此的艺术锤炼，使所创作的文艺作品从人民中来，又反哺于人民，形成由实践到创作，再由创作到实践，如此循环往复的过程，这也是马克思主义文艺实践论的理论检验和提升的过程。

“双百”方针

这是毛泽东在1957年《关于正确处理人民内部矛盾的问题》一文中提出并论述的一个理论方针的问题。“百花齐放”指艺术上的不同形式和风格可以自由发展；“百家争鸣”指科学上不同的学派可以自由争论。不能利用行政力量，强制推行一种风格，一种学派，禁止另一种风格，另一种学派，如此则会有害于艺术和科学的发展。实践证明，执行好这两个方针，能促进我国社会主义文化和科学事业的繁荣发展。

“双百”方针虽然各自针对艺术和科学，但实质上是辩证统一的，即艺术上的求美与科学上的求真，美与真在马克思主义文艺实践论中是辩证统一的，即感性与理性、个别与一般、自然与自由等的必然联系和有机统一。无论是美还是真，对它们的追求，马克思主义都鼓励作家和艺术家，要发挥特色，自由创作，这是马克思主义文艺实践论的科学实施策略。

思考题

1. 如何理解“人民是文艺工作者的母亲”？
2. “齿轮”和“螺丝钉”在马克思主义文艺实践论中所指的含义是什么？
3. 试论马克思主义文艺实践论中关于“深入”和“身入”的意义？

延伸阅读

1.《实践论》,载《毛泽东选集》(第一卷),人民出版社 1991 年版。

2. 严家炎、孙石玉、温儒敏主编:《中国现代文学作品精选》(增订本),北京大学出版社 2001 年版。

3. 谢冕、洪子诚主编:《中国当代文学作品精选(1949—1999)》(增订本),北京大学出版社 2002 年版。

第七章 马克思主义文艺创新论

原典摘录

布洛赫:“马克思主义的盐味”

因此,新酒不能装进旧酒囊中。辩证的—具体的乌托邦(dialektisch-konkrete Utopie)及其新东西的可能性“基质”不属于迄今所特有的单纯“再结合”这一理性意义上的形而上学。但是,在马克思主义——作为从必然王国向自由王国的中介性飞跃——中蕴含着全部颠覆性的、非静态性的遗产。这种遗产在圣经中隐藏了太久太久,但它不与过去的“再结合”(Rückverbindung)打交道。毋宁说,这是从静态的东西中出走(Exdodus)的遗产,是为自由的王国而打交道的充满各种抗议和原型的遗产。这是旨在消灭从中见不到人影的一切上层结构的遗产,既是借助于叛逆和超越活动,也是借助于超越活动的叛逆——同时也是没有超越者的超越活动。

只要最终还能以《共产党宣言》的视角阅读圣经,我们就会获得立竿见影、茅塞顿开之效应:任何无神论的盐都不会变味的,马克思主义中所蕴含的内容也会领悟到不会使盐自身变味的那个“后设”。①

……

这种解决方案只是由于没有任何拯救的、败坏变味的文本句子,才变得蔽而不明。此外,由于路德的翻译所附加的基督教教会的和谐化设计,这种方案才消失了踪迹。②

---

① [德]恩斯特·布洛赫:《基督教中的无神论》,梦海译,中国社会科学出版社2017年版,第77—78页。

② [德]恩斯特·布洛赫:《基督教中的无神论》,梦海译,中国社会科学出版社2017年版,第141页。

But the new wine does not belong like this in the old skins: the dialectically concrete Utopia and the Possibility—"Substratum"—of the Novum does not belong to the old metaphysics with the reasonableness(certainly a singular sort of reasonableness) of this simple binding-back, this bare re-ligio. Implicit in Marxism—as the leap from the Kingdom of Necessity to that of Freedom—there lies the whole so subversive and un-static heritage of the Bible: a heritage which, in the exodus from the static order, showed itself far more as pure protest, as the archetype of the Kingdom of Freedom itself. As the abolition of every On-high which has no place for man; as a transcending with revolt, and equally a revolt with transcending—but without transcendence. So far as it is, in the end, possible to read the Bible with the eyes of the Communist Manifesto. For then it sees to it that no atheist salt shall lose its savor, grasping the Implicit in Marxism with that no atheist salt shall lose its savor, grasping the Implicit in Marxism with that *Meta* which prevents the salt itself from growing tasteless."①

…

A solution only deprived of its unequivocal clarity, only deprived of the salt of its meaning, by the hopeless corruption of the text, and by the harmonizing indulged in by the Christian churchmen who translated it.②

以上中文和英文摘录均出自恩斯特·布洛赫的名著《基督教中的无神论》,这里值得注意的是,布洛赫在文中正式提出了马克思主义的"盐味"这个概念(布洛赫所说的"盐味"在这里主要是调味品的意思)。马克思主义"盐味"概念的提出,在马克思主义文艺创新论上具有划时代的意义,在这之前,西方文艺史上没有理论家如此明确地把马克思主义当作文艺活动的调味品,并探究出马克思主义的特殊作用。"不与过去再结合"充分说明马克思主义文艺抛

① Ernst Bloch, *Atheism in Christianity: The Religion of the Exodus and the Kingdom*. Translated by J.T. Swann.London · New York: Verso 2009, p.57.

② Ernst Bloch, *Atheism in Christianity: The Religion of the Exodus and the Kingdom*. Translated by J.T.Swann. London · New York: Verso 2009, pp.99—100.

开旧物、寻求超越的状态，这是一种用前瞻性的、辩证的观点来分析文艺创新问题的马克思主义文艺理论观，揭示了马克思主义文艺创新的有效形态。在马克思主义文艺理论史上，德国的布洛赫，美国的詹姆逊，以及英国的伊格尔顿，他们都作为后续的马克思主义文艺理论大家，各自具有代表性地，分别从马克思主义与西方传统文化、马克思主义与后现代政治文化以及马克思主义与文学活动的交互关系中，颇具特色地对马克思主义文艺理论进行了创新。以下特从布洛赫的“前貌似美学”、詹姆逊的“认知图绘论”以及伊格尔顿的“文学事件论”三个方面进行展开和阐释。

第一节　布洛赫的“前貌似美学”

恩斯特·布洛赫(Ernst Bloch)，1885 年 7 月 8 日出生于德国路德维希港，1977 年 8 月 4 日逝世于德国图宾根。青年时代曾攻读哲学、物理学和音乐史，而后作为自由作家活跃在慕尼黑、伯尔尼、柏林等地。1933 年流亡捷克斯洛伐克，1938 年流亡美国。1949—1957 年任前东德莱比锡大学哲学教授，1961 年移居西德，受聘图宾根大学哲学系客座教授。布洛赫一生笔耕不辍，著述甚丰，他的作品除了自编《全集》16 卷、补充卷 1 卷之外，还包括多部哲学史著作、政论和传记。布洛赫被誉为第二次世界大战后德国最富于创新的马克思主义哲学家和文艺理论家，他的著作先后被译成包括斯拉夫文、波斯文、阿拉伯文、日文和韩文在内的多种文字，在世界范围内产生了广泛而深远的影响。自 1959 年他的代表作《希望的原理》三卷出版以来，它所阐述的“未来的预先推定”“向前的梦”“具体的乌托邦”“马克思主义中的寒流与暖流”等术语和观念不仅激起了国际学界非同寻常的辩证思想，而且深深触动了整整几代人的审美感情和生活意识。

在以上摘录中，布洛赫并没有明确指出马克思主义文艺创新落实于何处，但他从马克思主义的“盐味”这一特殊功能来说明马克思主义文艺创新的维度，最终的落脚点在于说明像马克思主义这样优秀的遗产不会使食物的盐味丢掉，而只会对其起到调味的作用，且咸而不齁，这就是布洛赫马克思主义文艺创新论中，以比喻性论证方式而着手进行阐释的一个说法。基此，布洛赫创新性地提出其文艺美学观：前貌似美学(ÄsthetikdesVor-Scheins)，这一概念是恩斯特·布洛赫乌托邦美学思想的核心概念,关于艺术真理与审美现象的关系,在出现时间和存在形态上,他有这样的论述。

> 对于艺术真理问题,可回答如下:在任何时候,艺术假象(künstelerischer Schein)都不是单纯的假象,而是一种笼罩在各种图像中的某种东西,即意味着仅仅在各种图像中方可标明的持续驱动的某种东西。在这种持续不断的驱动中,艺术夸张乃至虚构故事都描述令人感动的现存东西中本身徘徊不定的某种东西,并且描述有关现实的东西的意味深长的前假象(Vor-Schein)。所谓前假象也正是某种内含美,用特殊方法可描述的东西。在此,我们揭露在个人的、社会的和自然的进程方面从未注意到的那种习以为常的或触目惊心的意义。①
>
> Und die Antwort auf die ästhetische Wahrheitsfrage lautet: Künstlerischer Schein ist überall dort nicht nur bloßer Schein, sondern eine in Bilder eingehüllte, nur in Bildern bezeichenbare Bedeutung von Weitergetriebenem, *wo die Exaggerierung und Ausfabelung einen im Bewegt-Vorhandenen selber umgehenden und bedeutenden Vor-Schein von Wirklichem darstellen*, einen gerade ästhetisch-immanent spezifisch darstellbaren. Hier wird belichtet, was gewohnter oder ungestumpfter Sinn noch kaum sieht, an individuellen Vorgängen wie an gesellschaftlichen, wie an naturhaften.②

这里的关键是要理解布洛赫所认定“Vor-Schein”的艺术审美的意义,尽管每个术语都有一般性的词语意义,或曰日常性的词汇意义。“Vor”在德语中的意思是“在前的、向前的”,既可指空间上的,也可指时间上的。而“Schein”则是“外表,外貌,外观,假象,借口,幌子”等意义。③显而易见,布洛赫关于文艺的

---

① [德]恩斯特·布洛赫:《希望的原理》(第一卷),梦海译,上海译文出版社 2012 年版,第 254—255 页。

② Ernst Bloch, *Das Prinzip Hoffnung* (Erster Band). Frankfurt am Main: Suhrkamp 1974, s.247.

③ 《德汉词典》编写组编:《德汉词典 DEUTSCH-CHINESISCHES WÖRTERBUCH》,上海译文出版社 1987 年版,第 1058 页。

功用，在时间维度上，文艺提前把未来的美好形态表现出来了，以至于它在外表上或外观上，看起来与未来的真实形态是一样的，貌似和真的一样，这是文艺功用，一种审美的功用，既不同于康德的，也区别于黑格尔的，但在审美理想上，则是对马克思主义美学的一种继承和创新。继承的是历史唯物论和唯物辩证法，创新的是关于人的未然本质而非已然本质。由此，“貌似美学”一说，在文艺审美上，也符合马克思主义文艺理论的基本原理。进一步来说，“Vor-Schein”在英文中的翻译也符合中文“前貌似”一词的意义，其英文翻译如下：

> And the answer to the aesthetic question of truth is: artistic appearance is not only mere appearance, but a meaning, cloaked in images and which can only be described in images, of material that has been driven further, wherever *the exaggeration and fantasizing represent a significant pre-appearance, circulating in turbulent existence itself, of what is real*, a pre-appearance which can specifically be represented in aesthetically immanent terms. What habitual or unblunted sense can hardly still see is illuminated here, in individual processes as well as social and natural ones.①

此段英文的翻译是紧贴德文原义的，它将“Vor-Schein”翻译成“pre-appearance”，是贴切而符合原义。我们知道，德文的“vor”等于英文的“pre”，为了强调在理论上的创新性，布洛赫将“v”和“s”大写，这是个通常的做法，大家可以理解。关键是“Schein”的意义是什么？“Schein”若作名词用，在德文中首字母“S”是大写的，与英文“appearances, pretence, sham”②意思相似，当然，“appearance”也就是中文的“外表、外貌、外观”的意思。很明确的是，布洛赫在此处绝对不是用的日常语言词汇的意思，而是关于文艺审美的一种形态，它把未来的、理想的美感形态提前给人类显示出来，它看起来与那个未来的、理想的美感形态很相似，故曰“貌似”，这种美学即曰“貌似美学”，若僵化地、生硬地

---

① Ernst Bloch, *The Principle of Hope* (Volume One). Translated by Neville Plaice, Stephen Plaice and Paul Knight. Cambridge, Massachusetts: The MIT Press 1995, pp.214—215.

② *Collins German Dictionary*, Glasgow: Harper Collins Publishers 2013, p.1789.

或拘泥地翻译成“外表美学、外貌美学、外观美学”，一方面，这些名称没有准确地表达布洛赫的本意，另一方面则又会在汉语语境中引起误会。仿佛还有所谓“内在美学、内心美学、内观美学”与之相对应。其实，此处意译才是真确切和高境界，就如同“Aesthetik”不能硬译成其原义“感性学”，而要译成“美学”，因而，“Aesthetikdes Vor-Schein”是“前貌似美学”。

鉴于此，长期从事布洛赫哲学研究的金寿铁教授总结道，如果我们去探究布洛赫的美学观，就会发现：“按照他的美学观点，艺术是关于乌托邦意识的显现和尚未形成的现实的象征；幻想是艺术家的核心能力，艺术家的假象不仅仅是单纯的假象，而是现实的前假象图景。”①那么，如何来理解布洛赫文艺创新论的这种辩证、协调的审美乌托邦观点，就此而言，可从如下两个方面来理解布洛赫的“前貌似美学”。

一、“未然”与“希望”

布洛赫的“未然”，是他哲学思想的核心观念之一，“未然”，其德文原文为noch nicht，对应英文翻译为not yet，原意为“还没有”“还不是”“还不行”等，纵观布洛赫的思想，可以发现，“未然”具体指还未存在，或是还未感觉意识到(noch-nichtbewusst)，甚至是还未变成现实的某种貌似状态。这种“未然”，不是简单的、具有否定性的无，也不是纯粹就是有的对立面，而是一种具有包容性的从无到若有若无，再到有的动态发展过程，它“刻画物质过程中的趋势，即过程化的、倾向于显现自身内容的根源”。②换句话说，这一动态发展过程实际上人的认识发展过程，不是停止而完成的过程。“未然”是布洛赫对人的存在形态的一种创新性描述，也是对人的本质的一种重新的定义。他从历史唯物主义的理论高度，看到人类社会不断发展进步的事实，从时间指向上是针对未来理想，而不是复古理想，从精神信念上是抱有希望，而不是持有绝望，这种积极的乐观主义，并不是一种盲目的乐观主义，而是他学术人生的写照。

1913年布洛赫搬到海德堡，在那里，受马克斯·韦伯和乔治·卢卡奇，甚

---

① 金寿铁：《思想就意味着超越——恩斯特·布洛赫对马克思主义传统做出的创新》，载《现代哲学》2005年第4期，第69页。

② [德]恩斯特·布洛赫：《希望的原理》(第一卷)，梦海译，上海译文出版社2012年版，第373页。

至包括和平主义知识分子卡尔·雅斯贝尔斯和古斯塔夫·拉德布鲁赫的影响，他开始倾注对“未然”的研究，“当时对布洛赫来说，最重要的是他在‘没有意识’(noch-nicht-bewusst)和‘没有成为’(noch-nicht-geworden)方面的工作。以此，他开始将弥赛亚的思想与对日常现象、艺术和文学的研究联系起来，作为一种批判现有社会状况的手段。”①恶劣的生活条件及当时所处的政治生活环境，致使布洛赫格外关注人与世界这个本体论范畴。就此，他用“未然”这个概念来表达他对人与世界的理解，以及他对生活的希望、对革命的期许，以及对文艺美的独特理解。文艺之美，是一种精巧的形象化，而作为“前貌似美学”，这种精巧的形象化之物又是一种貌似之物，但这又与空想和幻想有区别，运用马克思主义理论，即历史唯物主义和辩证唯物主义，扎根于文艺实践活动，如文艺创作②和文艺批评。基于此，他认为，文艺通过个别自身的具体形态来寻求未来的完满性。这一“未然”指向的是未来，而代表一种处于“未然”状态的现实世界不是一个封闭静止的空间，而是一个开放的、面向未来的世界，现实性意味着发展性和超越性，如此情况在文艺审美中特别明显，由此他的文艺理论是一种强调超越性的本体论。

布洛赫在他后期所写的巨著《希望的原理》中提出“希望”的概念，他所谓的“希望”，是一种引导人类走向未来的无形的力量。它引导人迈向成功，积极向上；它使人不知疲倦，为梦而生，永不停歇。希望的对立面是“无希望”，这一对立面不仅包含情绪方面的消极意义，同时也包含一种“末世论”的悲观的人生宿命观。“在时间性和客观性意义上，‘无希望’(Hoffnungslosigkeit)是无法忍受的，而且从人的需求上看，这种无希望是完全无法忍受的人生态度。”③“无希望”就是失望，这种“无希望”的情绪或是态度，给人造成的消极影响是不可估量的。从人有实施对象这个层面上来说，人“无希望”，就失去了努力生活的方向，失去了为实现理想而前进的动力，就更加不会有达成目标、实现梦想之后的喜悦可言；而作为实在主体的这个“人”，其存在的意义，也将消失殆尽。

---

① Ernst Bloch, *The Utopian Function of Art and Literature: Selected Essays*. Translated by Jack Zipes and Frank Mecklenburg. Cambridge, Massachusetts: MIT Press 1988, p.xv.

② 布洛赫不但本人进行散文创作，如其散文集《痕迹》，而且关注其他作家或艺术家的创作。

③ [德]恩斯特·布洛赫：《希望的原理》(第一卷)，梦海译，上海译文出版社 2012 年版，前言第 4 页。

“这就是说，人本质上无非是可从未来来规定存在，”[①]对于布洛赫而言，人存在的意义就是未来，就是希望，现实的一切存在，都是为未来搭桥铺路。希望代表的是寻求对现实的突破，日常中所说的“满足现状”，实质上并没有人能做到，人之所以每天忙忙碌碌，就是因为，对未来有所期待，有所希望，即使是最悲观、对未来最无望的人，他同样对未来有所期待。他现在所从事的一切，都是为着未来那一目标打基础。

可以说，布洛赫的“希望”概念既是一个哲学之美命题，又是一个文学艺术之美的命题。从哲学命题的角度来看，布洛赫的“希望”所指向的是未来，它所寻求的是未来世界的真实模样，寻求在未来的世界中找到人存在的价值和意义，正因为如此，他的“希望”哲学更像是“一门世界形态的新的形而上学”，也就是说，它突破了以往传统形而上学那种静止、孤立、片面、表面的观点，从中出走，变得静中有动，动中有变。而在探究哲学逃不开的话题——宇宙万物的本原上时，二者也是有极大的区别的，传统形而上学，探究出宇宙万物的本原是现实的存在，而布洛赫的希望哲学，则表明现实的存在不是真的存在，是一种有待实现的貌似存在，即他所说的未来哲学——希望。至此，布洛赫的这种新的形而上学已经踏步进入了历史唯物主义，但是他又突破了仅局限于当前现实的工具理性哲学，因此，他所追寻的是一种朝向未来、与时俱进和不断创新的马克思主义。

1843 年 9 月，马克思在给他的战友阿尔诺德·卢格的一封信中指出，“必须为真正思维着的独立的人们寻找一个新的集结地点。我深信我们的计划是符合现实需要的，而现实的需要也一定会得到真正的满足。因此，只要我们认真对待，我对这项事业是毫不怀疑的。看来内部的困难几乎比外部的障碍更严重。虽然对于‘从何处来’这个问题没有什么疑问，但是对于‘往何处去’这个问题却很模糊。不仅在各种改革家中普遍出现混乱，而且他们每一个人都不得不承认自己对未来应该怎样没有确切的看法。然而，新思潮的优点又恰恰在于我们不想教条地预期未来，而只是想通过批判旧世界发现新世

① [德]恩斯特·布洛赫：《希望的原理》(第一卷)，梦海译，上海译文出版社 2012 年版，前言第 4 页。

界。”[①]马克思深刻地意识到了当时工人阶级思想的混乱，以及“从何处来，往何处去”这一方向性问题，没有方向，也就不会有希望。马克思在此实际上谈到的就是“希望”，这种“希望”是建立在历史唯物主义理论基础之上，以人类的具体实践，在当时的情况下，就是要求能批判旧世界，进而发现新世界，其目标是最终实现全人类的解放和自由。布洛赫正是在此基础上，明确无产阶级的未来，无产阶级的希望——即马克思所论的由必然王国飞向自由王国——最终战胜资本主义而实现共产主义。

我们知道，审美是一种生活方式，从文学艺术的角度来看，布洛赫在《希望的原理》中创新性地从戏剧、小说、电影、音乐、舞蹈等不同文艺角度阐述他的希望概念。纵观文学艺术史，我们发现，文艺是文化的重要载体和传播途径，西方文艺源自古希腊、罗马，到文艺复兴时期，欧洲的人文主义者借恢复古希腊、罗马文化之名，来倡导资产阶级革命和社会变革，他们从古希腊哲学家巴门尼德等那里得到启示。人文主义者从古希腊、罗马文化中发现了以人为本、勇于追求、乐观向上的精神，“巴门尼德曾把高度世俗化的宙斯界定如下：他贯穿全部希腊神话史，坚如磐石，威力无边，掌管天体和人间的大小事务。”[②]正是基于古希腊文化展现出来的激励人、鼓舞人向上奋进的心理特质和情感诉求，布洛赫进一步对这种奋进的特质和诉求进行了阐述。可以说，在这一过程当中，他对文学艺术所蕴含的潜力是一直保持着乐观心态的，甚至上升为一种笃定的信念。他认为艺术不仅为未来的美好提供了希望，而且对这一目标的实现也提供了启示与指引。在他的视域中，艺术成了对美的追求，“舞蹈使人完全不像白天，至少不像平日一样动作，它出色地摹仿那种失去了的、从未占有的东西。舞蹈表现跳舞者旨在优美地动作的愿望，它用眼睛、耳朵、全部的身体表达这一愿望，因此，舞蹈仿佛就是现在。在此，无论是轻盈的、诙谐的舞蹈，还是严谨的、优雅的舞蹈，身体都以不同的姿态出场，并且进入不同的空间。在这件事上，存在某种不可思议的冲动，这种冲动使跳舞者越发剧烈地跳个不停”。[③]舞蹈者们当下现实中所跳的舞，他们的姿态、表情、动作、思想，甚

---

① 《马克思恩格斯文集》(第十卷)，人民出版社2009年版，第7页。

② [德]恩斯特·布洛赫：《基督教中的无神论》，梦海译，中国社会科学出版社2017年版，第103页。

③ [德]恩斯特·布洛赫：《希望的原理》(第一卷)，梦海译，上海译文出版社2012年版，第486页。

至包括呼吸，一切都是为着终极的“艺术之美”而为。就舞蹈艺术而言，在马克思主义看来，这种终极的“艺术之美”都是在作为主体的舞蹈者和作为客体的舞蹈条件之间，以及作为艺术个体的舞蹈者和作为接受对象的观众之间，人—物—事—境等多重因素的协同合作、和谐融洽而实现的，也使舞蹈者所能从一个“必然王国”，最终走向一个“自由王国”。对于布洛赫而言，他所追求的这种终极的艺术之美，却是在一个看似无形的信念牵引下能够达到的解放身心，得到超越，超越他人以及超越自身的“自由王国”。除了舞蹈，“写作，作曲，绘画。阅读，倾听，观看。这些都是人类的希望之举。它们的形式是多种多样的。无论这些行为多么渺小和普通，布洛赫珍视这些行为，并着眼于未来，试图追溯它们的起源”。①从艺术起源，到艺术发展，再到艺术成熟，再到艺术衰落，又到艺术新生，如此这般的艺术史，也实际上是人类生活史的审美反映。

从学科归属来说，美学从哲学中诞生，它是哲学下属的二级学科，尽管美学与文艺的实际联系更密切，但也不能因此而否认美学的知识体系归属。于是，哲学的任务在某种程度实质上也代表了美学的任务。衣俊卿在他的《西方马克思主义概论》中论说道：“哲学的任务是唤醒生活，唤醒人内在的乌托邦冲动、乌托邦激情或乌托邦精神，使人真正成为乌托邦的主体。”②对于为人而作的文艺，其终极任务更是要唤醒生活，唤醒人们对生活的理解，对生活的热爱，以及对生活的憧憬，这一憧憬在布洛赫的世界里，就是对那些未然事物的希望。他将这种希望提前描述在文艺作品里，那种内在、真实的美和预期的美，需要我们用心去体会、感悟与挖掘。同时，也要对一切旧的唯心主义美学进行清洗和批判，特别是能刺中那些美学大师的软肋，能弥补那些美学理论的漏洞。“尽管黑格尔用一种更实质、历史上更相关、更多样化的美学来反对形式主义，但那纯粹欲念的沉思所造成的破坏如此之大，以至于黑格尔美学中的‘美之花环’都停留在天国领域的平息沉思之中。”③这样一来，这种美与人间

① Ernst Bloch. *The Utopian Function of Art and Literature*: *Selected Essays*. Translated by Jack Zipes and Frank Mecklenburg. Cambridge, Massachusetts: MIT Press 1989, p.xl.

② 衣俊卿：《西方马克思主义概论》，北京大学出版社 2008 年版，第 108 页。

③ Ernst Bloch, *The Utopian Function of Art and Literature*: *Selected Essays*. Translated by Jack Zipes and Frank Mecklenburg. Cambridge, Massachusetts: MIT Press 1989, p.72.

社会、与人的生活脱离开来，成为一种虚无缥缈的东西，无从把握，也不知走向何方。在马克思主义美学家布洛赫看来，文艺既有其物质性的外在形态，也有其精神性的内在实质，它们相互融合，不断发展，最终都将归于未来，而对其作为客观对象及主体精神的艺术描述，是艺术真实性的展现，它由人的预期希望所驱动。这种带有审美性质的预期希望启示我们，寻求艺术方法来实现一个美好的世界，并不像基督教的预期的世界末日，所启示的空虚圣爱，而是要靠人的具体行动、具体工作、具体活动，才会实现理想，才能变乌托邦为真实，所谓具体乌托邦。

二、具体乌托邦

布洛赫认为，马克思主义并非不具有乌托邦在理想社会方面的期望，而只是要促成为一种具体乌托邦。布洛赫所定义的具体乌托邦，是一种与抽象乌托邦（也即传统乌托邦）有着不同意义的创新事物，同时他的“乌托邦”并非与传统乌托邦完全对立，而是在后者基础之上进行加工以及再创造，并由此发展起来的。传统乌托邦最早见之于英国空想社会主义家托马斯·莫尔所写的《乌托邦》(*Utopia*)一书中，莫尔在书中描写了一个他心中幻想的没有阶级压迫，只有幸福生活，甚至是“流着奶与蜜之地”的理想社会，他把这种社会叫做乌托邦(Utopia)，意即“理想国”“乌有之乡”或者“好地方”；同时，他还在书中“谈到一个奇怪的国家，在那里，‘羊把人吃掉了’”①，莫尔凭幻想而得来的这一社会在现实生活中很难找到，这也正印证了 Utopia 本身的词义，它由希腊词“ou”——“没有”与“topos”——“地方”组合而成，由此，他的乌托邦社会也即“没有的地方”，后来该词引申为“不能实现的理想”。由此看来，传统的乌托邦包含一种主观愿望的空想，是一种自我思想的驰骋，甚至是思维的臆断，其实现的可能性并不明确，其构想乌托邦理想的主体，也并未表现出强烈地要实现它的愿望。而布洛赫的乌托邦，与传统乌托邦的那种抽象性、任意性和难以实现性的特点不同，他的做法是，“恰恰相反，倡导一种‘具体的乌托邦’。这种乌托邦从现实发展而来，并且源于对虚假生活的否定，不仅与现实社会中存在的变化的趋势联系在一起，而且可以触发社会进程并超越现状。我们的渴念，我

---

① [德]马克思：《资本论》，马克思自注，中国社会科学出版社 1983 年版，第 774 页。

们的愿望,我们对幸福的渴望驱使着我们,这就是来自乌托邦的冲动”。①布洛赫从现实出发,赋予具体乌托邦具备传统乌托邦所没有的有根之源,它从现实来,到现实去。抽象乌托邦赋予未来的是幻想,而具体乌托邦赋予未来的是希望。同时,他高度肯定并扎实立足于乌托邦的起点,即有梦而作,重在行动。此外,对于抽象乌托邦那种没有终点,随心臆想的现象,他对之予以批判。他一方面从“马克思主义遗产”出发,秉承理论与实践相结合的思想传统,把建构理想与付诸行动辩证统一起来,而不是只侧重于单个方面。另一方面,他又合理继承市民社会的遗产,从政治经济学批判的维度,辩证看待资本主义社会所倡导的自由平等的理念。由此他引申并论断出具体乌托邦之说。布洛赫的具体乌托邦的马克思主义性质,体现在实现的可能性和人道主义理想性的紧密联系上。

一者是实现的可能性维度,这就要联系布洛赫的家庭出身和生活环境来看。他生在路德维希港一个富裕犹太官员家庭,那时的路德维希港是一个沉闷的工业城市,这里生活设施破旧,工人的生活条件艰苦,资产阶级的生活无聊而沉闷。布洛赫是如此来描述他的家庭及个人生活:“……杂乱、沉闷、缺乏爱与理解,甚至毫无生气。他用白日梦、贪婪的阅读、音乐、戏剧、给著名哲学家写信、对传统学校教育的反叛以及对社会民主政治的关心来填补空虚。”②也正是在这一过程当中,他借助文艺建构他理想的未来乌托邦。在成长为一位马克思主义者经历中,他所建构的未来乌托邦不是凭空想,毫无实现的可能性,而是充满无限可能性。它立足于客观世界,从现实问题发源。“因此它是一个预期的乌托邦,与抽象的乌托邦幻想完全不相符,也不受仅仅作为抽象乌托邦社会主义的不成熟性所指导。具体的乌托邦确切意味着马克思主义的力量和真理,推动着梦中的云雾向前,它并未扑灭梦的火焰,反通过具体性而增强了梦的火焰。正是以这样的方式,一种意识—知识的意向期望(an intentional expectation)证明它自身是希望的智慧——在内在性的提升中,物

---

① 金寿铁:《从宗教无神论到希望哲学——恩斯特·布洛赫研究》,载《马克思主义与现实》2018 年第 4 期,第 108 页。

② Ernst Bloch, *The Utopian Function of Art and Literature: Selected Essays*. Translated by Jack Zipes and Frank Mecklenburg. Cambridge, Massachusetts: MIT Press 1989, p.xiv.

质一辩证地超越的光。”①当然，这个超越的光是个艺术审美的比喻说法，即一种意向期望。文艺的作用不在于破坏这个世界，而是对这个世界的形态、行为等进行描述和再现，也正是在这一基础上，布洛赫所说的这种“前貌似”就有了充分的可见度。同时，文艺也不是幻象，它存在并活跃于已存在的某种事物延长线之上，“因此，在这条路线上有着美的真理问题的解答：艺术乃是一座实验室，同时又是必须付诸实现的各种可能性的庆典，这其中也包含着彻底被体验过的二者择一，而在这一方面，这一事实过程是以结果一样的可靠的假象方式，即以世界之物的完满的前假象来付诸实施的。在伟大的艺术中，艺术家根据趋势的一贯性和具体的乌托邦，最明显地引入了诸如虚构故事一类的过分形象化的东西。”②

在布洛赫那里，他所期待的具体乌托邦，并非毫无根据，而是有着深刻的马克思主义理论内核支撑。在他看来，马克思主义本身具有“暖流”和“寒流”的维度，这两种维度在布洛赫所推崇的具体的预先推定中被发挥得淋漓尽致，它们“与现实的可能性有关的这两方面预先形成了这两种温度”。可能性既包含着对未来无穷无尽的期待感，也包含着热情、激情的革命理论与实践，这就是温热的暖流；相反，对现实社会进行冷静理智的科学分析以及对历史规律进行的无偏见的客观揭示，就是马克思主义寒流。而布洛赫的具体乌托邦，正是在马克思主义的这种“暖流”与“寒流”的双重交汇中向前发展。受所处时代及家庭环境的影响，布洛赫抵触战争而倾向和平，所以，他的感情细腻而柔和，他对未来更是充满希望。正是如此，他笔下的文艺作品里展现出来的乌托邦，是充满无限可能性的。

> 在格林的童话里，勇敢的小裁缝，即一个打死七只苍蝇的人独自出门闯荡世界，因为他认为，小作坊太小，英雄无用武之地。路上，他遇见一个巨人，他捡起一块石头，双手使劲一捏，捏得石头滴出了水。巨人捡起另一块石头，朝空中一抛，石头飞得那么高，用肉眼几乎看不见了。然后，裁

① Ernst Bloch, *The Utopian Function of Art and Literature: Selected Essays*. Translated by Jack Zipes and Frank Mecklenburg. Cambridge, Massachusetts: MIT Press 1989, p.107.

② ［德］恩斯特·布洛赫：《希望的原理》(第一卷)，梦海译，上海译文出版社 2012 年版，第 257 页。

缝压倒了巨人，他不是把一块石头，而是掏出一块软软的乳酪来，轻轻一捏，乳酪就变成了浆，然后，从口袋里抓出一只小鸟，往空中一抛，小鸟欢欢喜喜地飞走，再也没有出现。这则童话的结尾是，聪明的裁缝战胜一切阻碍，赢得了国王的女儿，获得了半个帝国。因此，在童话里，一个裁缝可以变成一个国王，他毫无禁忌，排除大人物的全部充满敌意的恶作剧而成为一个显赫的国王。①

在童话世界里，人类寄予在未来的美好向往让人一览无遗，以童话塑造的那一乌托邦也并非空想的“乌有之乡”，“卑微的小裁缝成为集权势与财富于一身的国王”，从其话语本身来说，就包含无限可能性，话语受思维的控制，这些词语联系在一起，并非是无意义的废话，相反，它已经将一个美好的未来呈现在我们面前，这也是布洛赫“前貌似美学”。从布洛赫的马克思主义“暖流”来说，布洛赫看到了小裁缝的有勇有谋之心，使他的成王之路有了预先推定的可能。

二者是布洛赫的具体乌托邦体现出人道主义立场，它使文艺创新不再落脚到虚无之物上，而是落到实实在在的人身上。正如马克思所总结的：“因此，人作为对象性的、感性的存在物，是一个受动的存在物；因为它感到自己是受动的，所以是一个有激情的存在物。激情、热情是人强烈追求自己的对象的本质力量。”②也正是这种本质力量促使人不断向前。“人”是布洛赫的具体乌托邦的主体，因此，他的出发点是从实际生活的人，但这并不代表人就是主宰一切趋向未来的“幻想”的制造者，他通过“未然”和“希望”充分揭示了人的社会存在的本体论结构，马克思在《关于费而巴哈的提纲》中明确指出“人是一切社会关系的总和”，他的意思就是指人的内在本质既有对过往历史的积淀性，同时也具有对现存及未来一切的超越性。在批判资本主义社会的异化，赞美社会主义的人性化时，他认为，“社会主义越是科学的，它就越是具体地实现下述目标：它恰恰把人当作自身关注的中心，把人的自我异化的现实废除当作自身

① [德]恩斯特·布洛赫：《希望的原理》（第一卷），梦海译，上海译文出版社 2012 年版，第 434—435 页。

② 《马克思恩格斯文集》（第一卷），人民出版社 2009 年版，第 211 页。

奋斗的目标”。[①]针对资本主义的非人道主义，异化劳动导致劳动产品对劳动者的异化性统治，导致人与人之间的关系异化，最终导致人的类本质的异化，布洛赫的具体乌托邦，承载在马克思主义人道主义的批判精神。

这种马克思主义人道主义的批判精神，布洛赫尤其重视以文艺的乌托邦功能来践行，文艺是一种乌托邦意识的显现和还未形成的现实的表现。在布洛赫看来，世界是一个未完成的实验室，而文艺在其中的作用就是预示那些未然的或者说还未完成的东西，文艺的那种“前貌似”则在中间不断完善自身，不断向前。文艺向我们预示“新东西”，给这个世界以启发，使未完成的真理寓居当下之中。文艺源自生活，然而又超越生活，蕴含着丰富审美特征的自我唤醒能力和内在超越性，这正是文艺创新的基础，由此，具体乌托邦所蕴含的“前貌似美学”与自我相遇。至此，在马克思主义理论的指导下，他的“希望”不仅是对未来的渴求，也是一条具体的实践道路，他的乌托邦也就是具体乌托邦。“在这个变幻无常的世界的前线上，具体的乌托邦是一种客观的、现实的可能性的尺度，它与‘人的自然化和自然的人化’这一‘尚未的存在’（Noch Nicht-Sein）具有同样的意义。因此，按照意义，这样被标明的自由王国不是形成为一种回归，而是形成一种解放（Exodus），尽管这是人心永远意欲，并通过过程而受到祝福的王国。”[②]就马克思主义文艺创新而言，布洛赫认为马克思主义文艺工作者，既要坚守马克思主义无可取代的遗产，又要心存希望，敢于追求，还要脚踏实地，投身艺术实践活动，以马克思主义的“盐味”来调味美的生活，使文艺成为大众精神慰藉以及思想开拓的高手。

第二节　杰姆逊的“认知图绘论”

弗雷德里克·杰姆逊（Fredric Jameson），美国著名的马克思主义文艺理论家、西方马克思主义文化批评和政治批评理论家，1934 年 4 月 14 日出生于美国俄亥俄州的克里夫兰，1954 年毕业于哈佛大学，随后他去了欧洲，并在普

---

① [德]恩斯特·布洛赫：《希望的原理》（第一卷），梦海译，上海译文出版社 2012 年版，第 320 页。

② [德]恩斯特·布洛赫：《希望的原理》（第一卷），梦海译，上海译文出版社 2012 年版，第 241 页。

罗旺斯的艾克斯、慕尼黑和柏林等地继续学习，在那里他了解了大陆哲学的新发展，其中包括结构主义的兴起。1955 年他回到美国，在耶鲁大学攻读博士学位，师从埃里希·奥尔巴赫(Erich Auerbach，1892—1957)，1959 年以论文《萨特：一种风格的起源》(*Sartre*：*The Origin of Style*)获得博士学位。曾任哈佛大学、加州圣地亚哥大学、耶鲁大学教授，现任教于美国杜克大学，是杜克大学批评理论中心主任。在攻读博士学位期间所培养起来的对存在主义马克思主义理论家萨特的兴趣，使他加深了对马克思主义文学理论的研究，是促使他转向马克思主义研究的一个重要原因。而与新左派、和平主义运动及古巴革命日益密切的政治联系，导致他的研究集中在批判理论，比如与法兰克福学派有关或受其影响的思想家，如肯尼斯·伯克、吉尔吉·卢卡奇、恩斯特·布洛赫、西奥多·阿多诺、沃尔特·本雅明、赫伯特·马尔库塞、路易斯·阿尔都塞和让·保罗·萨特，这些被杰姆逊推崇的思想家将文化批判视为马克思主义理论的一个重要特性。作为当今美国极具影响力的马克思主义文艺理论批评家和后现代文化理论家，杰姆逊独具特色的理论影响了一代又一代人。1969 年，杰姆逊与他的一些研究生在加州大学圣地亚哥分校共同创立了马克思主义文学小组。可以说，杰姆逊既是文学理论家，也是文学批评家，前半期其学术兴趣主要在文学研究，著有《文学理论专著》(1971)、《语言的牢笼》(1972)、《政治无意识》(1981)，合称为“马克思主义三部曲”。后期以《政治无意识》为转折，其研究领域逐渐转向文化批评，他最著名的成就当属他对当代文化趋势的探析，而最著名的著作除了他的“马克思主义三部曲”，还有《后现代主义》《晚期资本主义的文化逻辑》以及《马克思主义与形式》。基于对后现代主义社会的思考，杰姆逊以一种后现代主义视角创造性地提出了认知图绘(Cognitive Mapping)这一文艺美学观点，这一观点正式出现在杰姆逊 1988 年写的《认知图绘》一文中，卡里·纳尔逊(Cary Nelson)和劳伦斯·格罗斯伯格(Lawrence Grossberg)同年将其编进《马克思主义和文化阐释》(*Marxism and the Interpretation of Culture*)一书中。杰姆逊借用了凯文·林奇的(Kevin Lynch，1918—1984，美国人本主义城市规划理论家和设计师)的空间理论，以及路易斯·阿尔都塞(Louis Althusser，1918—1990，法国当代著名哲学家和结构主义马克思主义奠基人)的意识形态理论，创造了“认知图绘(cognitive mapping)”概念，“即在城市经验上对空间图绘的无能，与在政治经验上对社会图绘的无能是类似的，都如同是残跛一样。承此，这种意义上的认识测绘审美观，是社会主义政治规划的必然组成部分。……缺乏社会整体性(totality)的概念(转化一个整体社会系统的可能性)，就不可能有恰当的社会主义政治”。①显然，他认为美国的一些所谓的社会主义政治是不恰当的，变异的，甚至是错逆的，如同人们在繁华的都市中迷失一样，这与他论述的“帝国都市”“种族阶级”“历史经典”和“现实错位”等社会现象和文学叙事密切相关，不仅深深地震撼了同时代学者，而且对后代特别是后现代文艺思想产生了深远的影响。

人类社会步入后现代社会中，出现很多不可控制的因素，甚至有很多是人类难以认识的，比如在后现代社会这样一个偌大的空间中，人与社会的关系，人与物的关系，甚至人与人的关系，处于一种模糊状态，人的认知能力下降。“认知图绘”概念是杰姆逊针对后现代社会政治和文化两大核心因素提出的，在《文化研究关键词》中，汪安民指出认知图绘是一种文化策略，他说：“‘认知图绘’是詹姆逊针对后现代空间问题提出的一个文化策略。空间概念是詹姆逊的后现代主义话语的核心所在，在他看来，特定的空间转换乃是正确地区分现代主义与后现代主义的有效途径之一，如果说时间是现代主义文化逻辑的主导因素的话，那么，空间和空间逻辑则可以说是后现代主义文化的典型表征。”②

后现代社会这一偌大的空间矩阵下所产生的后现代文化让人目眩神摇，个人与集体处于一种迷失状态，进而造成生存困境。基此，要消除后现代社会中人类的这种困境，认识自我、把握自我、重拾理性、回归初心成为首当其冲的任务，而这一首当其冲的任务需要人类投射出一种全球性的认知图绘，以总体性的思维和眼光来面对世界。那么，如何来理解杰姆逊的这种文艺创新论，就此，可从如下两个方面来进行阐释。

---

① Fredric Jameson, “Cognitive Mapping”, in *Marxism and the Interpretation of Culture*. Edited and with an Introduction by Cary Nelson and Lawrence Grossberg, Basingstoke and London: Macmillan Education Ltd 1988, pp.353—355.

② 汪民安编:《文化研究关键词》,江苏人民出版社 2007 年版,第 266 页。汪民安所指“詹姆逊”,即本书中所指的“杰姆逊”。

一、帝国都市与种族阶级

20世纪50年代末至60年代初，随着现代主义文化和运动的衰退及破产，现代主义发生了某种我们无法言说的巨大变化，这种从天而降的巨变，使我们跟过去的文化发生决裂，用杰姆逊的话说，就是所谓的后现代主义社会来了。杰姆逊立足后现代社会，结合对后现代建筑空间的分析，从而引出后现代空间的概念，在后现代的社会空间中，城市和阶级成为两大重要板块，其中问题重重，就此，可从帝国都市和种族阶级两方面来进行理解和阐释。

从帝国都市来看，帝国都市代表的是一种城市空间，后现代主义对城市空间的直接影响便是城市的异化，凯文·林奇以他的城市建筑规划理论为指导，将"认知图绘"理论与都市空间理论结合起来，力图为迷失于帝国都市的人们指明方向。在1991年出版的《城市意象》(*City Image*)一书中，他指出，在传统的非异化的城市中，人们可以在脑海中勾勒出城市的地域全景，并形成完整的记忆图示，这一完整的记忆图示存留在人的大脑中，使人们有能力沿着这一轨迹重新测绘城市地理。然而在后现代的帝国都市中，由于资本主义的社会处境被严重异化，城市规模肆意扩张而使其毫无辨识度，整个城市生活变得机械运转般而毫无生气，人们身处其中，不仅对周围的环境感觉到陌生，甚至对自己的处境也感到陌生。因此，面对城市环境与自我之间关系的异化和陌生化，人们无法准确地为自己定位，"凯文·林奇(Kevin Lynch)告诉我们，所谓疏离的都市，归根到底，乃是一个偌大的空间，人处其中，无法(在脑海里)把他们在都市整体中的位置绘制出来，无法为自己定位。……因此，在传统的都市中，去疏离涉及对地域感的实际重新理解，以及构造或重建一个可以保留在记忆中的清晰信号，个体能够依据清晰信号，沿着移动的、可供选择的轨迹绘制和重新映射蛛丝马迹"。①基于此种情况，杰姆逊以洛杉矶市的鸿运大饭店(The Bonavanture Hotel)为例，对后现代空间下的帝国都市进行解码分析，在《晚期资本主义的文化逻辑》中，他这样写道：

---

① Fredric Jameson, *Postmodernism*, *Or the Cultural Logic of Late Capitalism*, Durham: Duke University Press 1991, p.51.

位于洛杉矶市中心的鸿运大饭店是一所插立于整个都市肌理中的普及型商用大楼。我们知道，“鸿运”有三个进口。一个在 Figueroa 大街上，另外两个位于饭店另一边高处的庭园里，正好开在旧时灯塔山(Beacon Hill)残余的斜坡上。这里没有传统饭店宽大的门篷，没有冠冕堂皇的轿车入口处，也没有装备奢华的通道带引你从喧嚷的都市大街进入古色古香的饭店内堂。鸿运大饭店的进口都是一些“旁门左道”，让你找来找去找不到端正的饭店大门。从庭园后面你当然可以走进塔型大楼的第六层，到那里后你还要徒步走上一层楼找到升降机后，才能来到大堂所在地。在 Figueroa 大街那边的进口，我们一般认为就是“鸿运”大门口了，可你连人带行李地从那里走进去，骤然发现身处一个两层高商场的上层，这时你必须乘搭自动楼梯下一层楼才能找到为旅客登记入住的服务台。①

鸿运大饭店是都市空间建筑的典型代表，它的最独特之处就在于人们站在大厅无法辨识方向，大堂终日人来人往，然而人们却时常无法认路，“在这个意义上，所谓超空间就是利用现代空间的概念无法帮助我们进行空间定位的区域，人们难以界定超空间的组成要素。”②鸿运大饭店为我们呈现的是一个后现代主义社会下的新型超空间，它包含了古老与现代、新式与旧式建筑形式的统一，属于后现代空间下特定类型的代表。都市空间成为一种政治策略的象征，在这个后现代都市空间中，反映我们时代的文化也呈现为一种超空间的形态，我们的主体还未能快速适应这种变化，未能摆脱往日的空间感，我们的主体丧失了自我定位、自我认知的能力，正是在这样一种现状下，寻求后现代都市空间中特定的认知图绘的能力势在必行，进而建构出一种总体性的认知能力。

从种族阶级来看，杰姆逊也非常重视“认知图绘”的政治意义，他认为，“‘认知图绘’只不过是‘阶级意识’的符码：它的意义仅在于提出需要一种新的和到目前为止还未想象到的阶级意识，同时它也反映了后现代中所暗含的那

---

① [美]詹明信：《晚期资本主义的文化逻辑：詹明信批评理论文选》，张旭东编，陈清侨等译，生活·读书·新知三联书店 1997 年版，第 491 页。

② 董国礼：《詹姆逊的空间化思考：从超空间到认知测绘美学》，载《社会》2006 年第 6 期，第 159 页。

种新的空间性发展。”①杰姆逊所指出的意思是，现代以及之前的阶级意识已经无法适应后现代空间独特的特点，为了适应后现代空间的这种特殊性，那么就需要对以往的阶级意识进行重组。为了解释认知图绘的这种阶级意识符码性，杰姆逊以丹·乔治亚克斯和马文·苏尔金的《底特律：我的确介意死亡，一种都市革命的研究》(*Detroit*: *I Do Mind Dying*, *A Study of Urban Revolution*)这部报告文学来展示认知图绘对社会主义政治的重要性。这部报告文学叙述了底特律的市民组织的“黑人革命工人协会”，在种族压迫和阶级对立的现实处境中，以脱离实际的革命理论为指导，发动了许多不成熟的运动，甚至是以闹剧的形式处理面临的危机困难，而这种局部社会主义政治运动在后现代空间中注定只会以失败收场。

我们知道，以美国工业重镇著称的底特律，是美国汽车工业的总部，美国人口六分之一的人都直接或间接地受雇于这里，因而底特律掌握着美国的经济命脉，但其发展与问题并存，它的城市状况成为美国工业城市的典型，也是后现代资本主义都市的代表。“底特律是一座问题之城。……这座城已经成为能最全面研究美国都市状况的一个活的实验室。”②在这个“实验室”中，人们生活极端贫困，社区暴力、失业犯罪等充斥着整个城市，在此，美国的资产阶级与工人阶级(尤其是黑人工人革命阶级)为维护各自阶级的利益，由此形成猛烈的对抗。以企业家为首的资产阶级成立了新底特律城委员会，他们计划重建底特律城市中心，一方面为中上层人士居住和生活腾出足够的空间，另一方面以此来刺激经济、创造就业机会、改变贫困处境，重新恢复城市的活力与精神。然而，这一举措却对工人阶级造成严重影响，最直接和最严重的影响就是让黑人以及不同种族的中下层人士迁出中心之地，远离生活已久的家园。显然，统治阶级的设想与当地工人阶级的设想是完全背离的，由此造成二者的激烈矛盾。由此，他们的设想不会成功，整个城市依旧处于混乱状态，生活在社会底层的黑人工人阶级生活更是苦不堪言，城市的恶化陷入一种无限循环过程中，甚至变本加厉，街区暴力，工人贫困成为一种常态化，昔日的工业重镇

---

① [美]弗雷德里克·詹姆逊：《文化转向：后现代论文选》，胡亚敏等译，中国社会科学出版社2000年版，第47页。

② Dan Georgakas and Mavin Surkin, *Detroit*: *I Do Mind Dying—A Study in Urban Revolution*. Chicago: Haymarket Books 2012, p.1.

变成了死亡之城。尽管后来黑人工人阶级革命运动者开始领导一系列活动，企图改变这种状况，但是在城市统治者的操控之下，在金钱收买、生活腐蚀和理论偏离等复杂变异的后现代条件下，这些黑人工人的革命运动尽管在狭小的局部取得了胜利，但最终却走向了革命的方面，背离了马克思主义真理，在后现代资本主义文化空间中注定要失败，甚至以闹剧而收场，具有强烈的反讽意味，值得后来者去反省和深思。例如，黑人工人代表大会的领导者詹姆斯·福尔曼(James Forman)堕入了官僚主义和私欲主义的深渊，最后竟然演变成这样的角色，“一位美国航空革命者，绕着全国公费旅行(junketed)，试图通过欺骗和密谋建立组织，一个关心个人权力甚过于组织福利的人。”①以这样的人来领导黑人革命运动，当然会导致阶级立场的偏离和对马克思主义真理的背叛。在面对腰包厚实的资本家和狡猾阴险的政治家时，这些所谓的黑人工人领袖们，或自称为马克思主义者的英雄们，其结果都是把事情搞砸，成为这场革命运动的受益者兼背叛者。“狭隘的国家主义者和机械的(mechanical)马克思主义者相遇，骤然间内在的冲突高过了外在的冲突。”②在国家与政治、意识形态与工人运动等方面的思想冲突，实质上是后现代资本主义现实冲突的变相反映，如何来铸就彻底的工人阶级特性，正如杰姆逊在《晚期资本主义的文化逻辑》中提到：“在这后现代空间里，我们必须为自我及集体主体的位置重新界定，继而把进行积极奋斗的能力重新挽回。就目前的现状而言，我们参与积极行动及斗争的能力确是受到我们对空间以至社会整体的影响而消褪了、中和了。倘使我们真要解除这种对空间的混淆感，假如我们确能发展一种具真正政治效用的后现代主义，我们必须合适地在社会和空间的层面发现及投射一种全球性的‘认知图绘’，并以此作为我们的文化政治使命。”③

杰姆逊始终坚持马克思主义的阶级立场，寻求在异化、碎片化的社会背景下突破狭隘僵化的革命理念和政治意识，进而重建社会总体性的意识形态。从文艺层面来讲，杰姆逊的策略就是将文艺与政治结合，探究它们之间所能显

① Dan Georgakas and Mavin Surkin, *Detroit: I Do Mind Dying—A Study in Urban Revolution*. Chicago: Haymarket Books 2012, p.144.

② Dan Georgakas and Mavin Surkin, *Detroit: I Do Mind Dying—A Study in Urban Revolution*. Chicago: Haymarket Books 2012, p.217.

③ [美]詹明信:《晚期资本主义的文化逻辑:詹明信批评理论文选》，张旭东编，陈清侨等译，生活·读书·新知三联书店1997年版，第515页。

露出的联系与区别。在研究文学现象时，需要深入思考，给文学现象展现的文学内涵以精准定位，挖掘文学现象背后的政治意识及阶级符码。作为马克思主义者，杰姆逊希望能构建完美的社会形态，这既是他所满怀的人文主义美好理想，也是他所设想的政治美学的体现。他时刻关心政治时局，敏锐而深刻地洞察到了隐藏在政治背后的阶级矛盾，而这些阶级矛盾无处不在，在他所引用和解读的《底特律：我的确介意死亡，一种都市革命的研究》中有这样一段描述：

> 底特律人一直抱怨他们城市中对艺术的忽视，但实际上，这个城市的每个学生都被带到底特律艺术学院(Detroit Institute of Arts)去看狄歌·里维拉(Diego Rivera)的壁画。这些壁画覆盖了四面巨大的墙壁，描绘的是福特的胭脂河工厂的汽车制造。主要展板上采用的是蒙太奇手法，画上的机器像机器人怪兽一样在盘旋，喷出火焰和有毒气体，而工人们则瞪着眼睛，在怪兽的鼻息下受咒骂，在充满敌意的工头和工厂参观者们面前劳作。尖锐的、几乎像卡通的插图用来嘲弄亨利·福特，而一些细节，如手套上的红星和在工人纸帽上手写的“我们要”，突显了里韦拉的革命观点。①

由此可以看出，后现代的资本主义社会中，艺术以一些特殊的符码为不同阶级代言，而不同的阶级在其引导下也自动地对其身份认同进行归类处理，但是这些归类处理并不意味着某一阶级已成为社会管理者或历史主体，而还仅仅只是体现他们阶级自觉的艺术活动，这样的阶级自觉还只是一种局部意识，尽管能在一定程度上催化阶级矛盾，但仍要依靠整体性的视域来把握，仍需要总体性的观点来指导，如此一来，从方法论来说，总体性的认知图绘便成了解决问题的关键点。

处于后现代的资本主义社会中，身为单一的个体如何在后现代空间给自己精准定位？作为一个阶级的群体如何在整体社会中定位？个体如何融入整

---

① Dan Georgakas and Mavin Surkin, *Detroit: I Do Mind Dying—A Study in Urban Revolution*. Chicago: Haymarket Books 2012, p.111.

体？整体如何接纳个体？局部与全球如何衔接融合？这一系列问题迷惑和困扰了后现代主义思潮席卷下的人们，而针对后现代资本主义社会现实，杰姆逊则运用“认知图绘”这一理论武器来逐步解决这些问题。在这一过程当中，杰姆逊巧妙地将马克思主义与后现代空间理论融合起来，以意识形态理论来重新武装社会批判理论，以审美经验来补充丰富机械唯物主义。一方面，不能丢掉马克思主义历史唯物论的总体观，否则会迷失于后现代资本主义社会的凌乱繁杂之中。另一方面，又不能拘泥于非历史的总体观或僵化于抽象的理论，审美想象重构成为重要的议题，是解决后现代社会中所出现的种种让人无法控制、无法把握困境的有效途径，以此创造出一种新型的政治认知美学。杰姆逊敏锐地认识到了“认知图绘”的政治认知美学的作用，无论是个体还是阶级，在全球化的政治空间中，要想达到与全球化这一整体性达到完美融合，必须寻求一种连接彼此的中介。基此，杰姆逊将这一重任赋予在“认知图绘”这个理论武器，因为在后现代的资本主义社会中，它成为美学的任务。南茜·弗雷泽(Nancy Fraser，1947—)，这位美国新马克思主义女性主义的代表人物和批评理论家曾挑战性地拷问杰姆逊，“……批判的社会科学是具有总体观的和能强有力阐释的。因此，我想问你为什么假定认知图绘是美学的任务？为什么不把它作为批判的社会科学的任务？”①杰姆逊的回答也很有意思，他以个体作为心理主体，而心理主体根据自身的经验来整合对世界的认识，这便是“认知图绘”如何做的方式，借用社会科学就有缺陷了，而美学却大有用途。“社会科学几乎不能这样做，当它们试图这样做(如同民族方法学一样)，它们仅能由一种社会科学话语的变异去做，或者在一种社会科学变成了一种意识形态的时候才能做；但是，此类情况我们都要回到美学。美学是传达个体经验的东西，而不是把真实以更抽象的(abstract)方式去观念化的东西。”②民族方法学是社会学的一个分支，社会学也是社会科学的一个成员。在杰姆逊看来，社会科学尽管可以具有批判的功能，但因其不是以人类的心理个体为目标，而是以寻求人类社会的普遍性为目标，因此它们很难还原出某种实际的、具体的和感

①② Fredric Jameson, "Cognitive Mapping", in *Marxism and the Interpretation of Culture*. Edited and with an Introduction by Cary Nelson and Lawrence Grossberg, Basingstoke and London: Macmillan Education Ltd 1988, p.358.

性的经验，要完成这种任务，非借助于美学不可，“认知图绘”由此成为美学的任务。就文艺作品而言，历史上所流传下来的每部经典之作，都是当时的、某人某物的和感人的审美经验的结果，这些经典可以称之为历史经典，它们有自身产生的语境、情境和处境等，若盲目地把它们搬到现实之中来，则会发生错位，这是我们下节要论述的内容。

二、历史经典与现实错位

何谓历史经典？进入后现代主义社会后，历史经典还能称之为历史经典吗？杰姆逊在《文化转向》中谈到：“在后现代的体制里，先前的经典本身已经被揭示为纯粹的时髦，尽管是一种更缓慢的、在更大世界范围内的时髦，它经过漫漫长道的运载，时间的累积，就像一种黏滞性的元素，一点点慢慢地遗传下来，在跨越世纪的长时间的流传中获得了一种古朴的特性，从而将它们的偶然性转变成一种富有意义的传统必然性。”①由此可见，历史经典对当今的读者、观众和批评者来说，因为它的那种古典和朴实的形态，因而具有一种新奇性，仿佛是时髦的东西。就其形成过程来说，它却具有缓慢性和积淀性，迥异于后现代文化中的那种急躁和速成。就其形成结果来说，它具有经典的独特性，是偶然与必然的有机统一，是感性和理想的有机统一，就是美。文学经典便是一种美，它之所以能流传千古，关键是其精髓要义，能教化人、滋养人。如何来把握历史经典呢？如何来防止它与现实错位呢？

首先，从历史处境来看，20世纪下半叶以来，受晚期资本主义发展的影响，后现代主义思潮风起云涌，后现代主义文化展现出复杂、矛盾和多元的特征，在此种现实情境下，促使人文社会学科需要重新估量并定位自身。在后现代主义语境中，人文学者主张历史文脉的延续性，以此坚定民族文化自信。然而文学经典与当今社会，彼此的差异或情境的不同，需要帮助当代人去理解和把握这些历史经典中的艺术虚构和审美想象。例如，如何去理解文学描述和历史真实之间的辩证关系，如何去把握经典文学中的人物角色，如何去还原古典作品中的审美意境，等等。我们以莫言的经典代表之作《红高粱》为例，结合

① [美]弗雷德里克·詹姆逊：《文化转向：后现代论文选》，胡亚敏等译，中国社会科学出版社2000年版，第52页。

杰姆逊的“认知图绘”理论来进行阐释。以此，对身处后现代社会的广大读者，如何去定位历史经典，以及把握其文学价值，杰姆逊的“认知图绘”理论具有指导作用。

《红高粱》是莫言于1986年发表的中长篇小说，小说以抗日战争及20世纪三四十年代高密东北乡的民间生活为背景，描述了抗日战争期间所发生的故事。全书以“我”为视角，讲述祖辈及父辈的故事，作为主角的土匪头目及其兄弟，在面对日寇入侵，却能自觉奋起抗战，保家卫国，他们的精神转变之路，正代表那一时代人们的道德情怀及信念意识。无论缱绻相爱，还是英勇搏杀，都充满着既离经叛道又刚直不阿的时代气息。小说透露出抗日战争中普通乡民的团结合作精神和绿林好汉血性刚猛的拼杀勇气，使其成为历史经典之作。

> 汽车顶上的机枪持续不断地扫射，汽车轮子转动着，爬上了坚固的大石桥。枪弹压住了爷爷和爷爷的队伍。有几个不慎把脑袋露出堤面的队员已经死在了堤下。爷爷怒火填胸。汽车全部上了桥，机枪子弹已飞得很高。爷爷说：“弟兄们，打吧！”爷爷啪啪啪连放三枪，两个日本兵趴到了汽车顶上，黑血涂在了车头上。随着爷爷的枪声，道路东西两边的河堤后，响起了几十响破烂不堪的枪声，又有七八个日本兵倒下了。有两个日本兵栽到车外，腿和胳膊挣扎着，直扎进桥两边的黑水里。方家兄弟的大抬杠怒吼一声，喷出一道宽广的火舌，吓人地在河道上一闪，铁砂子、铁蛋子全打在第二辆汽车上载着的白口袋上。烟火升腾之后，从无数的破洞里，哗哗啦啦地流出了雪白的大米。我父亲从高粱地里，蛇行到河堤边，急着对爷爷讲话，爷爷紧急地往自来得手枪里压着子弹。鬼子的第一辆汽车加足马力冲上桥头，前轮子扎在朝天的耙齿上。车轮破了，哧哧地泄着气。汽车轰轰地怪叫着，连环铁耙被推得咔哒咔哒后退，父亲觉得汽车像一条吞食了刺猬的大蛇，在痛苦地甩动着脖颈。第一辆汽车上的鬼子纷纷跳下。爷爷说：“老刘，吹号！”刘大号吹起大喇叭，声音凄厉恐怖。爷爷喊：“冲。”爷爷抡着手枪跳起，他根本不瞄准，一个个日本兵在他的枪口前弯腰俯背。西边的队员们也冲到了车前，队员们跟鬼子兵搅和在一起，后边车上的鬼子把子弹也射到天上去。汽车上还有两个鬼子，爷爷看到哑巴一纵身飞上汽车，两个鬼子兵端着刺刀迎上去，哑巴用刀背一磕，格

开一柄刺刀，刀势一顺，一颗戴着钢盔的鬼子头颅平滑地飞出，在空中拖着悠长的嚎叫，噗通落地之后，嘴里还吐出半句响亮的鸣叫。父亲想哑巴的腰刀真快。父亲看到鬼子头上凝着脱离脖颈前那种惊愕的表情，它腮上的肉还在颤抖，它的鼻孔还在抽动，好像要打喷嚏。哑巴又削掉了一颗鬼子头，那具尸体倚在车栏上，脖颈上的皮肤突然褪下去一节，血水咕嘟咕嘟往外冒。这时，后边那辆车上的鬼子把机枪压低，打出了不知多少发子弹，爷爷的队员像木桩一样倒在鬼子的尸体上，哑巴一屁股坐在汽车顶上，胸膛上有几股血蹿出来。①

无论是小说中的爷爷，还是跟随爷爷一起顽强抗击日寇的其他中国人，他们都拥有钢铁一样的信念，他们为了自己的家乡，为了自己以及那些和自己一样遭受苦难的中国人而流血抗战，表现出强烈的民族意识和战斗精神。爷爷从一个血性的土匪头子，经过红色战争年代的洗礼，最终成为一位勇往直前、无所畏惧、顽强坚韧的革命男儿，小说呈现出丰富的社会状况、深厚的思想观念和卓越的时代精神堪称经典。对于广大读者来说，历史经典首先展现出一种独特的生活经验和心理活动，然后要与当时的政治、经济和文化状况相互映衬和相互适应，最后才能逐步转化为一种意识形态理念。当然，历史经典所呈现的意义并非是一成不变的，不同的时代，人们赋予历史经典的意义会有差别，甚至到后现代社会情境下，风云变幻的政治、大起大落的经济、变异转型的文化等等，以碎片化、平浅化和纷乱化的形态，导致读者、观众乃至于批评家，作为心理主体的个体，无法在后现代处境中精准定位，历史经典有着被消解、误导和淹埋的危险。

面对历史经典此种艰难尴尬的境遇，杰姆逊所提出的“认知测绘”理论变得重要。不论是经典小说文本还是电影作品，在所有这些研究对象中，通过还原审美经验和扩充审美想象，我们都能发现关于人类历史上发生的真实事件的遥远记忆。尽管历史经典都是艺术虚构，但却生动地反映了人类所经历的历史命运。人类所面向的是一个未来社会，但是历史经典赋予人类以生命意识和精神根本。历史是向前发展的，但它总是在继承以往的成果，并不决然抛

① 莫言：《红高粱》，花城出版社 2011 年版，第 80—82 页。

开过去而直接走向未来，从历史中来，还要回到历史中去，历史经典如何反映意识形态理念，也要符合此种规律。

然而，回到历史中去并非易事。基于个体经验获得、知识结构、时代处境等的不同，在回归历史的途中又会产生一种意识的断裂，从文学接受的角度来看，"'断裂'只是构造一种历史叙述的方法，只能看成是虚构或捏造而不是'事实'"。[①]由此，断裂所产生的结果就是历史经典也会被定义为虚构或者捏造。但是，不可否认的一点是，文学总是虚实相生，它离不开真实与虚构的融合。在杰姆逊看来，真实与虚构是一种辩证统一的关系，无论是从黑格尔主义"正—反—合"的逻辑辩证法来看，还是从马克思主义矛盾统一的唯物辩证法来看，它们最终都归于统一的。杰姆逊作为一位深受黑格尔哲学影响的马克思主义文艺理论家，在关于如何以"认知图绘"去解读历史经典、去还原心理经验、去丰富审美想象上，绝不会丢掉历史唯物主义的武器，绝不会非历史、去历史般地对待文学经典。

以文学经典《红高粱》为例，爷爷和同胞们一起抗击日寇的英雄事迹，是那个年代真实发生且震撼人心的事迹，但这样的情景移植到现今社会，对当代的人们来说，似成一种想象，甚至是虚构。当今是以和平为发展的社会，抛头颅洒热血的情景并不常见，甚至发生的概率极小。对当今读者来说，即使是真实的故事，也会给人一种为了塑造英雄人物、为了叙述传奇故事而虚构捏造的感觉，加之读者可能与故事发生地远隔千里，这些都会导致读者们的陌生感。就此，我们可以用德国接受美学代表人物汉斯·罗伯特·姚斯（Hans Robert Jauss, 1921—1997）的期待视域理论来阐释。作者创作时的期待视域若能与读者阅读时的期待视域融合，历史经典就能复活，《红高粱》中英雄事迹也就能成为当今读者们的艺术欣赏对象，再以杰姆逊的"认知图绘"来将当今的读者置于小说的历史处境之中，则能还原和充实小说的审美想象，达到马克思主义视域中的文艺影响力的效果。对欣赏历史经典而言，借助于"认知图绘"理论，一方面要使读者从空间层面进入历史经典，凭地理位置、朝向方位、地貌形态、山川结构等重构历史经典的艺术空间。另一方面，则要进一步根据传统观念、

---

① ［美］杰姆逊：《后现代主义与文化理论》，唐小兵译，北京大学出版社 1997 年版，第 232 页。

道德准则、政治导向和理想信念等，为读者们在意识形态上精准定位，确立其主体身份，以此主体身份重新构建对历史经典的意义解读和思想塑造。由此，无论是在艺术空间重构上，还是在意识形态重塑上，原态与新态、固有与还原、继承与创新等，都是辩证统一的，不是孤立、单一的某一个方面。

其次，从时代发展来看，整个人类社会，无论是现代主义社会，还是后现代主义社会，甚至是未来社会，每个时代都带有自身独特的时代印记，因此，跨越地理空间及历史年代，就会给人以与现实错位之感。在《文化转向》一书中，杰姆逊集中描述了人类进入后现代主义社会后对文化的影响，他以戈尔达的经典电影《激情》为例，具体阐述现实错位之感，展现了“认知图绘”所能起到的作用。在描述电影中的场景时，对于这部作品最让人难以忘怀的特征，他指出是魔幻与现实的时空倒错：

> 当我们在一对情人的床的背景下听到一列火车行进的声音，看到一个文艺复兴的参加者骑着摩托车，一个主教在旧式打字机上敲着键盘，观看一场在旧式敞篷车前的车库里表演的戏剧，或者看到一个身着丝质品华贵服饰的宫廷中人手提便携机计算着什么时，更使我们有这样的感觉。人们将注意到，这些都是被放大了的媒体概念的技术，既包括交通也包括通讯，于是，以单个配件的形式用极强的反差加以具体化并投射到画家的过去，这些编排的故事在这里作为富有刺激的综合性而起作用，从而将后现代中美学与科技的关系置于前列位置，并揭示出美的概念与晚期资本主义时期高科技结构的辩证关系。①

很显然，以上种种场景，在现实生活中几乎难以遇见，然而却多见于大众娱乐性活动之中，诸如在电影电视、科幻小说中都能发现其踪迹，杰姆逊将这种现实错位之感，以“认知图绘”的审美策略将其重新定位，进而指出在后现代主义社会中将美学与科技结合，以多媒融合和技术革新创造出美幻新奇的艺术效果，在这种真真假假、虚虚实实的后现代艺术之中，突显了“认知图绘”的

① ［美］弗雷德里克·詹姆逊：《文化转向：后现代论文选》，胡亚敏等译，中国社会科学出版社 2000 年版，第 122 页。

灵巧运用。

另一方面是历史与现实的错位，比如邓一光的获得茅盾文学奖的中篇小说《父亲是个兵》，就充分展现了历史与现实的错位。在邓一光先生的小说叙事中，涌现出非常强烈的历史认同感，在他的笔下，“拆解既定历史叙事模式的冲动已被强烈的历史认同感所替代。他试图着力向我们呈现的不是一个具有颠覆性质的经过个人修正的历史文本，而是一次深刻历史情感的强力释放，是对于历史及生存关系的真诚探讨。”[①]小说中，他从人物情感的变化来展现他对于历史的理解和把握。小说的主人公是“父亲”，军人出身，在这一军人角色身上，现实与历史的错位，他渴望回到过去，回到属于他自己的历史中去。而小说中所展现的历史，则是读者所能眼见的历史，而这一所能眼见的历史却是通过父亲渴望回到过去的强烈情感体现出来的。让父亲引以为傲的军旅生涯结束了，然而父亲却依依不舍。在当下的现实生活，甚至连军装都不能再穿，至此，父亲觉得他的军旅生涯真的成为过去。

> 六十年代末期，那时候父亲五十多岁，身强力壮，思维敏捷，刚从南京军事学院高级指挥学习班毕业。父亲的各科目成绩非常优秀，他为这个得意万分，他说他过去在部队里扫盲时学习成绩就特别出色，他说他就算一天书也没读过又怎么样？
>
> ……
>
> 父亲永远穿着军装，风纪扣扣得一丝不苟，哪怕在最热的季节里，他也从不解开扣子。
>
> ……
>
> 父亲脱去了军装，已经不是兵了。但是时不常的还有是兵的叔叔伯伯到家里来看望他。他们大多来自很远的地方，匆匆地来，匆匆地走。那些年轻的或大或小的兵走时都对送出大门的我说，你的父亲，他是真正的兵。
>
> 父亲脱去军装的那一天，他把自己一个人关在屋里待了很久。[②]

---

① 方守金、路文彬：《历史激情与现实错位——邓一光小说历史叙事论》，载《批评与阐释》2003年第3期，第39页。

② 史铁生等著：《父亲是个兵》，河北少年儿童出版社2003年版，第33—34页。

邓一光笔下的“父亲”面对着历史与现实的错位有着痛苦的煎熬，乃至以沉默和孤离来隔绝自己与当下的实际生活。显然，那段军旅生活，曾是他半生的骄傲，而如今那段岁月已经过去，从社会发展的进程来看，正是他们的军旅生活赢来了现在的和平。但是，从父亲的个人经历来看，那段历史却是他的全部，是他此生不能分离的部分，他与它从来都是一个整体，从来都是相伴相生。在这里，我们又可借用杰姆逊的分析，他从来不否认历史，并且一直给予它不可替代的地位，如他所述：“昨天，从现实世界移出意味着对自身的回归；从马克思主义移出意味着对心理分析的回归；假使那样，‘真实’仍然在场，权当一次阵痛，一次手术罢了。今天，甚至精神分析和欲望也因为过于现代和它要求对晚期资本主义作出评价而使后现代主体难以容忍而遭回避。由此，它给自身提供的替代物是我们在这里已经考察过的艺术和宗教、伪唯美主义的形式，以及在艺术的宗教进入宗教的艺术这一缓慢的循环中的幽灵般的余象。”①杰姆逊从现实错位之感中以“认知图绘”来寻求超越、寻求突破、寻求规一的整体，以这种思想为指导，如若我们再回到现在，面对在场的一切，我们便可以测量出现今发生的一切变迁，那么，所有的错位和迷惑，都将变得迎刃而解，甚至变得合理。“为此，思考新的现实和表述新的范式的条件似乎要求一种特殊的关联，并与这种新的现实保持一定的策略距离，因为这种新的现实可能会将沉浸其间的东西覆盖(这一点很像科学发现中作为认识论变体的著名的‘局外人’原则)。”②基此，杰姆逊“认知图绘”的施动者——心理主体，从重构历史经典来说，他是局外人，从化解现实错位来说，他又是局内人，既然要完成的是美学任务，是融个体与普遍、感性与理性的统一，因而心理主体是局外人与局内人的统一。而认知图绘理论巧妙地融合了空间规划理论与意识形态功用理论，以生存体验和历史变迁的时空交织来作透视，以还原审美经验和扩充审美想象，是对马克思主义文艺理论在后现代文化语境中的一种有效创新。

---

① [美]弗雷德里克·詹姆逊：《文化转向：后现代论文选》，胡亚敏等译，北京：中国社会科学出版社2000年版，第130页。

② [美]弗雷德里克·詹姆逊：《文化转向：后现代论文选》，胡亚敏等译，北京：中国社会科学出版社2000年版，第42页。

第三节 伊格尔顿的“文学事件论”

特里·伊格尔顿(Terry Eagleton),英国著名的文学家、批评家和马克思主义文艺理论批评家。1943年2月22日出生于英国泰瑞·伊格顿索尔福德的一个工人阶级家庭,父母是爱尔兰人,跟大部分爱尔兰人一样,伊格尔顿一家三口都信仰天主教。伊格尔顿18岁进入剑桥大学三一学院学习英语,师从雷蒙·威廉斯(Raymond Henry Williams, 1921—1988),21岁以优异的成绩毕业后留校担任研究员,26岁进入牛津大学任教,目前是兰开斯特大学英国文学特聘教授。伊格尔顿在校期间,受其导师威廉斯的影响,深入钻研马克思主义及其理论著作,逐渐成长为一名真正的马克思主义文艺理论批评家。伊格尔顿一生著述无数,已发表的著作近五十余本,其中,他最具代表性的两本文学理论著作是1983年出版的《二十世纪西方文学理论》以及2003年出版的《理论之后》。《二十世纪西方文学理论》这一本著作可谓让其享誉世界,这本书详细地阐明了那个时期兴起的文学理论,追溯了19世纪浪漫主义到20世纪后期的后现代主义文本研究的历史;而《理论之后》则是他学术理论的一种转变,在书中,伊格尔顿对当前的文化和文学理论进行了控诉。另外,他还著有许多有关文学批判的著作,如《批评与意识形态:马克思主义文学理论研究》《马克思主义与文学批评》《瓦尔特·本雅明,或革命的批评》《文学理论引论》《批评的作用:从观察家到后结构主义》等。伊格尔顿拥护马克思主义,后期更是对其进行了创造性的发展,并取得不菲成绩,使他在国际享有盛誉。他学识渊博,文采飞扬,其学术研究涉及领域宽泛,他不仅在马克思主义文学批判、美学研究、意识形态研究和后现代主义研究等方面成绩斐然,而且后期作品还涉及伦理学、神学等领域的研究。他不仅成果丰硕,而且时常呈现出时变时新的态势,使其文艺思想经久不衰。总的来说,他的著作大致可分两类,其一是以马克思主义文艺和美学理论的视角来分析和评价英美一些作家的作品;其二是对马克思主义文艺和美学理论进行创新阐释,用他的“新马克思主义”文艺美学观去分析和论述西方现当代各种美学和文学理论批评流派,这一点,我们可以从他的《文学事件》一书中窥探一二。伊格尔顿被誉为当代西方文艺理论界继其老师雷蒙·威廉斯之后英国最杰出的马克思主义文艺理论家和批评家。同时,也被誉为是一位极富创造力和批判性的左派理论家和批评家。2012 年他的著作《文学事件》出版,很快引起国内外学术理论界的重视。在书中,伊格尔顿以其一贯独特犀利的文风阐述的"文学事件"以及对"文学本质"的重新探究引起了文学界的巨大反响,他将文学事件看作策略及活动的观念更是为文艺界吹来一股清风,让人们以一种辩证的、运动的及实践的审美眼光来看待文艺美学,伊格尔顿从马克思主义与文学活动的交互关系中,颇具特色地对马克思主义文艺理论进行了创新,对此,我们可从下述两个方面来理解他的"文学事件论"。

一、再探文学本质

我们知道,作为文学大师,伊格尔顿一直非常重视"文学的本质是什么"这个问题,他对文学本质的探讨,最早见之于 1983 年出版的著名作品《二十世纪西方文学理论》,这本书为他带来了极高的荣誉。在本书中,导言的标题便是"什么是文学"。在此,伊格尔顿用了很大篇幅探讨什么是文学,从有人把文学定义为"虚构意义上的想像性写作(imaginative writing)",再到有人视"文学是一种写作方式(a kind of writing)",其后又引申出"文学性(literariness)"这一概念,再到有人认为"文学是一种指涉自我的语言(self-referential language)",等等,虽然在序言部分他对文学有着各种清晰的描述,但他并未给出所谓的文学是什么的确切的定义,最后,他给出的答案是这样:

> 如果不能把文学视为一种客观的、描述性的范畴,那么也不能把文学只说成是人们随便想要称为文学的东西。因为这类价值判断完全没有任何随意之处,它们根植于更深的信念结构之中,这些结构就像帝国大厦一样巍然不可撼动。迄今为止,我们发现,文学不仅不像昆虫的存在方式那样存在,构成文学的价值判断在历史上是可变的,而且这些价值判断本身与社会意识形态有着密切的关系。①

基于伊格尔顿的论述,他对"什么是文学"给出的回答其实就是文学什么

① Terry Eagleton, *Literary Theory: An Introduction*. Minneapolis: University of Minnesota Press 2008, p.14.

也不是，至此，伊格尔顿的态度明显，他的意思就是说文学没有本质可言。然而，如果文学是没有本质的，那么，所谓的文学概念以及所属这一类的文学的作品又从何而来，它又是如何发展壮大的。显然，这是值得人们去深刻思考的一个基本问题。在此，伊格尔顿解构了文学本质这一概念，但他却未解构文学存在的这一事实。既然文学有其存在性，那么，它就会有其自身的本质。因此，时隔30年后，在2012年出版的《文学事件》(*The Event of Literature*)中，伊格尔顿旧事重提，重新思考"文学是什么"的问题。他在耶鲁大学出版社的一次访谈中提到："我这本新著《文学的发生》在时间上有点错位。它又返回到纯文学理论，而今天纯文学理论已不再像八九十年代那么时兴。作为真正意义上的文学理论，已被其他的一些发展(特别是后殖民主义、后现代主义等)取代。而在这一过程中，一些关于文学理论的重要问题，包括像'文学是什么'这个老掉牙的问题，却被丢到一边，没有得到回答。"①关于文学的本质，虽然是老生常谈且老掉牙的问题(the old chestnut)，却从来没有得到其应有的重视，反而被搁置一旁，无人真正回答。此时的伊格尔顿，即要对自己过去的文艺思想做一个反转，也要显示出他对文学理论深层问题的缜密思考，为此，他势必要重新探究出文学的本质，用以拯救文学理论。

如前所述，伊格尔顿解构了文学本质这一概念，那么，是否意味着从此可以再无文学，回答却是否定的。文学自产生以来，"是经历了激烈的历史交锋才临幸我们，它是从工业革命、法国和美国的政治革命等剧烈的社会动荡中崛起的——历史在飞速发展，人们觉得自己的价值观受到了威胁，艺术或文学于是成为人们储存价值观的场所，将它们小心保护起来，以免受历史风暴的吹袭，'文学'这个概念便成了受到特别呵护的一块'飞地'(enclave)。"②由此来看，文学经历了历史经验的检验，有其生存的根基及可能性，它也并非可有可无，而是必然存在，且在短时间内不会灭亡，在此意义上，探究文学的本质再一次显得格外重要。"从本质上说，马克思主义是一种关于长期历史变化的理论和实践。"③如是说

① [英]特里·伊格尔顿：《文学事件》，阴志科译，河南大学出版社2015年版，第III页。为了强调文学的实在活动性，盛宁将"事件"一词理解并翻译成"发生"。

② [英]特里·伊格尔顿：《文学事件》，阴志科译，河南大学出版社2015年版，第III—IV页。

③ Terry Eagleton, *Why Marx Was Right*. New Haven & London: Yale University Press 2011, p.36.

马克思主义为伊格顿的思想提供了理论框架，而作为自觉的马克思主义者，在《文学事件》中，伊格尔顿再一次展现马克思主义对他的影响，尤其是对他文艺观的重要影响。在他看来，马克思主义是对的，借助马克思主义这一利器，伊格尔顿大胆地对文学理论及其本质进行了思考，理论之后无理论吗？文学本质消亡了吗？等等，这一系列的问题，构成了他思考的主线。

在《二十世纪西方文学理论》一书中，伊格尔顿虽然最后对“文学有无本质”这一问题得出的结论是文学没有本质，但是他说“如果存在着文学理论这样一种东西，那么，看来显然就应该存在着某种叫做文学的东西，来作为这种理论的研究对象。”①因此，在伊格尔顿那里，文学与文学理论是相伴相生的，文学是文学理论的研究对象，有文学的存在，必然会有文学理论的存在，并要对其进行解释说明。这样的解释说明，往往借助于更为流行的文化理论。然而在西方，文化理论的高潮阶段似乎早已过去，尤其是自 20 世纪 90 年代以来，自文化研究及文化批评兴起后，曾经服务于文化研究的高深理论，诸如德里达、胡塞尔、巴迪欧、福柯、拉康等的理论已过去三十多年了，伊格尔顿甚至在《理论之后》开篇写道：“文化理论的黄金时代早已消失……如果这本书的书名表明‘理论’已经终结，我们可以坦然回到前理论的天真时代，本书的读者将感到失望。”②文学理论界一度流传“理论终结”“理论已死”和“理论之后”等说法，那么服务于文学研究的理论真的死了吗？理论之后真的无理论了吗？在伊格尔顿那里，理论某种程度上有着特殊的意义，他指出“某种意义上，理论是那些政治事件的继续，是在这些运动结束之后，让那些观点保持热度的一种方式。”③从文学可以阐释那些政治事件，从文学可以理解这些运动，从文学可以保持这样的热度，所以，“我们永远不能在‘理论之后’，也就是说没有理论，就没有反省的人生。”④政治热点事件需要理论的反思，反省的人生也需要理论的支撑，而文学理论正好可以为此服务。

---

① Terry Eagleton, *Literary Theory: An Introduction*. Minneapolis: University of Minnesota Press 2008, p.1.

② Terry Eagleton, *After Theory*. New York: A Member of the Perseus Books Group 2003, p.1.

③ 王杰、徐方赋：《“我不是后马克思主义者，我是马克思主义者”——特里·伊格尔顿访谈录》，载《文艺研究》2008 年第 12 期，第 82 页。

④ ［英］特里·伊格尔顿：《理论之后》，商正译，商务印书馆 2009 年版，第 213 页。

伊格尔顿对理论的存在实际给予了肯定答案，理论存在的意义在于给文学研究提供方向及思想指导，那么，对于前面所提的“文学本质消亡了吗”的问题，便也能给予肯定没有消亡的答案。在伊格尔顿1983年发表的《二十世纪西方文学理论》中，他认为文学没有本质可言，当时的他俨然是一名反本质主义者，那么，自然无文学本质的存在与消亡。然而，自《理论之后》开始，他的思想出现反转，开始关注本质，直到在《文学事件》中，再次探讨曾被他抛弃的本质问题，他从反本质主义者变成了一名本质主义者。在《理论之后》一书中，他以亚里士多德的理论为基础，以本性言说本质，认为“本性这个概念，就像条底线：你不能问长颈鹿为什么如此这般行事。答曰‘这就是本性’就足矣。你无法问出更深的答案。同样，你也不能问为什么人们要想感到幸福或有成就感。这就像在问恋爱是为了要想取得什么，幸福不是达到目的的手段。”①在这里，伊格顿所说的本性其实就是本质。那么，本质消亡了吗？在《文学事件》中，伊格尔顿一反之前的坚信的文学无本质结论，而认为文学是有本质的，他更是从文学的虚构性、道德性、语言性、非实用性以及规范性五个方面的特点对文学本质进行论述，其后，更是着眼唯名论与实在论之争，得出结论：“正是在实在论与唯名论的此长彼消、此消彼长的历史进程中，所谓‘文学’的概念一步一步得到了承认，作为文学‘本质’的‘文学性’其存在亦一步一步得到承认，而且，人们对‘文学’的认识也不断得到了深化。”②理论与本质是相伴相生的，文学本质需要用文学理论对其阐述说明，文学理论也需要有文学本质为其提供存在的基础。由此，文学本质论为深度探究文学理论提供了话题。

我们知道，作为马克思主义文艺理论家，伊格尔顿写《文学事件》这部作品的初衷就是为了探寻文学的本质这个文艺问题，为了论证这个问题，伊格尔顿没有首先肯定或者否定地给予众人答案，而是采用了一套相当高明的手法，从侧面表明自己的答案，那就是他从中世纪经院哲学中的唯名论和唯实论之争谈起，他的做法让人疑惑不解。文学和哲学分属两门不同学科，谈文学并非必然要谈哲学，然而细读作品之后，我们发现，伊格尔顿以中世纪经院哲学作为

---

① [英]特里·伊格尔顿：《理论之后》，商正译，商务印书馆2009年版，第112页。

② [英]特里·伊格尔顿：《文学事件》，阴志科译，河南大学出版社2015年版，代译序第VII页。

引子，是有很强的目的性的，一方面，“伊格尔顿是想用神学、形而上学和科学之间的关系来引入一个常见的哲学术语，即‘共相’”①，以“共相”来引入对本质的探析。那么，何为共相（universals）？《辞海》里提到：“佛教认为诸法有自、共两相，限于自体的相称‘自相’，通于其他事物的相称‘共相’。与‘自相’相对。如色、受等自体各异，色以质碍为自相，受以领纳为自相，色、受等有为法共有无常性，故以无常相为共相。《俱舍论》二十三：‘一切有为皆非常性，一切有漏皆是苦性，及一切法空、非我性，名为共相。’经院哲学名词。与‘殊相’相对。意即一般。共相是否独立于殊相而真实存在，是唯名论和实在论的争论点。”②唯名论者以为共相是具有某种客观实在性的，而实在论者却不以为然，二者之间持续不断的争论主要在于“如何严肃看待感官特殊物”③，以至两个派别由此之争而形成根本对立。在这里，伊格尔顿并不是为了说明文学的本质就是共相，但是，有一点不可忽视，那就是他们二者都承认事物具有共相，所以，对立的二者并非非此即彼，其矛盾性也并非不可调和，而是有值得考虑的统一性。他对这种辩论之争的引入，是他通过走出一直以来解构主义对文学本质的敌意，以此反思反本质主义理论的局限之处，同时也为了转变人们之前形成的文学无本质的定势思维。

另一方面，伊格尔顿从经院哲学谈起，实际是他在处理文学艺术问题时的一个创新之举，以哲学充实文学，借助哲学意义上的宏大叙事，以此来发现问题，并引发来解决问题，以寻求其艺术实践的可能性。诚如马克思在1837年11月写给他的父亲亨利希・马克思的信中所言，关于实体的司法的问题，他说，“在实体的私法的结尾部分，我看到了整体的虚假，这个整体的基本纲目接近于康德的纲目，而阐述起来却大相径庭。这再次使我明白，没有哲学就无法深入。”④在这里，马克思认识到了哲学无论是对他的思维还是写作，都极其重要。那么在探讨文学时也一样，如能赋予文学以哲学的维度，文学亦将变得更有探讨的意义，基于此，伊格尔顿赋予文学以哲学之思，正是想用这种宏大叙

① 阴志科：《从本质到共相——伊格尔顿在〈文学事件〉中的视角演变》，载《中南大学学报》2014年第4期。

② 夏征农、陈至立主编：《辞海》，上海辞书出版社2009年版，第731页。

③ Terry Eagleton, *The Event of Literature*, New Haven & London: Yale University Press 2012, p.8.

④ 《马克思恩格斯全集》（第四十七卷），人民出版社2004年版，第11页。

事来达到他探讨文学是什么这个一般性问题,也只有这样,这一旧事重提才变得格外有意义。

同时,从学科性质来看,文学在学科性质上属于人文学科分类之一,和它并驾齐驱于社会的上层的有哲学、宗教、法律、政治,由此,文学已然作为一门重要学科存在。也就意味着它的产生和存在并不具有随意性,而是经过人们长期的实践经验总结得出,既然如此,它必然有其本质性的东西存在,借用伊格尔顿的话,就是所谓的文学性。然而这里又回到了上文的疑问,追问本质,是哲学的一大任务,按诺瓦利斯的说法,哲学是全部科学之母,因此,要探讨任一学科的本质问题,都离不开对哲学这一母体的探讨。同时,要寻求文学性,势必要找到文学所具有的某种共通性,纵观哲学史,中世纪的经院哲学为其提供了可能,尤其是实在论与唯名论之间的思辨之争,让文学的存在有据可依,有理可寻,为此,正如盛宁在《文学事件》中译本的代译序中写道:

> "伊格尔顿就不得不返回到中世纪的'实在论'与'唯名论'两大学派之间的'共相之争'(dispute on the problem of universals),他试图通过对这一思辨传统的梳理而向人们呈现:正是在实在论与唯名论的此长彼消、此消彼长的历史进程中,所谓'文学'的概念一步一步得到了承认,作为文学'本质'的'文学性',其存在亦一步一步得到承认,而且人们对'文学'的认识也不断得到了深化。翻过这道坎,对'什么是文学?'的讨论便被引上了一条一马平川的坦途。这样,'文学'便从一个'历史天意',萌发成长为一个既有形式又有内容、既有具象又有共相的实体性存在,成为一门可以阅览、可以研究、可以传承的人文学科。"①

最后,从活动层面来看,文学作为活动,是人类所特有的一种精神活动,它具有鲜明的实践性特征,然而,它所体现的这种实践性,是理论与实践的相辅相成,在实践的过程当中,需要有理论的反思,同样,在反思的过程中,也需要有实践的支撑,只有经过这种辩证的哲学思辨,文学才成其为文学,其意义也才变得完整。"文学不是了解某物如何感觉的问题,也不是知道这一点的问

① [英]特里·伊格尔顿:《文学事件》,阴志科译,河南大学出版社 2015 年版,第 VI—VII 页。

题，而是要明白某物感觉到了什么。但是，深入别人的内心——在想象中与他们融为一体，——并不会让我们了解他们，除非我们在这个过程当中保持反思力。纯粹的共鸣和理解所需的批判性思考力相悖。”[①]正如拉萨尔创作《济金根》，目的在于把美学上的一种悲剧理论付诸实践，《济金根》创作完成后，拉萨尔将剧本分别送给马克思与恩格斯，并希望从他们那里得到诚挚的“批判”。1859年5月18日恩格斯在曼彻斯特给拉萨尔回信，在《致斐迪南·拉萨尔》一信中，恩格斯写道：“您看，我是从美学观点和史学观点，以非常高的亦即最高的标准来衡量您的作品的，而且我必须这样做才能提出一些反对意见，这对您来说正是我推崇这篇作品的最好证明。”[②]由此，拉萨尔想呈现的悲剧理论，在恩格斯以一种美学哲学思辨的方式进行深入分析后，《济金根》的优缺点也就跃然纸上。这样的美学哲学思辨的方式，这样的批判性思考，也才让整个文学活动得到了公正的批判性评价。伊格尔顿将文学放置于理论与实践相统一的哲学范畴内，只有理论没有实践，犹如纸上谈兵，只有实践没有理论，则会天马行空。坚持马克思主义理论与实践相结合的实践哲学，文学理论之路才会走得更明，走得更远。

二、解密“文学事件”

文学作为一个广博宽泛且能揽括众多的词语，从其面世至今，还未有人给出权威定义。伊格尔顿的《文学事件》，其标题中的“文学事件”几个字，似乎瞬间将这个揽括众多的词分解成一个个事件，那么，到底何为事件？对于他的*The Event of Literature*，国内较为普遍的译法是将其翻译为《文学事件》，也有人将其翻译为《文学的发生》，在前者看来，伊格尔顿将文学理解为事件，是启用了哲学范畴中的事件概念，事件概念起源于古代哲学，其间经由黑格尔、亚里士多德等人的论述，后期在海德格尔、怀特海、福柯、德里达、德勒兹、巴丢等人的影响下发展壮大。后者认为不能直接将 event 仅仅理解为事件，伊格尔顿所探讨的目的在于探讨文学发生的时间、方式以及文学之所以能够成为文学所具备的基本条件。总之，不论是采取何种译法，万变不离其宗，都是围绕

① Terry Eagleton, *The Event of Literature*, New Haven & London: Yale University Press 2012, p.62.

② 《马克思恩格斯选集》(第四卷)，人民出版社2012年版，第443页。

文学的本质在做阐述。伊格尔顿在文中，并没有对这一让大家极为好奇的“事件”给出明确的说法，而是从策略及活动两个方面对文学事件进行解密，从而将其内在本质呈现出来。对于文学事件而言，伊格尔顿一方面将文学事件看成是一种策略，即从马克思主义视角看来，应肯定文学的运动性及实践性；另一方面，将其本质看成是一种活动，即作者的写作活动与读者的阅读接受活动，文学的意义正是在作者与读者的隐形交流中得以显现。然而，纵观全文后，我们发现，伊格尔顿所论述的事件观，实质上是将文学理解为一种批判性的、开放性的伦理活动，带有强烈的审美性和道德实践性。

一是从事件作为策略层面来看，前面谈到，伊格尔顿认为，虽然文学的本质并非共相，但是也不是说文学就没有本质，它不是任意思想的随意拼装，它也有一套自己独特的体系，对此，伊格尔顿从维特根斯坦的“家族相似模型”理论出发，对文学及其理论进行剖析，进而引出将文学作品视为策略的独特结论，他解释到，“所有这些文学理论之间或许没有单一的共同特征，但是，有一个特别的概念可以阐述许多文学理论，尽管它们自己未必经常使用。那就是把文学作品视为一种策略。既然它关涉的文学理论如此之多，我们可以适当谦虚地称之为‘（几乎）万能理论’[Theory of(almost) Everything]，相当于物理学家难以捉摸的万能理论（TOE）”。①将文学作品视为策略是伊格尔顿从马克思主义理论视角出发对文学本质的独特创新，总的来说“文学是关于我们如何行动的问题，是一组可行的策略，是如何面对一篇作品的行为指南。”②而用彼得·布鲁克斯的话，他曾说“情节‘或许最适合被设想成一种行为，一种结构化的操作’，换言之就是策略”③。在这里，策略和情节画上等号，策略即情节，情节成了行动中的文学必不可少的因素。由此，借助亚里士多德的情节说，在亚里士多德看来，他所指的情节，就是指“事件的有序安排”④，亚里士多德所说

① Terry Eagleton, *The Event of Literature*, New Haven & London: Yale University Press 2012, p.169.

② Terry Eagleton, *The Event of Literature*, New Haven & London: Yale University Press 2012, p.48.

③ Terry Eagleton, *The Event of Literature*, New Haven & London: Yale University Press 2012, p.221.

④ [古希腊]亚里士多德、[古罗马]昆图斯·贺拉斯·弗兰克：《诗学·诗艺》，郝久新译，九州出版社2006年版，第23页。

的“安排”则是指作者对整个文本事件本身结构化的构思，而整个文学行动也成了针对某种确定情节的策略性反应，情节“可以被理解为对故事原材料施加的某种策略性操作，以某种方式（通过悬念、抑制、延迟等手段）重新组织材料，从而以可感知的新鲜的方式呈现给读者”①。就此，以大家比较熟知的荷马的《奥德赛》为例，故事发生在长达十年的背景中，但荷马却着重叙述主人公临回到家前的40天的时间，全书以奥德修斯的历险为主干，主要讲述的是特洛伊战争结束后，曾勇敢走上战场的希腊诸英雄纷纷返回家乡，其中，奥德修斯因得罪海神波塞冬，在回乡途中遭遇其阻拦，在海上漂泊历经十年，遇到许多离奇事件，最后回到故乡，以比武的方式巧妙地杀死了妻子的求婚者，重新夺回王位，全家终得团圆。“策略是有目的计划，而不是单一主题的有意表达……策略既不是对象，也不是单一的行动……它们采用特定的统治技术，将现实组合成有意义的样式。”②《奥德赛》里，让奥德修斯最终以战争英雄的身份赢回一切是作者的创作之时的初衷，但是，这种结局与当时的战争现实相冲突，解决这一背离，荷马所采取的策略便是让奥德修斯走上战场，先是设计其失去所有，后以历经重重困难，获得赢回一切的结局。整个故事当中，荷马设计了无数个情节共同为最初的策略服务。作为一国之君的奥德修斯，他坚强勇敢，在第五卷中，奥德修斯启程归家时，在海上遇到海神波塞冬的阻拦，此种情节的安排，充分展现了人类伟大力量同大自然斗争时的勇敢与不屈不挠的精神：

第五卷

神明相助英雄启程归返海上遭劫难

……

看来，威力强大的波塞冬依然

没有平息他的怒火，处心积虑地惩罚我，

执意要让我命丧浩渺的大海！

① Terry Eagleton, *The Event of Literature*, New Haven & London: Yale University Press 2012, p.190.

② Terry Eagleton, *The Event of Literature*, New Haven & London: Yale University Press 2012, p.225.

在他内心权衡之际，
一个浪朝他打来，将他打向陡峭的石壁。
假如不是目光炯炯的雅典娜赋予他灵感，
他定会被撞得粉身碎骨，就像飞溅的水沫。
危急之中，他伸出双手，深深地插进崖缝，
牢牢地抓住，死不放手，一直到浪花溅入他的胸前，
但在浪头回退时，巨大的拉力却把他拽入大海。
从高高的石壁，跌进深深的海水之中，
好像一只足上有吸盘的章鱼，强力地吸附在石岩上，
被别人的力量狠狠地拽了下来一样。
奥德修斯手掌上的皮留在了崖缝中，
自身跌入大海，淹没在浪花底下。
在这样的危急关头，他很可能被死神抓住，
幸好，雅典娜又让他急中生智，
在波浪又一次冲向海滩时。
他顺着水流的方向，拼命向前游去，
……①

奥德修斯不仅勇敢而且机智，当他们一行人来到巨人的海岛而被囚禁时，奥德修斯引诱巨人喝酒睡熟，然后用一根木头刺瞎了巨人的眼睛，而把活着的人绑在羊肚子下面逃了出去，“他太小看我们了，我们怎会那么愚蠢……把三只羊捆在一块，中间那只肚子下面，便可绑一个同伴，两边的羊便可护着他……”②；同时面对自己的威胁者，又毫不犹豫地将其清除，如在处理妻子求婚者时，他联合儿子，共同设计比武环节，将求婚者一一杀死，虽然这一情节带有早期残酷的奴隶主特征，但作为一国之君，他的冷酷残忍必会造成人民对他信服的困难，因为“永恒的真理一旦被投射进临时的形式当中，必然引发诸多

① [古希腊]荷马：《荷马史诗・奥德赛》，刘晓菲译，北方文艺出版社 2012 年版，第 86—87 页。

② [古希腊]荷马：《荷马史诗・奥德赛》，刘晓菲译，北方文艺出版社 2012 年版，第 140—141 页。

道德和审美上的困境”。[1]但正是作者在作品前面情节的不断铺垫和修饰，使得奥德修斯免于背负暴君的罪名，作者安排的情节环环相扣，共同造就了最后的结局，最终，奥德修斯的个人魅力表现出来，完美地达到了道德与审美之间的平衡，“文本策略涉及‘形式’和‘内容’边界之间连续不断的运动”[2]，马克思主义对人类实践能力的理想是从自由王国走向必然王国，而“作为策略，艺术作品属于必然王国，或者至少属于必然王国中较少受限制的象征性领域……”[3]荷马如此策略化的情节的巧妙安排，既能让古希腊罗马读者感同身受，又能使后来的读者在战争背景下寻求一丝安慰。

“文学事件”就是在作者策略性的情节巧妙安排下实现其运作，任何情节的安排，都是为作者的策略服务，而最终这些则是服务于作者的创作初衷。中国近现代文人中，鲁迅先生可谓将这种策略性技巧运用到极致，比如在其小说《药》中，他以人血馒头这一惊悚情节为主线，策略性地用明暗双线运作整个故事：

> “‘喂！一手交钱，一手交货！’一个浑身黑色的人，站在老栓面前，眼光正像两把刀，刺得老栓缩小了一半。那人一只大手，向他摊着；一只手却撮着一个鲜红的馒头，那红的还是一点一点的往下滴。
>
> 老栓慌忙摸出洋钱，抖抖的想交给他，却又不敢去接他的东西。那人便焦急起来，嚷道，‘怕什么？怎的不拿！’老栓还踌躇着；黑的人便抢过灯笼，一把扯下纸罩，裹了馒头，塞与老栓；一手抓过洋钱，捏一捏，转身去了。嘴里哼着说，‘这老东西……’
>
> ‘吃下去罢，——病便好了。’
>
> ……

---

① Terry Eagleton, *The Event of Literature*, New Haven & London: Yale University Press 2012, p.180.

② Terry Eagleton, *The Event of Literature*, New Haven & London: Yale University Press 2012, p.184.

③ Terry Eagleton, *The Event of Literature*, New Haven & London: Yale University Press 2012, p.179.

小栓慢慢的从小屋子里走出，两手按了胸口，不住的咳嗽；走到灶下，盛出一碗冷饭，泡上热水，坐下便吃。华大妈跟着他走，轻轻的问道，'小栓，你好些么？——你仍旧只是肚饿？……'

'包好，包好！'康大叔瞥了小栓一眼，仍然回过脸，对众人说，'夏三爷真是乖角儿，要是他不先告官，连他满门抄斩。现在怎样？银子！——这小东西也真不成东西！关在牢里，还要劝牢头造反。'

……

这一年的清明，分外寒冷；杨柳才吐出半粒米大的新芽。天明未久，华大妈已在右边的一座新坟前面，排出四碟菜，一碗饭，哭了一场。化过纸，呆呆的坐在地上；仿佛等候什么似的，但自己也说不出等候什么。微风起来，吹动他短发，确乎比去年白得多了。

……

那坟与小栓的坟，一字儿排着，中间只隔一条小路。华大妈看他排好四碟菜，一碗饭，立着哭了一通，化过纸锭；心里暗暗地想，'这坟里的也是儿子了。'那老女人徘徊观望了一回，忽然手脚有些发抖，跄跄踉踉退下几步，瞪着眼只是发怔。"①

小栓及夏瑜之死并非作者之愿，作者自然是希望他们活着，然而在当时的社会背景之下，他们注定会成为社会的牺牲品，不过这种悲剧性结局，是有违中国人大团圆的惯性思维的，虽然这种惯性思维从来都不符合那个年代中国的真实生活。为了平衡这种悲剧性结局带给人们的冲击，鲁迅采取的策略便是以构思精巧、明暗双线交织的情节，抽丝剥茧般地揭开这种悲剧性的原因。全篇以买药治病为明线：茶馆主人公华老栓的儿子小栓得了痨病，听说吃沾有人血的馒头可以治病，华老栓于是趁着刑场处决"犯人"时，去买带血的馒头。交易现场老栓胆怯、踌躇，拿到人血馒头后他又小心翼翼，"仿佛抱着一个十世单传的婴儿，别的事情，都已置之度外了"。回到家后又带有仪式感地和华大妈做好馒头给小栓吃，吃了明显无效，华大妈却以为他只是肚子饿，到这里，华老栓夫妇的愚昧无知已然激怒读者，然而还不够，结果夫妇俩还佯装无事般地

① 鲁迅：《鲁迅小说全集》，中国友谊出版公司2012年版，第24—29页。

与茶客笑谈，仿佛捡到宝一样，想不到的是，最终小栓还是去世了。至此，读者可谓眼睁睁地看着小栓去世，却毫无办法，虽怒更恨，怒华老栓夫妇求神不求医，恨其愚昧无知。暗线展现的是革命者夏瑜被军阀杀害：革命者夏瑜在刑场被处决，无人为其惋惜，他的死反而成为人们茶余饭后的笑谈之事，甚至早就有人在觊觎他的鲜血，企图用他的鲜血牟利，用他的鲜血"救人"，事实亦如此，最后独留夏四奶奶坟场痛哭。全文明暗双线集中在两个家庭的求生，华老栓夫妇为儿子求生，竟显麻木愚昧，夏瑜为国人求生，而国人却冷血自私，二者注定求生不得，结尾部分作者策略性地安排华大妈与夏四奶奶坟场上坟相遇，将这种求生未成的悲剧推到高潮。在这里，鲁迅要展现的是封建迷信下的人血馒头治不了病，亦救不了人；而封建统治下的人们愚昧麻木、冷血无情，他们不懂革命，也不可能团结一致寻求治国良药。正是在这样的情节策略运作之下，作者展现了其创作初衷：批判社会，唤醒国人。

二是从"文学事件"作为活动层面来看，主要与作者的创作活动和读者的阅读接受活动有着密不可分的联系。我们知道，马克思主义将文学理解为人的一种活动，即人的一种有目的、有意义的实践性的精神活动。伊格尔顿在此基础上，将文学事件作为活动，认为其首要条件就是要有参与者，即人的参与。从作者层面来看，作为文艺创作的主体，作者能不断地将新的文艺作品呈现给广大读者。从读者层面来看，作为文艺作品的接受主体，正是通过在阅读文艺作品的过程中达到与作者的沟通交流；而整个活动过程中，如前所提的作为策略的文学作品则成为连接作者和读者的中间桥梁，使文学活动成为浑然一体的有机系统。文学不是孤零的存在，它从创作到阅读是一个完整的活动过程，在作者与读者的共同循环参与下，有了犹如人类生命一样的潜质，由此变得活跃。正如伊格尔顿所说，"艺术和人类的相似之处在于，其功能并不外在于自身，而是内在于它们自我实现的活动之中。所以还有另一种方式，艺术以其本身的形式体现了道德价值，而不是简单地体现在它不时产生的任何有价值的情感上。"①产生于这一过程中的审美意识，将在这一循环整合的过程中渐渐浮现。

首先，就是作者的创作活动，这是整个文学活动的开始。作为文艺创作的

① Terry Eagleton, *The Event of Literature*, New Haven & London: Yale University Press 2012, p.205.

主体，作者在构思创作文艺作品时，有其独特的思维体系和最接近自身内心深处的真实想法。文艺创作从古希腊对世界的模仿到西方浪漫主义兴起后对人的情感的抒发，逐步将文艺创作的功劳归于作者，作者一方面通过文学文本及文学创作来抒发内心的感情，另一方面试图用其创作唤起读者相应的感情，由此看来，文学的创作活动就是作者表达感情，抒发内心的活动，正如华兹华斯说：诗是强烈感情的自然流露，它源于宁静中积累起来的情感，如罗伯特·彭斯的诗《一朵红红的玫瑰》：

一朵红红的玫瑰
罗伯特·彭斯
啊，我的爱人像红红的玫瑰，
在六月里苞放；
啊，我的爱人像一支乐曲，
乐声美妙、悠扬。

你那么美，漂亮的姑娘，
我爱你那么深切；
我会永远爱你，亲爱的，
一直到四海涸竭。

直到四海涸竭，亲爱的，
直到太阳把岩石消熔！
我会永远爱你，亲爱的，
只要生命无穷。

再见吧，我唯一的爱人，
再见吧，小别片刻！
我会回来的，我的爱人，
即使万里相隔！①

---

① 孙梁编译：《英美名诗一百首》，中国对外翻译出版公司，商务印书（香港）有限公司1991年版，第125页。

诗人彭斯写这首爱情诗，是为送给她心爱的少女，诗中表达了诗人对爱人的炽热感情和对爱情的坚定决心，作者不仅要让少女感受到他的内心，他也希望向读者宣誓他对爱人的炽热感情。结合马克思主义艺术生产论，伊格尔顿将文学创作与实际生活结合在一起，认为文学作品本身即是现实的社会实践的反映。如上诗作者在创作文本时，内心的真实感受，便是诗人生活实际和个人情感的反映。就此，伊格尔顿顺接提到另一个重要概念，那就是作者创作时作者对文学的虚构(fiction)，仿佛同事实一样，“虚构是有关文本如何运作，以及我们如何对待它们的问题……”①然而虚构出发点不在现实，而是虚构，如奥地利作家弗兰兹·卡夫卡(Franz Kafka)创作的《变形记》：小说的主人公格里高尔某天早上醒来发现自己变成了一只甲虫。小说中卡夫卡以自己独特的艺术笔调，用象征、细节描写等手法虚构人变成甲虫事件，作品呈现给读者一种荒诞不经、甚至是不可思议的世界。不过，在伊格尔顿看来，事实和虚构之间虽然有很大的差别，但它们之间的这种差别界限，有时候会变得越来越模糊，“事实是，虚构命题通过修辞来运作，它们假借描述事物的存在方式来伸张自己的价值判断和态度取向。这当然不是说非虚构的命题总是实然的，而虚构命题却不是”。②在这里，伊格尔顿从文学的虚构性出发，再一次以马克思主义辩证法处理文学事件，以此说明文学特点反映出的并不是一种非此即彼的实际存在，而更多是一种丰富而精彩的审美艺术想象。

其次，便是读者阅读、鉴赏及接受的活动，“所谓阅读就是参与一套策略以便解读另一套策略”。③在这里，“参与(engage in)”及“解读(decipher)”的活动主体都是读者，伊格尔顿强调读者在文学活动中的作用，肯定“文学事件”是一个连续的动态过程，有开始亦有结束，它的开始始于作者的创作，而它的结束终于读者的阅读。这一连续的过程，需要有读者的介入才能得以完整，作者创作的作品，也需要经过读者的欣赏与解读才能变得有意义，因此，读者在整个文学活动过程当中有着和作者一样不可替代的地位。“读者，曾经是作家和作

① Terry Eagleton, *The Event of Literature*. New Haven & London: Yale University Press 2012, p.111.

② Terry Eagleton, *The Event of Literature*. New Haven & London: Yale University Press 2012, p.112.

③ Terry Eagleton, *The Event of Literature*. New Haven & London: Yale University Press 2012, p.185.

品神圣三位一体中最卑微、最不受重视的一员，被傲慢的作者阶级当作卑贱的下女或杂役，最终成为文学作品的共同创造者扬眉吐气了。”①以此，伊格尔顿创新性地将读者的地位提高到一个至高无上的位置，总的来说，读者作用有二：其一是作为共同参与者对文本进行重构和阐释；其二是作为欣赏者，对文本进行审美解读和艺术赏析。

一方面，伊格尔顿认为读者可作为共同参与者加入文学活动中，进而对文学文本进行重构和阐释。在这一过程当中，作者和读者拥有各自的权利，它们地位相同，所站的立场也不同，由此在文学活动中，其目的和初心各有侧重，即所谓的倾向性。对于文艺倾向性，恩格斯曾在1885年12月26日的《致明娜·考茨基》一信中有所论述，在信中他提道：“倾向应当从场面和情节中自然而然地流露出来，而无须特别把它指点出来；同时我认为，作者不必把他描写的社会冲突的历史的未来的解决办法硬塞给读者。……即使作者没有直接提出任何解决办法，甚至有时并没有明确地表明自己的立场，我认为这部小说也完全完成了自己的使命。”②伊格尔顿非常重视文学活动中各项参与者各自的倾向性，他肯定文学活动中对读者的尊重，以及给予其充分的自主阅读鉴赏的权利，令人惊喜的是，伊格尔顿与恩格斯在此观点上竟不谋而合。在文学活动中，文学作品作为桥梁，连接着作者和读者，二者经由文本交流沟通，作家以文本为策略引导读者，读者则经由文本参与文本重构的活动中，二者各自行使自己的权利，其带有各自的倾向性亦是可以理解的。文学活动中如果没有读者的参与，那么文本终究只会被尘封书阁中，也就失去了其存在的意义和价值，作者的初衷也将得不到实现，正是因为有了读者的阅读、理解和阐释，作品的意义才逐渐得以显现，在充分发挥主观能动性及行使权利的基础上，读者对文本的欣赏亦将顺理成章，且变得主动。

另一方面，伊格尔顿认为读者可作为欣赏者对文学作品进行审美解读和艺术赏析。这一环节，离不开读者对审美对象的期待，以及审美对象本身隐含的内容需要读者去解读填补。文学作品作为审美的对象，其隐藏在作品中的艺术美，需要读者对其进行阅读解码。马克思指出，“人作为自然存在物，而且

① Terry Eagleton, *The Event of Literature*. New Haven & London: Yale University Press 2012, p.185.

② 《马克思恩格斯选集》(第四卷)，人民出版社2012年版，第579页。

作为有生命的自然存在物，一方面具有自然力、生命力，是能动的自然存在物；这些力量作为天赋和才能、作为欲望存在于人身上；另一方面，人作为自然的、肉体的、感性的、对象性的存在物，……就是说，他的欲望的对象是作为不依赖于他的对象而存在于他之外的；但是，这些对象是他的需要的对象；是表现和确证他的本质力量所不可缺少的、重要的对象。”[①]因此，读者作为独立存在的、有自己独特思维的个体，在对文学作品进行解码之前，会发挥主观能动性，先入为主性地运用自己过往经验，进而希望从作品中获得某种预先想得到的东西。对读者的阅读接受，伊格尔顿系统地阐述了尧斯、伊瑟尔、费什等的接受理论，借助尧斯的“期待视域”(horizon of expectations)概念衡量文学作品，他指出：“读者在阅读时带入文本的一整套假设框架或文化参照系统，当审美作品的接受史(histories of reception)所内含的视域发生转变时，它的价值和意义也会随之发生变化。最有价值的作品一边将阅读的背景假设陌生化，一边将这些假设转化为读者的感知对象，而读者因此获得的奖励是摆脱一切前设的桎梏。如果说一部作品仅仅是简单地符合了读者的期待，如《尼罗河惨案》——就不会被赋予较高的审美价值。”[②]在这里，伊格尔顿一方面承认伊瑟尔、姚斯和费什的读者接受理论，肯定他们的高明之处，但是，对于费什在某些方面过大地夸大作者的因素而将读者放在被动接受的位置却不予赞同，在他看来，阅读的过程并非要沿着作者从头到尾设定好的单向路线行走，相反，读者在阅读解码的过程中可有无数条路线，只有超越了作者所期待的，才是成功的阅读，那样的作品也才会被赋予较高的审美价值。

同时，接受美学认为，任何文学文本在被解读之前，都具有未定性，“都不是决定性的或自足性的存在，而是一个多层面的未完成的图式结构。它不是独立的、自为的，而是相对的、为我的。它的存在本身并不能产生独立的意义，而意义的实现则要靠读者通过阅读对之具体化，即以读者的感觉和知觉经验将作品中的空白处填充起来，使作品中的未定性得以确定，最终达致文学作品的实现”。[③]经由

---

① 《马克思恩格斯文集》(第一卷)，人民出版社 2009 年版，第 209 页。

② Terry Eagleton, *The Event of Literature*, New Haven & London: Yale University Press 2012, p.91.

③ [联邦德国]H.R.姚斯、[美]R.C.霍拉勃：《接受美学与接受理论》，周宁、金元浦译，辽宁人民出版社 1987 年版，第 4—5 页。

作者创作的文学文本，因其情节策略处理带来的流动性，致使文学作品一开始就具有非确定性，即未定性，因此，读者阅读即是作品的展开，可以说，“文本的意义不是一个对象，而是一种实践……”[①]而其表现出来的审美道德正是在读者的不断阅读填补中得以产生，读者阅读赋予了文学活动独特的意义，也正是历经这一过程后，所谓的文学作品才真正拥有了文学作品的内涵与生命，文学作品的历史生命也在读者的接受审美实践活动中不断得到延续，成为一种审美解读和艺术赏析，解读出隐含的内容，赏析出未被察觉的内涵。在探究这一系列的活动中，伊格尔顿都以马克思主义视域，把文学活动看成交互关系的审美活动，事件为核心的策略化活动，颇具特色地对马克思主义文艺理论进行了创新。

术语阐释

1. “前貌似美学”(Ästhetik des Vor-Scheins)

布洛赫在《希望的原理》中指出，艺术相对于其他东西，它能提前地把尚未到来的美好状态和理想社会显现出来，因为它是前瞻性地并以审美的方式显现出来，与未来的那个“真实的”美好状态和理想社会还不完全一样，那个“真实的”是未然的，处在未来的世界中。但因艺术审美的缘故，美化了它的形态和特征，以至于它与那个“真实的”看起来很像，此种关于艺术之美的理论，被译成“前貌似美学”，它既符合布洛赫的原意，也符合汉语的语言习惯，不会引起误解和导致歧义。

布洛赫认为在任何时候，艺术貌似(kunstelerischer Schein)都不是单纯的貌似，而是一种笼罩在各种图像中的某种东西，即意味着仅仅在各种图像中方可标明的持续驱动的某种东西。在这种持续不断的驱动中，艺术夸张乃至虚构故事都描述令人感动的现存东西中本身徘徊不定的某种东西，并且描述有关现实的东西的意味深长的前貌似(Vor-Schein)。布洛赫所论定的艺术实质上泛指文艺，不仅限于绘画、音乐和舞蹈等艺术范畴。前貌似美学是布洛赫对

① Terry Eagleton, *The Event of Literature*, New Haven & London: Yale University Press 2012, p.187.

马克思主义文艺理论的一个创新贡献，它构建了马克思主义审美理想的驱动机制，描述了马克思主义审美实践的未来进程，凸显了马克思主义审美批判的超越层次，在文艺美学上，创造出一个马克思主义的理论成果（马克思主义“盐味”的文艺美学“大餐”）。

2. “认知图绘”

这是弗雷德里克·杰姆逊（Fredric Jameson）于1983年在“马克思主义与文化阐释”会议上首次提出来的一个理论概念。其后，杰姆逊《认知图绘》一文于1988年与其他与会者的文章一起被编为《马克思与文化阐释》一书正式出版。杰姆逊认为，人类进入后现代社会以后，随着政治、经济、文化急速变换，人与人、人与社会，甚至人与自身都处于一种不可捉摸的状态，人们对环绕周围事物的认知下降，致使其一方面空间上迷失了方向，另一方面在意识形态上迷失了自我，致使人们在积极参与政治、文化等活动受到社会现状的影响，因此，人们必须为自我以及集体的主体地位重新定位，进而重新唤醒积极向上、坚持奋斗的能力，消除对空间的混沌感，为此，杰姆逊吸取凯文·林奇的城市规划理论及阿尔都塞的意识形态功用理论的精髓，提出“认知图绘”理论，这一理论是他为了应对现代资本主义进入后现代社会的新情况而提倡的一种具有教育和认知功能的政治策略新美学。

从文艺创新的角度来看，将这样一种全球性视域性的“认知图绘”理论运用于文艺美学上，是杰姆逊在后现代主义文化思潮中对马克思主义文艺理论的一种创新。他把“空间”与“意识”这两个抽象的概念，以美学上具象的图绘方式加以考察，给当代人以人文主义的思想定位，也给历史经典以审美经验的定位。杰姆逊的“认知图绘”理论是有着文学阐释实践的支撑的，并不是一个纯粹的文艺理论模式。他以《底特律：我的确介意死亡，一种都市革命的研究》这部报告文学为例，生动说明对马克思主义的人文主义思想定位，要从当时的社会现实境况出发，来合理地从而是有效地阐释，正如这部反映黑人工人运动的报告文学所揭示的。就此，提出“认知图绘”理论是为了完成美学任务，能合理还原历史经典和有效解决现实错位的棘手问题，为挣扎于晚期资本主义异化状态中的人们指明了方向，并以此指出人文学者的文化政治使命，丰富了文艺批评中的审美意义，是对马克思主义文艺理论在后现代文化语境中的有效创新。

3. “文学事件”

在2012年出版的《文学事件》一书中，英国著名马克思主义文艺理论家和批评家特里·伊格尔顿启用哲学术语“事件”范畴，将文学理解为事件，以此来重新探讨被搁置30多年的文学是什么的问题。在伊格尔顿看来，将文学理解为事件，是从马克思主义视域，将其看成是一个动态发展的过程，在时间上有开始、发展和结束；在行动因素上有操作者，也有配合者；在艺术内涵上它既是一个策略，更是一场活动。总的来说，离不开人特别是读者、观众和批评者的参与，读者、观众和批评者逐步成为参与的主体，构成了以事件为核心枢纽的交往活动理论。

“文学事件”是伊格尔顿对马克思主义文艺理论的一个创新之举，它将“文学”与“事件”两个不同学科概念结合起来，从事件的哲学性质出发，探讨文学的本质属性，伊格尔顿所论述的文学事件，是将文学理解为一种批判性的、开放性的伦理活动，带有强烈的审美性和道德实践性。伊格尔顿的“文学事件”，一方面是对自己过往思想的继承与发展，超越了前人的理论创举，同时也是对马克思主义文艺理论实践性的继承和发展，可以说是文艺创新史上的浓墨重彩的一笔。

思考题

1. 布洛赫的“前貌似美学”与马克思主义美学有何关系？
2. 杰姆逊的“认知图绘”对马克思主义文艺审美有何创新？
3. 伊格尔顿的“文学事件论”在马克思主义文艺理论上的创新性何在？

延伸阅读

1. Ernst Bloch, *Atheism in Christianity: The Religion of the Exodus and the Kingdom*. Translated by J.T.Swann. London · New York: Verso 2009.

2. Fredric Jameson, “Cognitive Mapping”, in *Marxism and the Interpretation of Culture*. Edited and with an Introduction by Cary Nelson and Lawrence Grossberg, Basingstoke and London: Macmillan Education Ltd 1988.

3. Terry Eagleton, *The Event of Literature*. New Haven & London: Yale University Press 2012.

第八章　马克思主义文艺未来论

原典摘录

马克思、恩格斯："世界的文学"

资产阶级在它已经取得了统治的地方把一切封建的、宗法的和田园诗歌般的关系都破坏了。它无情地斩断了把人们束缚于天然尊长的形形色色的封建羁绊，它使人和人之间除了赤裸裸的利害关系，除了冷酷无情的"现金交易"，就再也没有任何别的联系了。它把宗教虔诚、骑士热忱、小市民伤感这些情感的神圣发作，淹没在利己主义打算的冰水之中。它把人的尊严变成了交换价值，用一种没有良心的贸易自由代替了无数特许的和自力挣得的自由。总而言之，它用公开的、无耻的、直接的、露骨的剥削代替了由宗教幻想和政治幻想掩盖着的剥削。

资产阶级抹去了一切向来受人尊崇和令人敬畏的职业的神圣光环。它把医生、律师、教士、诗人和学者变成了它出钱招雇的雇佣劳动者。

资产阶级撕下了罩在家庭关系上的温情脉脉的面纱，把这种关系变成了纯粹的金钱关系。

……

资产阶级，由于开拓了世界市场，使一切国家的生产和消费都成为世界性的了。使反动派大为惋惜的是，资产阶级挖掉了工业脚下的民族基础。古老的民族工业被消灭了，并且每天都还在被消灭。它们被新的工业排挤掉了，新的工业的建立已经成为一切文明民族的生命攸关的问题；这些工业所加工的，已经不是本地的原料，而是来自极其遥远的地区的原料，它们的产品不仅供本国消费，而且同时供世界各地消费。旧的、靠本国产品来满足的需要，被新的、要靠极其遥远的国家和地带的产品来满足的需要所代替了。过去那种地方的和民族的自给自足和闭关自守状态，被各民族的各方面的互相往来和各方面的互相依赖所代替了。物质的生产是如此，精神的生产也是如此。各民族的精神产品成了公共的财产。民族的片面性和局限性日益成为不可能，于是由许多民族的和地方的文学形成了一种世界的文学。

……

资产阶级生存和统治的根本条件，是财富在私人手里的积累，是资本的形成和增殖；资本的条件是雇佣劳动。雇佣劳动完全是建立在工人的自相竞争之上的。资产阶级无意中造成而又无力抵抗的工业进步，使工人通过结社而达到的革命联合代替了他们由于竞争而造成的分散状态。于是，随着大工业的发展，资产阶级赖以生产和占有产品的基础本身也就从它的脚下被挖掉了。它首先生产的是它自身的掘墓人。资产阶级的灭亡和无产阶级的胜利是同样不可避免的。

……

共产党人的最近目的是和其他一切无产阶级政党的最近目的一样的：使无产阶级形成为阶级，推翻资产阶级的统治，由无产阶级夺取政权。

……

代替那存在着阶级和阶级对立的资产阶级旧社会的，将是这样一个联合体，在那里，每个人的自由发展是一切人的自由发展的条件。①

以上几段选自马克思和恩格斯在1848年发表的《共产党宣言》，从这些文采飞扬、言辞犀利的论述中，我们可以直观地感受到他们对资产阶级的无比痛恨，对资本主义制度的深刻批判。同时，他们对无产阶级寄予高度的希望，对未来的共产主义社会充满了期待，给予肯定和赞美，特别是他们所提出的“世界的文学”，这是马克思主义对文艺的未来的美好展望，它开启了马克思主义文艺未来论的科学航程，在这个关于文艺的未来的论述中，会要涉及文艺未来是如何发展的，是如何走向的，以及将有什么样的影响，而发展更多侧重关注未来的文艺在横向上的融合，走向则更多侧重关注未来的文艺在纵向上的趋势，更多侧重关注未来的文艺在时空上将形成什么样的影响，由此，有以下的

① 《马克思恩格斯选集》(第一卷)，人民出版社2012年版，第402—422页。

三节的专门论述。

第一节　马克思主义文艺的融合发展

马克思主义认为，文艺的未来发展，是一种融合的发展，不可能是孤立自身的发展，这是事物发展的辩证法，文艺作为一个学科和知识体系，自然也不能违背这个客观规律。文艺在人类历史上有过长足的发展，在未来还将有进一步的发展，这是毫无疑问的。问题是，未来的文艺，以马克思主义的历史唯物论来考察，未来社会是科技发达的社会，科技成为主宰人类未来的最重要的力量。另外，人类日益追求科技的进步，政治的民主，社会的和谐，自由、和平、安详、富足等幸福指数将成为人类未来生活的最基本的要求，由此，对人类自身的研究成为一门系统的和独立的学科，也将会逐步实现。鉴此，文艺的未来发展，将与科学融合发展，将与人类学融合发展，这是历史唯物主义和辩证法在文艺领域内的未来发展，以此形成马克思主义文艺未来论。

一、文艺与科学

文艺的未来为什么会大力与科学融合发展？简而言之，未来的社会，是科技的社会，未来的时代，是科技的时代，这些征兆实质上在我们当今所处的社会和时代已经开始表现出来了，而这样的趋势和走向会越来越普及。文艺不能独自隔绝社会而发展，也不能单独脱离时代而发展，由此，文艺的未来发展，与科学的融合发展成为必然之势。

说到科学，我们就要理解科学的三个特性，其一是知识性，文艺本身也具有知识性，简而言之，文艺是关于审美的知识。文艺本身也可算作一个类别的科学，在未来，关于文艺的知识会越来越丰富，文艺自身的发展，就是对科学的一种发展。其二是体系性，科学都具有严谨的逻辑，逻辑由事实给予验证，以此建构夯实的体系。文艺有其自身的体系性，从特征、表象、本质、规律、机制、功用、价值等，构成了其独有的体系，其体系的日益完善，也是科学发展的见证。其三是理论性，理论是经验的提升和规律的总结，文艺是审美经验的提升，也是在不断总结出美的规律，文艺理论性的不断增强，也是其科学性日益增强的直接表现。

当然，当我们谈论科学的时候，一般都指自然科学，其实，科学还包括社会科学和人文科学，而文艺是属于人文科学的。文艺的未来，是与科学的融合发展，尽管它本身就是一个科学的类别。文艺与自然科学的融合发展，在未来是一种颇具开拓性的发展，自然科学的数理逻辑可为文艺支撑艺术理性，自然科学所强调的客观事实，可为文艺提供夯实的情感基础，如此在未来，文艺与自然科学的融合发展，会形成很多新的文艺种类，拓展出许多新的艺术空间，例如神经美学、光电诗学、材料艺术学、量子文艺学等。这些在今天看来似乎不可能的学科，在将来可能都是普及了的，科技的进步带动人类社会的发展，也推动文艺的发展，此历史趋势是不可阻挡的，也不是以人的意志为转移的，当我们以马克思主义文艺辩证法来看待这些问题，就不会茫然和迷惑了。

此外，文艺与社会科学的融合发展也已是并将是必然的趋势和走向。如政治美学、伦理叙事学、教育艺术学、法学修辞学、军事学文学等实际上在我们的学术研究中已有发展了，在文艺与政治学、经济学和社会学等方面，马克思和恩格斯实际上在这些方面已经做出了一些前期性和前瞻性的研究工作。但对于未来文艺的融合发展，还需要进一步地拓展和深化。从拓展的角度来说，文艺与经济学、法学、社会学、新闻学、传播学、民族学、民俗学、地理学、行政学、管理学以及公共关系学等展开合作，寻求融合发展，对未来的文艺来说，这些都具有巨大的发展空间。另一方面，文艺又要与业已形成或正在形成的政治美学、伦理叙事学、教育艺术学、法学修辞学、军事学文学等，做更深化的融合发展，深入所融合学科的深层机理中去，深化到自身学科的内在规律中去，由融合深化到融洽，逐步达到互助推进的最佳有效性。

再者，文艺与其他的人文科学的融合发展，实际上已经是一个常规性的话题，在人类的文艺史上，文艺与哲学、历史学、美学和宗教学的融合发展，已经有了长足的进展，马克思、恩格斯、列宁、毛泽东及其他的马克思主义者，在这些方面也都有各自的独特性发展，例如马克思和恩格斯在宗教文艺学方面，列宁在哲学诗学方面，毛泽东在诗歌美学方面，都是颇具特色的。那么，对未来的文艺来说，已不再是如何融合发展的问题了，而是如何形成具备独立性的新学科的问题了，这将要求这些新的学科在知识上更丰富，在体系上更完备，在理论上更完善，这是马克思主义对未来文艺的融合发展的必然要求，也是未来文艺的发展趋势。由此，未来的文艺，得益于与自然科学、社会科学和其他人文科学的融合发展，而人类总是这些发展的主体，从生物和文化的角度对人类进行全面研究的学科便会日益成熟和完善，这就是人类学。文艺融合于或融入人类学研究之中，这也是文艺发展的必然趋势。

二、文艺与人类学

要确切地理解马克思主义对未来的文艺与人类学的关系的看法，就要辩证地理解马克思和恩格斯曾经对古代社会的研究。人类社会从古代社会发展而来，已经到了当代社会，还要走向未来社会。因此，一方面，从对古代社会的研究，可以预测未来社会；反过来，从对当今社会的研究，也可以更深刻地理解古代社会，这两个方面有机地统一起来，就能更好地理解和把握人类社会发展本身，也就是马克思所论及的“人体解剖”与“猴体解剖”的辩证关系。在《政治经济学批判〈导言〉》中，马克思就明确指出：“人体解剖对于猴体解剖是一把钥匙。反过来说，低等动物身上表露的高等动物的征兆，只有在高等动物本身已被认识之后才能理解。因此，资产阶级经济学为古代经济等等提供了钥匙。”①“人体解剖”和“猴体解剖”这两个比喻性说法既生动形象又便于理解，马克思主义对未来社会有着许多美好的构想，而这些美好的构想并不是凭空虚构，有了基础性准备的是他们对古代社会做了充分的研究，特别是利用了当时最为前沿的人类学成果——美国历史学和人类学家摩尔根的《古代社会》。马克思对此书有大量的摘录、批语和论点，恩格斯则进一步在马克思的基础上写出了专篇论文《家庭、私有制和国家的起源》。在此文的末尾，恩格斯还直接援引摩尔根《古代社会》的原文作为对未来社会的预测。“社会的瓦解，即将成为以财富为唯一的最终目的的那个历程的终结，因为这一历程包含着自我消灭的因素。管理上的民主，社会中的博爱，权利的平等，教育的普及，将揭开社会的下一个更高的阶段，经验，理智和科学正在不断向这个阶段努力。这将是古代氏族的自由、平等和博爱的复活，但却是在更高形式上的复活。”②可见，马克思主义对未来理想社会的构想，从知识积累和学科规整上来说，会将人类学作为一门整体性、博大性和扩容性的学科来建设，文艺既被包容在人类学之

① 《马克思恩格斯选集》(第二卷)，人民出版社 2012 年版，第 705 页。
② 《马克思恩格斯选集》(第四卷)，人民出版社 2012 年版，第 195 页。

中，又作为部分与作为整体的人类学以融合、协调和互动的方式来发生作用。

就以融合的方式而言，马克思主义运动观及辩证法，都会要求文艺要与人类学进行融合发展，文艺不能脱离人类学的整体去独自发展，孤立或单独去谋求自身的发展，那是不现实的也是不科学的。不现实在于文艺审美艺术化所反映的内容，主要的就是人及社会的问题，即使描述的是纯粹的自然现象的内容，实质上也隐形地打了人的烙印，质言之，文艺的主体是人，脱离了人，如同运动会上缺乏运动员，还怎么召开？而人类学是研究人及其演化发展的科学，文艺必然要与人类学融合发展。无论文艺在理论上的突破，或是在实践上的应用，都要自觉地和有意识地融入人类学的宽广怀抱之中，如同江河最终都要流入大海，唯有大海所产生的水汽，以降雨的形式，又成为补充和更新江河之水的来源。文艺与人类学的关系亦是如此，文艺要将自身的东西，特别是新生性的东西，贡献给人类学，以扩充其内容；反过来，人类学也要将本身所汇集到的资源，提供给文艺，以滋养其发展。当然，事物的自然形成，总是从部分发展到成为整体，文艺作为人类学的一个部分，要主动地融入人类学之中，要有意识地与人类学融合发展，不要自我封闭，画地为牢，闭门造车，在马克思主义看来，这会不利于文艺的发展，未来的文艺，是融合于人类学的文艺。

就以协调的方式而言，马克思主义认为，文艺要与人类学之中的子学科，如艺术人类学、心理人类学、信仰人类学、伦理人类学、意识形态人类学、量子人类学、环保人类学、太空人类学等协调发展。当然，不可能要求文艺与人类学中的每一个子学科都去强行或硬性地进行融合发展，但确实可以融合，或者便于融通，或者利于融汇的，则要合理地、有效地进行协调发展。例如，马克思主义中关于信仰、伦理、意识形态等都是一些核心问题，那么，文艺要紧密结合这些问题来谋取自身的在未来的发展。马克思主义实质上可以说是可以视为永远开放的和与时俱进的人类学，当人类学为这些新的问题寻找解决方案时，文艺不能袖手旁观，不能回避推诿，而要积极地、主动地、协调地促进此类问题的解决，这是马克思主义对未来文艺的责任担当和审美价值的要求。

就以互动的方式而言，马克思主义唯物辩证法强调事物发展中的联系性，而联系性贵在体现矛盾双方的互动性。作为部分的文艺与作为整体的人类学，也将会构成一对矛盾。一方面，文艺的发展能更加丰富人类学的内容，更加深化人类学的理论；另一方面，人类学的丰富内容又能为文艺的持续发展提供资源，其坚实的理论可为文艺的深度发掘提供支撑，这样，文艺和人类学之间形成一种互惠性。此外，文艺和人类学之间还可构成一种互补性，在艺术性和审美性方面，文艺能补充人类学在此方面的不足；而在生物学理论和文化学内容上，人类学又能为文艺补充在此方面的不足，由此，无论是从互惠性还是从互补性来看，在马克思主义对未来的构想中，文艺与人类学的互动关系是人类历史发展的必然趋势和合理走向，是对马克思主义历史唯物论和辩证法的确证。

第二节　马克思主义文艺的趋势走向

马克思主义对文艺的未来构想中，有些什么必然趋势和合理走向呢？其必然的趋势是不为人的意志所左右的，即使是作为创作者的作家和艺术家，也不能人为地决定它的运动方向，而文艺的发展，也可悄然改变作家和艺术家的立场和情感，甚至他们自身都没察觉到，这可称之为“不自觉”。而文艺的未来发展，由于科技的高度发达以及不可预料的社会突发事件等复杂的因素，将会出现与社会的发展之间不平衡的现象，这在文艺史上已被验证，在将来的文艺发展中，仍然会出现，这是必然的趋势。

当然，未来的文艺发展会有多种走向，但在马克思这样看来，并不是所有的走向都是合理的，有些走向是错误的，有些是无效的，有些是盲目的，换言之，哪些走向是正确的、有效的、合理的呢？向前推进是正确的，但不会是直线式地前进，而是波浪式地，这是缘于文艺发展的渐进性和曲折性，而形而上学的机械论，则不能正确判定这种波浪式推进。此外，上升是有效的，但会是螺旋式的，而不是直线式的，这是因为马克思主义文艺理论吸收和借鉴了黑格尔哲学的辩证法，一种正题—反题—合题的不断演进与循环的历史过程。自然，波浪式推进与螺旋式上升，在马克思主义看来，都是未来文艺发展的合理走向。

一、不自觉与不平衡

文艺作品是作家和艺术家创作出来的，优秀的文艺作品无论在过去、现在和将来都能产生深远而广泛的影响，这种影响之久之深之大，甚至对作家和艺术家本身也产生影响，但他们却不一定能察觉出来，这种情况，亦涉及文艺的未来发展，被马克思主义称之为“不自觉”。恩格斯对巴尔扎克创作的现实主义的评价，就是这种“不自觉”的一个最好的例证。“巴尔扎克，我认为他是比过去、现在和未来的一切左拉都要伟大得多的现实主义大师，他在《人间喜剧》里给我们提供了一部法国‘社会’，特别是‘巴黎上流社会’的无比精彩的现实主义历史，他用编年史的方式几乎逐年地把上升的资产阶级在1816—1848年这一时期对贵族社会日甚一日的冲击描写出来，这一贵族社会是在1815年以后又重整旗鼓，并尽力重新恢复旧日法国生活方式的标准。……围绕着这幅中心图画，他汇编了一部完整的法国社会的历史，我从这里，甚至在经济细节方面(诸如革命以后动产和不动产的重新分配)所学到的东西，也要比从当时所有职业的史学家、经济学家和统计学家那里学到的全部东西还要多。不错，巴尔扎克在政治上是一个正统派；他的伟大作品是对上流社会无可阻挡的衰落的一曲无尽的挽歌；他对注定要灭亡的那个阶级寄予了全部的同情。但是，尽管如此，当他让他所深切同情的那些贵族男女行动起来的时候，他的嘲笑空前尖刻，他的讽刺空前辛辣。而他经常毫不掩饰地赞赏的唯一的一批人，却正是他政治上的死对头，圣玛丽修道院的共和党英雄们，这些人在那时(1830—1836年)的确是人民群众的代表。这样，巴尔扎克就不得不违背自己的阶级同情和政治偏见；他看到了他心爱的贵族们灭亡的必然性，把他们描写成不配有更好命运的人；他在当时唯一能找到未来的真正的人的地方看到了这样的人，——这一切我认为是现实主义的最伟大的胜利之一，是老巴尔扎克最大的特点之一。”①这个现实主义的最伟大的胜利之一，成为巴尔扎克式的重要特征，在于现实主义深刻地影响了巴尔扎克的创作，促使他自身的阶级立场和政治观点都发生了变化，但是这种变化是悄然的、潜移默化的、因而使创作者本人都感觉是不自觉的，说明文艺的发展是微妙而渐进的，而在未来，对文艺发展的影响因素会更多，如网络技术、传播媒介、出版发行等的创新，导致文艺发展趋势的“不自觉”方式，可能会成为一种常态。

其实，这种文艺发展趋势的“不自觉”方式，仅在中国文学史上的例子就俯拾即是，如《诗经》中对“硕鼠”的谴责，杜甫对“朱门酒肉臭”的痛恨，曹雪芹对

① 《马克思恩格斯选集》(第四卷)，人民出版社2012年版，第590—591页。

"金陵四大家族"衰落的悲叹,都说明创作者本身在"不自觉"地改变着自己的阶级立场和政治观点,只不过抒情文学侧重从情感和审美中流露出来,而叙事文学侧重从情节和场景中流露出来。当然,创作者自身政治觉悟的提高,也会导致"不自觉"发展到"自觉"。鲁迅先生的文学道路便是最好的明证,他"弃医从文"的人生转折,说明文艺的发展趋势可以从"不自觉式"上升到"自觉式",正如他在1932年所写。"去年偶然看见了几篇梅林格(Franz Mehring)的论文,大意说,在坏了下去的旧社会里,倘有人怀一点不同的意见,有一点携贰的心思,是一定要大吃其苦的。而攻击陷害得最凶的,则是这人的同阶级的人物。他们以为这是最可恶的叛逆,比异阶级的奴隶造反更可恶,所以一定要除掉他。我才知道古今中外,无不如此,……而且我时时说些自己的事情,怎么地在'碰壁',怎么地在做蜗牛,好像全世界的苦恼,萃于一身,在替大众受罪似的;也正是中产的知识阶级分子的坏脾气。只是原先憎恶这熟识的本阶级,毫无可惜它的溃灭,后来又由于事实的教训,以为惟新兴的无产者才有将来,却是的确的。"①鲁迅所称梅林格即《马克思传》的作者,梅林格的阶级立场和政治观点是维护无产阶级和劳动群众的,鲁迅显然也在创作实践中受了他的影响,才有这样"自觉"的言行。"自觉"的言行实质上表明创作者本人已经能够辩证地理解和把握文艺的发展趋势,"坏了下去的旧社会"里往往能产生向往理想的新文学,反动派越猖狂的时候,越能出现革命的艺术,这类文艺现象已被文艺事实所证明。基于此,马克思主义将对未来文艺发展的展望,归结为一种不平衡的发展趋势。

所谓文艺发展的不平衡趋势,即一方面文艺的发展与社会的发展之间出现某种不平衡的状态,如社会发展处于落后的状态,而文艺却繁荣昌盛;另一方面,文艺自身内部各个体系或种类之间也出现某种不平衡的状态,如叙事文学发达而抒情文学萧索,诗歌流行而小说停滞。很遗憾的是,在马克思之前,文艺理论家和美学家们,几乎都没能以历史唯物主义的辩证法来看待此问题,往往是被形而上学的机械论或历史唯心主义文艺论等所误导,诸如:社会越落后,则文艺越落后;社会越进步,则文艺越进步;一衰俱衰;一荣俱荣;这些看法实际上都经不起文艺史和艺术事实的检验,而马克思提出此种不平衡的关系

① 鲁迅:《序言》,见《二心集》,人民文学出版社1973年版,第3—4页。

或状态是有历史根据和事实依据的。正如他所论，“关于艺术，大家知道，它的一定的繁盛时期决不是同社会的一般发展成比例的，因而也决不是同仿佛是社会组织的骨骼的物质基础的一般发展成比例的。例如，拿希腊人和莎士比亚同现代人相比。就某些艺术形式，例如史诗来说，甚至谁都承认：当艺术生产一旦作为艺术生产出现，它们就再不能以那种在世界史上划时代的、古典的形式创造出来；因此，在艺术本身的领域内，某些有重大意义的艺术形式只有在艺术发展的不发达的阶段上才是可能的。如果说在艺术本身的领域内部的不同艺术种类的关系中有这种情形，那么，在整个艺术领域同社会一般发展的关系有这种情形，就不足为奇了。”①对于像马克思这样的文艺理论家和批评家来说，确实不足为奇，但对于不持唯物史观和辩证法的文艺理论家和批评家来说，则足以为奇了。然而，文艺史和艺术实践的事实告诉我们，不平衡趋势是常有的现象，在这种不平衡的现象中，蕴含着文艺的艺术逻辑。

文艺的艺术逻辑，使我们对文艺的发展有着辩证的理解和科学的把握，需要理解和把握的正是这种不平衡关系，如古希腊时代的悲剧和史诗等繁荣发达，相比之下当时的社会不发达，生产力水平很低，这体现出文艺发展与社会发展之间的不平衡关系，但恰恰是在这样不发达社会的条件下才发展繁荣出悲剧和史诗等。我国西周初年至春秋中叶，距今两千多年前的不发达社会，却产生了中国第一部诗歌总集《诗经》。此外，汉赋、唐诗、宋词、元曲，明清小说等在中国文艺发展史上，体现出中国文学内部各个体裁发展的不平衡关系。就中西文学来说，中国传统文学以诗歌为正统，而西方古典文学则以戏剧为主流，这也体现出不同民族地域或不同文化传承的文艺，它们的历史轨迹和发展趋势也体现出不平衡的关系。如此，马克思主义特别提醒要科学辩证地把握这种不平衡关系，不平衡并不等于就是要人为地造成不协调和不适应，更不能故意走极端，即越要文艺繁荣，就越要社会不发达。马克思主义总是从历史的长河中来把握和总结文艺的发展规律。正如恩格斯所论：“政治、法、哲学、宗教、文学、艺术等等的发展是以经济发展为基础的。但是，它们又都互相作用并对经济基础发生作用。这并不是说，只有经济状况才是原因，才是积极的，其余一切都不过是消极的结果，而是说，这是在归根到底不断为自己开辟道路

① 《马克思恩格斯选集》(第二卷)，人民出版社 2012 年版，第 710 页。

的经济必然性的基础上的相互作用。……所以,并不像人们有时不加思考地想象的那样是经济状况自动发生作用,而是人们自己创造自己的历史,但他们是在既定的、制约着他们的环境中,是在现有的现实关系的基础上进行创造的,在这些现实关系中,经济关系不管受到其他关系——政治的和意识形态的——多大影响,归根到底还是具有决定意义的,它构成一条贯穿始终的、唯一有助于理解的红线。……我们所研究的领域越是远离经济,越是接近于纯粹抽象的意识形态,我们就越是发现它在自己的发展中表现为偶然现象,它的曲线就越是曲折。如果您画出曲线的中轴线,您就会发现,所考察的时期越长,所考察的范围越广,这个轴线就越是接近经济发展的轴线,就越是同后者平行而进。"①此处选自于恩格斯在1894年1月25日写给瓦尔特·博尔吉乌斯的信,瓦尔特·博尔吉乌斯当时是一名德国大学生。此信回答了博尔吉乌斯关于经济条件是如何归根到底制约着历史发展的问题,论述了文艺发展与经济发展的关系。可以发现,文艺是围绕经济这个"中轴线"上下波动而前进的,高潮的波峰和低潮的波谷,是最为不平衡状态的位置。波峰和波谷形态,表明文艺的发展是波浪推进的,马克思主义是如何来阐释这种形态的呢?

二、波浪式推进与螺旋上升

文艺的发展,绝不是直线向前的运动,而是曲线向前的运动,可描述为波浪推进般的。虽然,被人类发明创造出的机械,如火箭、飞机、轮船、汽车等的运动,可以遥控或驾驶它们而使之作直线向前。但文艺不是机器,它是审美的艺术,具有不可估量的艺术思想,它的运动是有变化的,有起伏的,并会有质变的,因而它的向前运动是波浪推进般的,而不是直线。文艺不是纯粹自然之物,也不是如神秘主义所设想的来自神祇或上帝的创造。文艺既不是如机器一样纯粹是人为创造的,也不是如自然之物一样纯粹是客观生成的,它是融主观和客观、人为和自然、审美和理性等多重因素于一体的,其中的悲伤喜悦、甘甜苦辣、欢乐哀愁等,使文艺的运动是上下起伏的,高低不平的。这些审美的情感,都是对人现实生活和社会实践的反映,人类总是要以自己的行动来改变现实生活,向往更美好的生活,这正是文艺审美的大有用之处,文艺是向前发

① 《马克思恩格斯选集》(第四卷),人民出版社2012年版,第649—650页。

展的，这是合理的运动方向。鉴于起伏式的前进，它的运动可描述为波浪推进般的。

在马克思主义看来，文艺发展如波浪前进，正因如此，其发展的推进力会越来越大，也正如加速行进的列车，其引擎之力处于一种叠加增大的状态。而文艺发展也是如此，从资本主义社会进入社会主义社会，各种利于文艺发展的因素在不断增强，各种能促进文艺发展的环境在不断改善，各种能保障文艺发展的条件在不断优化，这样，社会主义时代的作家和艺术家能专心地和从容地进行创作。封建主义时代和资本主义时代的作家和艺术家，衣食之忧，生计之难，排挤之苦，迫害之深，打压之重，等等不利因素以及环境和条件，导致作家和艺术家在创作上受到一定的限制。例如，鲁迅先生在《〈呐喊〉自序》中叙述了劝他写点文章的朋友的谈话及自己的感想，充分展现了那个悲惨时代和黑暗社会中作家为文之不易。"'假如一间铁屋子，是绝无窗户而万难破毁的，里面有许多熟睡的人们，不久都要闷死了，然而是从昏睡入死灭，并不感到就死的悲哀。现在你大嚷起来，惊起了较为清醒的几个人，使这不幸的少数者来受无可挽救的临终的苦楚，你倒以为对得起他们吗？''然而几个人既然起来，你不能说决没有毁坏这铁屋的希望。'是的，我虽然自有我的确信，然而说到希望，却是不能抹杀的，因为希望是在于将来，决不能以我之必无的证明，来折服了他之所谓可有，于是我终于答应他也做文章了，这便是最初的一篇《狂人日记》。从此以后，便一发而不可收，每写些小说模样的文章，以敷衍朋友们的嘱托，积久了就有了十余篇。"①应该说，以鲁迅的文学才华，不是不能写出优秀的长篇小说来，确实是时代、环境和条件等的阻碍，这个 1922 年 12 月 3 日写于北京的感言，反映了封建主义、官僚资本主义和帝国主义盛行的时代里作家的艰难困苦。当然，马克思主义也不否认在封建主义和资本主义时代，乃至在古代社会的时期，也有多产或高产的作家和艺术家的例子。

如果说，波浪式推进侧重描述了文艺发展在空间维度上的形态和方向，那么，螺旋上升则侧重描述了文艺发展在时间维度上的形态和方向。而马克思主义文艺理论，从历史渊源来看，也受黑格尔主义哲学和美学的影响。而黑格

① 鲁迅：《〈呐喊〉自序》，见《鲁迅小说全编》（插图本），漓江出版社 1996 年版，自序第 4—5 页。

尔主义哲学则是建立在其逻辑学的基础上，逻辑是把握和总结客观事实的理性规则。黑格尔逻辑学最具辩证法意义的是正题—反题—合题的三段论，他将其应用到分析世界事物的运动之中，归纳出一个"有—无—变"的循环上升过程。"变是有与无相结合的过渡（transition），这种结合如同实存，或具备这些运动（these moments）片面性的直接结合的形态，就是存在。"①在黑格尔看来，在历史的进程中，万事万物总是处在"有—无—变"的不断过渡中，不断克服片面性，直接结合带来更多的间接结合，内涵不断扩大，由此从低一级向高一级的不断提升，文艺也不例外。在黑格尔主义的美学中，感性和理性是不断融合，从而导致文艺审美不断提升。黑格尔认为，"美（Beauty）从名义上来说，必须自身是真的。……而理念（the Idea）是真的，……理念不仅是真的而且是美的。因而美的特性是寓于感觉中的理念的纯粹外表。……美是作为观念和现实直接融合的理念（the Idea），然此理念也只有处于融合中，在感性（sensuous）和真实的外表中的直接显现。"②黑格尔主义美学实质上蕴含着一种艺术辩证法，即文艺在其历史的发展进程中，感性和理性不断融合，螺旋式地而非直线式地从低层次向高层次发展，从而发展出"象征主义艺术（如印度诗学、基督教神秘主义、寓言、隐喻、明喻等）"③，再发展到"古典主义艺术（如希腊艺术、变形、神谕等）"④，再发展到"浪漫主义艺术（如宗教领域的浪漫主义艺术、骑士文学、浪漫主义小说等）"⑤，如此，文艺在人类文明史上，不断螺旋上升，构成其自身的发展轨迹。

尽管黑格尔主义美学的辩证法精髓为马克思主义美学所吸收和借鉴，但其历史唯心主义艺术观却为马克思主义美学所抛弃和批判，黑格尔主义美学的历史唯心主义艺术观，其核心是将理念（也称绝对理念）视为决定历史发展

---

① Georg Wilhelm Friedrich Hegel, *The Science of Logic*. Translated and edited by George Di Giovanni, Cambridge: Cambridge University Press 2010, p.81.

② G.W.F.Hegel, *Aesthetics*: *Lectures on Fine Art* (*Volumen 1*). Translated by T.M. Knox. Oxford: Oxford University Press 1975, pp.111—116.

③ G.W.F.Hegel, *Aesthetics*: *Lectures on Fine Art* (*Volumen 1*). Translated by T.M. Knox. Oxford: Oxford University Press 1975, pp.303—426.

④ G.W.F.Hegel, *Aesthetics*: *Lectures on Fine Art* (*Volumen 1*). Translated by T.M. Knox. Oxford: Oxford University Press 1975, pp.427—501.

⑤ G.W.F.Hegel, *Aesthetics*: *Lectures on Fine Art* (*Volumen 1*). Translated by T.M. Knox. Oxford: Oxford University Press 1975, pp.517—593.

的根本动因，在其基督教哲学观中，绝对理念实质上就是上帝的代名词。文艺史也不例外，从象征主义，发展到古典主义，再到浪漫主义，都是绝对理念的自身的外化，表现为螺旋上升的进程。尽管这种黑格尔主义的文艺史进程在一定程度上是符合事实的，但其指导文艺和美学的哲学观是历史唯心主义，就此，马克思主义予以批判。在马克思主义看来，人们创造自己的历史并形成历史的观念，不是意识决定生活，而是生活决定意识。就文艺的发展来说，不是绝对意识决定文艺，而是人的生活决定文艺。作家和艺术的创作是对人的生活的艺术反映，文艺的源泉是人的生活。艺术的起源、发展、高峰和衰落，都与人的生活条件，表现为社会生产、劳动分工、产品分配、媒介设施等多种物质性条件的状况有着密切的关系。难以想象的是，文艺的发展，纯粹只是一种精神意识的自我演绎；更不靠谱的是，文艺的进程，从绝对理念出发，外化到客观世界，最终又回到绝对理念本身。马克思主义对文艺发展的螺旋上升的阐释，是建立在历史唯物主义和文艺实践相结合的基础上，是科学的和经得起检验的。它反对将文艺的发展报以世俗主义的态度，它推崇文艺的超越现实的意义；它也批评将文艺的发展操作为功利主义的模式，它肯定文艺朝向未来的长远影响。那么，马克思主义是如何看待文艺的长远影响的呢？

第三节　马克思主义文艺的长远影响

马克思主义对于文艺的长远影响，主要从动因和效果两个方面来论述。从动因来说，是什么决定着文艺的长远影响？马克思主义文艺理论，其关于文艺的未来发展，也符合动力学的原理，只是它所关注的是文艺创作力、艺术感染力和审美能力等特殊形式，由此构成文艺影响力。从效果来说，优秀文艺不仅对一个国家、民族和社会产生影响，更重要的是，从根基性和普及性的层面，对一种文化产生深刻而持久的影响，由此构成了文化软实力。灌注于马克思主义文艺理论中的实践精神，是文化软实力的生成动因。而贯彻于马克思主义文艺理论中的审美范式，则是文化软实力的具体内涵。针对文艺的未来发展，马克思主义认为文艺影响力可以促进文化软实力的发展，而文化软实力又可维护文艺影响力，两者是相辅相成的。

一、文艺影响力

文艺具有影响力，这是毫无疑问的，例如，古希腊的悲剧仍然影响着今天的读者和观众，也影响着今天的文艺批评家和理论家。但马克思主义对文艺影响力的看法，明显不同于以往文艺理论的看法。概言之，历史唯物主义和辩证法，使马克思主义对文艺影响力持一种系统论和发展论的观点。就系统论而言，关于文艺影响力的形态、演变、机理、功用和运作等，构成一个相对系统的论述。就发展论而言，关于文艺影响力的历史成因、社会条件、创作情感、趋势走向等，都是对文艺影响力如何发展和朝哪发展的专门论述。比较而言，马克思主义关于文艺影响力的论述，超越了历史唯心主义的，如黑格尔的论述；也超越了机械唯物主义的，如费尔巴哈的论述。尽管文艺影响力也是具实施性的、物质性的和不可抗拒性的力量，如优秀小说不断被印刷出版、经典电影的不断演播、流行演唱会的不断举办等，但文艺从根本上能吸引、感染、触动人心的，在马克思主义看来，更是它的非强制性的精神性的力量。

其实，关于文艺影响力的演变，波浪式推进和螺旋上升中已有涉及和论述了；关于机理，艺术生产中也有涉及和论述了；关于功用，文艺审美论中也有涉及和论述了；关于运作，文艺实践论中也有涉及和论述了。在这些论述中，马克思主义是关注和强调历史的、社会的、创作者个人的以及未来的多种综合因素的，并根据文艺的具体实际情况，来看待这些因素的作用，来判定它们的意义。我们理解马克思主义是用运动的、发展和辩证的观点来判断文艺影响力，当这个问题被解决后，下一个迫切的问题是，我们如何按照马克思主义的观点来把握文艺影响力？把握某物，就要能描述和估量其形态，否则就会虚空无着陆。在马克思主义看来，文艺影响力应具有以下的形态。

第一是情感的形态，文艺是人的情感的反映，这无疑得到马克思主义的认可和肯定。马克思本人在早年的诗歌创作中，就热烈歌颂过爱情，高度赞美过情感的作用。如他在《我的世界》这首诗中所歌颂的，“……但语言和声音的力量，象过眼云烟，瞬息消散，只有精神的渴望，只有宇宙，和燕妮你本人，才是地久天长”。①这里，他将爱情的牢固性和永恒性，与宇宙相比，而文艺中将爱情

---

① 《马克思恩格斯全集》(第四十卷)，人民出版社 1982 年版，第 449 页。

作为歌颂对象是很多的，可见文艺影响力可达到的广泛程度。又如他在《感想》一诗中所赞美的，“……我要欣赏艺术——神赐的最好礼物；用智慧和感情的力量，我要把全世界掌握住。……”①这里，他将情感与智慧相比，肯定了情感所具有的认识世界乃至掌握世界的功能。然则，马克思主义所认可的文艺影响力的情感形态，并不是一种孤立的、个人的乃至是抽象的情感，如华兹华斯所论：“诗歌是强烈感觉（feelings）的自发流露：它起源于平静中回忆起的情感（emotion）：这种情感被沉思着，直到被一种反应所打破，平静逐步消失，于是一种情感，类似于那种置于沉思主体面前的，就逐步产生，而它自身（itself）确实存在于心灵之中。……诗人会从提供给他的经验中受益，然特别谨慎，那就是，不管他传达给读者什么样的激情（passions），如果他的读者心灵健全和富有活力，一种愉悦的超量（an overbalance of pleasure）就会伴随着那些激情而来。”②可以看出，华兹华斯对诗歌中情感的把握还是很准确的，他将它分为感觉、情感和激情三个层次，但其致命的弱点是，他将诗歌情感的最终来源归结为心灵本身，这种唯心主义情感论，如同马克思所批判的费尔巴哈的人本主义宗教情感论，都是将人与他所生活的现实社会分离开来，对艺术情感做孤立的、静止的和机械的理解。华兹华斯的做法，与费尔巴哈的做法别无二致。“费尔巴哈把宗教的本质归结于人的本质。但是，人的本质不是单个人所固有的抽象物，在其现实性上，它是一切社会关系的总和。”③所以，在马克思主义看来，文艺影响力的情感形态，实质上是对人的生活情境、社会关系和历史遭遇等的艺术反映，是一种超越生活真实并影响长远的心灵形态。

第二是审美的形态，马克思主义看待文艺影响力，特别强调其审美内涵和审美形式。就审美内涵来说，马克思在《1844 年经济学和哲学手稿》中，指出人的劳动，当然包括艺术劳动，都要符合美的规律，将事物的性质和情况与人的创造性有机地结合起来，如重大的历史题材故事，宜写成长篇小说；感觉敏

---

① 《马克思恩格斯全集》(第四十卷)，人民出版社 1982 年版，第 455 页。

② William Wordsworth. “Preface to Lyrical Ballads” in *Western Classics in Literary Criticism: From Plato to Henry James*, edited by Yao Naiqiang, Shanghai: Shanghai Foreign Language Education Press, 2003, p.335.

③ 《马克思恩格斯选集》(第一卷)，人民出版社 2012 年版，第 135 页。

锐和情感丰富的人，适合于写诗；如此等等，都可以成就文艺影响力的审美内涵。就审美形式而言，恩格斯在《致斐·拉萨尔》中，指出文艺批评的最高标准是美学观点和史学观点的相统一。以美学观点，无疑要求文艺的形式具有审美特性，那么，在马克思主义看来，文艺的形式，特别是文艺影响力的审美形态所呈现出的特征有哪些呢？

其一，它呈现出感性和理性的有机统一。马克思主义运用文艺辩证法，将文艺影响力的审美要求，既不当成是纯粹感性的，也不当成是纯粹理性的，而是当成感性与理性的有机统一，这是超越以往文艺理论的地方。其二，它呈现出审美主体与审美客体之间的辩证关系。马克思主义将审美主体，包括作家和艺术、读者和观众、批评家和理论家等，与审美客体，包括作家、作品、艺术品这样的实物载体；或所反映的内容，如自然世界、社会历史、人类心灵，审美主体与审美客体之间的关系是联系的、运动的、发展的。其三，它呈现出艺术性与理想性的有机统一。这两者的有机统一，实质上是美学观点和史学观点的相统一的进一步深化。马克思主义所论的美学观点，是对艺术性的本质要求，文艺若不具备审美性质和形态，根本就谈不上艺术性。而艺术的这种审美要求，往往在现实中碰壁，因为社会还不是完善的，还需要不断改进，艺术中的理想，寄托了人类对美好社会的向往，由此，在马克思主义看来，艺术性和理想性是相互统一的。

第三是理论的形态，马克思主义看重文艺影响力，倡导文艺批评家对作家和艺术家、作品和艺术品，要有深刻的洞察，要有勇敢的批判。正如马克思对拉萨尔创作历史悲剧所提出的批评意见："这样，你就得更加莎士比亚化，而我认为，你的最大缺点就是席勒式地把个人变成时代精神的单纯的传声筒。"①这里，马克思深刻洞察出拉萨尔创作中的唯心主义弊病，倡导要有莎士比亚那样的现实主义创作方法。而恩格斯对明娜·考茨基的长篇小说《旧人与新人》进行评价时，也对她批评建议："显而易见，您认为需要在这本书里公开表明您的立场，在全世界面前证明您的信念。这您已经做了，已经是过去的事了，用不着再以这种形式重复。我决不反对倾向诗本身。……可是我认为，倾向应当从场面和情节中自然而然地流露出来，而无须特别把它指点出来；同

① 《马克思恩格斯选集》(第四卷)，人民出版社 2012 年版，第 437 页。

时我认为,作家不必把他所描写的社会冲突的历史的未来的解决办法硬塞给读者。”①于此,恩格斯批评明娜·考茨基没有处理好小说中的艺术倾向性问题,她过于简单地把阶级、立场和观点等指点出来,而不是以自然而然的方式表现出来,此类强烈而生硬的倾向化描述,破坏了小说的艺术审美,作品的影响力反而衰减。例如,她为了表现男主角阿尔诺德的工人立场和社会主义倾向,将他与其父亲的争论描绘成一场政治辩论,父子两人各自都是口若悬河、义正词严、锋芒毕露,而关于他们两人特别是关于阿尔诺德的行动和事件,却描述得隐隐约约,铺展得不甚具体。可见,在马克思主义看来,文艺影响力的理论形态中,要能呈现出洞察力和批判力。

另外,理论形态一方面是艺术实践的产物,没有作家和艺术家的创作、读者和观众的赏鉴、评论家的批评,文艺影响力的理论形态是出不来的。另一方面,理论形态一旦成型,它就具有相当的稳定性,其所蕴含的艺术理论能对艺术实践进行指导。例如,《文心雕龙》中关于作诗的构思技巧和谋篇布局等,对于我们今天的诗歌创作仍具有指导意义;而《诗学》中关于悲剧构成和情节设计等,对于我们今天的戏剧创作仍具有借鉴意义。但就马克思主义而言,无论是指导意义还是借鉴意义,重要的是对文艺的实践意义,它能如何提升文艺影响力。1964 年 9 月 27 日,中央音乐学院学生给毛泽东来信,反映音乐界的一些不正常情况,即“有些人迷恋西洋音乐,轻视民族音乐,对音乐革命化、民族化、群众化有抵触情绪”②,毛泽东为此批示:“古为今用,洋为中用。”③这个批示,可以视为马克思主义者对文艺继承做出的文艺方针,如何在古代文艺和外国文艺两方面的继承上来促进中国当代文艺的发展。促进中国当代文艺的发展,就是一个如何提升文艺影响力的问题。一个国家的文艺影响力提升了,这个国家的文化软实力就能增强,这是马克思主义文艺未来论的必然指向。

二、文化软实力

最先提出“软实力(Soft Power)”这个概念的,是哈佛大学教授约瑟夫·

---

① 《马克思恩格斯选集》(第四卷),人民出版社 2012 年版,第 579 页。

②③ 《毛泽东文艺论集》,中央文献出版社 2002 年版,第 227 页。

奈。出于政治学和外交学的眼光，相比于军事和经济等硬实力，他认为软实力更重要，而软实力是指，“共同选择性行为的力量—让别人想要你所想要的—软实力资源—文化吸引、意识形态和国际化组织”。①这个创新观念是约瑟夫·奈教授在20世纪90年代初提出来的，它指出了软实力的三个重要来源，与我们所研究的马克思主义文艺理论有着联系。马克思主义文艺理论在文化传承和创新上是一种文化吸引，在政治理想和价值信念上是一种意识形态，在国际学术交流的组织活动中也逐步成为一门显学。而到21世纪初，奈教授进一步确定了软实力的实质。“什么是软实力？它是获得你所想要的能力，通过吸引而非胁迫或收买。它从一个国家的文化、政治理想和政策中产生出来。”②软实力的本质是吸引力而非强制力，最能发挥这种吸引力的是文化，因为无论是广度还是深度，文化对一个人乃至一个民族都是浸染滋润而根深蒂固的，由此，文化软实力成为具体化的软实力的代名词，由政治学和外交学的概念，扩展为文艺学的概念。

近年来，一些中国学者，特别是马克思主义理论工作者，已经开始关注文化软实力的研究问题。关于中国化马克思主义与文化软实力的关系，有学者指出，“中国化马克思主义既是当代中国的文化创新成果，又是中国发展进步的指导思想，是中国文化软实力居于指导地位的文化。因此，马克思主义中国化过程也是中国文化软实力不断发展的过程”。③显然，马克思主义理论中国化，也即马克思主义文艺理论能促进中国文化软实力的提升。这个已被验证的中国经验，表明马克思主义与文化事业的密切关系。也如有学者所指出的：“把马克思主义的指导思想一方面与中国优秀传统文化相结合，另一方面与孕育了马克思主义的西方文化优秀成果相结合、与马克思恩格斯以后的世界文明发展成果相结合，是改革开放以来中国的现代化事业取得重大成绩，并且赢得国际社会高度评价的重要原因。”④马克思主义是重视文化事业的，但决不把文化事业当作生硬般和强制性的宣传机器，而是看重文学艺术的审美作用，

---

① Joseph S. Nye, Jr. *Bound to Lead: The Changing Nature of American Power*. New York: Basic Books, 1990, p.188.

② Joseph S. Nye, Jr. *Soft Power: The Means to Success in World Politics*. New York: Public Affairs™, 2004. p.5.

③ 张国祚：《中国文化软实力研究论纲》，社会科学文献出版社2015年版，第79—80页。

④ 童世骏：《文化软实力》，重庆出版社2008年版，第79页。

也就是文学艺术的软实力。“重要的是，文学艺术的文化软实力是让受众在不知不觉中受到直觉、情感、想象力等的瞬间触发而轻信服膺。”①确实，直觉和情感等作为创作和欣赏的心理因素，能以艺术情感的形式，极大地增强文艺影响力，进而转化为文化软实力。而想象力则作为创作和评价的心理发挥因素，能以艺术审美的形式，也能极大地激励文艺影响力，从而也可转化为文化软实力。

虽然，在马克思和恩格斯所生活的世纪，人们还没有用文化软实力这样的术语来定义文艺影响力柔性化的文化形态，但马克思和恩格斯对西方文明，如古希腊文明和希伯来文明给予了高度肯定，特别是从艺术想象力的角度，对其进行艺术解读和文化阐释。例如，马克思对古希腊神话的解读和阐释：“大家知道，希腊神话不只是希腊艺术的武库，而且是它的土壤。成为希腊人幻想的基础，从而成为希腊(艺术)的基础的那种对自然的观点和对社会的关系的观点，……任何神话都是用想象和借助想象以征服自然力，支配自然力，把自然力加以形象化；因而，随着这些自然力实际上被支配，神话也就消失了。……希腊艺术的前提是希腊神话，也就是已经通过人民的幻想用一种不自觉的艺术方式加工过的自然和社会形式本身。这是希腊艺术的素材。不是随便一种神话，就是说，不是对自然(这里指一切对象的东西，包括社会在内)的随便一种不自觉的艺术加工。埃及神话决不能成为希腊神话艺术的土壤或母胎。但是无论如何总得是一种神话。因此，决不是这样一种社会发展，这种发展排斥一切对自然的神话态度，一切把自然神话化的态度；因而要求艺术家具备一种与神话无关的幻想。……但是，困难不在于理解希腊艺术和史诗同一定社会发展形式结合在一起。困难的是，它们何以仍然能够给我们以艺术享受，而且就某方面说还是一种规范和高不可及的范本。”②在这里，马克思解读了古希腊神话产生的社会基础，阐释了它的艺术本质，体察了它的影响力，从艺术想象力的角度，揭示了古希腊文明的软实力效应。

恩格斯则以历史唯物主义的观点，以历史事实为依据，从社会处境中去

---

① 王一川、刘涵之、卢亚明、张新赞：《文学艺术与文化软实力》，湖南大学出版社 2015 年版，第 8 页。

② 《马克思恩格斯选集》(第二卷)，人民出版社 2012 年版，第 711 页。

评估，科学地分析基督教所产生的历史成因和文化影响，实质上揭示了圣经文学作为西方文艺影响力的一个载体，和基督教作为希伯来文明的一种后续，它们之间相互依存和促进的辩证关系。如他在《论原始基督教的历史》中所论："对于巨大的罗马世界强权，零散的小部落或城市进行任何反抗都是无望的。被奴役、受压迫、沦为赤贫的人们的出路在哪里？他们怎样才能得救？所有这些彼此利益各不相同甚至相互冲突的不同的人群的共同出路在哪里？可是为了使所有这些人都卷入一个统一的伟大革命运动，必须找到这样一条出路。这样的出路找到了。但不是在现世。在当时的情况下，出路只能是在宗教领域内。于是另一个世界打开了。肉体死后灵魂继续存在，就渐渐成为罗马世界各地公认的信条。死后的灵魂将为其生前的行为受到某种报偿或惩罚这一信念，也越来越为大家所接受。但报偿是相当靠不住的；古代社会具有强烈的自发唯物主义，它把人世生活看得比冥土生活宝贵得多；希腊人把死后的永生看成一种不幸。于是，基督教出现了。它认真地对待彼岸世界的报偿和惩罚，造出天国和地狱。一条把受苦受难的人从我们苦难的尘世引入永恒的天堂的出路找到了。事实上，也只有靠对彼岸世界获得报偿的希望，斯多亚——斐洛学说的弃世和禁欲才得以提升为能吸引被压迫人民群众的一种新的世界宗教的基本道德原则。"①在这里，恩格斯指出了早期基督教（也就是他所说的原始基督教）产生的历史处境和社会现实，受奴役和受压迫的人们为寻找出路，实质上也是借助于想象，后演化为圣经文学中的艺术想象，如耶稣因其母亲马利亚受圣灵怀孕而诞生在马厩，耶稣被钉死而复活，耶稣能医治百病等，为那些受苦受难的人们提供了一幅天国蓝图，将希望寄托在来世，而此世是糟糕和淫乱的，因而弃世和禁欲的道德哲学，正是对此世的批判。在马克思主义看来，圣经文学中那些对人的建议、劝解和警告等，以讲故事、打比方和抒感情的方式表现出来，就是希伯来文明软实力的见证。而未来是希伯来文明的一种强烈指向，马克思主义及其文艺理论，也是对未来有着强烈而执着的追求，成就文艺影响力和文化软实力，便是这种追求的具体实现。

---

① 《马克思恩格斯选集》（第四卷），人民出版社 2012 年版，第 343—344 页。

术语阐释

世界的文学

这是马克思和恩格斯在1848年发表的《共产党宣言》中明确提出的一个关于未来文艺的术语，是马克思主义文艺理论中的一个重要范畴，也是马克思主义文艺美学批评中的一个重要术语，它预见了未来文艺将会与科学和人类学等进行融合发展，也预见了未来文艺将以不自觉和不平衡的形态，以波浪式推进和螺旋上升的方式向前发展，还预见了未来文艺所具有的影响力以及由此而形成的更具深远意义的文化软实力。

马克思恩格斯所倡导的世界的文学，并不是世界各国文学的简单汇集和任意拼接，而是一个淘汰择优的结果。那些越是具有历史传统、地方特色和民族风情的文学，越将成为世界的文学。这种辩证性的文学理论观点，已被世界文学的实践所证明。马克思主义所论的世界的文学，是建立在经济全球化的前提上的，而马克思恩格斯170多年前对此的预见，已逐步被验证。从哲学和政治经济学的角度，它充分体现了上层建筑与经济基础之间的辩证关系，从文艺学的角度，它揭示了文艺融合发展和趋势走向的规律，也蕴含了文艺长远影响的意义。

文艺影响力

文艺的影响力可体现在艺术感染、审美欣赏、批评评价等多方面的影响，任何优秀的文艺作品、作家、艺术家和文艺批评家等，都可具有文艺影响力。在中外文艺发展史上，对什么是文艺影响力，其如何产生和发挥作用的阐释尽不相同，马克思主义文艺理论，以历史唯物主义为指导，以文艺实践为基础，对文艺影响力作出了科学回答。

马克思主义视域中的文艺影响力，指以马克思主义理论为指导的文艺作用于人和社会的非强制性的精神力量。它是系统论和发展论有机统一，就系统论而言，涉及了文艺影响力的形态、演变、机理、功用和运作，构成一个相对系统的论述。就发展论而言，涉及文艺影响力的历史成因、社会条件、创作情感、趋势走向等，都是对文艺影响力怎么产生和如何发挥作用的专门论述。而以非马克思主义视域来看待，则不具备从系统论和发展论来建构的优势。

思考题

1. 试论马克思主义认为文艺在未来会如何融合发展？

2. 马克思主义认为文艺在未来有什么样的趋势走向？

3. 马克思主义是如何看待文艺的长远影响的？

延伸阅读

1.《马克思恩格斯选集》(第二卷、第四卷)，人民出版社 2012 年版。

2. Georg Wilhelm Friedrich Hegel, *The Science of Logic*. Translated and edited by George Di Giovanni, Cambridge: Cambridge University Press 2010.

3.《鲁迅小说全编》(插图本)，漓江出版社 1996 年版。

后　记

本著作的完成，作为可以直接应用于高校马克思主义文艺理论教学的一部教材，其源头要追溯到2004年。是年开始，我在湘潭大学讲授“马列文论”课程，后更名为“马克思主义文艺理论”，该教学活动一直延续至今。在这18年的教学实践中，我曾使用过诸多权威专家所著以及知名出版社出版的“马克思主义文艺理论”类教材，从中收获颇多，对教学亦大有帮助。因自己年年都着手此项实然工作，在多年的实际教学中亦逐步积累了一些经验和体会，在科研中也增长了一些知识和理论，着眼于时代的发展和职业的需要，亦确实可以著述一部专门的教材，然此美愿长久没能实现。喜逢2020年良机，学校推动精品教材建设工作，希冀夯实教学根基，提升学子知识与水平，鄙尤荣获此资助，美愿进而得以落实。

全书共分为八章，分别论述了马克思主义文艺理论的学科性质、认识论、方法论、创作论、审美论、实践论、创新论和未来论。这个体系容纳了学科与知识、认识与方法、创作与审美、实践与创新、现在与未来的必要论题，是对马克思主义文艺理论的一个较为全面的论述，所列原典文献中包含了中文、英文和德文等文献，确保经典阐释的科学性和国际化学术视野的开阔性。为避免因讲授文艺理论而陷入一种抽象化的泥潭，本著作还阐述和引用了马克思主义文艺理论家曾涉及的一些具体文本，尽管这些文本到现在都不好寻找了，但论者还是着力寻找并阅读了这些文本，以利于鲜活并具体地阐释马克思主义文艺理论。

我要感谢多年来修学此课程的学生们，你们虽是我的授课对象，是我学术思想的接受者，但反过来正是你们成为我教学和学术研究的实际评判者。我所感欣慰的是，你们对此课程的学习和兴趣有着不断增长的趋势。在本书的撰写过程中，黄鑫、王晓、邓雪分别参与了第七章、第二章、第三章的写作，崔昕和义海风参与了部分章节的初步校对工作。此外，我还要感谢马克思主义文艺理论研究方面的众多专家学者，请恕我不能一一列举具体的名字，但都有过直接见面或长期联系，你们都是我教材著述和学术研究的见证人、协助者和裁判员，以为是言。

李志雄

2021 年 6 月于湘潭大学

图书在版编目(CIP)数据

马克思主义文艺理论/李志雄著.—上海:上海人民出版社,2021
ISBN 978-7-208-17178-7

Ⅰ.①马… Ⅱ.①李… Ⅲ.①马克思主义理论-文艺理论-高等学校-教材 Ⅳ.①A811.691

中国版本图书馆CIP数据核字(2021)第115918号

责任编辑 王梦佳
装帧设计 范昊如 夏 雪 等

马克思主义文艺理论
李志雄 著

出　版 上海人民出版社
(200001 上海福建中路193号)
发　行 上海人民出版社发行中心
印　刷 上海商务联西印刷有限公司
开　本 720×1000 1/16
印　张 20.25
插　页 2
字　数 311,000
版　次 2021年8月第1版
印　次 2021年8月第1次印刷
ISBN 978-7-208-17178-7/A·145
定　价 78.00元